Design Modeling using of 3D Printer

3D프린터를 활용한
디자인모델링

한석우 · 김연화 · 연현주 · 이건호

㈜지구문화
JIGU CULTURE Co.Ltd

머리말

카오스적 패러다임에 대응하는 접근태도의 하나로 신기술에 의한 '3D프린터를 활용한 디자인'은 무엇일 수 있는지, 무엇이어야 하는지에 대한 개념은 새로운 형식에 대한 가능성을 제공하는 수단이기도 하며 실천praxis 방식이기도 하다.

이것은 요구와 필요에 대한 수많은 조형적·실험적·분석적 탐구와 진단, 수렴과 발산, 해석과 재해석, 분해와 비판의 단계를 통하여 사고하는 이데아의 세계, 즉 N차원으로 안내하는 창조적 잉태의 아픔과도 같은 것이다.

Part Ⅰ은 디자인기술과 미래환경 변화에 대한 일시적인 유행fad과 트렌드를 중심으로 디자인이 어떻게 변화하는가에 대한 현상을 조망하였고, PartⅡ에서는 어떤 방법으로 접근하면 좋은지, 디자인 표현의 실체화와 접근 단계별 디자인 콘텐츠 구현을 함께 고민해 보는 공간으로 기술하였다.

PartⅢ에 기술된 3D프린터 응용디자인 모델인 '3PDM'에 의해 구현된 결과물들은 그 과정에서 소재나 기술을 어떻게 응용해야 할 것인가에 대한 탐구를 한다. 이는 조형표현의 범위와 한계에 대한 객체화 과정의 필수 내용이 된다. 왜냐하면 이것에는 비가시적·가시적 본질성 및 ideal point, idea positioning의 속성 및 속성요인 간의 상호작용성과 함께 테크노웨어technoware와 디자인웨어designware 간의 통사적 중의성syntactical ambiguity과 공리적 관계성axiomatic relationship을 인식시키는 실험적·독자적·창의가치를 지니고 있어야 하기 때문이다.

PartⅣ 실기에서는 집필진이 이야기 하고 싶은 형태와 시공간에 대한 시스템을 실천적 실증으로 부여하는 과정으로 미적 직관과 관조성의 작위공간에 대한 과제들을 경험해보는 아키텍처architecture이다.

창의성을 창조creative creativity하기 위한 경계의 넘나듦과 엇갈림의 미학적 존재가 상품력 확산의 마켓웨어로, 공유의 서비스를 즐거워하는 유저들의 상품으로, 최신의 고부가가치로 연계되기를 기원한다. 꿈을 품은 독자들의 자아성찰self examination이 이루어지기를 바라마지 않는다.

끝으로 출간의 따뜻함을 만들어주신 ㈜지구문화에 진심으로 감사드린다.

대표 저자 한 석 우

차 례

PART I 디자인 조형이해와 패러다임 변화

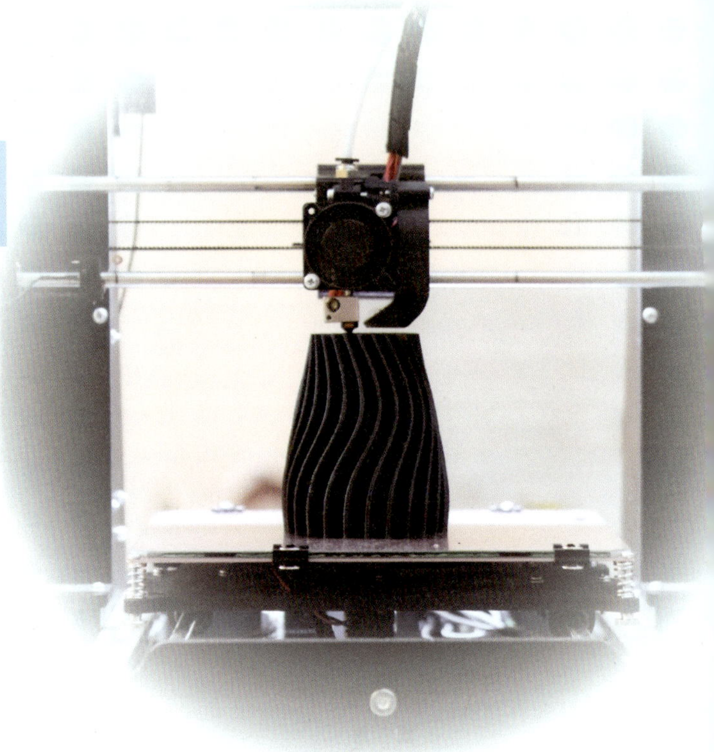

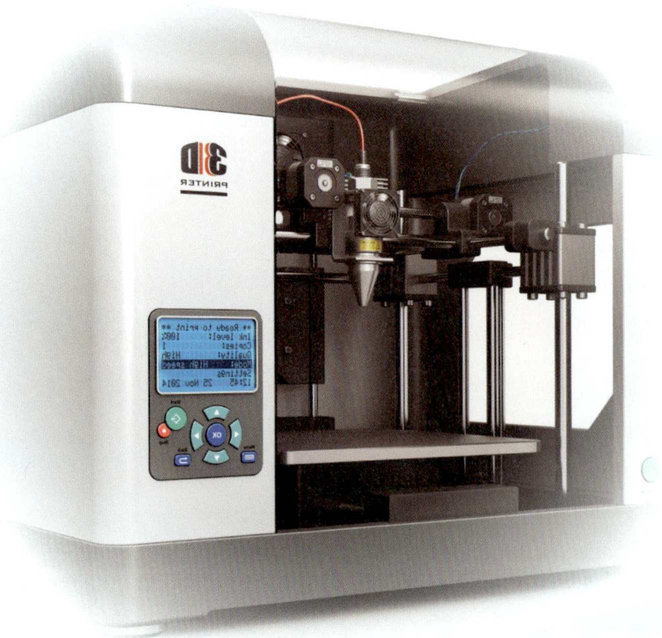

PART II 디자인 모델링 콘텐츠 구현 및 접근 방법

PART Ⅲ 3D프린팅 기술환경과 응용디자인 모델

PART Ⅳ 3D프린터 응용디자인 모델링

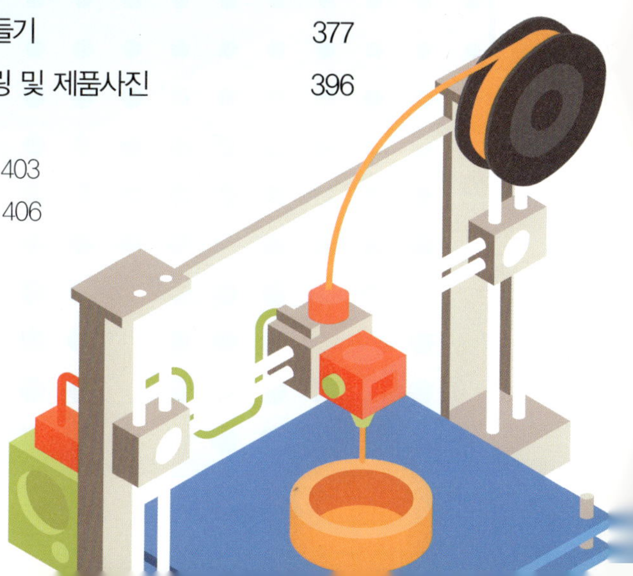

PART I

디자인 조형이해와 패러다임 변화

- 자연형태와 창의적 형태를 설명할 수 있다.
- 형과 형태의 특성을 구분할 수 있다.
- 조형발상, 구조, 창조과정을 설명할 수 있다.
- 관찰, 분석, 응용의 개념을 파악할 수 있다.
- 아이디어의 발상과 의미를 설명할 수 있다.
- 예술, 디자인, 공예를 설명할 수 있다.
- 디자인 기능과 형태의 관계를 설명할 수 있다.
- 생활문화트렌드를 체험하였는가?
- 디자인기술과 산업환경변화 내용을 설명할 수 있다.

Part I

디자인 조형이해와 패러다임 변화

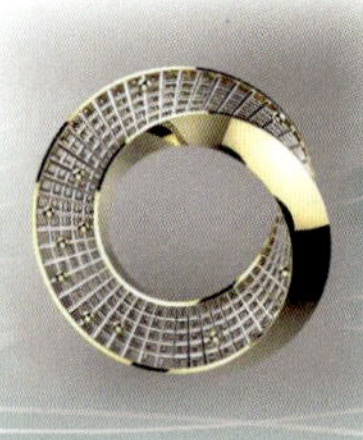

1. 디자인과 조형의 이해 comprehension of design modeling

1. 디자인 조형 발상의 원천, 자연 형상 체험

자연의 모든 형상은 조화와 균형을 이루고 있으며, 다양한 아이디어를 제공해주는 대상이다. 자연형태는 문화사나 미술사의 관점에서 보아도 아이디어 발상의 원천이라고 할 수 있다. 자연은 생명력을 가지고 스스로 생성·소멸하는 원리를 지니며 끊임없이 움직이는 공간을 형성하고 있기에 자연은 예로부터 인간의 주요 관심대상이었고 생활의 터전이었으며, 그 신비로움, 아름다움, 장엄함은 현재까지 인간으로 하여금 창작의 동기 유발 대상이 되고 있다.

자연계의 극소micro에서 극대macro에 이르기까지 수많은 시간을 거치며 형성된 생명체는 그 형태의 크기조차도 생존원리에 따라 결정된다.

또한 자연계의 대상들은 형태가 다양하다는 것이 특징이며, 어느 하나 우연히 만들어진 것은 없다. 일반적으로 생물의 형태는 그 기능과 요구가 결정하지만 무생물의 형태는 조건이 느슨한 경우에는 부정형이고, 복잡하여 엄격한 조건일 때는 단순하고 기하학적인 형태를 취하는 것이 특징이다.

한편 자연은 절대불변의 상태에 머물지 않고 대립하는 요소의 상호작용에 의하여 변화하는 등 운동성이 있기 때문에 그 형태는 항상 상대적이라고 할 수 있다. 즉, 계속해서 새로운 물체와 현상이 나타나는 것은 대립되는 요소들의 상호작용에 의한 것이다.

인류는 다양한 형태를 예술적으로 창조하고 나아가며, 오늘날의 문화와 문명을 이룩해 왔다.

인간은 대상object을 형태로 만들어내는 행위의 목적을 달성하기 위해 다양한 조형 접근방법을 시도해 보았다.

형태를 발견하는 방법, 과학적으로 실험하는 방법, 형태를 짓기 위한 사고 방법 등을 생각해 내고, 더 나아가 형태의 재료나 기술을 어떻게 응용해야 할 것인가를 고려하는 등 자연과 인간은 상호관련을 맺으면서 조형 세계를 창조해 온 것이다.

자연의 형태를 관찰함으로써 새로운 아이디어를 발굴해 내고, 자연의 법칙성을 체험함으로써 조형사고의 방법을 얻을 수 있다. 여기에서의 법칙성이란 형태의 특성에 나타나는 기능과 관계, 재료와 구조와의 관계, 형태의 생성·소멸과 같이 형태 변화의 법칙과 같은 조형 원리를 파악하는 것이다.

조형의 표현 형식과 기법은 다양하지만 자연 형상 체험을 앞지르는 것은 없다. 자연환경이란 어떠한 규칙적인 질서로 이루어졌기 때문에 계속하여 새로운 형태로 발전되고 확대된다.

따라서 조형 발상의 원천과 체험은 디자인 문제를 이해하고 분석하는 데 있어서 근본이 되는 중요한 내용이다. 조형 구성과 구조의 관계 분석은 조형 과정에서의 연관 법칙과 구성 계획을 나타내어 문제를 파악하는 데 도움을 주게 된다.

이는 이미지의 형상화 과정에서부터 독창적이고 다각적인 표현기술의 개발에 이르기까지 "형태 짓는 일의 체험"에 해당된다.

즉 자연이 지니고 있는 시각적, 구조적 관찰 및 접근을 통해 디자인으로 이루어지는 구체적인 구성 요인을 인식하고 응용하는 것은 자연이 지닌 순수 조형의 요소와 원리를 경험하여 창조적인 조형의 표현 가능성을 향상하는 것을 의미한다.

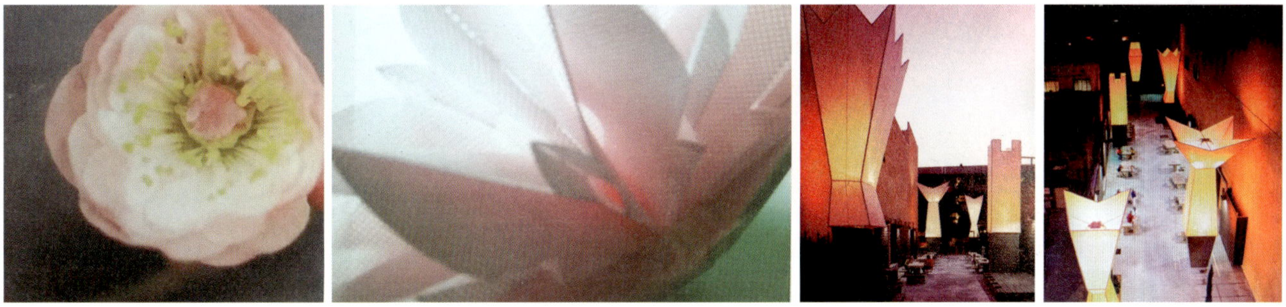

그림 1-1　매화와 꽃을 형상화한 방향제 디자인과 공공장소의 조명기기 디자인

그림 1-2 공간으로 퍼져 날아가는 형태와 조건을 지닌 단풍나무씨앗

19세기 영국의 디자이너 데이L.F.Day는 그의 저서『자연과 장식』에서 "우리들은 모두 자연을 사랑한다. 그래서 자연물에서 보다 아름다운 형을 직접 따와서 추앙할 수 있고, 그렇지 않은 것은 외면한다"라고 주장하였다.

아름다움을 증명하기 위해 아름답다고 인식되는 생물과 인체에 대한 연구가 이루어졌으며, 어떠한 조건일 때 아름다울 수 있는지를 밝혀내는 것이 과제였다.

일반적으로 생물의 형태는 환경에 의해 결정되지만 무생물의 형태는 그 구성을 세분화하면 기하학적인 형태가 많다. 예를 들어 생물의 세포는 〈그림 1-2〉와 같이 단순한 형태들의 집단으로 결정되고 있음을 알 수 있다.

이러한 자연 형태는 조형세계를 넓혀 주는 두 가지 측면으로 관찰할 수 있다.

첫째는, 자연형태가 가진 추상적 의미를 그대로 변환시켜 조형발상에 이용하는 방법이고, 둘째는, 자연형태가 가진 특성을 재구성하여 새로운 조형창조에 응용하는 방법이다. 또한, 형상 자체를 순수하게 분석하여 발견하는 경우

- 형태의 특성으로서 미적 측면을 잘 파악한다.
- 조형의 원형으로서 구조적인 법칙성을 분석한다.
- 움직이는 형태나 변화하는 성장과정의 현상으로 응용한다.

가 있으며 적응성을 고려하는 경우도 자연형태를 발견하는 연구가 된다.

이와 같이 자연계생물이나 무생물를 관찰하다 보면 여러 가지 형상을 발견할 수 있다. 육안으로, 또는 현미경을 사용하여 극소에서 극대 단계까지 비교해 보며 관찰함으로써 형태적 특성과 함께 구조적 특성을 체험하는 것은 새로운 발상 창조에 유익한 일이다.

그림 1-3　자연형태 적응구조의 주거디자인

① 해변의 방갈로　　② 대나무를 이용한 조립식 주택 – Tang, Ming & Dihua Yang 디자인
③ 낙수장 – Frank Lloyd wright 디자인　　④ 미래형 수상 주택
⑤ 수상 주택 – Garcia martinez 디자인

조형발상 원형으로서의 자연형태는 문화사나 미술사의 관점에서 보아도 여러 가지 조형 활동에 대하여 지배적인 위치에 있으며, 이는 자연형태와 표본이 조형 형성의 중점적인 역할을 했다고 할 수 있다.

그림 1-4 공 모양의 플랑크톤인 방산충과 왕관버섯을 표본으로 한 조립형 주택구조물 – Orozco, Navarro 디자인

자연형태와 조형이 어우러지려면 적응성의 발견이 수반되어야 하며 이것에는 미적 특성, 구조적 특성, 동적 특성 등에 대한 관찰이 이루어져야 함을 의미한다. 자연은 다양한 형태 변화를 이루는 일정한 균형 유지에서 이루어지므로 그 생장과정, 변화과정, 소멸의 과정을 관찰하고 변화를 분석하는 것이 필요하다.

(1) 미적 기준과 적응성의 발견

인간이 언제부터 미의식을 가졌는가 하는 것은 분명하지 않으나 자연을 접하고, 관찰함으로써 처음으로 아름다움을 느끼고 의식할 수 있게 되었다는 것은 의심의 여지가 없다. 조형표현의 방법으로 자연의 형태를 재현하려고 하는 시도는 고대 그리스 이래로부터 이어졌고, 조각에서는 미의 기준을 인체에 두고 표현하여 왔다. 그러므로 자연형태와 조형과의 관계는 구체적 적응성의 발견과 창조에 기인한다.

예술, 과학, 해부학, 우주론과 대자연 탐구의 업적을 이룩한 15세기 르네상스시대의 레오나르도 다 빈치Leonardo da Vinci는 자연에 대하여 "화가는 자연을 스승으로 대하지 않으면 안 된다."라고 하여, 자연의 웅대함은 보는 사람에 따라 여러 의미를 가진 형태로 변한다고 하였고, 질서와 균형의 산실로서 이해하였다.

근대의 도덕적 이상을 집대성한 철학자 칸트Kant도 그의 저서『판단력과 비판』에서 "자연은 예술처럼 보일 때에 아름다우며 예술은 자연으로 보일 때에 아름답다."라는 신념으로 "자연미에는 아름다운 대상이 있고 예술미에는 대상의 아름다운 표현방법이 있으며 이상미라는 것은 아름다운 대상의 아름다운 표현에 있다."라고 하였다.

그림 1-5 레오나르도 다빈치의 스캐치(15세기)와 인간이 시도한 초기 비행체(flying form)인 오토 릴리엔탈(otto lilienthal)의 행글라이더(19세기) 및 AEA Aerodrome No.3 'Jung Bug'(19세기)

빅터 파파넥Victor Papanek은 "유행을 타지 않고, 영원히 그런 일과는 거리가 먼 하나의 주제가 있다면 그것은 바로 자연이다."라고 하였다.

가일러V. V. Guyler는 그의 저서 『자연과 디자인』의 머리글에서 "자연은 젊은 아티스트에게 매우 중요한 법칙을 제공한다."라고 하여 미의 기준과 요소를 자연 속에서 발견하고 해석하였다.

조형창조의 묘사, 재현, 모방에 대해 브루노 무나리Bruno Munari는 "자연을 묘사하는 것은 하나의 과제이며 자연을 이해하는 것은 또 다른 과제이다."라고 표현하였다.

그림 1-6 레오나르도 다빈치의 인체형상과 카사 바트요 주택의 굴뚝 – Antoni Gaudi 디자인

(2) 형shape과 형태Form의 개념

형shape

형이란 선에 의해서 둘러싸여진 평면적 공간인 2차원적 영역을 뜻하며, 외형적인 모양silhouette, outline을 가리킨다. 이것은 외형의 각과 위치를 결정하는 축에 의해 만들어지고 내부에 있는 공간으로 표현된다. 형이란 개념적으로 길이와 폭의 차원dimension을 갖고 있지만 부피나 깊이는 갖지 못하고 있다.

형태Form

형태는 물체의 생김새, 형상, 형체를 구성하는 각 부분의 질서를 형성함으로써 완전히 통일, 통합되어 있는 입체를 의미한다.

형태는 고유의 시각 특성인 위치, 방향, 공간, 크기, 색, 재질, 중량감을 갖고 있다. 모양이란 형태의 주요한 자체적 특질이고, 꼴생김새, 됨됨이은 형태의 표면과 모서리의 조합으로서 얻어진 형상을 의미한다.

이러한 형태는 여러 가지 뜻으로 사용되며, 넓은 의미로는 도형이나 물체 등의 시각적·공간적·직관적인 형상을 말한다. 즉 형태라는 의미는 생긴 모양을 말할 경우에 쓰이고 상태, 자태, 모습, 부분의 배열과 같은 특징을 지니고 있는 것이다.

돋보기

• 모듈시스템
단위별로 분할·해체·재구성이 가능항 형태의 체계

그림 1-7 다면체형을 응용한 입체구성 사례와 주택의 모듈시스템

형태는 공간의 요소와 함께 구성과 구조가 서로 밀접하게 관련이 있어 큰 역할을 한다. 그것이 조형과정에서 어떠한 방법으로 결합하는가의 문제는 디자이너, 조형 연구가에게 기본적으로 요구되는 상상력과 응용력만큼 중요한 내용이 아닐 수 없다.

표 1–1 형태의 유형별 구분

유형	개념
• 자연형태	• 현실로 존재하고 있는 비인공적인 형태
• 이념적형태 순수형태	• 이념적·관념적 ideal 인 형태로서 기하학에 속하는 도형
• 기하학적 형태 추상형태	• 자연법칙에 의한 수리적 형태로서 자연의 형태에 반대되는 개념과 대상의 비재현적 요소가 있는 추상형이며 매우 강한 질서를 갖는 규칙적인 것으로 단순명쾌한 형태
• 비기하학적 형태 창의적 형태	• 자연적인 모양으로 다시 돌아가는 방식으로 변형된 형태 • 창의적 미의식에 의하여 연구된 개성이 강한 형태
• 인위적 형태 창의적 형태	• 조형예술적 artificial, 디자인적, 구조적, 기능적, 기계적인 인공형태 processed form
• 구조적 형태	• 3D프린팅과 같은 융합적 접근과 필요에 의한 구조적 structural, systematical 형태
• 가변적 형태 비고정적 형태	• 모빌 mobile 과 같은 바람, 힘의 균형, 추에 의해 움직이는 형태
• 가상적 형태	• VR, 디지털영상, 멀티미디어, 전시체험, 공연예술 분야에서의 시각문화콘텐츠 기반의 다차원적인 형태
• 불가능한 형태 모순도형	• 시각적·평면적으로 존재하지만 실현화될 수 없는 형태

돋보기

• 모빌
바람에 의해 움직이는 자유로운 조각형태

• VR virtual reality
컴퓨터를 이용해 만들어진 가상현실

그림 1–8 불가능한 형태의 모순도형 (평면에서만 존재함)

그림 1–9 정사각형에서 정원에 이르기까지의 형태의 단계적 변화

그림 1-10　삼각형에서 정원까지 연속되는 형태의 단계적 변화

그림 1-11　삼각형에서 정사각형으로 연속되는 형태의 단계적 변화

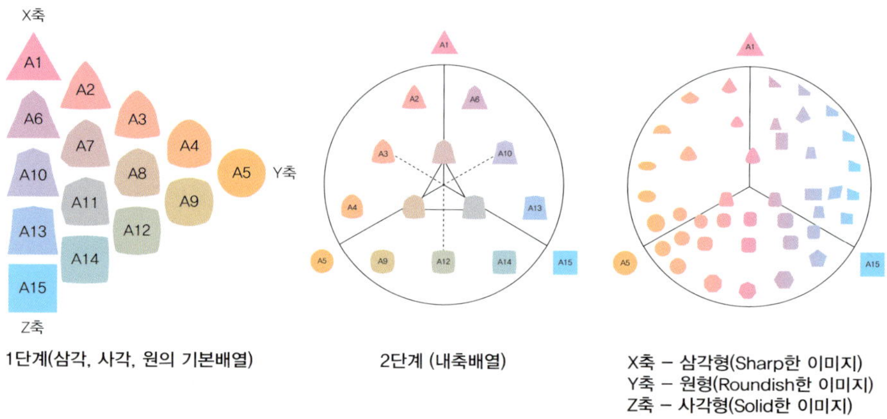

그림 1-12　기본형에 의한 배열(X, Y, Z축에 의한 자리매김 mapping) A1~A15

세 개의 기본형 즉 사각형·삼각형·원은 공간에서 3개의 방향으로 특정지어 지는데, 사각형은 수평·수직적이며, 삼각형은 사선적, 원은 순환적이다. 또한, 기본형도 끝없이 반복되는 운동을 하며 한쪽 끝으로 시선이 향하는 하나의 긴장된 움직임을 느끼게 한다. 예:유선형, 조개형, 육각형, 달걀형

이와 같은 형태를 잘 살펴보면 하나의 윤곽선이 시각적 관점과 주의를 끌며 연속적으로 변화되어 오는 동안 이와 동시에 형태가 인식되어짐을 알 수 있다.

그림 1-13　기본배열 체계로 이루어진 찻주전자의 형상적 분포도

2. 디자인 조형과 조형성

예술과 공예, 디자인을 논할 때 '조형'과 '조형성'이라는 단어가 자주 사용되고 있지만 이 단어가 지니는 의미는 매우 다양하다. 20세기 초의 경험철학에 의거한 대표적인 심리학자·교육학자인 듀이John Dewey는 "모든 인간은 창조적인 기능을 소유하고 있다."라고 하였는데 이는 예술적 표현 활동, 조형 제작 활동의 주체가 되는 인간이 예술표현 의지를 가지고 대상object으로서 객체화독립적으로 움직이는 데이터에 의해 시스템이 구성됨하는 과정이 재료와 가공기법에 의한 창의적 표현활동이라고 생각한 것이다. 즉, 새로운 조형을 의식한 조형 계획은 그 자체가 일종의 창조가 되며, 이는 결국 조형의 탄생으로까지 이어진다고 할 수 있다.

역사적으로 19세기 인상파로부터 시작되는 〈유기적 조형표현〉은 자연주의에서 시작된 서정성을 갖게 되었고, 20세기 입체파의 기하학적 추상세계의 전개는 구체성이 없이 많은 신의 존재를 인정하고 믿는 요소가 가미된 〈무기적 조형표현〉으로 발전되기 시작하였다.

인간은 대상物을 〈형태 짓는〉 일 속에서 그 행위의 전제로서 여러 가지 조형 연구 방법을 시행하여 왔다. 형을 발견하는 방법, 실험하는 방법, 사고하는 방법 등을 생각해 내고 어떻게 적응해야 할 것인가를 고려하며, 생활, 산업, 상품디자인 등 디자인의 역사 속에서 다양한 조형세계를 창조해 온 것이다.

그림 1-14 설원에서의 스키 활강 자세와 풍력을 이용한 바퀴가 있는 도로 위의 요트(yacht) 디자인

조형활동은 형태로서의 그 결과를 얻기 이전에 수많은 생각과 궁리가 연결되어 이루어지며, 새로운 만듦의 세계를 개척하는 실험이 되기도 한다.

조형의 형이란 형과 형태를 의미하는 물체의 구체적 또는 막연하고 일반적인 대상 자체를 말한다. 이 용어는 예술, 디자인, 공학, 회화, 수학, 기하학, 건축학, 철학, 구조학, 물리, 생물학, 공공서비스 등의 인접학문 영역으로 연관되며 종교적 의미와 상징과도 관계된다.

이러한 조형작업의 기초를 이루고 있는 요소로서는 실제 눈에 보이지 않지만 존재하고 있는 것처럼 느껴지는 개념요소, the final appearance, visual language와 구성 전반의 시각요소가 있다. 또한, 조형작업은 꾸준한 조형감각의 훈련 및 시각언어의 경험을 필요로 하며 학습 지식으로써 개념과 그것의 복합적인 체계, 성질, 시각적 특성, 구성인자의 상호관계 및 공간효과 등과 같은 다양한 이해와 표현력을 통해 가시적으로 표현될 수 있다.

그림 1-15 정사각형의 평면이 부피를 지닌 종이학을 접어서 날리면 4차원 공간속의 오브제(object)가 됨

조형작품은 이미지Image에 대응하는 물object에 의하여 구체적으로 형상화되어 그 결과로 재료와 정신의 결합체로서 탄생된다. 이러한 결과를 위해서는 논리적, 분석적 전개과정을 통하여 물을 이해하고, 종합적인 것으로 해석하여 새로운 조형을 창출하여야 한다.

〈만듦의 세계를 개척하는 실험〉, 〈형태꼴의 짜맞춤〉은 수많은 생각을 구체화하는 태도와 접근의 결과가 수반되어야만 얻을 수 있다. 또한, 이것은 〈형태짓는 일〉의 체험으로서 더욱 가능하게 된다.

조형하려는 의지intention, purpose, 그것은 곧 예술이며 디자인의 시작이라고 할 수 있다.

즉, 조형이란 여러 가지를 종합하여 형체를 만들어 내는 것을 뜻한다. 이는 재료의 설정과 기법의 응용, 개발을 통한 모든 창조적 표현 활동이 포함되며 하나의 기능 아래 통일된 의도가 깔려있다. 이처럼 조형은 인간이 일정한 목적을 효과적으로 달성하기 위하여 물질적 재료를 가공하거나 형성하여 공간적으로 표현한 결과이며, 기술에서부터 형태 짓는 것에 대한 모든 것을 광범위하게 포함하고 있다. 원래의 의미는 독어의 묘사하다Abilden, 만들다Ein bild machen bilden이며 영어는 형뜨기Mo(u)ding, 모델링Modeling, 형상부여Form giving, 조화적 배치, 구조, 형상Conformation, 형식화작업Formalization, 조각하기Carving or Sculpturing 등으로 표기한다.

돋보기

- 오브제
  형태, 모양, 형상, 대상, 물체, 형체, 모델
- 4차원 공간
  시간과 공간을 초월한 공간, 상상의 공간

조형활동은 그 관계가 미를 판단하는 기본이든 직접적 경험이 없는 사물의 개념이든 간에 연구적인 접근 태도가 필요하다. 여기서 말하는 연구적인 접근 태도란 의도적으로 관찰하는 것만을 일컫는 것이 아니며, 체크리스트Check List에 의해서 모두를 만족시킬 수 있도록 '형태 짓는 것' 또한 아니다.

이것은 자유로운 발상이면서 동시에 개성적이어서 미래의 행복한 세계를 예감할 수 있는 것이어야 한다. 연구적인 접근 태도를 가진 디자이너는 생생하고도 준엄한 사상을 조형을 통하여 구체화 할 수 있다.

이런 구체화 과정은 무엇이 문제인가를 발견해 내고 그 해결책으로서의 아이디어를 제시해야 하는 새로운 '만듦'의 세계를 개척하는 실험이기도 하다. 이러한 해결책의 제시나 실험은 구체적인 형체를 나타내는 행위로써, 기술적 측면이 뒷받침되지 않으면 안 된다. 생각하고 인지하고 만져보고 발견하는 접근의 태도가 조형의 연구이며, 그 연구 내용은 새롭게 전개되어야 한다.

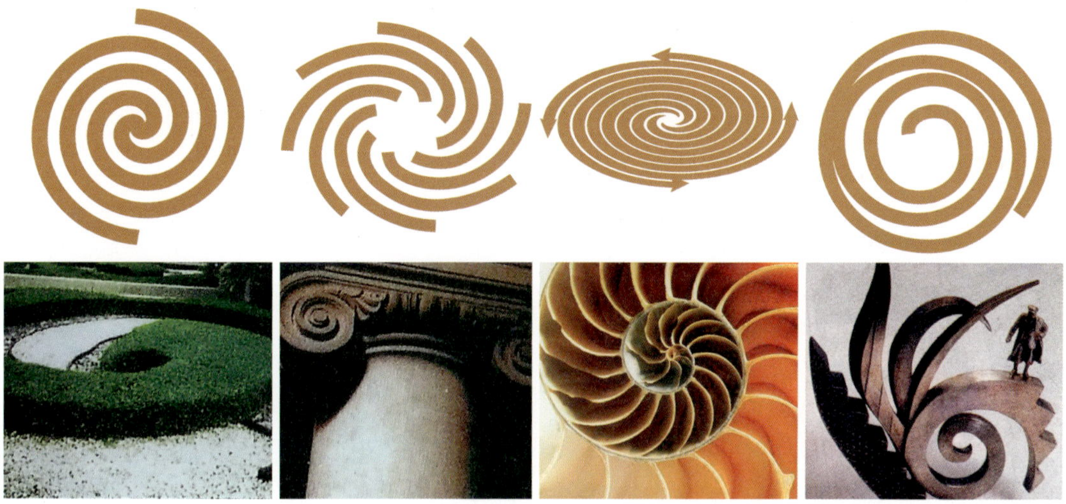

그림 1-16　와선의 종류와 응용사례인 정원, 기둥 및 앵무조개의 단면과 주얼리 작품

창조적 표현 활동을 형성하는 조형예술은 새로운 가능성에 대한 탐구이므로 상상력, 기술력, 응용력, 독창력이 무엇보다 요구되는 분야이다. 막스 빌Max Bill은 이러한 내용을 수학적 개념과 형태로서 파악하고자 시도하였다.

한편, 자연의 원칙과 힘을 인식시켜 준 현대의 조각가 무어Henry Moore는 그 특성을 재료연구, 자연의 관찰돌·바위·뼈·나무 등, 시각표현이라는 3차원적 실현으로 해석하여 조형예술에 반영하였다.

조형 분야에서 활동영역이 매우 광범위한 스위스의 건축가이자 디자이너인 막스 빌Max Bill은 조형의 기초가 되는 구성원리를 추구하고 추상예술비재현적인 예술, abstract art의 전개에 기여하였다. 또한, 스위스의 물리학자 프리츠 츠비키Fritz Zwicky는 새로운 형태학법칙성을 탐구하는 생물학, morphology을 제안, 물체와 의미라고 하는 두 영역의 비교학으로 형태 및 구조의 특징을 취급하고 이것을 미적인 영역의 창조 과정에 응용한 작가이다. 그는 이러한 연구방법을 도입함으로써 조형활동 과정에서 객관적인 판단논리적 판단을 정립할 수 있었다.

예술은 인간이 만드는 하나의 질서요, 구성이며, 형태이므로 선, 형태, 표면구조, 색채 등의 여러 요소들은 기술과 더불어 형상화하는 데 재료가 필요하며 기법의 역할은 필수적이다.

예로부터 인간은 서로 다른 환경 속에서 가공한 재료를 조형재료로서 응용하여 조형활동을 해왔다. 조형활동은 새로운 소재의 인식으로 시작해서 기능의 발견과 창조를 통하여 많은 작품이 만들어지기 때문이다.

이러한 조형작업의 기초적인 조형요소를 살펴보면 평면디자인의 기본적인 요소인실제 눈에 보이지는 않지만 존재하고 있는 것처럼 느껴지는 개념요소, 눈에 보여지는 것이며 디자인의 최종단계인 외양appearance & fixtures을 꾸미는 시각요소가 있으며, 구성 전반의 내용적인 상호관계를 좌우하는 구조요소가 있다.

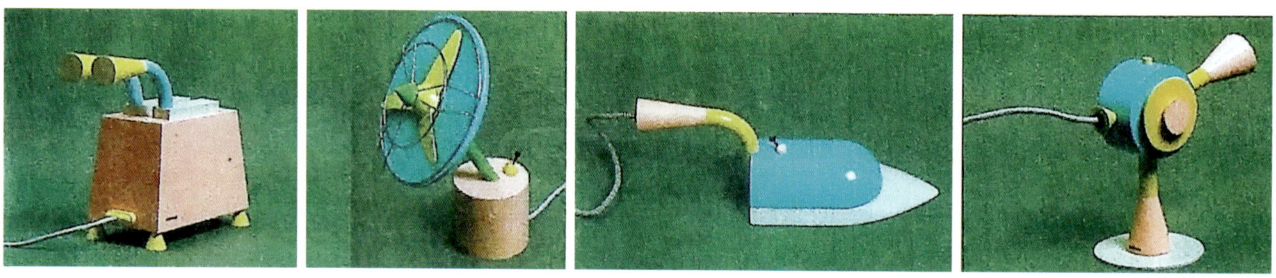

그림 1–17 멤피스(mamphis) 디자인 스타일의 생활기기 – Michele de Lucci 디자인

구체적으로 개념요소는 점·선·면·양의 요소이고, 시각요소는 위치, 방향, 공간, 중량감의 요소이며 구조요소란 정점, 모서리, 면의 요소로 지칭할 수 있는데, 이들 요소의 변화에 따라서 입체조형의 기능과 역할이 다양하게 전개될 수 있는 것이다. 〈그림 1–18〉 즉, 조형의 가장 기본이 되는 형태가 갖는 여러 가지 형태의 변화, 위치와 방향의 변화, 구조적인 기교, 공간의 활용, 모서리, 면, 정점의 처리, 접합관계, 반복에 따른 변화 및 색채와 함께 재료의 사용을 통한 기초조형의 전개가 가능하게 되는 것이다.

돋보기

· 멤피스

현대의 획일적인 표현과 달리 과감한 색채와 위트가 넘치는 디자인 운동으로 소트사스Ettore Sottsass가 대표적인 디자이너임.

그림 1-18 조형작업의 기본요소

새로운 창조물의 형성에는 그것을 만드는 목적과 형태가 가장 중요한 역할을 하는데 이러한 형은 수많은 의미와 방법을 통하여 만들어지게 된다.

조형이란 형을 만드는 행위이므로 재료체험을 위해서 개념적이며 일상적인 지식에 의존하는 태도를 버려야 한다.

반면 실용조형은 기능적·시각적 구성개념의 디자인과 관련이 많다. 디자이너는 자신의 디자인 가치관과 경험 및 감성을 통하여 공공환경, 산업제품, 상품화 제품 응용으로 이용자 요구를 충족시켜야 하기 때문이다.

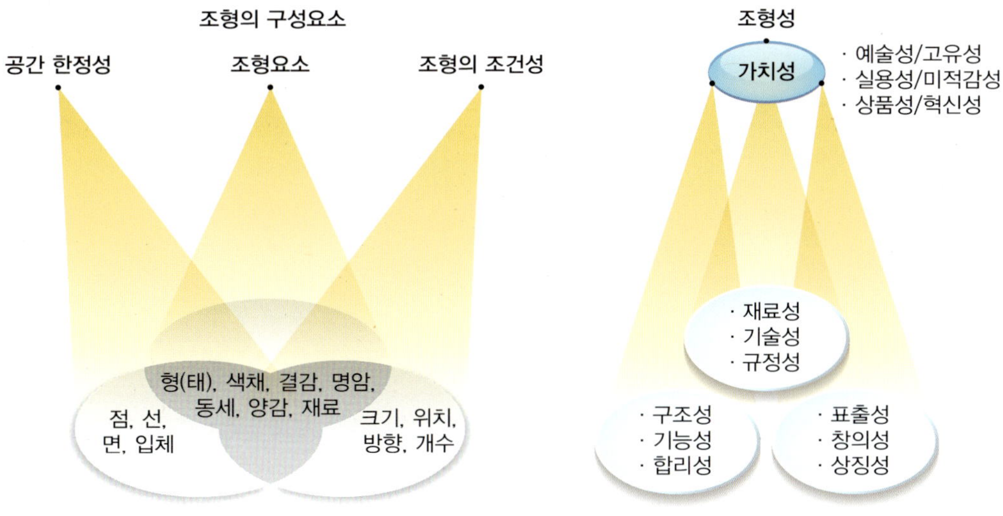

그림 1-19 조형의 구성요소와 조형성

조형성은 미적표현 수단의 역할 뿐만 아니라 조형의 형식, 본질을 구성하고 있는 내용이 지닌 존재, 실체에 대한 본래의 구조, 체제, 이념, 질서, 양식을 접목시키는 특성을 지닌다.

또한, 개개인의 미의식인 '개성'도 구체적인 재료에 의한 형태로 나타나는 표현이므로, 재료의 잠재된 가치와 용도를 발굴하는 기술적인 힘은 바로 창조적 작업의 중추적 역할을 하는 것이 된다.

일반적으로 조형을 위한 가능성은 새로운 소재의 인식으로부터 시작하여 기능의 발견 및 창조 활동으로 많은 작품을 만들어 왔기 때문에, 실험을 통한 재료의 응용도 함께 연구되어야 새로운 조형세계를 개척할 수 있다.

디자이너는 자신이 직접 재료를 조사하고 체험하는 가운데 그 재료의 성질을 파악하고 표현 가능성을 경험함으로써 창조적 응용 능력이 배양된다. 창조란 고정된 개념이나 선입관념 또는 틀에 박힌 기법이나 모방을 탈피하는 데서 시작되기 때문이다.

그러므로 조형작품은 이미지에 맞는 조형활동의 분석적 전개과정을 통하여 종합적으로 창조되어야 한다.

이러한 기초적인 조형활동에 대한 일반적인 정의와 목표는 "조형이념에 의한 창조적 표현 활동을 통해 형태, 기능, 구조의 기초적 입체감각을 경험토록 하며, 재료의 실험과 기법의 개발을 통해 그 표현 가능성을 스스로 발견하고 이해하는 것"이다.

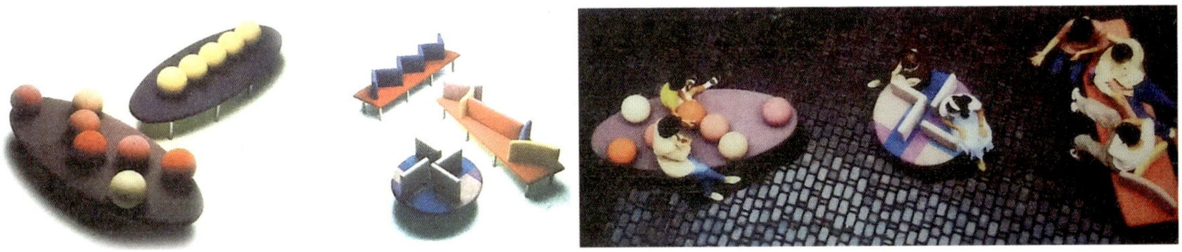

그림 1-20 공공서비스를 위한 대화형 의자 – street furniture 디자인(일본)

돋보기

• 대화형 의자

공공장소, 도시공간과 같은 옥외에 설치되는 가구, 설비, 가로시설물

구성적 요인과 공간적 의도를 포함한 조형실습과 점토, 목재·플라스틱·금속 등을 사용한 작품제작을 통하여 재료의 특성·가공기술을 습득하고 입체적 조형 능력을 양성하기 위한 규정 사례는 다음과 같다.

- 조형의 기본 원리 파악과 실천을 통한 조형 능력 향상 및 입체의 시각적, 구조적인 형태학습에서 기본적인 구성요인을 이해하여 표현력, 공간의 양, 형태구조, 재료 고유의 특성 이해

- 관찰을 통한 대상을 화면상에 표현하고 그 의미를 파악하며 기초적 통찰력, 묘사력 배양 및 구조인식
- 순수 조형의 요소와 원리에 의한 형태 창조감각 및 시각언어의 경험
- 기능과 통일된 형태의 모델링 경험
- 창조의 자유가 지닌 조형요소의 활용과 기본원리 추구
- 공간 및 3차원 요소에 대한 감각 증진 및 균형 연습
- 짜 맞춤에 의한 꼴생김새의 특성 이해
- 재료의 실험과 기법 개발을 통한 표현의 문제 분석
- 형상화 계획과 샘플 제작
- 형태의 기본이나 구조, 재료연습material training과 구조연습construction training
- 작품의 제작 가능성과 질감texture 연구를 통한 조형의 원리를 발견

돋보기

- 질감
  재료의 표면에서 느낄 수 있는 촉감

2. 디자인 어떻게 변화하는가

1. 디자인 개념과 패러다임 변화

돋보기

- 패러다임
  고정관념이나 인식체계를 벗어난 새로운 사고방식이나 가치관

디자인이란 이미지의 구체화 과정이며 그로 인한 결과물이다. 그것은 사용자의 요구와 필요성을 충족시키기 위한 수단과 방법이며 가치적인 일이라고 할 수 있다.

기본적인 정신활동으로서의 이와 같은 의미는 인간행동의 모든 영역을 포괄시켜주는 것으로 생활에서의 신선함을 불러 일으키며 세련되게 해주는 힘을 지니고 있어야 한다.

그러므로 디자인은 인간에게 질서를 제시하며 생활을 윤택하게 하는 서비스이자 동시에 즐거움을 주는 원초적인 목적을 가지고 있다. 또한, 디자인은 상품 가치가 될만한 브랜드의 특성을 지니고 있다.

이러한 디자인은 타 조형예술 분야와 마찬가지로 형태, 색채, 표면처리, 기능성 등과 같은 내용적 요소와 함께 촉각적, 물리적, 시대적, 시공간적인 일시적인 유행fad, 트렌드trend, 문화, 기술응용에 대한 이해를 필요로 하게 된다. 디자인의 본질, 기능, 기법에 관한 모든 대상은 디자인론에서 다루어지며 이것에 관한 문제를 연구, 또는 증명하는 것은 응용심리학, 공학, 마케팅, 감상 및 평가, 감성의 생활적용과 연관되어 연구된다.

디자인의 목적은 환경을 개선하는 최선의 방법이며 인간의 사고 또는 욕구를 위해 새로운 서비스를 추구하는 일로써 하나의 모델과 형태의 연출을 포함한다.

그러므로 디자인은 인간과 환경 사이에 놓여진 관계의 변화에 대치하기도 하고 변화를 일으키기도 하고 변화의 원인이 되는 것이다. 즉, 생활 속에서 떼려야 뗄 수 없는 가장 중요한 요소 issue 중 하나로, 의미 있는 질서와 가치를 창조하려는 의식적인 노력이라고 정의할 수 있다. 따라서 디자인은 변화하는 새로운 패러다임paradigm을 위하여 수행하는 모든 행위를 포함하고 있는 것이다.

디자인 개념은 종류에 따라 차이가 존재하며 이것의 언어적 정의는 어떤 대상이나 매개체 등에서 공통되는 것 또는 일반적인 것을 추출한 의미를 나타낸 것이다.

이러한 개념은 학문적·이론적 근거 제시 및 연구내용이나 의미 해석에 적용되는 생각, 아이디어, 신념과 같은 뜻으로 표현의지와 의도intension & inducement 및 스토리텔링storytelling과 같은 것이다.

구체적인 정의는 다음과 같이 요약될 수 있다.

돋보기

- 개념
  어떤 사물이나 현상에 대한 일반적인 지식, 내용, 의도, 공통적인 요소, 의미를 뜻함.

(1) 방법으로서의 의미

① 필요를 충족시키기 위해 사용되는 모든 수단과 방법

② 스타일, 취미, 성능 등에 대해 상대적으로 판단되는 가치

③ 인간적인 행복감을 확대하는 이유와 방법

④ 시간적, 공간적으로 유용한 접근 또는 행동

(2) 과정으로서의 의미

① 인간과 사회의 물질적이고 정신적인 요구에 대한 실제적인 과정

② 행동 계획의 발전과 실천

③ 보다 나은 질서를 더욱 요령 있게 실현하는 행위

④ 어떠한 문제에 대한 해결점을 찾아내는 것

⑤ 새로운 조형정신과 미의식의 창조적 전개

⑥ 문제 해결 과정 및 그 결과

⑦ 문명의 질서나 가치 형성

(3) 형태로서의 의미

① 제품을 만들어 가치를 창조하는 계획과 활동

② 상품 그 자체 내지 그 상품을 만들기 위한 아이디어의 집합체

③ 예술과 아울러 인간생활에 밀접한 조형의 대상물

④ 생산제품과 제품시스템으로 개발된 결과물

⑤ 목적, 소재, 구조, 미적 표현, 생산수단, 수송성 등 구성 요소들의 집합

⑥ 아름다움을 위한 조화와 균형의 질서 체계 확립

⑦ 실용적·미적 조형을 계획하고 이것을 가시적으로 표현하는 것

⑧ 목표를 겨냥한 공공 시설물

⑨ 내용적 요소를 형식적 요소로 바꾸어 주는 것

⑩ 계획의 내용을 표시하는 것

⑪ 인간의 지혜를 모아 환경이나 생활양식을 만들어 낸 결실

인간은 약 1백 억의 신경세포로 구성되어 있으며, 이러한 인간의 특성에는 창조력creativity과 독창성originality이 있다. 또한 인간이 가지고 있는 기능에는 흡수력absorbing power이 있다.

돋보기

• 사고thinking
생각하고 궁리하는 것, 개념, 구성, 판단 추리를 하는 인간의 이성작용

디자이너가 활용하는 창의적 전략인 디자인 사고design thinking는 복합적인 정신의 과정이며 개성적인 상상력의 활동인 것으로 디자인 사고의 방법에 대하여 랭거S.Ranger는『예술기호론』에서 "언어적 상징은 일정한 약속의 규칙에 기초를 둔 단위의 구성에 의한 논변적논리적 추론 형식을 가지고 있는데 반하여 예술적 상징은 전부 개성적이고 비논리적 형식을 가지고 있다. 예술은 일정한 규칙에 의하여 창작되는 것이 아니고 또한 일정한 단위로 나눌 수 있는 것도 아니며 언어로서 드러낼 수 없는 것을 끌어내어 표현하는 것이다."라고 말하였다.

사람의 표현의지는 대상의 의미를 함축적으로 전달할 수 있게 함으로써 자연에 존재하는 여러 형상뿐만 아니라 내적인 상징을 사용하게 되며, 심층적인 생각을 예술적으로 재창조할 수 있게 된다. 아이디어란 디자이너의 상상을 통해 사물의 이미지를 재구성하는 것이다. 즉, 그것은 형식에 대한 가능성의 탐구이며 모험이며 실험인 것이다.

표 1–2 디자인, 공예, 예술 구분

구분	디자인Design	공예Craft	예술Art
목적	소비, 서비스	실용, 감상	감상
조형특성	소비자 지향, 트렌드 선도	지역적	실험적, 개인적
기법	생산적, 공학적	전통적	미감적
프로세스	계획적	기예적	주관적

그림 1-21 디자인, 공예, 예술가구의 특성

디자인이란 개인이나 기업이 개발계획을 가지고 구체화하는 과정이며, 기법과 기술에 의해 목적에 맞는 모양으로 꾸미는 것으로 허버트 리드H.Read의 표현처럼 형태를 만들어내려는 의지will to be이며, 하나의 창조이고 예술의 존재이유이며, 인간의 경험과 상징이다.

그림 1-22 시각적 소통을 위한 동물의 동작연구와 베를린 역사박물관의 픽토그램(pictogram)
– Bruno Munari 디자인

돋보기

• 픽토그램
물체, 행위 등을 상징적으로 표현한 그림문자, 시각디자인

디자인의 기본적인 표현방법에는 실험적, 조형적, 사고적, 적응적 표현이 있으며 영역, 목적, 기능, 장소, 방법 등에 따라 다양한 종류가 존재하고 있다.

베르트하이머Wertheimer는 사고방식은 최적의 디자인 해결방안을 마련할 수 있으며, 새로운 방법의 응용을 통하여 접근하는 것과 끊임없이 사고, 인식하며 신념과 같이 생각하고 궁리하는 것은 합리적인 결론으로 도달하기 위한 출발점에 해당된다고 하였다.

즉, 심리학적 측면에서 디자인의 개념인 추리알고 있는 것을 바탕으로 알지 못하는 것을 미루어 짐작함의 형식에 대한 이해를 위한 것이며, 인지심리학의 기초를 정립한 『visual thinking』에서 형태심리학의 전통에 이론적 바탕을 둔 아른하임Rudolf Arnheim은 감각사고와 지각은 분리될 수 없다고 그 특질을 설명하고 있는데, 그 까닭은 그것들이 능동적 탐색, 선택, 추상, 관계 추출 등의 정신적 활동을 포함하고 있기 때문이라고 하였다.

이와 같이 사고thinking의 개념에는 개인의 가치관, 사상, 인식, 관점 및 기법, 응용 및 활동 계획, 접근태도가 기본적으로 존재한다.

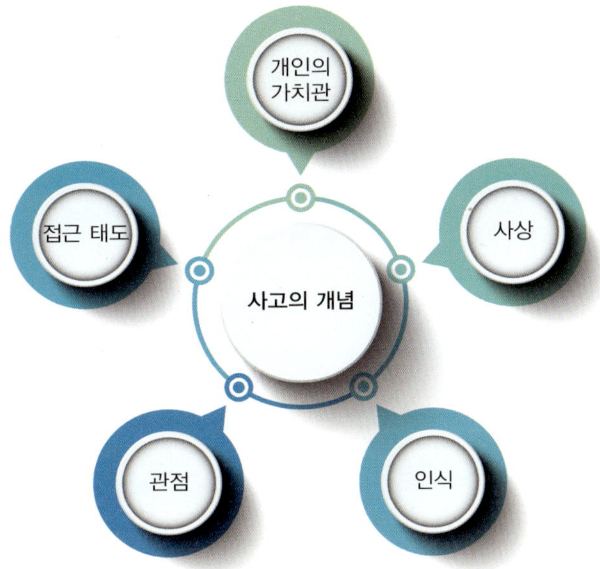

그림 1-23 사고가 지닌 의미론적 존재 요소

한편 찰스다윈Charles Darwin은 『인류의 기원』에서 "우리가 우리들의 사고를 통제하여야만 한다는 타당성이치에 맞는 정당성을 인식할 때 최고의 도덕적인 관계가 가능해진다."라고 표현했다. 이러한 사고는 기억에 저장된 어떤 상상을 구상하거나 판단하는 과정을 포함한다고 할 수 있다.

오늘날 디자인 문제에 있어서 합리적인 전개 과정을 수용하려는 태도는 긍정적으로 해석될 수 있다. 왜냐하면 디자인의 세계에서 주관적 경험에 의하지 않는 독창적인 사고가 없으면 발전이 어려우며, 또한 새로운 발견은 혁신적 사고를 통해 가능하기 때문이다.

디자인이란 디자이너의 생각을 최적화시킨 창조적 결과물이다. 디자이너에게 가장 중요한 기술의 하나는 창조적 응용이라고 할 수 있는데, 이러한 결과물은 합리적인 사고와 창조적인 사고의 통제와 배합이 적절히 조화를 이룰 때 가능해진다.

노먼 크로우Norman Crowe는 그의 저서 『Visual Notes』에서 "사고를 위한 배경은 극적으로 변하고 있으며 상황의 변화는 새로운 사고의 필요성을 일깨우며 끊임없이 진화한다."고 지적하면서 현대 세계의 부조화와 모순을 극복하고 단점을 보완하기 위한 예술적인 사고의 접근과 개발을 지적한 바 있다.

예술혼esprit의 전단계인 이미지는 독창적 사고의 필수적인 요소로서 결국 이것이 구체화된 예술은 그 존재가치를 실현한다.

아이디어는 생각, 관념, 느낌, 의도, 취향, 착상, 개념, 계획, 예감 등으로 해석되어지고 있는 단어다. 이러한 아이디어는 시각적 요소인 선, 도형, 색채, 그래프, 기호 등의 다이어그램diagram, 스케치를 통하여 언어로서 표현하기 어려운 관계를 묘사할 수 있다.

아이디어는 사람들을 스스로 깨우치게 하고 실행으로 옮기게 하기 위한 것으로 대부분의 새로운 정보지식은 기존의 아이디어에 대한 재평가를 해야 할 시기에 생기곤 한다. 기존의 것을 대체할 새로운 아이디어를 내는 데 가장 중요한 요소는 그 목적에 맞는 것이다.

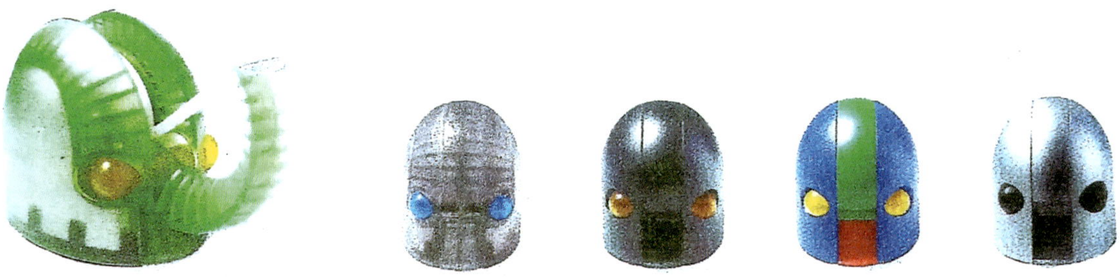

그림 1-24 코끼리 형상을 응용한 테이프 커터(tape cutter) 디자인

왜냐하면 아이디어는 '필요necessity, requirement'에 의해 만들어지기 때문이다. 모든 조형 행위도 바로 이러한 필요와 요구needs & wants의 과정을 우선으로 하고 있으며, 이러한 필요가 명확하게 인식, 설정, 분석되고 있는 정도에 따라서 아이디어의 풍부함과 현실성이 정해지는 것이다.

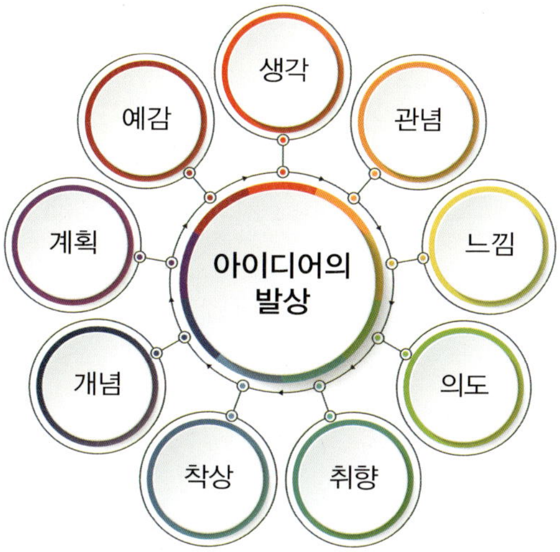

그림 1-25 아이디어의 발상과 의미

그림 1-26 시각적 사고에 의한 묘사 내용

디자이너는 아이디어를 보다 새롭고 재미있는 방향으로 발전시켜 나가야 하며 일상의 과정 속에서도 새로운 아이디어를 탐구하는 습관을 가져야 한다.

아이디어를 내는 데 있어서는 자유롭게 의구심을 갖는 것도 좋은 방법이다. 모든 방식은 절대적인 것이 아니기 때문에 반전과 같은 색다른 시도로서의 의도적인 접근이 한계를 극복하는 좋은 수단이 된다.

예를 들어 현실성이 낮은 생각도 독창적인 아이디어로 탈바꿈시키는 발견의 순간eureka moment이 올 수 있다. 경우에 따라서는 의외의 영역에서 재료의 다양한 접근과 상호작용으로 효과적인 해답을 내놓을 수도 있게 된다.

한결같은 생각에 비해 다양한 사고는 잠재된 아이디어를 재구성, 재해석하고 비판해 보는 데 중요한 몫을 차지할 수 있다.

답이 있는 수학적인 정의는 아이디어 처리를 용이하게 하는 반면 아이디어를 필요 이상으로 엄격하게 규제하여 자유로움과 유연성을 해치는 요인이 되기도 한다.

이러한 문제에 대한 이견으로 데 보노E. De Bono는 그의 저서『The Use of Lateral Thinking』에서 "논리학은 두뇌를 의식적으로 사용하는 유일한 방법으로 신봉되어 왔으며 동일한 수준의 생각이 새로운 아이디어를 낳고 계층간의 다른 생각은 그것을 발전시키는 방법으로 사용되어 왔다."라고 말하고 있다.

아이디어를 내는 방법에는 지름길이 없고, 질보다는 다양한 시도와 발견이 중요하며 불완전한 착상도 도움이 되므로 창조는 독창적인 개성과 관련이 있다. 상상이 과거의 이치를 분별하는 능력을 바탕으로 생겨나는 것처럼 창조 작용도 결코 무에서 유로 창조되는 것은 아니다. 어떤 목적의 실현을 위해서 과거의 기억이나 경험이 새로운 관계를 맺게 되므로 상상, 공상, 경험, 기억은 재료가 되는 중요한 역할을 한다.

상상이란 감각에 의하여 획득한 현상을 상징화하는 작용이다. 관심이나 기억은 현실의 경험에서 나오며 스스로의 자발적인 태도는 변화를 위한 디자인 활동에 긍정적인 역할을 담당한다.

예를 들어 구sphere라든가 원뿔원추형태과 같은 기하학적 형태는 보통 표면이 완전히 면으로 덮여 있다고 할 수 있는데 그 뼈대나 생성과정 등을 제작하는 것에만 치우치지 않고, 상상해서 스케치를 하며, 이미지를 연습하는 것은 사고력에 도움이 될 수도 있다.

일찍이 알베르트 아인슈타인Albert Einstein이 '인간의 능력 중 정말 유일하게 가치 있는 것은 직관통찰'이라고 언급했다. 직관intuition은 감각과 경험·연상·판단·추리 등 사유과정을 거치지 않고 대상을 직접 파악하는 것이다. 이처럼 직관은 내가 원하는 삶으로 이끄는 힘을 가지고 있으며, 엘프리다 뮐러 카인츠Elfrida MüllerKainz는 '직관은 내면에서 나오는 정신적 힘과 메시지'라고 하였다. 같은 의미를 지닌 통찰insight은 예리한 관찰력으로 사물과 현상을 꿰뚫어 보는 것, 주관적 경험, 정보의 정신적 조작을 통한 문제 해결, 사고, 고찰 등의 의미를 지니고 있다.

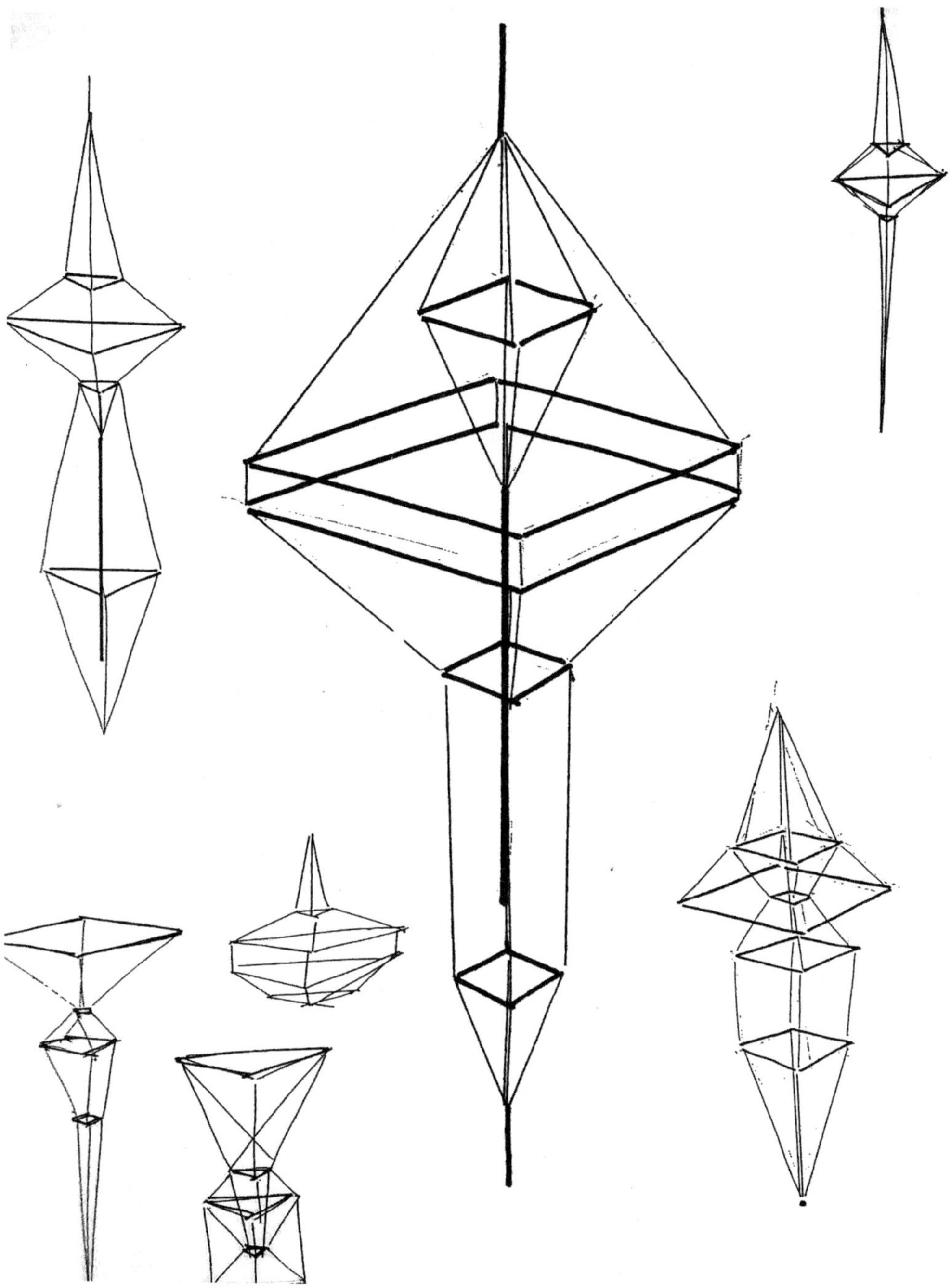

그림 1-27 매달기(stringweight) - Bruno Munari 디자인

〈그림 1-27〉과 같이 미적 영역의 본질로서 형성된 형태의 기발한 생각, 구상은 디자이너 개인의 감각을 갖춘 객관적 실물objectivity, modeling에 흡수된 존재를 의미한다.

그림 1-28 사고가 지닌 영감, 인식, 착상의 구조

(4) 디자이너의 역할과 책무

디자인은 디자이너의 행위, 과정, 형식, 장면scene, 가치, 문화, 콘텐츠에 대한 체계를 경험적, 실험적 실증을 통해 가치를 더욱 높이는 것이다. 오늘날에도 디자인 의미나 인식, 구성, 관계, 조건, 평가 등 관계를 따지고 효용성·쾌적성·안전성·환경성 등 최적의 해결안solution을 만들기 위한 노력을 하고 있다.

결국 예술·공예와 같은 조형창작은 혼esprit의 표상이며 디자인은 이것을 행복한 생활화와 품격있는 산업화로 변화시킨 것이다. 그러므로 소재나 기술, 제작, 유통, 서비스 등의 요소는 상품화의 범위와 한계에 대한 내용의 일부가 된다.

왜냐하면 이러한 것들은 상품을 위한 잉태의 고통과도 같은 창조과정이기 때문이다.

디자인만큼 자연과 인간 사이에 지속 가능한 균형을 찾기 위하여 여러 가지 개념과 수단을 제공하는 분야는 흔치 않다. 왜냐하면, 디자인은 사회·문화적·산업적 현상의 가치구실에 따른 생활장면life scene을 예의 주시하며 최적의 대안들을 제안하기 때문이다. 아울러 국제질서 속에서 디자인 관련 산업을 보호하는 디자인보호법은 그 중요성이 날로 더해가고 있다.

1883년 공업소유권 보호를 위한 파리국제협약을 시작으로 우리나라의 디자인보호법은 1961년 법률 제 951호로 제정되어 디자인의 보호 및 이용을 도모함으로써, 디자인 창작을 장려하고 산업발전에 이바지하여 국가의 문화, 창조산업 발전에 힘을 싣고 있다.

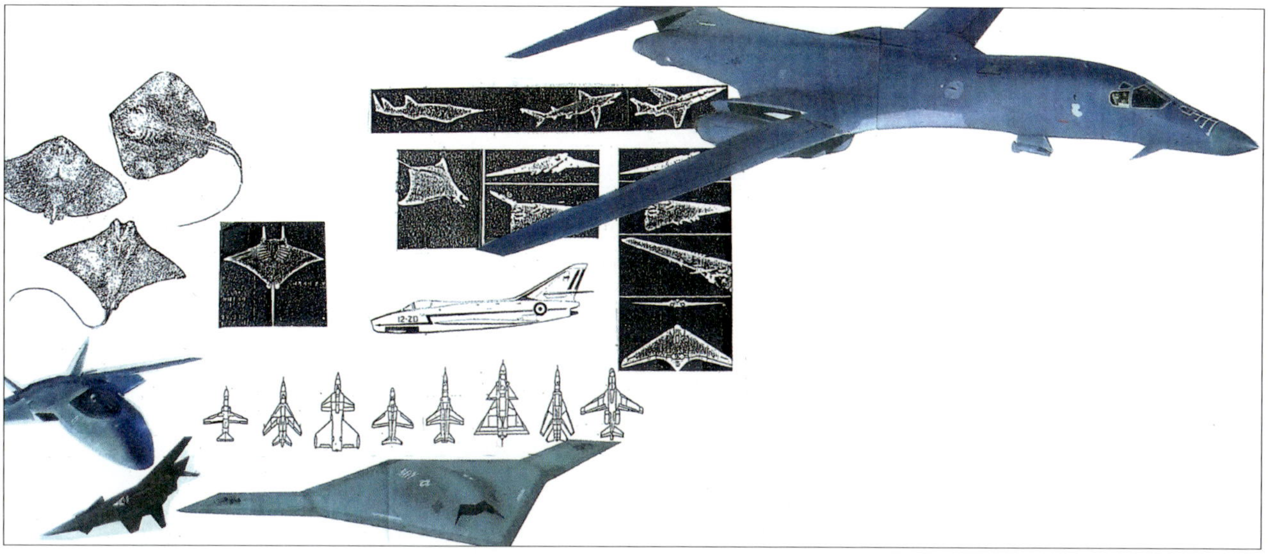

그림 1-29 항력과 추진력을 지닌 상어와 가오리 형태의 프로토타입(prototype)과 최신 전투기의 형상 이미지에 대한 형태 유형전개

돋보기

• 프로토타입
원초적인 형태, 견본, 시제품, 원형 산업디자인에서 주로 사용함.

디자인은 직접적으로 경험하지 못한 대상들의 형상을 실체화하는 과정이며, 주변환경과 인간행동 양식 등이 새롭게 탄생, 변화, 정착된 것이다. 디자인보호법에서는 디자인을 형태성, 시각성, 심미성을 가진 대상물로 정의하고 있으나, 궁극적으로는 디자인의 기능, 조형, 콘셉트, 디자인경험, 사용성 등도 함께 포괄한다.

아울러 급속도로 변화하는 현대의 디자인 기술을 함께 적용시켜야 하는 다양한 요구들이 증가할 것이므로 디자인의 정당성 확보를 위한 여러 가지 문제는 융·복합적인 요인에 크게 영향을 받지 않을 수 없다.

디자이너가 지녀야 할 디자인 가치성이 인간생활과 산업, 문화, 사회, 창조활동에 기여하며 하나의 통일체로서 완성시켜야 하는 과제를 안고 있기 때문에 스스로의 능력과 위상 앞에서 끊임없는 부끄러움과 반성을 되풀이하여야 한다. 따라서 논리적 분석logical analysis, 방법의 향상method improvement, 경험self experience 만으로는 해결할 수 없는 인간을 중심으로 한 상품철학과 최적, 최선, 최고의 새로운 부가가치 창출과 같은 문제 해결 의무를 지녀야 한다.

따라서 디자이너가 이러한 과제를 해결하기 위하여 디자인 가치valueware, 디자인 조형imageware 탐색, 디자인의 인간화humanware, 디자인 콘텐츠contentsware 창안, 디자인 트렌드trendware 선도, 디자인 브랜드brandware 구축, 디자인문화cultureware 체험, 디자인 장면sceneware 공유, 전문적 가치관sense of self identity과 함께 다양한 학문적 지식과 경험, 표현에 대한 열정이 있어야 한다.

왜냐하면 지금의 디자인 패러다임은 기능 중심 미학미의 본질과 구조에서 인간의 기호즐기고 좋아함를 만족시키고 자연과의 조화를 추구하며 소비자의 기호와 가치 변화를 끊임없이 확인, 소비자요구needs에 부응하고 미래 신생시장emerging market, 국제시장에서 경쟁력이 갖추어진 제품 및 서비스를 혁신적으로 개발해 나가야 하기 때문이다.

2. 문화콘텐츠와 문화산업 디자인

문화는 인간이 내적으로 완성되어 가는 과정이며 생활현상이나 이념에서부터 민족 고유의 정체성참모습에 이르기까지 그 의미와 영역이 매우 광범위하다. 레이몬드 윌리암즈R. Williams의 정의에 의하면 문화는 "정신적·심미적 개발의 일반적인 과정인 지적인 행위나 활동"이다. 이것에는 자율성·독창성·다양성·종합성이 있고 유형적으로는 일정한 도구나 시설을 뜻하지만 개념적으로는 본래부터 가지고 있는 현실을 중요하게 여기는 속성을 지닌다.

문화는 사회를 구성하고 있는 모든 요소의 상호작용에 의해 재창조된다. 즉, 문화가 성립되는 과정이 인간의 일상생활에 기인하므로 생활문화 측면에서의 소비는 생활의 만족을 가져오므로 소비의 욕구를 충족시켜 주는 디자인은 인간고유의 생활문화 형성과 연관이 깊다.

이와 같이 디자인과 문화의 개념은 동질성과 유사성을 함께 갖고 있을 뿐만 아니라 말 그대로 디자인이 곧 문화라고 할 수 있으며 구체적으로 '문화가 있는culture embodied 디자인' 또는 '문화산업디자인'으로 표현할 수 있다.

산업과 밀접하게 연관된 문화디자인은 사용자의 만족을 증진하는 가치뿐만 아니라 산업의 초고속적인 발전을 가져오고 있는 디자인과 문화에 의한 지식창조 활동에도 새로운 영향요인이 되고 있다. 그러므로 문화산업디자인이란 생활에 필요하거나 도움이 되는 가치 충족의 수단이다.

따라서 문화는 인간의 감성과 정신적 활동을 나타내는 지식이며 아름다움에 대한 의식이고 가치관을 뜻한다. 즉, 문화는 인간 활동의 종합적인 결과 축적이며 인간과 자연환경과의 생활양식을 함께 구성하는 환경적 존재와 모든 가치를 포함한다.

새로운 생활환경과 과거의 정보산업사회 시대에는 물질적 생산력이 부와 경쟁력의 원천이었고 문화산업은 일상적인 삶의 부수적인 존재였다.

그러나 디지털산업의 도래와 패러다임이 변화함에 따라서 문화산업디자인은 생산력과 경쟁력을 갖추기 위한 기본이 되었고 산업과 국가의 미래를 결정하는 데 있어서 물질적 요소들보다 더 중요한 척도가 되고 있다. 생활 속에 살아 움직이는 문화산업디자인이 강조되면서 문화를 산업화하고 상품화하기에 이르렀고, 문화 그 자체를 생산요소로 보고 경쟁력으로 인식함으로써 하나의 새로운 상품이 되었다.

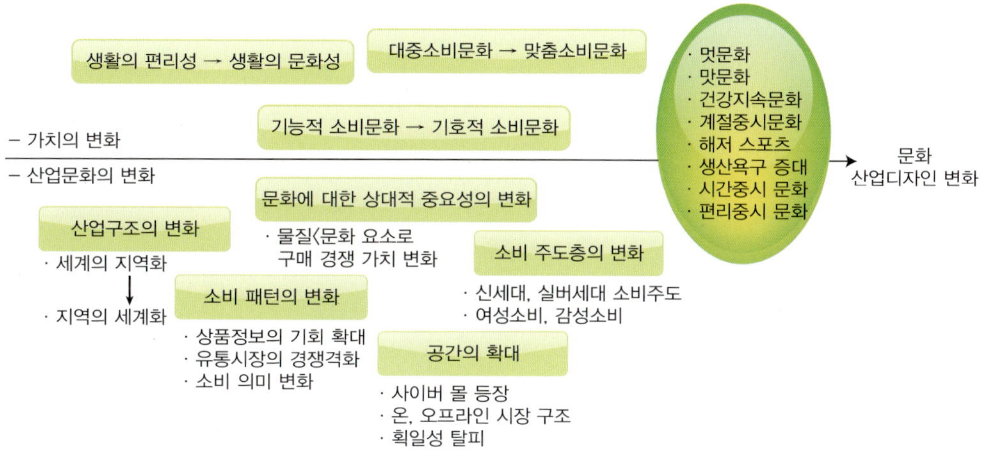

그림 1–30 생활과 문화 트렌드 변화

따라서 고객 라이프스타일 연구를 통한 미래생활 시나리오 구축과 급속히 변화하는 디지털 트렌드 분석을 통해 가치를 선도해 나가야 한다. 〈그림 1–31〉에서처럼 미래 생활문화 장면의 새로운 트렌드를 창출하여야 한다.

그림 1–31 미래 생활 장면 (life scene, life soft)

'콘텐츠'는 영어 단어 콘텐트content의 복수형이다. 사전적 의미로는 단수형인 content는 추상적인 의미나 성분의 양을 표시하고 복수형은 대개 구체적인 것을 뜻하며 일반적으로는 내용이나 목차를 가리킨다. 그러나 일반적으로는 '문화콘텐츠기술'은 'culture & content technology'로 표기한다.

각종 유무선 통신망을 통해 매매 또는 교환되는 디지털화된 정보의 통칭에 해당되는 콘텐츠는 서적이나 논문 등의 내용이나 목차 또는 인터넷이나 PC통신을 통해 제공되는 각종 프로그램이나 정보 내용물, 비디오테이프, CD 등에 담긴 영화나 음악, 만화, 애니메이션, 게임 소프트웨어 등이 모두 포함된다.

문화콘텐츠가 정책적으로 주목받는 이유는 고부가가치 산업이 될 수 있고 미래의 신성장 동력이 될 수 있기 때문이다. 문화콘텐츠진흥원은 '경쟁력을 결정하는 데 있어서 중요한 척도가 되는 문화콘텐츠의 기획, 제작, 유통, 소비 등과 이에 관련된 산업으로 영화, 게임, 애니메이션, 만화, 웹툰webtoon, 캐릭터, 음악/공연/뮤지컬, 인터넷/모바일콘텐츠, 방송 등'으로 정의하였다.

즉 실천practice을 통해 끊임없이 생성되며 또는 재확인되거나 변형되는 문화콘텐츠란 곧 문화의 원형original form+archetype 또는 문화적 요소를 발굴하고 그 속에 담긴 의미와 가치원형성, 잠재성, 활용성를 찾아내어 전달 매체on-off line에 결합하는 새로운 문화의 창조 과정이다.

이와 같은 문화콘텐츠 분야는 새로운 응용학문 분야로 주목받고 있으며, 그 특성은 '다양한 학문의 통합성과 여러 가지 문화가치의 창출, 그리고 시간과 공간을 초월한 활용성'이라고 정의할 수 있다.

그런 의미에서 문화콘텐츠는 '실용학문의 중심hub'인 동시에 '21세기형 실용학문'이라는 미래지향적 가치를 지니고 있다.

콘텐트, 콘텐츠는 단순히 content나 contents를 우리말로 옮긴 용어가 아니며 콘텐츠가 미디어나 기술을 전제로 하는 내용물이기는 하지만 그것을 디지털 기술에만 국한시킬 필요는 없다. 콘텐츠는 산업이나 상품을 전제로 문화산업의 내용과 함께 가치와 연결되어 있는 것이 분명하므로 아날로그 콘텐츠도 가능하고, 창의적인 소재를 기획하고 브랜드로 연출하는 디자인도 커뮤니케이션 확대의 콘텐츠가 될 수 있다.

이런 점에서 콘텐츠란 어떤 소재나 내용에 여러 가지의 문화적 공정을 통해 가치를 부여하거나 가치를 드높이는 것이라고 정의할 수 있다.

문화/Culture

- 학습된 것 (지적, 기술적, 구체적) / 전승된 것 (사회적) / 발생된 것 (인식적) / 반응된 것 (집합적)
- 자연 및 다른 동물들과 구별 되는 영역 / 차이
- 현실적 거주지역 속에 존재
- 고유적, 변화적, 역사적 개념과 정신 내포

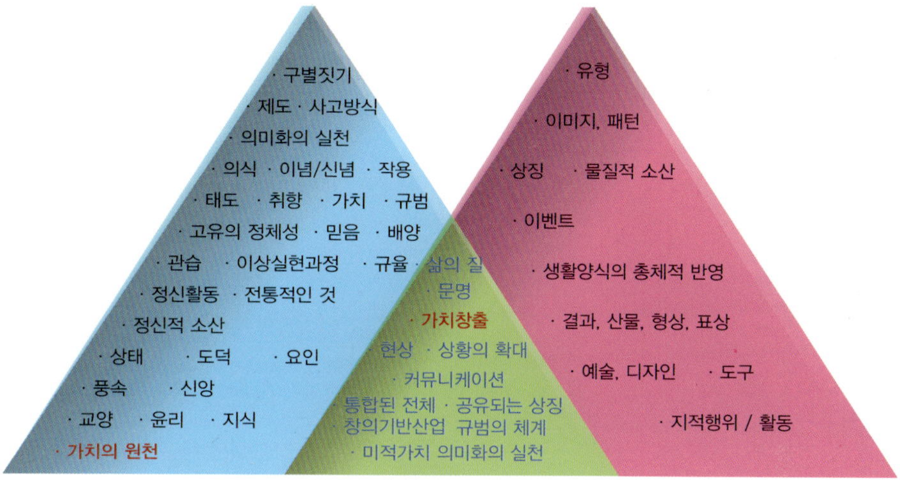

· 사회학자 – 사회는 그릇, 문화는 그릇의 내용 즉 사회를 만들어가는 요인
· 역사학자 – 역사적으로 만들어낸 물질적, 정신적 소산 (삶의 방식 : 가치관)
· 농경학자 – 경작, 재배, 배양 산물
· 경제학자 – 경쟁력, 부가가치의 원천 개발, 제작, 생산, 소비, 서비스 산업
· 인류학자 – 지식, 신앙, 예술, 도덕, 법률, 관습, 능력, 습관의 총체
· 철학자 – 자유를 실현하는 수단, 결과
· 예술가 – 창의성 기반 창작

그림 1-32 문화(culture)가 지닌 내용과 형상

여기에서 가치부여의 공정은 여러 가지 유형·무형의 현상이 될 수 있다. 기획이 될 수도 있고 아날로그의 디지털화, 디지털의 아날로그화digital&analog를 통한 정보가공이 될 수도 있으며 새로운 아이디어의 결합을 통한 재창조가 될 수도 있다

문화콘텐츠란 말 이전에는 '디지털콘텐츠'란 말이 보편화되었으며, 모든 것이 디지털화의 기반에서 이루어지는 정보사회에서 디지털의 기술적 우월성, 중요성과 함께 문화와 콘텐츠의 가치에 주목하기 시작하였다. 이는 급속도로 발전해 온 디지털 테크놀로지에 힘입어 콘텐츠의 디지털화가 이루어지면서 '디지털콘텐츠'라는 말이 정착되었다. 그리고 콘텐츠의 영역이 넓어지고 테크놀로지와 문화의 결합이 강조되면서 문화콘텐츠산업이 새로운 유망트렌드로 부각되었다. 콘텐츠의 가치창조와 연관되는 문화기술CT: culture technology, 문화콘텐츠기술, 정보기술IT:information technology 생명공학기술 BT:bio technology, 나노기술NT:nano technology, 환경공학기술ET: Environment Technology, 우주기술ST: Space Technology, 디자인기술DT:design technology 등은 미래의 첨단 산업기술 영역에 해당된다.

콘텐츠/Content

- 디지털 콘텐츠 사업 / 정보, 엔터테인먼트 / 교육, 엔터테인먼트
- Digital Contents Biz / imfortainment / Informacial / Edutainment

그림 1-33 콘텐츠 본질에 대한 개념

또한, 퓨전fusion, 컨버전스convergence, 하이브리드hybrid 등으로 표현되는 융·복합 현상은 기술 영역의 보편적인 현상이다. 그러므로 다양한 융합현상은 문화예술이나 사회과학에 있어서도 보편화되고 있다. IT, BT, NT 등 세 가지 첨단 기술영역의 융합을 일컫는 'BINT bio, information, nano technology'라는 신조어가 등장하였고, 서로 다른 학문 간의 공동연구로 이루어지는 다학제연구interdisciplinary studies도 일반적인 트렌드로 정착하였다.

문화 변화의 3대 요인은 발명과 발견, 문화전파, 문화변용이며 가장 중요한 것은 바로 발명과 발견이다. 새로운 제품과 방법, 원리의 발명과 발견 즉, 과학기술과 창조는 문화변동의 주요인이 된다.

역사적으로 그 시대의 문화를 만들어 온 것은 기술이었으며, 문화가 기술을 만드는 것이 아니라 기술이 문화를 만든다.

일상생활의 여러 곳에서도 퓨전 음식, 퓨전 음악 등 융합현상은 이제 새로운 문화로 정착되기 시작했다. 컨버전스의 시작은 문화, 디자인, 기술융합이 선도하였으나 이와 같은 융·복합현상은 그 영역을 넘어 다양한 산업, 연구대상, 일상 생활환경 등에서 급속도로 확산되고 있으며 더욱더 광범위하게 응용될 것이다.

문화 콘텐츠/Culture-Content

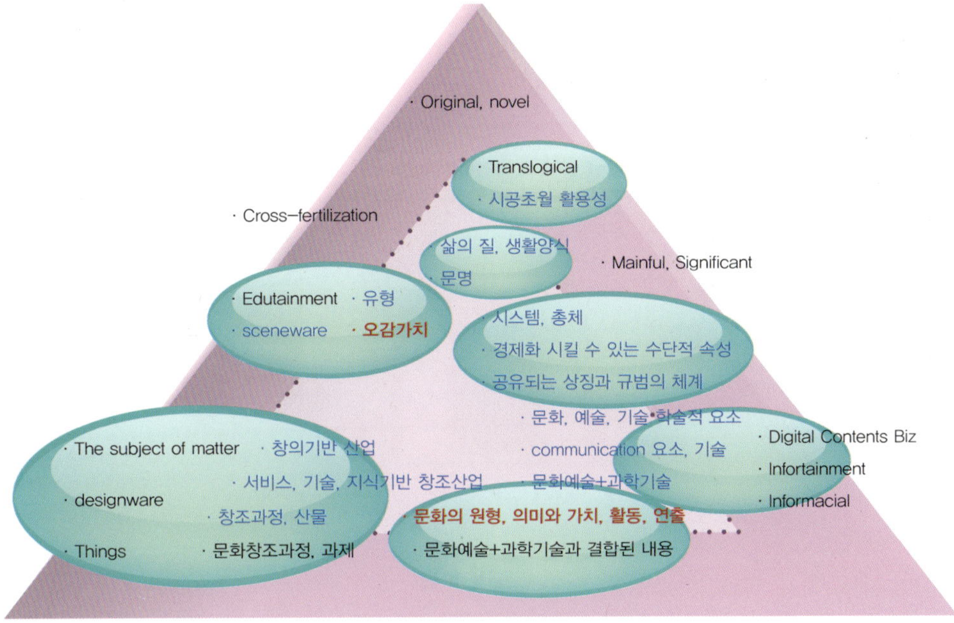

그림 1-34 문화콘텐츠 본질에 대한 개념 구성

기술은 물질영역이고 문화는 정신영역에 가깝게 보아서 기술과 문화는 물질과 정신의 관계처럼 대조적으로 보이지만 기술과 문화는 따로 분리할 수 없는 특성을 지니고 있다.

그림 1-35 생활문화로서의 전통적 특성/한국

그림 1-36 지역적 특성이 지닌 문화디자인/일본

증기기관이라는 기술적 요인은 산업혁명을 가능하게 했고, 산업혁명은 산업사회의 자본주의 문화를 가져왔다. 컴퓨터의 발명은 사회의 정보화를 가능하게 했고, 정보사회의 문화를 정착시켰다. 사이버문화, 디지털문화를 가져온 건 다름아닌 디지털기술이었다.

결국 여러 가지 기술이 융합돼 하나의 새로운 기술을 만들고, 서로 다른 학문 분야들이 협동연구collaboration, cooperation를 해야 하는 시대를 맞이했다. 첨단 기술영역에서 IT와 BT가 결합해 BIT생명정보기술라는 새로운 기술영역이 생기고, NT와 BT가 결합돼 NBT나노생명기술등 새로운 영역이 나타났다. 학계에서도 순수학문, 전통 학문연구와 함께 두 가지 이상의 영역이 교차하고 융·복합화 되는 현상이 보편화 되었다.

이제 분업보다는 협업이 중요해지고 있고, 한 가지 기능보다는 다기능 멀티플레이어가 중요하며 지금까지 '분야'라는 용어로 분리되었던 각각의 영역들은 다영역 간, 이종 간의 벽을 허물고 있고 경계를 없애boardless거나 경계를 넘나드는 현상이 자연스럽게 확산되고 있다.

컴퓨터의 발명과 발전으로 함께 도래한 디지털 사회도 기술발전에 따라 계속 새로운 패러다임과 문화를 만들어 내고 있다. 또 다른 대표적인 예가 '유비쿼터스ubiquitous 컴퓨팅'이다. 원래 신학용어였던 '유비쿼터스'는 '편재하는, 어느 곳에나 존재하는'5A : Any Network, Device, Time, Where & Service 이라는 의미를 갖고 있는데, 초자연적인 신god이 시공간을 초월해 존재한다고 생각하는 것처럼 컴퓨터가 어느 환경에나 존재한다는 뜻을 지닌 용어이다.

디지털 융합은 바로 이런 유비쿼터스 사회에 맞는 기술환경이다. 디지털 융합에서는 휴대성, 편재성ubiquity, 용량capacity, 호환성interoperability, 조작성control 등이 중요한데, 이와 같은 기술발전과 기술융합이 결과적으로 새로운 문화를 만들어가고 있는 것이다.

문화예술과 과학기술의 기술 의존도는 더 높아지고 있다. 화려한 무대장치, 특수조명, 컴퓨터그래픽CG이나, 3D입체영상 및 구현, 인터렉티브interactive, 시연performance, 가상체험 등은 문화예술의 가치를 높이고 있는 첨단 과학기술의 구체적 예이다. 기술적 시스템 측면을 도외시하고는 예술적 완성도를 추구하기 어려운 시대가 된 것이다.

과학기술계에서는 21세기를 '과학기술의 시대'라고 하고, 인문사회계에서는 '문화의 시대', '디자인의 융복합 시대'라고 한다. 문화와 과학기술은 상반된 영역이 아니며, 사회과학적으로 보자면 과학도 문화의 한 부분이기 때문에 문화는 과학을 필요로 하고 있고, 과학은 문화에 의존하고 있다.

예술과 기술, 문화와 과학은 서로 상반된 분야처럼 보이지만, 원래 이 둘은 하나로 출발하였다. 과학의 그리스어는 '에피스테메episteme'인데 이는 신념이나 개인적 의견doxa과 구별되는 참된 지식을 가리키는 말이다.

아리스토텔레스는 자신의 저서 『형이상학』에서 에피스테메를 크게 테오리아theoria, 프락시스praxis, 포이에시스poiesis 등 3가지로 나누었다. 테오리아는 '관조'를 뜻하며 이론적 지식을 말한다여기에서 나온 말이 이론theory이다. 프락시스는 '행위나 실천practice'을 뜻한다. 윤리나 가치관, 정치와 관계된 지식이나 실천이 여기에 해당한다. 포이에시스는 '제작 또는 만듦'을 뜻하는데, 예술이나 기술에 해당하는 지식이다.

한편, 그리스어 테크네techne는 물건이나 작품을 만드는 능력을 뜻한다. 인간의 행위나 이를 통해 얻어지는 지식으로는 제작과 기술이 있다. 이 중 제작은 인간이 인간이나 사회에 대해 행하는 행위나 지식을 가리키므로 인문사회학의 영역이라고 볼 수 있고, 기술은 인간의 자연에 대한 행위, 기술 및 지식이므로 과학기술에 해당한다.

영어나 프랑스어의 art는 '예술'이라고도 번역되고, '기술'이라고도 번역된다. 이는 원래부터 예술과 기술이 구분되지 않았음을 의미한다. 미의 표현은 예술이지만, 표현을 위해서는 기술이 필요하다. 기술을 기반으로 하지 않는 예술은 사상누각일 수밖에 없다.

돋보기

• 하이퍼 문학
쓰여진 글 위에 하이퍼링크를 이용해 다양한 정보를 제공하는 것으로 디지털 시대의 새로운 콘텐츠

미디어아트media art나 하이퍼hyper 문학, 디지털 스토리텔링digital storytelling 등이 그러하다. 융합에 기반을 둔 이러한 문화콘텐츠는 말 그대로 문화예술과 과학기술의 결합을 통해 나타난 콘텐츠이다.

전문성을 창조적 사색과 반복적 실행을 통해 구축한 파브르J. H. Fabre 1823~1919는 자신이 연구한 곤충을 대할 때 철학자처럼 사색하고 예술가처럼 관찰하고 시인처럼 느끼고 표현하려 노력하였다. 자기 집 개의 뇌로 생각할 수 있기를 바라기도 했고, 모기의 눈으로 세상을 바라볼 수 있기를 원했다. 하나의 주제에 대하여 다양한 시각으로 연구한 사례이다.

그림 1-37 안나 G. 콜크스크류(opener) 디자인 – Alessandro Mendini 디자인

과학기술의 융합화는 자연과학의 내부에 국한되지 않으며 새로운 세계를 향하여 인문과학, 예술, 사회과학과 결합한다. 인문과학에서는 상상력을, 예술에서는 창조성을, 사회과학에서는 실천력을 차용할 수 있으므로 자연과학의 세계를 넓히고, 인간의 현재와 미래 요구에 효과적으로 부응할 수 있다.

과학기술의 전문화와 융합화는 개별 과학기술의 발전으로 인하여 획기적인 성과를 창출하기 어려운 상황을 우회하기 위하여 시도되었다.

경제발전에 대한 과학기술의 기여도를 높일 수 있는 방법을 다른 시각에서 탐색하고 이미 개발된 각 분야의 과학기술을 서로 융합하여 새로운 용도를 찾고, 이를 통하여 기존 제품의 성능을 향상시키거나 공정을 자동화·단순화하는 것이다.

그림 1-38 몸 동작에 의해 변화하는 그림자를 투사하여 상상력을 극대화, 행동의 다양성을 체험하는 미디어 예술(body movies) – Raffael Lozano–Hamer 디자인

이러한 혁신 활동은 제품이나 서비스에 대한 새로운 수요를 자극하고, 소비자들은 새로운 기능이나 향상된 성능의 제품을 저렴한 가격에 즐길 수 있게 된다.

이러한 차원에서 볼 때, 대학특히 학부, 대학원에 융합학과나 전공 track을 설치하는 것은 문제의 본질에서 벗어난 접근방법이며 미래적 인재확보를 위해 필요불가결하다.

미래 학자와 디자인 이론가들은 새로운 밀레니엄 세기를 '문화의 세기'가 될 것으로 예측하고 있으며, 이러한 현상은 우리 시대 최대의 화두이야기의 첫머리이며, 우리가 원하든 원하지 않든 현실로 받아들이지 않을 수 없게 되었다. 즉 문화산업디자인은 인류의 이상을 실현시키는 정신적 활동을 총칭하는 것으로 인간의 이상을 실현하는 과정의 총체적 산물로서 삶을 풍요롭게 하고 인간이 서로 공유할 수 있는 역할과 같은 가치를 지니며 정신과 생활의 동질성을 유지하고 모든 가치에 공통적인 보편적 특징과 스스로의 반응을 갖게 한다.

21세기가 시작되면서 서비스 등 무형상품intangible product의 국제적 교역이 급격히 확대되기 시작하였으며 최근에는 문화체화디자인culture embodied design 내지 순수 문화상품의 국가간 교역이 확대되고 있다. 이러한 소비상품의 소프트화 추세는 21세기 도래와 더불어 더욱 진척되고 있는 실정에 있다. 또한, 세계무역기구WTO 출범으로 문화수요가 증가하고 이와 동시에 근로시간 단축으로 여가 시간이 늘어나면서 사람들은 문화생활을 점점 더 누리고 있다.

'문화산업 Culture Industry; Kulturindustrie'이라는 용어는 프랑크푸르트학파의 대표적 이론가인 호르크하이머 Max Horkheimer와 아도르노 Theodor Adorno가 1940년대 중반에 공동 집필한 『계몽의 변증법』 속의 「문화 산업 : 대중 기만으로서의 계몽」에서 처음 사용되었다.

〈그림 1-40〉과 같이 문화는 문화주체의 전통과 역사, 멋과 이상, 민족혼과 생활양식, 패턴과 디자인, 이미지 등 제반 요소들로 형성되는 여러 문화요인들의 집합체이므로 이것에 의한 문화체화전략을 구축해 나가는 출발점으로 삼았고 문화요인들은 문화 자체에 대한 관점변화에 따라 경제적 요인과 비경제적 요인으로 구분되기 시작하였다.

문화산업디자인으로 또는 문화체화디자인으로 국가간 이동을 시작하였으며 이른바 문화의 세계화 과정을 거쳐 문화무역의 시대를 맞이하게 되었다.

이러한 문화 요인들은 크게 문화체화요인과 문화촉진요인으로 구별할 수 있다. 전자는 기술, 노하우, 장인정신, 아이디어 등 상품의 기능과 관련되거나 디자인과 브랜드, 규격인증 등 제품개발 단계의 요인을 의미하며, 후자는 광고 및 홍보, 미디어, 국가이미지, 기업이미지 등 제품개발 이후의 서비스 문제와 관계되는 요인을 뜻한다.

그림 1-39 아프리카 지역 어린이를 위한 조립형 라디오 / 친환경 문화 디자인

그러므로 문화산업디자인에는 독특한 차별성과 글로벌 정체성이 갖추어진 상품수준을 높여줄 수 있는 부가가치가 요구되고 있다.

- 문화의 산업화, 상업화 및 국가간 문화교류 등 세계화 진전
- 인터넷 확대 및 정보통신기술의 발전에 의한 실시간 활용

- 문화활동 그 자체가 곧 상품이며 브랜드라는 인식의 정착
- 문화지원활동과 문화교류활동을 강화함으로써 문화창출 노력이 지속되면서 문화에 대한 요구 부응
- 경제의 흐름이나 인간생활의 패턴 등 생활의 역할 반영

영국의 토니 블레어Tony blair 전 총리는 "영국의 예술과 문화산업, 그리고 창조적 재능이 공동체 의식, 국가의 정체성과 자존심 회복에 중대한 역할을 하였으며 국가의 자긍심을 더 해준다"고 한 바 있다. 이와 같이 문화는 다양한 분야에서 새로운 발상의 원천이 되며 국제간의 상호이해에 있어서도 가교 역할을 한다.

산업의 변화와 밀접한 연계성을 지니고 있는 문화산업디자인의 정체성 이해는 〈그림 1-40〉과 같이 시대적인 경향과 패러다임 구축에 기본적 사고를 이루게 된다. 결국 정체성에 대한 이해는 문화 이해에 중요한 의미를 지니고 있다.

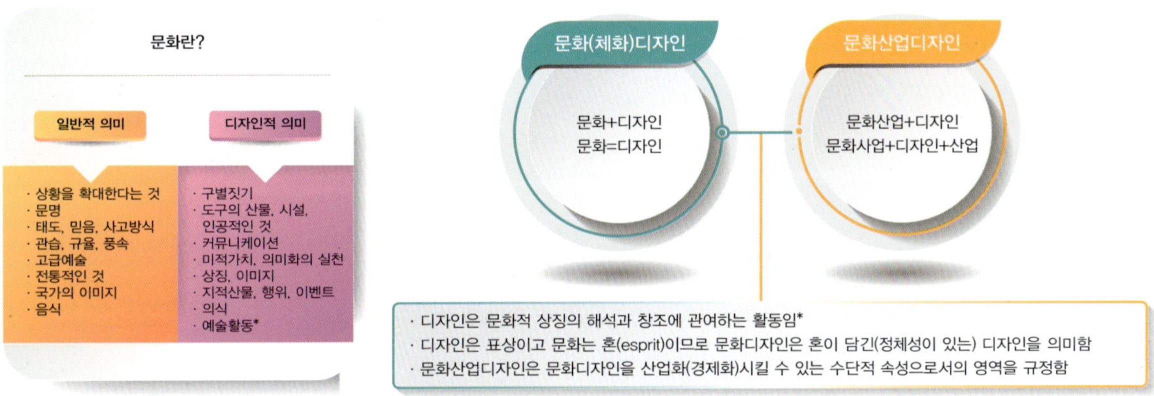

그림 1-40 문화의 디자인적 의미, 문화산업디자인의 의미

정체성identity이란 철학분야에서는 주체성, 심리현상으로는 동일성, 사회과학적 의미로서는 존재증명을 뜻하는 활동과 방법의 총체이지만 디자인적 의미에서는 이미지와 브랜드 강화의 수단으로 사용하고 있다.

문화산업디자인은 기업과 국가의 환경개선, 이미지 개선, 의식변화, 기업의 전략 운영과도 연관되어 있는데 고유의 문화가 담긴 디자인이 곧 문화산업디자인의 정체성이므로, 문화산업디자인은 민족의 고유성과 차별성이 반영된 지역의 독특한 문화와 함께 일반적인 특성을 지니고 있다. 세계화 속에서 경쟁력 있게 성공화할 수 있는 것은 문화적 요소이며 아울러 디자인에서 새로운 가치를 높일 수 있는 핵심적 역량도 문화와 디자인이므로 고유의 정체성은 그 중심이 된다.

19세기 인류학자인 타일러E.B.Tylor는 '사회의 구성원으로서 인간이 획득한 지식, 신념, 예술, 도덕, 법, 관습, 그리고 다른 능력 및 습관'을 문화라고 규정한 바 있다. 이는 문화정책이 추구하는 가장 중요한 가치 중의 하나이며, 다른 한편으로는 예술창작 활동이나 산업디자인의 중요한 원천을 제공하는 것을 뜻한다.

그림 1-41 타일러의 문화론이 지닌 구조

창의성을 바탕으로 만들어진 문화 산물에는 전통 문화유산, 예술, 디자인, 콘텐츠 등이 있다. 영국의 문화미디어 스포츠부Department of Culture, Media and Sports는 창작산업을 "개인의 창의성과 기술 및 재능에 바탕을 둔 산업으로 지적재산의 생산과 개발을 통해 부wealth와 직업을 창출할 수 있는 잠재력을 가진 산업"으로 정의하고 디자인과 같은 창작산업은 역시 문화산물의 대표적인 사례라고 하였다. 〈그림 1-42〉와 같이 창작산업에는 광고, 건축, 예술, 공예, 디자인, 패션, 영화와 비디오, 소프트웨어, 음악, 공연예술, 출판, 컴퓨터서비스 등이 포함된다.

그림 1-42 창작산업의 영역구분

그림 1-43 거리벽화(graffiti art) – 낙서가 장식적인 예술로 변화된 스타일의 새로운 문화

디자인은 곧 문화적 척도의 기준이 될 수 있는 가치로 표현되므로 이는 인간의 감성과 정신적 경험을 나타내는 지식이며 아름다움에 대한 의식을 의미하게 된다. 이것은 인간 활동에 대한 종합적인 결과의 축적이며 인간과 자연환경과의 생활양식을 함께 구성하는 환경적 존재와 모든 장면life style, life time, life system, life soft을 포함하고 있다. 왜냐하면 문화는 인간이 내적으로 완성되어가는 과정이나 관점에서부터 민족이나 국가 고유의 정체성에 이르기까지 그 의미와 영역이 다양하기 때문이다.

따라서 문화는 전통과 역사, 생활양식, 패턴과 디자인, 이미지 등 복잡한 요소들로 형성되는 여러 가지 요인들의 집합체가 된다.

3. 디자인 기술, 산업환경 변화

과학기술의 향상에 따른 첨단기술의 발전은 생활양식과 생활환경에 혁신을 불러와 디자인 영역간의 구분을 모호하게 만들었다. 시각물과 영상제품, 공예와 의상, 공공환경과 도시계획 등의 구분이 모호한 가운데 디지털 중심의 통합적 생활환경 및 생활양식 자체를 제안해야 하는 디자인 과제들이 출현하고 있다.

디자인 패러다임이 하나의 시스템에 대한 대상물object의 관심에서 소비자와 문화, 문화소비 컨텍스트context, 그리고 활동activities에 비중을 두는 사용 경험의 관점으로 바뀌고 있다.

또한, 가상공간에서의 작업, 구매, 쇼핑, 취미생활, 커뮤니케이션, 상담, 건강 진료, 경제적 관리 등의 교류·접속interface이 광범위하게 이루어지는 상황에서 그 중요성이 부각된 감성공학 응용디자인, 상호관련성interaction 행복디자인 등은 인간의 심리, 인지구조cognitive structure, 행동 패턴, 미래학 등에 대한 이해 없이는 불가능한 변화를 가져오고 있다.

(1) 정보기술Information & Communication Technology 변화

정보화 시스템 구축에 필요한 유형·무형의 모든 기술과 수단을 포함하는 정보통신 용어로 정보통신 산업의 발전과 함께 정보혁명을 주도하는 기술로 부각되었다. 조선·철강·자동차·섬유 등 기존의 제조업이 직접적인 유형 가치를 창출하는 데 중점을 두는 반면, 정보기술은 컴퓨터·소프트웨어·인터넷·멀티미디어·경영혁신·행정쇄신 등 정보화 수단에 필요한 유형·무형기술의 간접적인 가치 창출의 새로운 기술이다.

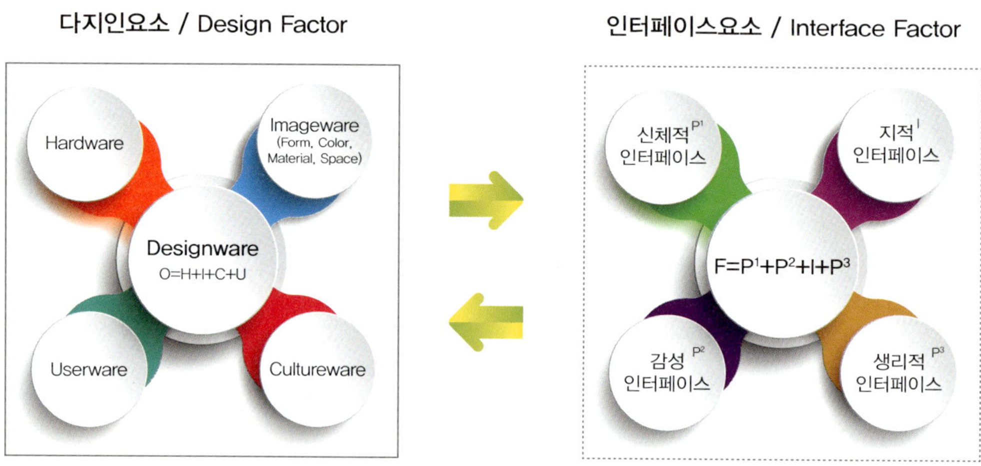

그림 1-44 디자인요소(DF), 인터페이스요소(IF)의 상호관계성

업무용 데이터, 음성 대화, 사진, 동영상, 멀티미디어는 물론, 아직 출현하지 않은 형태의 매체까지 포함하여, 정보를 개발·저장·교환하는 데 필요한 모든 형태의 기술과 더불어 '정보혁명'을 선도해 왔다. 현재의 정보기술에는 스마트폰과 모바일 서비스 등이 있으며, 컴퓨터의 성능이나 소프트웨어의 품질 자체만이 아니라 소비자의 잠재욕구 반영 등 종합적인 서비스 시스템으로 발전할 것이다.

정보통신산업진흥원2015의 창조융합 분야에는 생활안전, 산업융합·의료·에너지·농축수산, 국방ICT와 문화의 체계를 분류하고 있다. 1980~90년대를 거치면서 정보기술과 커뮤니케이션 도구인 전화, 휴대폰, PC, 인터넷 등의 보급 확산으로 커뮤니케이션의 자동화는 산업적 힘을 갖는 엄청난 동력을 얻게 되었다. 이제는 커뮤니케이션 질 향상에 중점을 두고 신뢰성이 높고 다양한 기능들이 통합된 서비스를 수용하고 있다.

이제 ICT 환경은 "언제, 어디서나, 어떤 기기로나, 미디어에 구애받지 않고, 경제적이며 편리한 커뮤니케이션"을 수행할 수 있는 유비쿼터스ubiquitous 커뮤니케이션을 목표로 진화하고 있다.

인터넷internet은 '네트net의 사이' 혹은 '네트간inter'이라는 의미로 그 자체로 네트워크와 네트워크 사이를 연결하는 통합된 네트워크를 의미한다. 인터넷은 전 세계의 수많은 네트워크를 하나로 연결하는 '네트워크들의 네트워크'로서의 역할을 담당하고 있다.

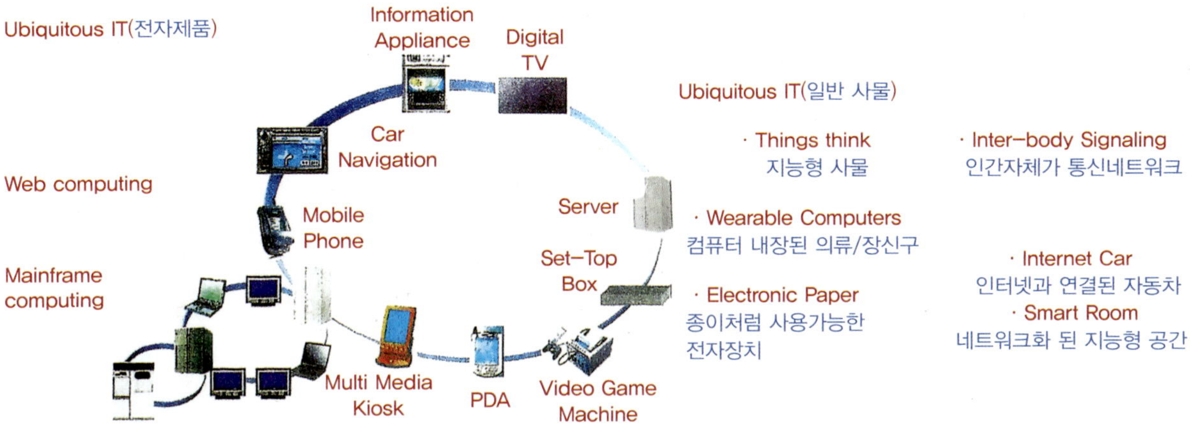

그림 1-45 유비쿼터스 5A 환경/어느시간(anytime), 어디서(anywhere), 어떤기기(any device), 어떤 네트워크(any network)로 서비스(any service)를 항상 받을 수 있는 omni present IT 환경

인터넷은 네트워크에 연결된 컴퓨터들이 상호간에 정보를 주고 받는 방법에 관한 규칙들인 프로토콜protocol 통신규약을 이용하는 전 세계적인 공용 네트워크inter network를 의미한다. 인터넷이 전세계로 확산되면서 International Network라는 의미로 확대되었다. 인터넷은 전세계적인 규모로 파일전송, 전자메일 등과 같은 데이터서비스를 촉진하는 컴퓨터 네트워크의 연결체계이다. 컴퓨터 네트워크를 연결하여 연관된 각각의 시스템의 범위를 확장시키는 수단이 바로 인터넷이다.

이것은 인간의 언어와 유사한 기능을 하는 것으로서, 정보가 전달되고 수신되는 쌍방의 컴퓨터가 가진 기술적 차이나 운영체제의 차이를 극복하여 두 기기간에 정보의 호환성을 유지해 주는 역할을 한다.

인터넷은 초기에 주로 전자우편이나 문서전송 등 문자정보의 전달에 이용되었으나, 데이터 압축 기술, 무선기술, 인터넷 방송기술 및 소프트웨어의 혁신적인 발전으로 다양한 네트워크를 이용하는 멀티미디어 정보의 전달수단으로 발전되고 있다. 특히 인터넷전화, 다양한 동영상 서비스가 시작됨으로써 인터넷은 기간통신사업 영역으로 확산되었다.

무선 및 위성을 이용한 인터넷 서비스가 시작되고 케이블TV망 및 중계유선케이블을 이용한 인터넷 전용망 구축이 추진됨으로써 유무선, 통신, 방송서비스 전반에 걸쳐 사업영역이 확대되자 인터넷은 커뮤니케이션, 교육, 오락, 쇼핑 등 생활영역에까지 확산되었다.

이후 정보통신 분야에서는 전자상거래 등 인터넷 이용 추세와 차세대 이동통신 등 정보통신 혁명으로 인한 신규시장의 확대로 이어졌고 정보통신기술은 이용자의 다양한 커뮤니케이션 통신욕구를 수용하고 있으며, 고속·대용량화, 광역화, 지능화, 소형화, 통합화, 융합화, 이동성 그리고 인간친화적인 방향으로 발전하였다.

21세기 IT 키워드는 초소형화의 반도체와 디스플레이어, 지능화의 지식처리, 컴퓨터, 데이터베이스화였다. 그리고 고속/대용량화 : 교환, 전송, 대역압축, 광학 광섬유, 스위치, 메모리, 광디스크와 함께 음성/문자 인식, 자동번역의 인간화이며 휴대용 단말기는 저전력과 함께 더욱 지능화 되었다.

김재윤은 IT테크놀로지의 향후 진전방향을 기술의 융합/통합, 네트워크 고도화, IT활용의 극대화라는 세가지 차원에서 정리하였다.

첫째, 기술의 융합/통합으로 디지털 컨버전스에서 BT, NT, CT, DT 융합으로 나아갈 것으로 기대하였다. 디지털 컨버전스란 영상, 음성, 데이터 등 서로 다른 단말, 서비스, 네트워크의 형태에 관계없이 자유롭게 구현될 수 있도록 하는 기술을 의미한다. 1990년대 초반 시작된 미디어 컨버전스는 완성된 상태이다. 예를 들어 CD-ROM은 음성, 데이터, 영상 등의 정보를 통합저장하는 형태를 갖추었다.

당시에는 단말기 중심의 융합이 활발히 진행되어 네트워크의 융합이 부분적으로 실현되고 있다. 가전, 정보기기, 통신기기의 기능들을 통합한 스마트폰PDA+휴대폰 폴더, 콤보VCR+DVD, MP3 내장 노트북 등이 그 예이다. 네트워크간 컨버전스는 인터넷방송, ITV 등 새로운 부가기능을 가진 제품들이 등장하였다.

그림 1-46 미래형 문화기반 U-city 생활환경 및 장면(life scene)/정보키오스크(kiosk) 벤치와 무빙 영상 파노라마/청계천 U-zone system 프로토타입(prototype) 구현 – 한석우 디자인

둘째, 네트워크의 고도화이다. 광대역 기술에서 유비쿼터스 기술로 진행되었다. 다양하고 풍부한 정보를 전달하기 위해서는 대용량 정보를 전송할 수 있는 네트워크의 광대역브로드밴드망이 필수적이다.

사용자가 원하는 것을 사람의 해석이나 매개없이 기계가 IT기반을 활용하여 처리하고 이를 사용자에게 제공하는 콘셉트인 지능형 IT기술의 가치가 강조되었다.

당시에는 디지털 휴대형 단말기의 발전으로 Post-PC, PDA, WebPad, Wireless Terminal, Telematics 등과 같은 제품은 기술적 투자가치와 상품성이 매우 높게 형성되어 기술우위가 필요한 제품들로 파악되었으며, 2D 모니터, 3차원 실감 TV, 홀로그램 디스플레이는 상품화에 주력할 제품군으로 구분이 되었다.

이에 따라 산업용 콘텐츠 DB구축 및 검색, 평가와 전자매체를 통한 학습시스템 교육인 on&off 연계 교육시스템, e-learning 시스템 등 IT 관련 전문인력의 요구가 증대되었다.

미디어, 정보기술, 문화산업 등의 발전에 힘입어 문화적 영역이 사회적 삶의 중심을 이루며, 정체성 형성에서도 문화적 경험이 차지하는 비중이 높아지면서 커뮤니케이션 행위자체와 정보에 대한 관념까지 변화시킬 수 있는 잠재력을 가지고 있다.

『일상품의 심리학Psychology of Everyday Things』의 저자인 인지심리학자 도널드 노만Donald Norman, 1993은 "과학이 연구하고 연구결과를 바탕으로 한 기술로 제품이 만들어지면, 인간은 그 제품에 수용한다."고 하였다.

그림 1-47 토끼의 귀를 잡아당기면 나오는 매직 바니(magic bunny) 이쑤시개 통과 코코댄디(coccodandy)의 달걀 조리도구 – Stefano Giovannoni 디자인

그림 1-48 주걱이 내장된 버터 용기(shipshape) 디자인과 키친 타올 홀더, 그리고 다람쥐 모양의 호두까기 – Stefano Giovannoni 디자인

정서적 컴퓨팅 'affective computing'은 컴퓨터에게 감정능력emotional abilities을 주기 위한 것이다. 즉, 컴퓨터에게 '감성적 지능emotional intelligence'이라 불리는 능력을 부여하여 인간에게 지능적으로 적응하고, 인간과 자연스럽게 상호 작용할 수 있게 만드는 것이다.

메사추세스 공과대학의 MIT 미디어 실험실lab의 〈Affective Computing〉 연구그룹은 컴퓨터가 인간의 표정이나 맥박, 피부의 변화 등을 포착해 인간의 감정을 인식하게 만드는 연구를 진행하였다. 컴퓨터가 보다 더 지적이고, 친절하고, 사용자의 의도를 수용할 수 있도록 하기 위하여 다양한 분야에 대한 연구를 진행하였다. 그룹의 책임자 로잘린 피커드Rosalind Picard 교수는 "컴퓨터가 손바닥 피부의 습기나 혈압, 맥박 등 신체반응을 복합적으로 체크해 기쁨, 슬픔, 분노, 증오, 불만 등의 감정을 80% 가까운 정확성으로 인식할 수 있다."고 언급하였다.

사용자의 하루 일과를 녹음 등을 통해 기록했다가 필요한 부분을 찾아보는 '기억력 보조 장치memory prosthesis' 연구, 인간과의 대화를 통해 스스로 개념을 학습하는 인공지능 연구인 '인식하는 기계cognitive machines' 프로젝트, 피곤한 상태에서 차를 운전하는 경우 저절로 창문이 반쯤 열리면서 환기가 되고 음악과 함께 휴식을 취하라고 경고해 주는 자동차Detecting Driver Stress' 프로젝트도 이 같은 노력의 일환이다.

(2) 디지털미디어멀티미디어 산업환경의 변화

정보기술 분야는 정보화 사회와 산업기계 사회를 구분짓는 주요한 척도가 된다. 기계에서 IT로의 변화는, 아날로그에서 디지털로, 물질의 최소단위인 아톰atom 기반에서 정보전달의 최소 단위인 비트bit 기반으로, 물질에서 비물질, 가시적에서 비가시적으로의 변화를 뜻한다. 이러한 변화는 물질적이고 가시적인 디자인에 익숙해 왔던 산업디자이너에게 디자인 접근방법이나 프로세스 전개, 디자인 수행, 평가 면에서 많은 변화를 야기하는 기회와 위기의 요인이 되고 있다.

인터넷으로 대변되는 90년대 IT 기술의 진보와 디지털 산업의 확산은 여러 가지 디자인 영역 뿐 아니라 관련 산업과의 구분이 모호해지는 양상을 보여 왔다. 당시 산업통상자원부, 디자인진흥원 주관의 '멀티미디어 콘텐츠 산업의 조사 보고서1998'에 따르면 디지털미디어 디자인 영역에 비디자인 전공분야의 인력이 확대되고 있고, 정보의 공유, 확산과 함께 디지털미디어는 디지털과 디자인 분야의 물질에서 비물질, 산업에서 문화로의 상호관계를 중요시하는 가치 체계를 가지고 있었다.

표 1-3 멀티미디어 콘텐츠 개발 서비스의 분류

구분	정보통신진흥협회의 산업분류	IDC 산업분류
멀티미디어콘텐츠 개발서비스	• 교육용, 생활문화정보용, 오락게임용, 디지털 출판물, 영상물	Application Development & Deployment Software

디지털미디어란 문자, 음성, 영상 등 다양한 형태의 정보를 디지털 신호로 변환하여 전달함으로써 사용자들에게 상호작용을 가능하게 하는 기존의 미디어에서 보다 진화된 의미를 가진다. 〈표 1-3〉와 같은 멀티미디어에 의한 기술체계 변화는 더욱 다양해지며 이러한 미디어 분야에서의 멀티미디어가 지닌 기본적 특성은 디지털 개념과 90년대 CD-ROM 타이틀로부터 웹을 포함, 유비쿼터스 환경으로 진화하는 새로운 미디어의 등장을 포괄하는 의미로 디지털 미디어는 폭넓게 확장되었다.

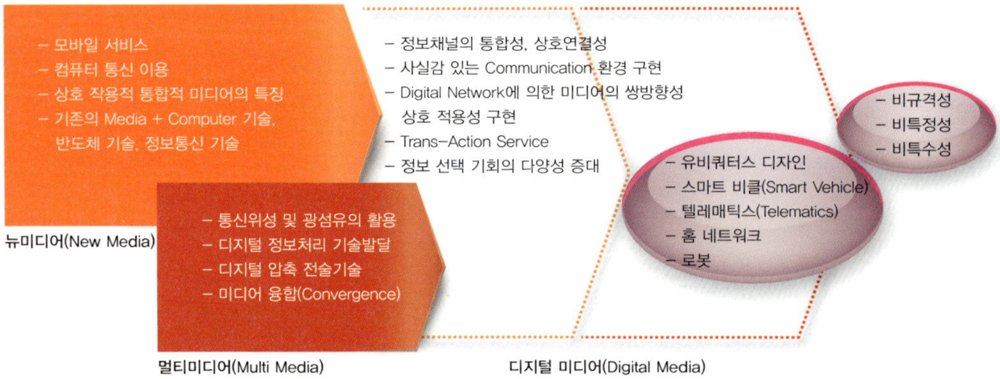

그림 1-49 멀티미디어와 디지털 미디어 기술의 단계별 체계 변화

멀티미디어 콘텐츠란 '내용물'이란 뜻으로 "미디어를 통해 표출될 수 있으며 권리관계를 주장할 수 있는 모든 종류의 원작"으로 정의할 수 있다. 일반적 디자인의 대상이 되고 있는 멀티미디어 콘텐츠 혹은 디지털 콘텐츠는 1990년대 중반부터 유럽 국가들이 'Multimedia Content'라는 용어로 사용하였고 디지털미디어 서비스의 내용은 교육, 오락, 생산, 생활, 문화 등 다양한 영역이 포함되어 여러 국면에서 디자인 패러다임이 변화됨을 나타내었다.

하나의 시스템에 대한 대상물의 관점에서 인간과 문화, 콘텍스트context, 그리고 활동에 비중을 두는 경험의 관점으로 변화된 것이다. 경험의 관점에는 디자이너와 팀 구성원들의 협동으로 상호작용을 돕도록 행하는 결과를 예측할 수 없는 비선형적nonlinear, 동적, 그리고 협동적 지식의 결과와 같은 그 특성을 보이고 있다.

콘텐츠는 무형의 경험재화로서, 공산품 등 유형재화와는 달리 고객에게 '꿈·모험·사랑·감동' 으로 압축되는 정신적, 감성적 가치 및 효용을 지니고 있고 거래처리transaction, 커뮤니케이션communication, 엔터테인먼트entertainment 등 3가지를 포함하고 있다. 이 외에도 문화·예술 콘텐츠순수 고급, 대중 엔터테인먼트 등, 정보 콘텐츠생활, 거래, 오락, 소프트, 종교 등 그리고 지식 콘텐츠학문, 교육, 사상 등가 포함된다.

엔터테인먼트 콘텐츠 산업의 경우 영상물영화, 비디오, 방송, 게임, 음악, 애니메이션, 캐릭터 등 6대 분야로 분류하고 있고, 디지털 콘텐츠란 위의 세세한 분류와 상관없이 오프라인 콘텐츠를 디지털화 했거나 애초부터 디지털 방식으로 제작한 것을 뜻하고 있다.

특히 콘텐츠가 지닌 정신적, 감성적, 재화적 가치를 감안하면 디지털 콘텐츠는 "디지털로 처리된 콘텐츠 가치를 갖는 저작권을 주장할 수 있으므로, 그 특성상 멀티미디어의 성질과 형태를 취하는 것"이라고 할 수 있다.

그림 1-50 컴퓨터 통신이용 텔레매틱스(telematics) 사례

〈표 1-4〉에서처럼 미디어와 기술의 체계는 향후 비규격, 비특징, 비특수성의 방향으로 끊임없이 변화한다. 특히, 가전제품에서는 스마트 홈과 홈 네트워크를 중심으로 모바일, 스마트, 인터페이스 콘텐츠, 인공지능 기반제품과 〈그림 1-50〉의 텔레매틱스 사례처럼 유비쿼터스 도시u-city 환경, 국가 디자인 변화를 확장시키게 된다.

표 1-4 디지털로 대변되는 정보 및 인터넷산업에 대한 체계

분류주체	산업영역	
유럽의 IMO	• 정보 콘텐츠information content • 정보 전달information delivery • 정보 처리information processing	
국제표준인 IEC	• 정보 콘텐츠information content : 출판, 영상, 오락 및 게임, 정보서비스 및 DB 등 • 정보 기기information appliances : 통신 단말기, 컴퓨터, 가전산업 등 • 정보 전달information transport : 통신, 방송, Cable-TV의 네트워크 및 서비스	
정보통신부 디지털콘텐츠 및 사업영역에 대한 분류2001	제작	• 디지털 교육, 디지털 경제, 디지털 생활, 디지털 공공, 디지털 연구학술정보, • 디지털 게임, 전자책e-book, 디지털 간행물, 디지털 영상, 디지털 음악, 디지털 성인
	서비스 지원	• 과금·결제 솔루션, CDNcontent delivery network, CMScontent management solution, 보안·DRMdigital rights management, 웹 컨설팅·웹에이전시
	유통	• 온라인 디지털콘텐츠 유통 : 연합체, 전문포털, 콘텐츠몰, 허브포털, 검색포털, • ISP, 오프라인 디지털 콘텐츠 유통CD-ROM Title, DVD, VCD

엔터테인먼트 관련 제품들은 이전의 제품이 단순한 미디어적인 제품이었다면, 현재는 멀티미디어 복합형 기기로서의 성격을 확실히 가지고 있다. 우리가 사용하고 있는 스마트폰은 현재 멀티미디어 복합형기기로서의 성격을 가장 잘 나타내고 있는 기기이다.

네트워크, 5C콘텐츠 : Contents, 캐릭터 : Character, 문화 : Culture, 융합 : Convergence, 커뮤니케이션 : Communication로 구분되는 디지털 시대의 중심에서 메시지는 모든 영역과 문화의 경계성을 허물고 디자인 패러다임의 변화를 가속화 시킨다. 디지털 네트워크에 의한 미디어 융합과 함께 정보선택 기회의 다양성이 구현된다. 그러므로 다원적 문화성으로서의 디지털이 지니고 있는 기술, 이념, 양식, 경향은 미래의 디자인이 핵심 역량을 발휘할 수 있는 배경과 인식으로서의 의미와 당위성을 지니게 된다.

그림 1–51 디지털 기술에 의한 생활 스타일의 패러다임 변화

따라서 창의성을 중시하는 디지털 시대의 디자인이 지닌 무한한 잠재력과 창조력은 미래의 경제, 사회, 생활을 포함하는 여러 분야를 이끌어 갈 핵심 역량과 신개념의 고부가가치로서 그 중요성이 날로 확대되고 있다. 또한 NT, BT, IT와 함께 DT Design Technology와 같은 디자인 기술 중심의 패러다임 변화가 중심축을 이루고 있다.

(3) 디지털콘텐츠와 디지털산업

문화콘텐츠 및 콘텐츠산업은 특성상 융합적인 산업이기 때문에 명확히 정의되지 않은 채 사용되는 경우가 많으며, 콘텐츠를 이야기하는 사람들의 목적이나 역할에 따라 서로 다르게 해석되는 경우가 많다. 콘텐츠의 사전적인 의미는 두 가지가 있다. 첫째는 '내용, 알맹이, 목록' 등을 의미하며, 둘째는 '만족시키다. 기쁘게 하다' 등의 의미로 사용된다. 결국 콘텐츠의 본래적 의미는 이를 통해 만족을 줄 수 있는 것이라는 의미로 해석할 수 있다.

일반적으로 인용되는 콘텐츠는 영화, 방송, 뉴스 등 미디어의 내용이나 게임, CD, DVD 타이틀 등 컴퓨터 관련 저작물과 출판, 정보서비스, 영상물, 게임 및 소프트웨어 등을 모두 포함한다.

돋보기

- **혼합현실** mixed reality
  현실세계에 가상현실이 접목되어 현실의 물리적 대상과 가상의 객체가 상호작용하는 환경
- **증강현실** argumented reality
  현실에 3차원의 가상 이미지를 겹쳐서 보여주는 기술
- **가상현실** virtual reality
  현실이 아닌 가상의 이미지를 사용하는 기술

그림 1-52 헤드 마운트 디스플레이(head mounted display)를 사용한 혼합현실(MR) 장면과 가상현실(VR) 구현 농구경기 장면

음성, 텍스트, 데이터, 영상 등이 모두 디지털화하여 전자적으로 처리되는 디지털기술 혁명은 종전의 정보 형태에 따른 개별적 산업의 경계를 와해시키고 있다. IEC정보 형태에 따른 시장분류체계에 의하면, 콘텐츠산업은 음성, 문자, 화상, 데이터, 영상 등 각종 정보 형태를 모두 포함하는 것으로 규정된다. 따라서 콘텐츠산업이라 함은 정보기기와 서비스망을 통해 송수신 될 수 있도록 가공된 소프트 상품 및 응용, 디지털화된 영상 가공물 일체를 다루는 산업이라고 규정할 수 있다.

디지털콘텐츠 산업을 유통전달형태에 따라 정의할 때 온라인과 오프라인으로 나눌 수 있다. 즉 PC통신망과 인터넷망, 즉 온라인을 통해 유통되는 디지털콘텐츠 관련 사업군을 협의적으로 디지털콘텐츠 또는 웹콘텐츠로 정의하고, 광의적으로는 정보미디어CD, DVD 등를 통해 디지털화된 정보를 오프라인 기반으로 제공하는 디지털콘텐츠로 정의한다.

관련법에서는 디지털콘텐츠를 부호, 문자, 음성, 음향, 이미지 또는 영상으로 표현된 자료 또는 정보로서 그 보존 및 이용에 있어서 효용을 높일 수 있도록 전자적 형태로 제작 또는 처리된 것을 지칭한다. 나아가 온라인 디지털콘텐츠산업이라 함은 온라인 디지털콘텐츠를 수집, 가공, 제작, 저장, 검색, 송신 등과 이와 관련된 서비스를 행하는 산업을 의미한다.

디지털콘텐츠 및 그 사업영역을 분류 정리하면 다음과 같다.

- 디지털 교육 : 온라인교육 및 저장형, 쌍방향 학습 프로그램
- 디지털 경제 : 온라인상에서 금융, 재무, 증권, 부동산 등 경제 관련 정보 제공
- 디지털 의료 : 온라인상에서 의학, 약학, 한방, 민간요법 등 건강 관련 정보 제공
- 디지털 생활 : 온라인상에서 여성, 육아 패션&뷰티, 컴퓨터정보, 스포츠, 퀴즈, 경품, 취미, 종교, 축하카드, 영화, 연예, 공연정보, 심리테스트, 여행, 이민정보, 구인구직, 기상 등 일상생활에 관련된 정보 제공
- 디지털 연구학술정보 : 온라인상에서 연구, 학술, 지식정보 제공
- 디지털 게임 : 통신망을 통해 접속하고 서버에 접속해 있는 타인과 게임을 진행하는 온라인 네트워크 형태 게임PC, 비디오 등 멀티플레이와 네트워크 플레이가 지원되는 게임 포함
- e-Book : e-Book 뷰어를 통해 서비스되는 모든 출판물
- 디지털 간행물 : 인터넷신문, 웹진 등 모든 인터넷 간행물
- 디지털 영상 : 온라인상에서 디지털 영화, 뮤직비디오, 드라마, 캐릭터, 애니메이션, 만화 등 디지털 영상을 제공
- 디지털 음악 : 온라인상에서 디지털음악, 체인지벨 등 디지털 음악 제공
- 디지털 마케팅 : 상품시장·홍보, 정보 등 온라인 사업

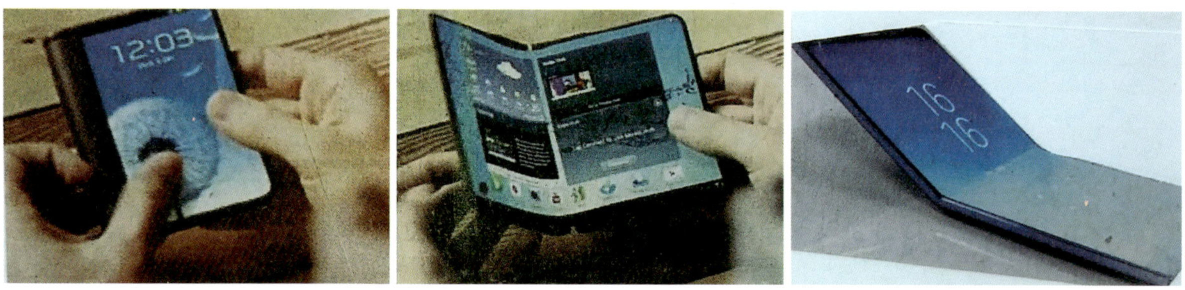

그림 1–53 폴더블 폰(foldable phone) – 화면을 접고 펼칠 수 있는 스마트폰(좌우/상하형)

세계 권역별 콘텐츠 시장 점유율을 살펴보면 북미 35%, 중남미 6%, 유럽·중동·아프리카 30%, 아시아·태평양 28%로 북미지역이 유로존EU의 단일화폐인 유로를 사용하는 국가의 경제위기에도 불구하고 미국 정부의 강력한 양적완화quantitative easing 정책으로 인해 콘텐츠 소비심리가 개선되면서 향후 아시아·태평양과 중남미의 빠른 성장세를 차지할 전망이다.

세계 GDP 상위 15개국의 콘텐츠 시장규모는 모두 상위권에 속하며, 이들 국가의 세계 콘텐츠산업 시장 점유율 또한 77%에 달할 정도로 높다.

핵심문제

해설

(가)는 자연에 대한 소멸(정), 갈등(반), 생성(합)이란 변증법적 내용으로 이것이 창작(조형)의 동기가 된다.

01 다음 중 (가)에 해당하는 내용으로 가장 적절한 것은?

> (가)는/은 생명력을 가지고 스스로 생성, 소멸하는 원리를 지니며 만듦과 동시에 무한한 시간을 통해서 끊임없이 움직이는 공간을 형성하고 있으며, 인간으로 하여금 창작의 동기 유발 대상이 되고 있다.

① 과학기술　　② 자연
③ 문화　　④ 예술, 디자인

해설

조형의 요소는 개념요소, 시각요소, 구조요소로 구분되며 ④항의 내용은 실재하지 않지만 눈으로 지각되는 개념요소의 내용이다. 방향, 위치, 공간감, 중량감, 부피감 등이 시각요소의 개념이다.

02 조형(造形)에 대한 내용을 설명하였다. 옳지 <u>않은</u> 것은?

① 조형은 형(形)을 만드는 행위(造)로 창조하는 능력과 태도가 함양된다.
② 재료를 활용하여 시각적, 공간적 형태를 만드는 회화, 건축, 공예, 디자인 등이 이에 해당한다.
③ 인공물의 대부분은 조형물이며 창조적 표현활동과 관련된다.
④ 조형의 요소인 상관요소는 점, 선, 면, 입체 등으로 구성된다.

해설

인간의 미의식은 자연을 접하고 관찰함으로써 느끼고 의식할 수 있게 되었다고 보는 『자연과 장식』의 저자 데이(Day)의 주장론이다.

03 자연을 통한 인간의 미의식을 예찬하였다. 관련된 인물로 옳은 것은?

> "우리들은 모두 장식을 사랑한다. 보다 아름다운 형(形)이란 자연물에서 직접 따온 것이다."

① L.F. Day(데이)
② V.V. Guyler(가일러)
③ Bruno Munari(무나리)
④ Victor Papanek(파파넥)

04 다음 중 조형의 요소에 대한 설명으로 옳지 않은 것은?

① 선으로 둘러싸여진 평면적 공간을 형이라 한다.

② 생김새인 꼴은 형태로 형상(shape, form)을 의미한다.

③ 명암이 있는 최소 단위의 점(point)을 화소라고 하며 색맹, 색약검사에 활용되고 있다.

④ 원근감과 운동감을 나타내는 조형적 표현은 점으로 나타낸다.

해설

④항은 선(line)으로 표현된다. 선의 굵기 등으로 원근감과 운동감 이외에 방향의 변화로 부드럽고 딱딱한 질감 등의 패턴을 표현할 수도 있다.

05 다음 중 디자인에 관한 내용을 설명한 것으로 옳지 않은 것은?

① 디자인이란 디자이너의 생각을 최적화시킨 창조적 결과물이다.

② 기법과 기술에 의해 목적에 맞는 모양을 꾸미는 것을 의미한다.

③ 소비와 관련된 디자인은 인간고유의 생활문화 형성과는 무관하다.

④ 디자인은 창조적 예술이고 형태를 만들어 내는 의지이다.

해설

문화는 사회를 구성하고 있는 모든 요소의 상호작용에 의해 재창조된다. 따라서 인간의 일상생활에 기인하는 소비는 생활의 만족을 가져오므로 소비의 욕구를 충족시켜주는 디자인은 인간의 생활문화 형성과 관련이 깊다.
오늘날의 문화산업디자인은 생활에 필요하거나 도움이 되는 가치충족의 수단이라 할 수 있다.

06 사회학자들은 '사회는 그릇, ㈎은/는 사회를 만들어 가는 요인으로 그릇의 내용'이라고 하였다. ㈎와 관련하여 옳은 것은?

① 의식 ② 창조

③ 문화 ④ 도덕

해설

콘텐츠의 영역이 확대되고 테크놀로지와 문화(culture)의 결합이 강조되면서 문화콘텐츠산업이 새로운 유망 트렌드로 부각되었다.
문화변화의 3대 요인은 발명과 발견, 문화전파, 문화의 변용이라고 한다. 따라서 새로운 과학기술과 창조는 문화변동의 주요인이 된다.

해설

오늘날 퓨전(fusion), 컨버전스(convergence), 하이브리드(hybrid) 등으로 표현되는 융복합화 현상은 기술영역의 보편적인 현상이다.

오늘날의 유비쿼터스 사회에 맞는 기술환경이 바로 디지털 융합 환경이다.

07 다음과 관련된 콘텐츠문화로 적절한 것은?

> 이제 분열보다는 협업이 중요해지고 한 가지 기능보다는 다기능 멀티플레이어가 중요하며 지금까지 분야라는 용어로 분리되었던 각각의 영역들은 다영역간, 이종간의 벽을 허물고 경계를 없애거나 넘나드는 현상이 자연스럽게 확대되고 있다.

① 유비쿼터스 ② 디지털문화

③ 사이버문화 ④ 융복합화

[정 답]

01 ② **02** ④ **03** ① **04** ④ **05** ③ **06** ③ **07** ④

PART Ⅱ

디자인 모델링 콘텐츠 구현 및 접근 방법

· 디자인 모델링의 의미를 설명할 수 있다.

· 디자인과 콘텐츠의 개념을 설명할 수 있다.

· 모델링 구현을 위한 기본적 접근과 방법을 설명할 수 있다.

· 실험적 연구의 유효성을 인식하였다.

· 사고적 연구의 특성을 설명할 수 있다.

· 적응적 접근방법을 이해하여 설명할 수 있다.

· 자연적 시스템에 근거한 디자인을 설명할 수 있다.

· 디자인 모델링의 소프트웨어와 하드웨어를 설명할 수 있다.

· 창의성 구현을 위한 체험을 설명할 수 있다.

Part Ⅱ

디자인 모델링 콘텐츠 구현 및 접근 방법

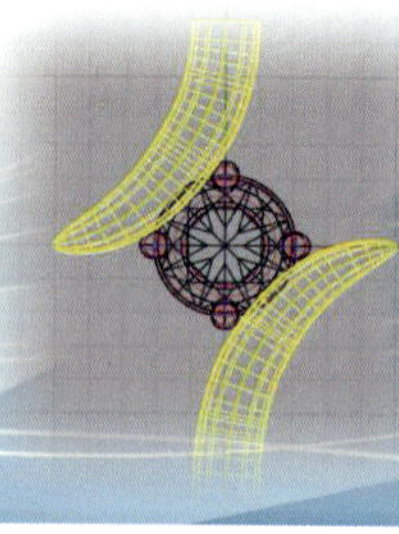

1. 어떻게 구현할 것인가 what research will you approach

1. 창의와 창의성

"어떤 과학·기술자나 예술가의 작업은 창의적이다."라는 표현을 사용하고 있지만 창의성을 둘러싼 가장 큰 논쟁과 이견 중의 하나는 "창의성"의 정의definition와 관련이 있다. 현재까지도 모든 연구자들이 동의하는 창의성의 정의는 존재하지 않는다. 왜냐하면 창의성은 형이상학적궁극적 근거를 연구하는 학문, 형이하학적인 내용의 콘텐츠가 함께 내재되어 있기 때문이다. 일반적으로 창의성에 대한 어의적인 의미로는 "새로운 것을 생각해 내는 특성creativity", "새로움origination, novel과 중요함meaningful, significant, valuable, 창조적 재능"이라는 뜻이 있다.

창의성의 개념은 아이디어의 변환, 동기부여와 같은 탐색적 속성경험에 바탕한 기능과 투시적인 견해, 독창과 적합과 같은 특성이 존재하며 독창성originality, 감수성, 수용성, 유용성fluency, 정교성과 같은 존재론적being, 존재 자체를 문제 삼는 철학자 하이네거의 용어 특성들이 잠재되어 있다.

개념을 구체적으로 요약하면 다음과 같다.

- 모든 감각, 심지어 초감각적인 것까지도 포함
- 새로운 가치적 요소
- 개념의 재구성을 통해 파악된 인지embodied creativity
- 독창적이고 유용한 아이디어
- 관찰이나 측정이 가능하지 않은 상상력이나 구성적 개념

구체적인 개념의 정의는 〈그림 2-1〉과 같다.

1950년대 미국에서 창의성에 대한 연구를 시작하게 된 직접적인 계기로 창의성에 대한 개발이 이루어졌다. 길포드Guilford는 초기 창의성 테스트를 내놓았는데, 이 테스트와 밀접히 연결되어 있던 또 다른 움직임이 집단 창의력 증진 운동인 '브레인스토밍brainstorming'을 출현시켰다.

돋보기

• 브레인스토밍
어떤 주제나 문제의 해결책을 찾기위해 구성원의 자유로운 발언을 통한 그룹의 아이디어를 발산, 수렴방법

브레인스토밍 방법에서 가장 중요한 것은 모두가 자유롭게 아이디어를 내고 이 과정 중에는 평가나 비판을 유보하는 것이다. 여기서는 번뜩이는 아이디어를 가능한 한 많이 내놓는 것과 본인이 놓친 아이디어의 개선방법을 타인이 지적해 주는 것이 중요하다.

이와 같은 브레인스토밍 방법은 주로 미국의 기업이나 관공서를 중심으로 번졌고, 아이들의 창의력을 키우려는 움직임도 함께 일어났다.

예를 들어 자녀의 창의력을 키우는 한 방법으로

① 오래된 행동 패턴형의 동작이 반복되는 것을 탈피하고,

② 많은 가능성을 열어두고,

③ 판단을 유보하고,

④ 서로 다른 개념들 사이의 관계를 파악하기 위해 폭넓게 생각하고,

⑤ 익숙한 습관에서 탈피하고,

⑥ 사물을 다른 사람이 보지 못했던 각도에서 새롭게 보려고 노력하고,

⑦ 친숙한 것을 낯설게 보고 낯선 것을 친숙하게 보는 것 같이 새로운 아이디어를 만드는 방법을 개발해서 사용하는 7가지 원칙을 제시하였다.

창의적인 사고는 오랜 기간동안 전문적인 훈련과 재능, 그리고 창의에 대한 헌신과 몰입, 적절한 사회적 환경이 결합할 때 나온다. 그리고 브레인스토밍이나 아이들의 창의력 향상 방법에서는 비판과 판단을 유보하는 것을 강조하는데, 이것이 많은 아이디어를 만들어 내는 데에 유리하기 때문이다. 이렇게 만들어진 수많은 아이디어가 반드시 창의적이지는 않다는 데에 브레인스토밍의 문제도 있다. 결과적으로 다른 사람과 스스로의 비판에 귀를 기울이면서도 압도당하지 않는 마음의 당당함을 키우는 것이 더 중요하다.

위에서도 언급했지만 최근에는 창의성을, 영감과 무의식이 지배하는 급격한 과정에서도 완만하고 지속적이며 의식적인 과정으로 재인식하고 있다.

과학평론가 셔머Michael Shermer는 이러한 재인식에 근거해서 우리 개개인의 창의성을 높일 수 있는 방법을 6가지로 제시하고 있다.

① 자신의 분야에서 풀어야 할 중요한 문제에 대해 민감하게 반응하고 그 이외의 해결할 수 없는 문제들은 무시하라.

② 그 주제에 대해 가능한 많은 지식을 습득하여 스스로를 교육시켜라. 숙련이 요구된다면 연습에 연습을 거듭하라.

③ 자신이 담당하는 분야의 지식과 전문가를 존경하라. 그러나 어떤 사람이든지 나의 주장에 반하면 도전하고 이의를 제기하는 데 주저하지 말라.

④ 오래된 문제를 새로운 방식으로 해결할 방법을 찾아라. 다른 사람이 아직 하지 못한 것을 찾아봐라. 조롱을 겁내지 말고, 비판자에 의견에 귀를 기울이는 반면, 압도당하지 말라.

⑤ 자신의 생각을 같은 분야의 다른 사람과 얘기하라. 고립된 지성은 죽는다.

⑥ 가능한 많은 아이디어를 내놓고 그 중에 현실성이 있는 것을 선택하라.

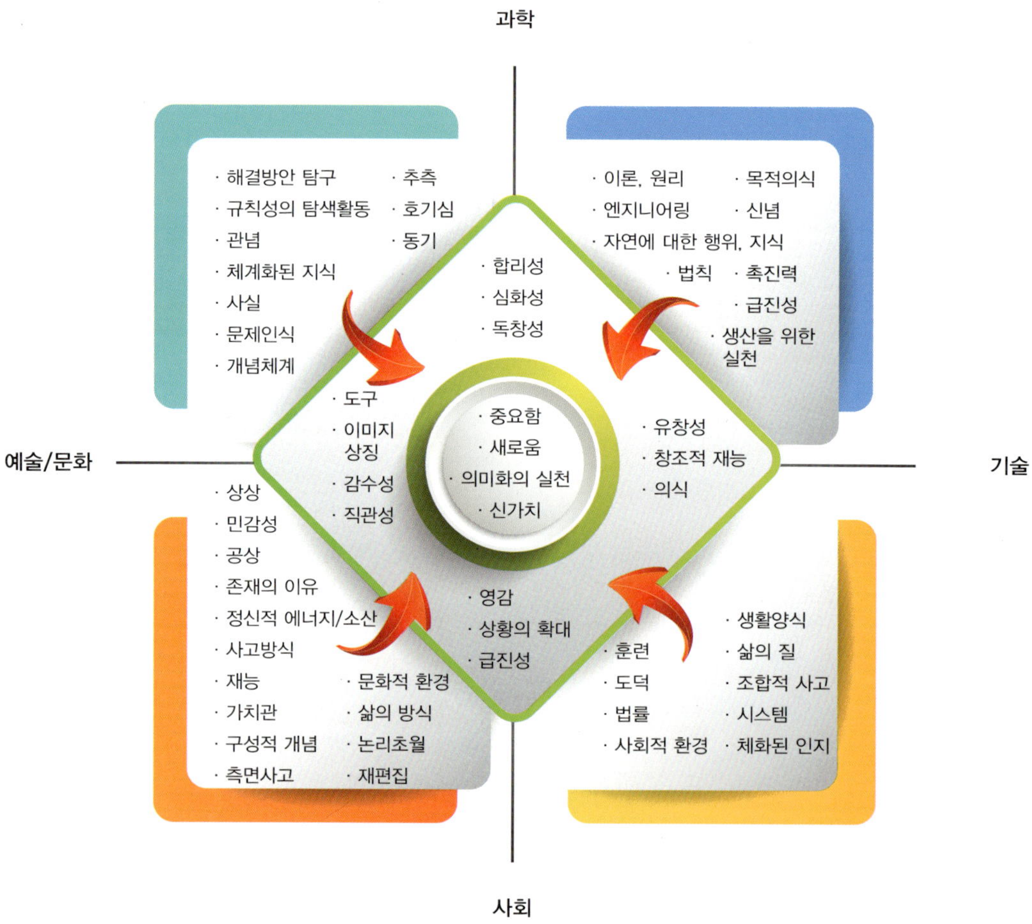

그림 2-1 창의성의 영역별 개념 구조

심리학자인 칙젠미할리Csikszentmihalyi는 창의성을 높이는 방법을 ① 개인, ② 집안, ③ 전문 분야로 나누어서 제시했다. 그는 어릴 때부터 창의성에 도움이 되는 환경을 만들어 주는 것이 중요하다는 점을 지적하면서, 아이로 하여금 혼자 있는 환경과 협동하는 환경 모두를 경험하게 해야함을 강조한다. 혼자 있지 못하는 아이는 아이디어를 생각하는 데 필요한 시간을 가지지 못한다는 것이다.

그는 젠더gender 역할에 대해서 약간의 유연성을 두는 것과, 어린 나이에 관심이 있는 분야를 빨리 접하게 하는 것도 중요하다고 말한다. 또한, 집단에서는 훈련, 기대, 근거resource, 인정, 희망, 기회 보상을 제공해야 하며, 여기서 보상은 금전적·사회적 인식, 명예를 포함하는 것임을 지적한다. 정보 접근이 쉬운 환경을 만들어 주고, 새로움을 인식하는 것이 쉽고 그 기준이 분명하며 공유할 수 있는 문화를 만들어 주는 것이 전문분야의 중요한 역할이라고 강조하였다.

창의력 향상을 위해서는 자신의 전문분야에서 필요한 지식은 물론 선행 연구자들이 쌓은 업적에 대해 충분히 숙지하고 이를 뛰어 넘으려는 의식적 노력을 통해서 새로운 지식과 문화를 만들어 내는 태도가 필요하다. 따라서 기존의 지식과 함께 새로운 생각을 진작시키는 것과 협동작업과 토론에 따른 독자적인 문제 해결에 몰두하는 접근이 중요하다.

창의성/Creativity

– 통찰의 재치를 통한 문제구조의 구체화
– 마음의 상태, 욕구 감정, 인지방법 등 개성적 양상, 작품

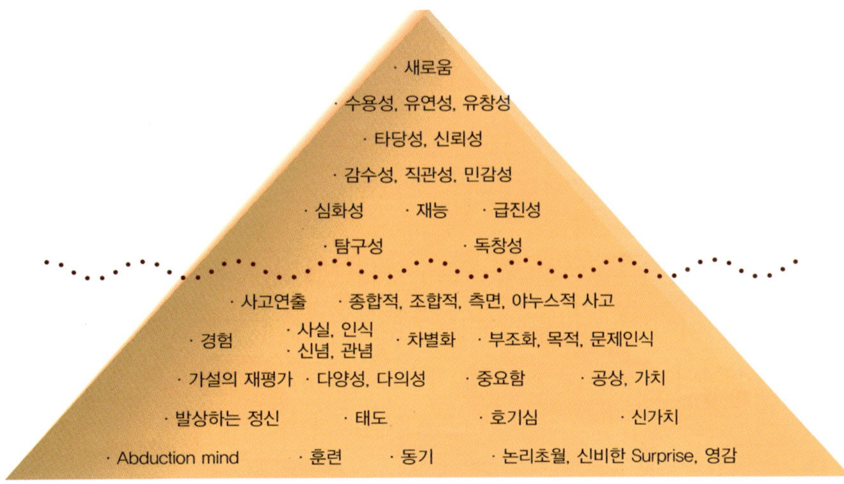

그림 2-2 창의성 본질에 대한 개념적 언어 구성

『생각의 탄생』의 저자인 로버트 루트번스타인Robert Root-Bernstein 미시간주립대 교수가 '세상을 바꾸는 7가지 전략'을 소개했다.

그는 창의적인 사람이 되기 위한 7가지 방법으로 ① 상상하라 ② 질문하라 ③ 의심하라 ④ 절제하라 ⑤ 훈련하라 ⑥ 매치하라 ⑦ 행동하라고 주문했다.

그는 "창의성이란 '유용한 서프라이즈effective surprise'이며 누구나 훈련을 통해 기를 수 있다."고 주장하였다. 두 가지 아이디어를 남다른 방식으로 결합해 '우와!'하고 놀랄만한 무언가를 만들어 내는 능력이 바로 창의성이다. 상상에 그치지 않고 실천으로 옮기는 게 핵심이라고 하였다. "혁신가란 창의성을 대중이 쓸 수 있게 시장화하고 실용화하는 사람"이라며 제록스가 '포인팅 도구'라며 발명한 300달러짜리 기업용 마우스를 15달러 이하의 소비재로 만들어 개인용 컴퓨터인 맥킨토시mac computer를 만들어 낸 애플apple의 스티브 잡스Steve Jops를 예로 들었다. 손해용, 이소아

루트번스타인 교수는 "창의성을 기르는 방법은 여러 분야를 익히고 경험하는 것"이라며 "다양한 지식과 경험이 종합적 사고와 남다른 상상으로 이어진다."고 했다.

특히, "취미이건 특기이건 자기가 좋아하는 걸 깨닫고 파고들어 생각하는 시간을 갖는 게 중요하다."고 말했다. 그는 소프트웨어 경쟁력을 높이려는 한국 IT기업들을 향해 "소프트웨어는 시를 쓰는 것과 같아서 하드웨어와 달리 수백개의 답이 있을 수 있다는 걸 인식해야 한다."고 했다.

그러면서 "기업이 혁신을 원한다면 직원들을 바쁜 일정에 묶는 대신 일주일에 하루라도 비전과 미래에 대해 생각할 수 있는 시간을 줘야 한다."고 말했다. 이어 "시행착오를 허용하고 때론 무책임한 창의성, 상사가 싫어하는 위험한 생각도 막지 않는 용기가 필요하다."고 강조하였다.

2. 디자인 표현의 실체화

(1) 조형적formative approach 접근

미적 형태를 부여하는 조형적인 접근방법은 구체적인 '조형하는 행위'에 중점을 두는 방법으로 형태의 형성과정에서 새로운 형태를 발견해가는 것이다. 계속해서 접근하고 시행하고 변형하면서 소재를 변화시키는 등 갖가지 조건하에서 가능성을 열어두는 것이다.

이것은 '형태짓는' 과정에서 새로운 형태를 시도하는 방법이다. 예컨대 방패를 생각함에 있어서 많은 화살이 날아올 때 화살을 막아내는 방패의 모양이나 크기 등을 형을 통해서 생각해보는 방법과 같은 것이다.

형태form와 형shape의 관계 속에서 형사물의 모습을 생각해내고 창조한다. 머리로만 생각하는 것이 아니라 손과 가시적인visible인 형을 생각하며 재료나 기술을 써서 다양한 조건하에서 형을 만들어가는 과정을 통하여 가능성을 경험하고 새로운 조형표현의 세계를 열어 가는 것이다. 그러기 위해서는 손을 써서 형을 만든다는 신체적 경험을 거치게 되므로 어떤 때는 모양의 특성을 알고, 재료의 성질을 알게 된다.

이것은 형과 형태의 대화이기도 하며 관계를 갖는 접근 방법인 것이다. 이러한 분위기에서 새로운 형태와의 만남이나 창조의 발견에 눈 뜰 수 있을 것이다.

형태 상자morphological box, 형태 차트morphological chart, 형태 합성morphological synthesis 등의 여러 이름으로 불리우는 조형형태의 분석법morphological analysis은 천체물리학자 츠비키Zwicky가 제안한 체계적 아이디어 발상 방법이다. 이러한 분석법은 디자인 문제가 수행해야 할 기능, 요구사항 등을 충족시킬 부분적 해결안sub-solution을 함께 강구하며 이것을 종합하여 새로운 체계를 형성하는 보다 합리적인 접근에 의존한다.

그림 2-3 조형적 접근 방법의 디자인 사례

① 티파니(tiffany) 보석, ② 석기시대의 주전자(한국), ③ 시누아즈리(chinoiserie) 양식의 찻주전자, ④ 멤피스(memphis) 양식인 소트사스(ettore sottsass)의 책꽂이 디자인과 사마귀 구조와 영감을 지닌 고고학 전시관 – Lake Paladru 디자인

이 방법은 특히 비교적 짧은 시간에 디자인 요인을 간과하지 않고 많은 양의 아이디어를 발상할 수 있는 장점을 가지고 있으므로 다른 창조성 기법과는 달리 시공간적 접근이 가능하기 때문에 보다 구체적인 해결안 도출이 용이하다.

그 기본 과정은 다음과 같다.

① 디자인 문제의 주요 변수major parameter를 파악한다.

주요 변수는 디자인 해결안이 반드시 갖추거나 수행해야 할 특징이나 기능을 뜻하므로 주요변수는 가급적 상호 독립적으로 파악 함으로써 중복되는 해결안을 피할 수 있다.

② 부분적 해결안sub-solution을 파악한 다음 형태분석표morphological chart를 작성한다.

부분적 해결안은 전체 해결안을 구성하는 '요소적 해결안'이 되기 때문에 디자인 문제의 주요변수를 성취할 수 있는 대안적 수단alternative means이 된다.

③ 대안적 수단을 조합하여 전체적 해결안을 구조화 한다.

형태분석표에 의해서 발견될 수 있는 전체 해결안의 수는 각 부분적 해결안 모두를 융합시킨 결과가 된다. 예를 들어 각 부분의 해결안이 각각의 변수를 얼마나 잘 충족시킬 수 있는지를 평가하는 '적합도 분석fit analysis'이나 각 부분적 요소끼리 얼마나 잘 양립할 수 있는지를 평가해 보는 '양립도 분석compatibility analysis'법 등이 활용될 수 있다. 이들 평가 방법에 의해 '한계threshold' 이상을 충족시키는 해결안들 만을 고려하면 비교적 다루기 쉬운 정도의 수를 가지고 집중적으로 탐색할 수 있다.

(2) 실험적experimental approach 접근

디자인 조형의 실험적 연구의 접근 방법은 기초적 실험과 조형된 형태의 유효성에 관한 실험 등으로 나누어 생각할 수 있다.

소재나 구조에 관한 기초적 실험

종이나 금속, 목재 등 소재에 따라서 그 구조는 달라지므로 실제로 행해지는 실험 조형 테마는 구조를 이해하고 사고를 기르며, 창조하는 것도 가능하기 때문에 그 의미는 매우 크다. 예컨대 인장력, 탄성과 같은 손에 의한 측정을 비롯한 인체측정법의 조사와 범위 및 인간의 환경에 관한 필수적 데이터 등 형태 조형에 영향을 미치는 기초적 실험이나 조사를 병행할 수 있다.

조형된 형태의 유효성에 관한 실험

일정한 목적을 위해서 조형된 것은 그 요구를 충족시킬 수 있는 내용인 형태에 관한 실험이다. 실제 사용해서 추적조사를 하고 문제점의 발견이나 생활하는 가운데에서 생겨나는 새로운 가치에 관해서도 다음 디자인을 위해 고찰하지 않으면 안된다.

구조화 또는 형태화patterning, performing 된 것에 관해서는 그 유효성의 실험과 동시에 문제점을 연구해야 할 필요가 있다.

형태나 재질에 관한 조형방법

조형 활동에 있어서 각종 형태나 소재의 시각적, 촉각적, 심리적 특정에 관한 실험은 필요 불가결하다. 형, 크기, 색, 방향, 재질감 등이 어떻게 지각되며 심리적 인상을 주는가 하는 것은 물론 단계에 따라서 다르지만 조형 경험과 관련되는 실험을 통해 타당성을 확인하여야 한다.

① **형태 소재나 기술에 의한 실험** : 소재의 가능성이 조형 의도나 새로운 기술에 의해서 개척되는 경우가 많다. 하나의 소재에 대해서 아직 발견되지 않은 조형적 가능성을 조형 실험이나 기술 실험에 의해서 확보

② **형태의 목적을 위한 요소의 실험** : 형이 목적을 갖고 사회생활 속에서 활용될 때 기능면, 사용면, 기술면, 형태면이라는 요소를 충족하는지에 대한 실험

③ **형태를 기본으로 하여 발상해 가는 실험** : 구나 원추, 원통형, 입방체 등을 기본으로 하여 여러 가지 이미지에 따라서 변형하거나 소재, 가공방법, 표현방법을 달리함으로써 어느 정도 변화 있는 모양이 가능한지를 훈련

④ **형태를 전체적 측면에서 고찰해 보는 방법** : 한 가지 주제를 해석하고 생각할 경우 그 테마와 관련되는 여러 가지 문제에 대해서 명확히 정립하면서 인간의 요구를 재평가하는 실험

⑤ **형태가 갖는 특성을 체계적으로 실험** : 형태가 갖는 잠재적 특성이나 자연계의 법칙 등을 체계적으로 탐구하는 실험이다. 예컨대 입방체cube, 정육면체가 갖는 형태 특성을 각종 조건에 의해서 계통적으로 정리하여 입방체의 분할에 따른 가능한 변용을 탐구해 가는 실험이다. 이것은 형태의 창조를 여러 가지 조건에 따라서 미리 만들어 내고 체계화하여 심미적으로 조형의도에 적합한 것을 선정하는 실험

⑥ **형태를 조형법칙에 따라 활용해 보는 실험** : 형form, 모듈module, 모듈의 조합moduler coordination, 그리드 시스템grid system 등에 의한 체계에 따른 유효성을 활용해 가는 실험

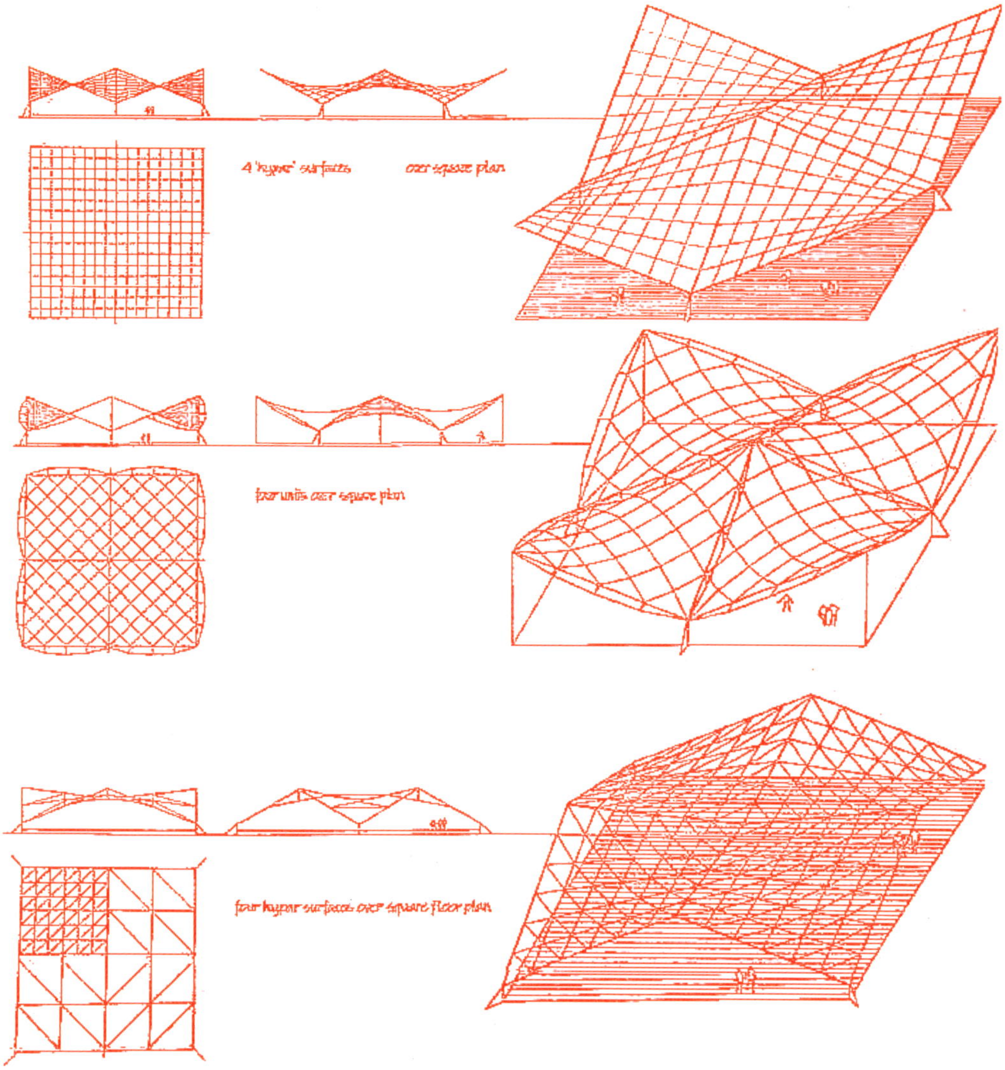

그림 2-4　선재구조 시스템과 입방체의 변화에 의한 구조적 실험

선재구조물을 구성하고 있는 부재의 적합점을 절점joint이라고 하며 보통 판절점과 강절점이 있다. 이는 건축 구조물의 가늘고 긴 부재골조를 구성하는 기둥이나 구조 등의 재료를 짜 맞춘 뼈대형식과 판자모양으로 된 판형식을 이해하기 위한 것이다.

구조물은 모든 절점이 판으로 돼있어서 삼각형으로 짜인 트러스truss, 삼각형으로 조립한 일종의 빔와 모든 절점이 강점으로 된 라멘rahmen, 골조구조의 절점이 고정되어 있는 구조 형식이 있다. 라멘의 부재에는 구부림 응력이 일어나지 않으므로 전체적으로 경량인 것이 만들어진다. 판에는 곡면판과 평면판이 있으며, 평면판을 짜 맞추면 절면구조면이 생기며 이때 곡면판의 구조는 셀shell, 기계공학 용어이 된다.

(3) 사고적contemplative approach 연구

아이디어란 관점, 이미지, 계획, 생각, 착상 또는 어떤 상황 속에서 행doing하여야 할 무엇이나 의견, 의도, 느낌으로 다의적, 다원적, 다차원성을 지닌 용어이다.

어떤 대상에 아이디어가 구체적으로 적용되면 개념concept이 되고, 의도되면 구상plan이 되므로 디자인 표현의 구분에 해당되는 차원dimensionality적 공간의 관계를 지니게 된다.

그림 2-5 폭포와 미끄럼틀의 디지털 체험 아트 · 사이언스 뮤지엄(싱가포르)

차원이란 존재하는 것being able to be과 존재해야 하는 것having to be의 상태나 위치를 설정하거나 단위의 관계를 나타내는 것으로 이것은 본질적, 근원적, 비재현적으로 차용된 공간성을 지니며 인식론적으로는 존재, 지각, 의식을 뜻하며 심리학적으로는 의미공간semantic space, 사색적으로는 명상thinking about sth의 뜻을 갖고 있다.

표 2-1 차원의 유형별 시공간적 내포성과 인지성

유형	단위/대상	공간성과 인지성
0차원	점	• 공간·지각·시간의 실제적 의미로서 본원적 준거에 모태공간, 본원적인 무극공간
1차원	선, 길이	• 이념적 자아공간, 비재현적 공간
2차원	면, 넓이	• 사유적 공간, 맥락적 뮤즈muse공간
3차원	입체, 부피	• 물리적 공간, 시공간적 공간 • 해석적 상징, 계시revealing 공간
4차원	초입체, 초부피	• 시공 공간 3차원+시간 1차원 • 시공초월적 공간, 공유적 통섭 공간
N차원	초입방체	• 시공초월 그 너머의 beyond의 공간 • 신화, 초과학의 공간 • 추상적인 암시공간

2. 접근단계별 디자인 콘텐츠 구현

implementation of design contents by approach level

1. 개념화 단계

디자인이 지녀야 할 새로운 가치와 새로운 조형성 제시를 위해서는 개념conncept화 단계에서 추출된 다양한 요구사항을 필요충분 조건으로 어떻게 최적화 하느냐의 문제에 도달한다. 따라서 개념화 단계에서는 이러한 요인의 해결 가능성을 이해·인식하고 설정하는 단계이다.

구체적으로는 어떻게 표현할 것인가에 대한 본질, 필요조건과 충분조건, 요소 및 목표 확인뿐만 아니라 해결해야 할 문제를 추출하고 조형행위를 공식화하여야 한다.

이 단계는 경쟁사와의 차별성과 브랜드 가치 및 인지도를 향상시켜 주는 신뢰 구축을 위한 요구와 디자인으로서 지녀야 할 개발 성과의 응용활용에 대한 가능성, 소비자 기호 충족에 대한 조사 및 분석단계이다.

디자인 프로세스 전개에서 조사·분석의 단계는 주제project의 성격, 범위 설정, 요구안 수렴과 같은 콘셉트 수립의 단계가 필요하다.

그림 2-6 물이 끓으면 새소리가 나는 새가 달린 주전자 디자인의 콘셉트
– 마이클 글레이브스(Michael graves) 디자인

그러므로 이 단계에서는 합리적인 접근방법 선택과 디자인 착상을 구체적으로 뒷받침 할 수 있는 디자인의 방향성을 포착하여야 한다.

신제품new product이건 개선제품existing product이건 관계 없이 디자인의 전개 방법에는 여러 가지 형식이 사용된다. 개념화 단계인 ① concept design phase soft working와 어떻게 표현할 것인지 정하는 현상화 단계 ② creative, design phase hard working가 있다.

개념conception은 공통적, 일반적 특성으로 이루어진 것으로부터 추상적 생각, 신념을 뜻한다. 개념의 내용은 구성요소, 미학적 가치와 같은 존재론적 의미를 지니고 있고 현상은 양식적 구성요소, 형식, 구조적 가치를 지닌 형태학적 조형 표현을 의미한다.

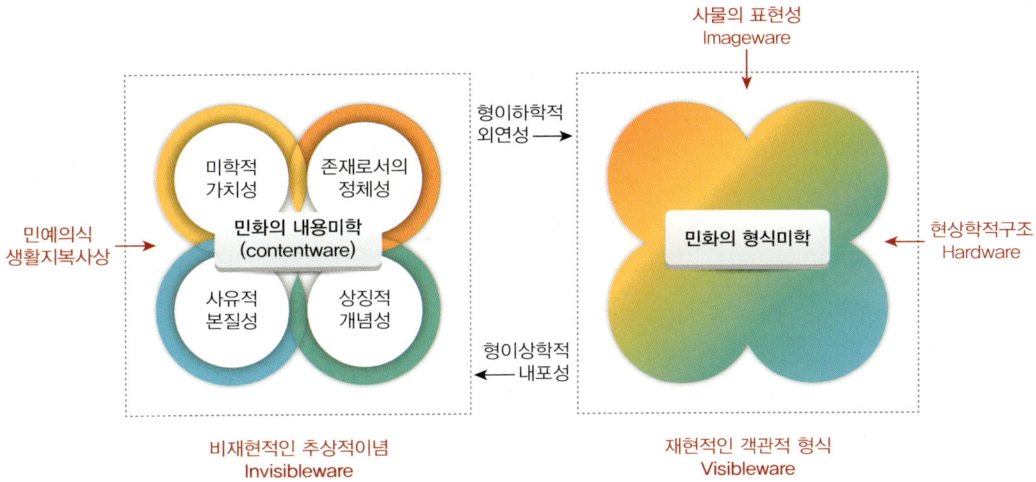

그림 2-7　개념이 지닌 내용미학과 형식미학 간의 통섭적 관계(민화)
V (Valueware) = C (Cultureware) + I (Imageware) + H (Humanware)

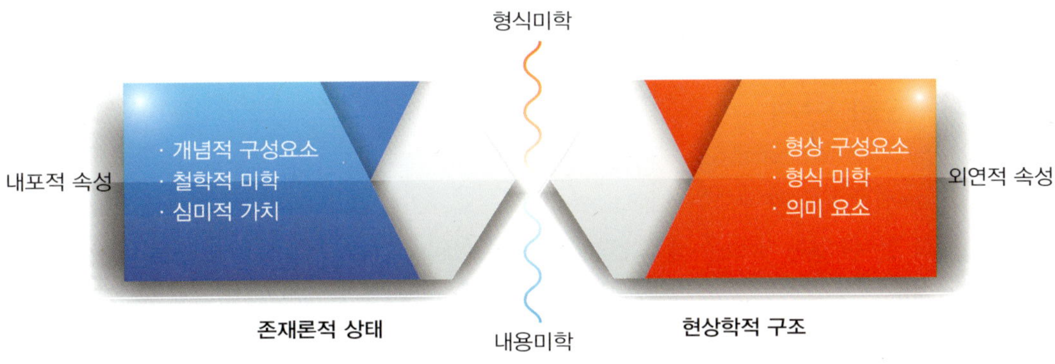

그림 2-8　개념의 내포적, 외연적 요소 구분

구체적인 수행 내용은 다음과 같다.

① 주관적인 미의식과 신념 반영

② 사물의 속성, 요소, 소재에 대한 경험 정리

③ 기능, 생산 및 유통을 위한 구체적인 방향 설정

④ 요구 사항의 목표를 구체화 하기 위해 조망view하고 디자인의 조건 확인

⑤ 제품의 특성과 장점이 시장 요구에 근접하는지를 확인

〈그림 2-8〉은 개념의 내용을 도해diagram 형식으로 나타낸 요소 구분이고 아래의 〈그림 2-9〉는 유니버설 트램tram 디자인의 가치성을 나타낸 것이다.

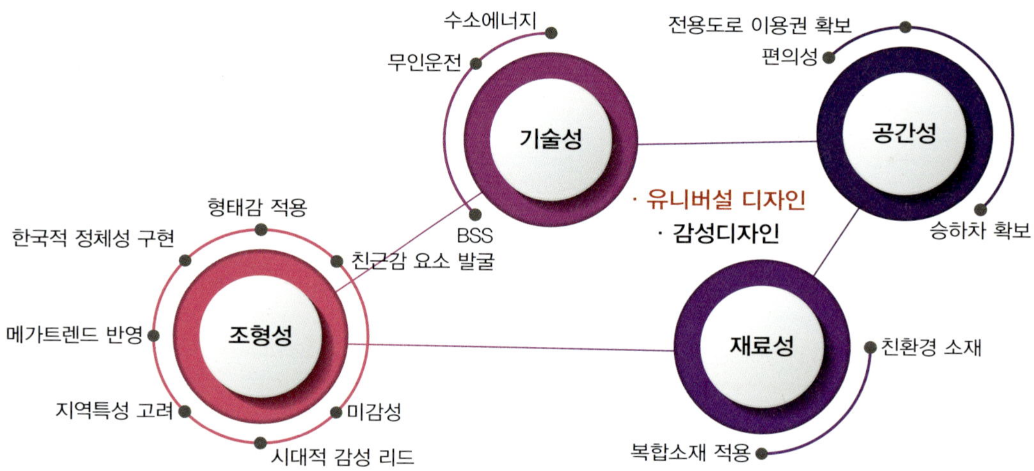

그림 2-9 유니버설 디자인(universal design)과 감성 응용의 트램(omnibus tram) 디자인 개념(concept) 구조의 가치성

돋보기

• 유니버설 디자인
어린이, 노약자, 장애인 등 누구나 편하게 사용할 수 있는 모든 사람을 위한 범용적인 디자인

2. 구조화 단계

구조화forming close conception단계에서는 조형화 조건 및 구조와 구성을 수행하고 추출된 요인을 최적화 할 수 있는 새로운 성격을 파악하여야 한다.

이 단계에서는 조형소재 선택 및 가공에 따른 변환 등 재료 특성을 해결하고 아울러 투자와 경제적 기회를 재확인 한다.

또한, 디자인 문제의 명확화, 체계화를 위한 요인 간의 타당성을 확보한다. 즉, 디자인 요구 내용을 해결하기 위한 조사, 분석, 측정, 실험, 평가, 검증이 요구되는 핵심적 단계이다.

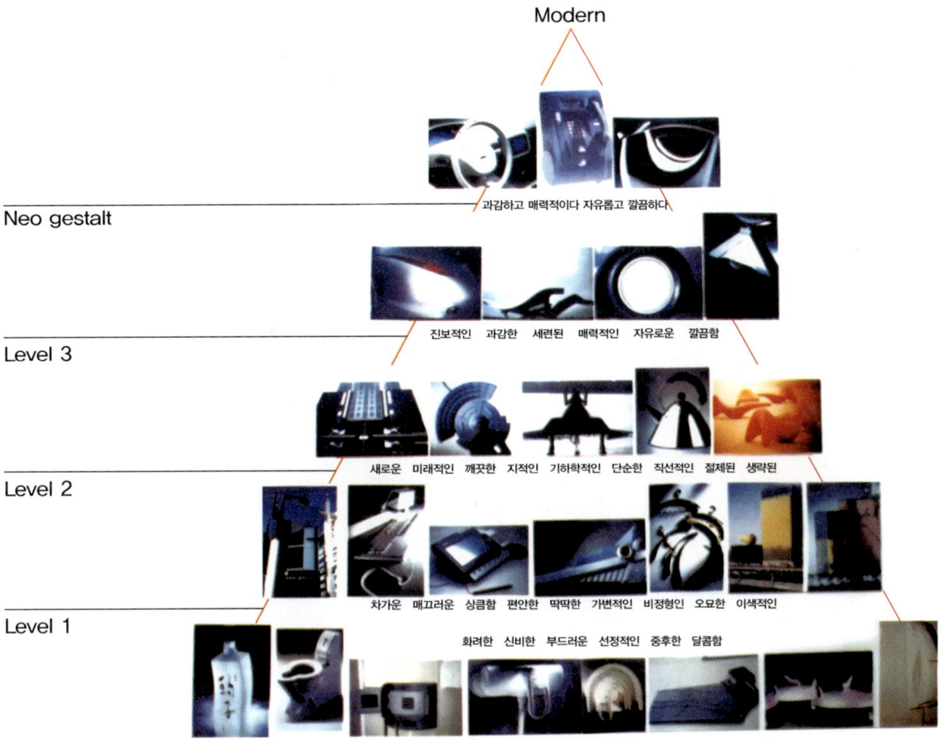

그림 2-10 현대감(modern)의 의미측정에 대한 단계별 이미지 분석

다음의 〈그림 2-11, 12, 13, 14, 15, 16, 17, 18〉과 〈표 2-2〉구조화에 대한 선행연구한석우2005/산업디자인 트렌드 예측 시스템 구축을 위한 영향요인의 위계구조 사례이다.

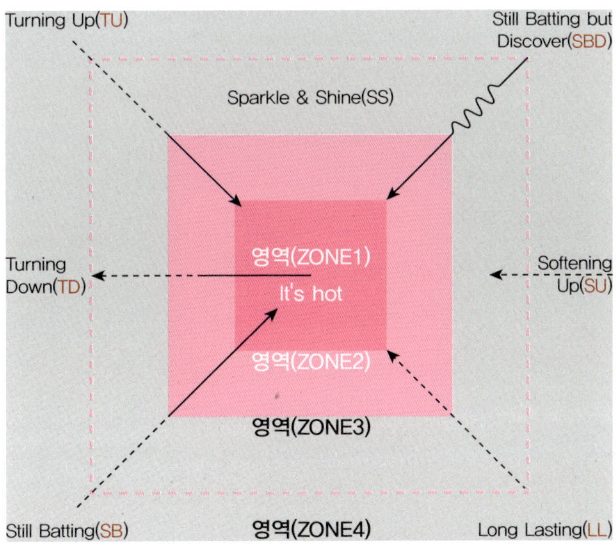

그림 2-11 인지영역 구조에서의 사용코드 개념도 (Zone1 〉 Zone2 〉 Zone3 〉 Zone4)

표 2-2 트렌드 인지영역(acceptable zone) 구조의 표기 사용코드

DTTS : Design Trend Tracking System

트렌드의 의미전달		DTTS 사용코드	그래픽 심볼key to symbols		
국문	영문		과거	현재	미래
• 갑자기 매우 강함	• Sparkle & Shine	SS	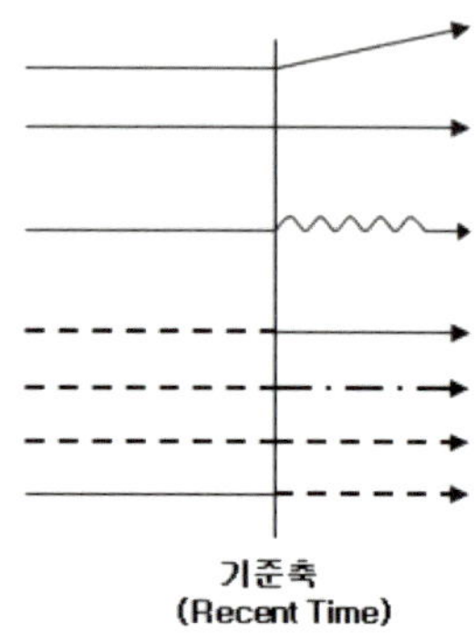		
• 현재에 지속적으로 유지 또는 신생 정착함	• Still Batting	SB*			
• 현재에도 지속적으로 유지되며 변형되어 나타남	• Still Batting But Discover	SBD*			
• 최근에 서서히 강하게 나타나거나 부활함	• Turning Up Come Up	TU			
• 최근에 조금씩 부각함	• Softening Up	SU*			
• 현재까지 어느 정도 유지	• Long Lasting	LL*			
• 최근에 서서히 상실함	• Turning Down Put Away	TD*			

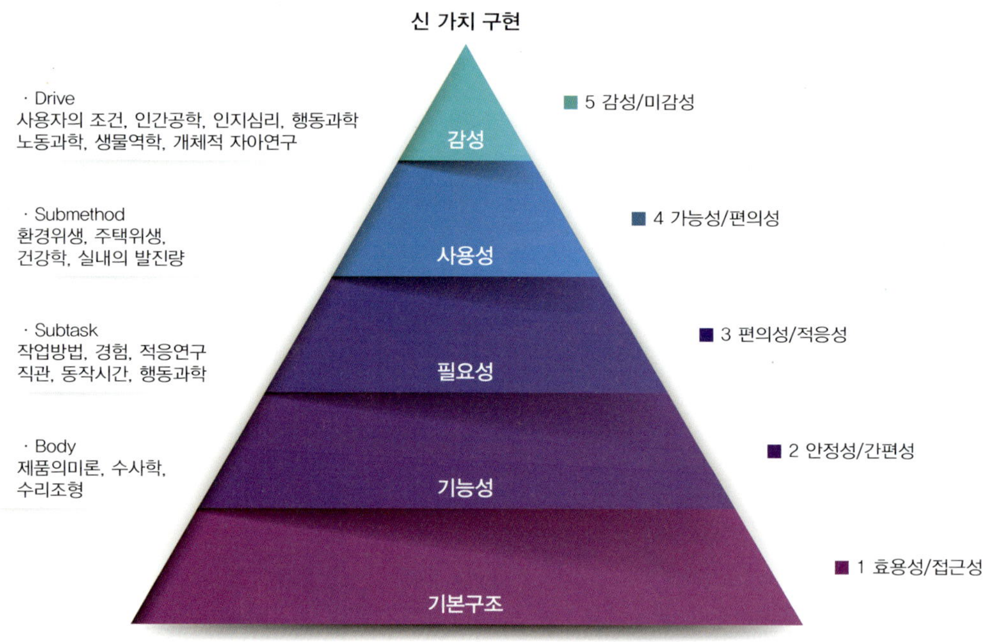

그림 2-12 인간 중심의 청소기 디자인(user first design)을 위한 위계구조 체계

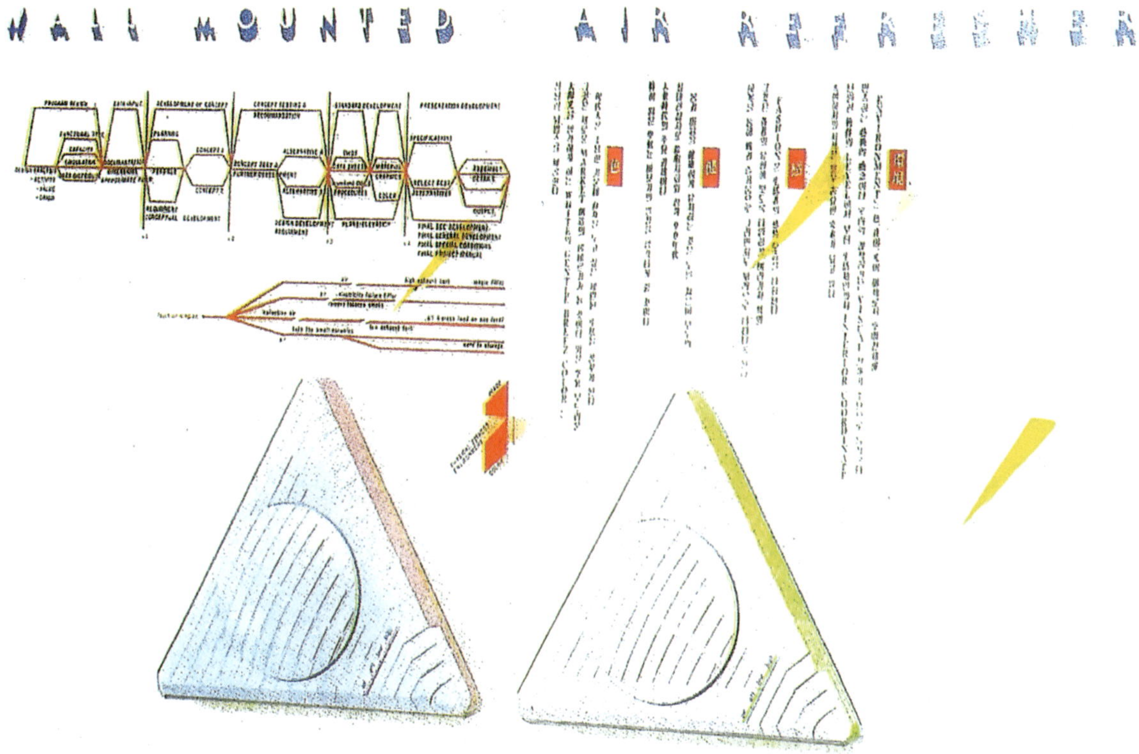

그림 2-13 벽걸이형 공기정화기 디자인 프로토타입(prototype)과 패널 디스플레이 – 한석우 디자인

그림 2-14 벽걸이형 공기정화기 디자인 프로토타입 R형
홀리데이 컬러(holidays color)와 컨템포러리 그래픽스(contemporary graphics) – 한석우 디자인

그림 2-15 말아올림(roll) 기법으로 제작된 리본 보(ribbon bow) 장미꽃 장식디자인 - Many Nordan 디자인

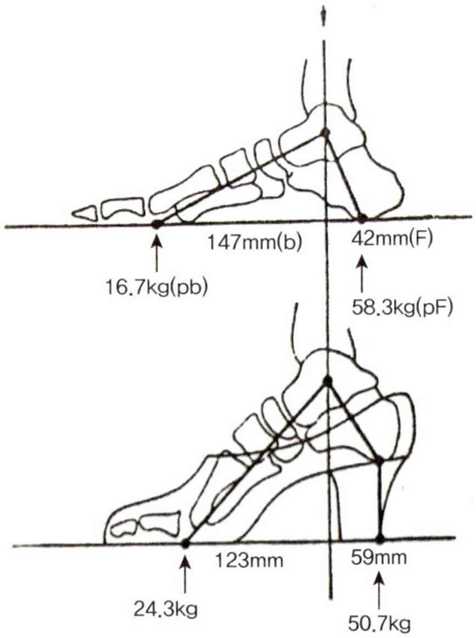

그림 2-16 발의 장축아아치(arch)가 지닌 체중분포

뒤축에 높이가 변하면 체중의 분포도가 변함. 즉 Pb:Pf=f:b(Marquardt에 의함)

그림 2-17 인체의 발 골격구조를 적용한 철교(South Grand Island Bridge N.Y)의 형상 디자인.

인체의 발의 구조는 족저근으로 교체되는 Arch가 좌우로 형성되어 무게의 하중을 분산시킴 / 철교(Cantilever Bridge의 기본구조)에 적용됨

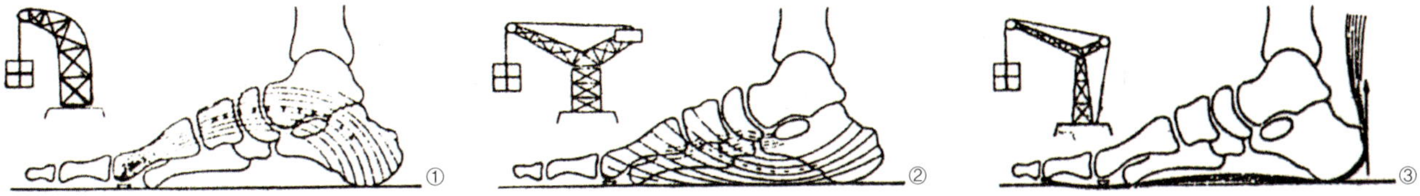

그림 2-18 발의 골구조인 족저근부가 지닌 부하(load), 하중(stowage)

① 위로부터의 압력에 대응해서, MP로부터 중골에 이르는 골구조가 관절을 넘어 하중을 지탱함.
② 동시에 족저의 인대에도 중요한 견인력이 작용. 이것은 개개인의 관절을 연결하고 있는 짧은 인대와 족저 인대가 함께 작용. 구조물에 의해 위로부터의 하중에 견딜 수 있음.
③ 견인 와이어 로프에 상당하는 발의 건과 근의 힘에 의해 유효한 힘을 얻을 수 있음.

적응적 접근방법adaptive approach에는 구체적인 형태 자체의 적응성 발견과, 추상적인 개념을 창출하여 별도의 형태를 만드는 두 가지가 있다. 예컨대 새가 날아오르는 원리에서 비행기를 생각한다든가, 심해의 가오리에서 발칸터보 제트기를 발상하는 것과 같은 것이다. 상어, 오징어, 가오리는 이륙할 때 공기저항이 불필요하며 중력을 무시하고 수직상승할 수 있는 현대 로켓미사일의 원형이다. 또한, 생물의 신진대사를 기초로 하여 발전시킨 시스템에서 도구나 건축의 디자인 시스템을 발상한 방법론도 이러한 접근법을 이용했다고 할 수 있다.

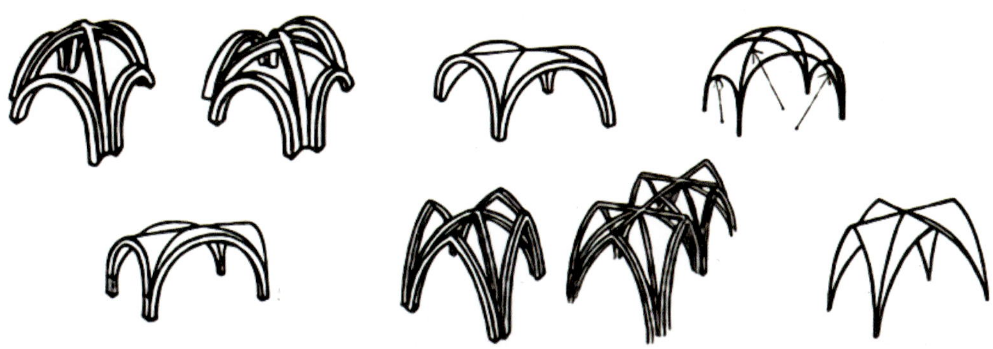

그림 2-19 나무줄기현상을 적용한 구조, 성가족 성당(sagrada familia), 건축은 압축과 상하단이 지닌 응력을 고려한 볼트(vault) 구조 및 색유리 파편과 원형 타일로 마감한 트렌카디스(trencadis) 모자이크 기법과 자연색을 기본한 스테인드 글라스(stained glass)에 자연의 모티프(motif), 질서, 법칙을 적용 – Antoni Gaudi 디자인(스페인)

자연계에 있는 형태의 적응성에 대해서는 꽃잎 모양에서 조명기구를 생각한다든가, 완두콩 꼬투리에서 팩pack을 발상한다든가, 벌집 구조에서 대피소shelter를 발상하는 것 등이 적응성 디자인의 직접적인 사례라고 할 수 있다.

적응적 접근방법은 유효성을 찾아내는 데 기초가 되므로 중요하다. 평소 생활 속에서 대상이 지닌 조형적 주제에 대한 흥미와 깊은 통찰력전체 구조를 새롭게 파악하는 일이 없으면 적응할 수 있는 형태라 할지라도 그냥 지나쳐 버리고 만다.

적응적 연구방법은 이미 존재하고 있으며, 발생되거나 창조된 주제나 형태를 유용하게 변화하기 위한 목적을 지닌다.

이것은 유추추리를 통한 인위적 시스템man-made system의 발전을 시도하려는 생물공학biological engineering의 방법론적 접근과 수단으로서 자연과의 보상적 균형관계를 통한 조형의 생태학적 접근ecological approach을 그 개념적 모델로 하고 있다. 자연의 유기적 형태란 살아있는 존재와 그 부분들이 드러내주는 생명 그 자체와 결부된 형태로서 이것은 바로 인간 환경에 있어 형태 구성의 기본 질서를 말해주는 것으로 유기적 통합 조절의 완벽한 표현인 것이다.

즉, 적응적 접근태도란 자연유기 시스템에 근거를 둔 조형행위로서 자연계의 생물학적 원형biological prototype들이 지니는 기본 존재방식을 통해 인위적 환경에 의미를 부여하려는 노력인 것이다.

디자인 원형으로서의 자연형태는 문화사나 미술사의 각도에서 보아도 모든 조형활동에 대하여 유익한 근거자료이기 때문에 그 형태와 표본이 조형의 중심으로 선택되었던 사례는 〈그림 2-20, 21, 22, 23, 24〉와 같다. 잠자리 눈은 180°의 시야를 가지며 15m까지 떨어진 움직이는 물체를 주시할 수 있고 2800개에 달하는 6각형의 안구가 렌즈 역할을 한다. 그 하나하나가 물체의 한 부분씩을 인식하고 망막에 하나의 상을 형성하는 것이다.

이러한 원리는 180°를 담을 수 있는 카메라 렌즈를 탄생케 하는 아이디어를 제공해 주었다. 즉, 카메라의 기계적 구도는 포유류의 눈을 직접적인 모델로 삼고 있는 것이다.

대표적인 예로 뱀의 송곳니와 콧구멍 형태를 이용해서 미사일 방어계획 원리를 착안한 것이라든가 땅버들의 형태 변화에 관한 연구를 통해 저개발국가의 굳어져 있는 토양에 씨앗을 뿌리는 기구를 개발한 것 등이 있다.

시계초 식물의 와선형 덩굴손에서 착안된 좁은 공간에 유용한 선박의 와선형 계단 등은 모두 자연연구에서 나온 생물기술학의 적응적 연구에 대한 부분적인 사례에 불과하다.

그림 2-20　35×로 확대된 호박벌의 눈과 물방울의 구조
각각의 물방울 중심축을 연결하면 삼각형을 기본으로 둘러싸여(covering) 있음

그림 2-21　풀러돔(geodesic dome)과 세계최대의 야외 온실인 에덴(eden)식물원

① 버크민스터 풀러(R.Buckminster Fuller)는 엔지니어, 발명가, 철학자, 디자이너로 평가받는 20세기 미국의 건축가로 그의 이름을 인용한 돔을 뜻함.
② 바이옴(biome)으로 불리는 에덴식물원은 합성수지(ETFE)의 반투명의 반구돔으로 실내 온도의 15%를 태양열로 충당함.(영국)

그림 2-22　철제빔(steel beam)의 경사진 기둥보를 적용한 스타델호펜(stadelhofen) 역사(스위스)와
손과 인체의 콘셉트 스케치 comprehension pattern & sketching – Philip Jodidio 디자인

자연은 아주 단순하고 효과적인 방법으로 변화, 변형, 전환, 성장을 창조하며 독립적으로 이루어지는 현상은 아무것도 없다는 점에서 자연은 합리적 질서의 법칙에 따라 이루어졌음을 알 수 있다. 자연형태와 조형과의 연구는 잠재적인 조형을 만들어 내는데 필요한 미적, 구조적, 기능적, 동적 특성 등에 관한 아이디어를 잉태하고 있다.

즉 자연계에서 얻어지는 방법론적 접근과 디자인의 전개과정은 창조를 위한 최소한의 근간이 되는 형태, 구조, 힘과 연관되어 있는 기본 원리와 시스템을 인위적인 환경에 적용시킴으로서 '의미 있는 유기적 질서'를 부여하는 과정이라고 할 수 있다.

1959년에 미국의 라이트 패터슨 센터Wright-Patterson Center에서 바이오닉스를 신학문으로 제창하였고, 1960년에는 미국 공군의 후원으로 생물체, 특히 동물의 조직에 대한 지식을 기술적 문제의 해결에 적용한다는 관점 하에서 생물학자, 물리학자, 기술자, 수학자를 연합시키는 바이오닉스bionics가 탄생했다.

따라서 바이오닉스 연구는 인류가 자연을 배우고 난 뒤 어떤 인공물의 구조나 기계적인 현상에 이를 도입하고 싶은 욕구의 출현으로부터 이미 존재해 왔다. 예를 들어 개구리 뒷다리에서 쓰레기통 뚜껑의 구조가 응용되고, 박쥐의 생존방식에서 레이저가 탄생되었으며, 악어의 턱뼈에서 응용된 공학적 구조물이나 공중에서 일시 정지하여 꿀을 먹는 벌새에서 헬리콥터의 원리 등을 유추해 낸 것 등도 모두 이러한 범주에 해당된다.

기하학에 근거를 둔 표면측량과학 연구, 로봇 원리를 암시하는 자기구동 메커니즘 연구, 자동 추적, 무게, 치수, 측량, 도구의 분류 등에 관한 도량형학 연구, 렌즈, 거울의 원리를 밝힌 광학 연구, 물 파이프덕트의 원리를 밝힌 기류학연구, 자극대응 현상을 도구화한 기관학 연구 등이 있다.

일본의 신칸센은 고속운행에 따른 소음해결을 위해 물총새의 길쭉하고 날렵한 부리와 머리를 본떠 열차 앞 부분을 디자인했다. 〈그림2-24〉은 짐바브웨의 자연 냉방건물은 흰개미의 둥지를 모방한 설계로 한여름에도 22℃ 안팎을 유지한다.

그림 2-23　박쥐형상 응용의 캔틸레버(cantilever) 디자인

그리고 섬유 분야에서는 물에 젖지 않는 잎사귀를 보고 항상 깨끗한 상태를 유지하는 연잎 섬유를 착안하고, 접착제의 경우 도마뱀의 발바닥을 이용한 나노 접착제, 벼룩·잠자리의 탄력성을 모방한 탄성이 좋은 신물질을 개발한 사례 등이 대표적이다.

사막의 건조한 공기에서 수분을 뽑아내 생존하는 나미브사막 풍뎅이의 등껍질 구조에서 착안하여 무동력 제습기술이 나왔는데 이는 초발수성·초발유성·초친수성을 모두 갖췄다. 프로펠러 비행기, 헬리콥터, 드론과 같이 프로펠러를 사용하는 비행체에서 발생하는 소음도 억제할 수 있다.

파리·딱정벌레를 모사한 초비전super vision 시스템, 거미의 촉각을 모방한 고감도 분산형 진동센서와 함께 개의 코를 모방한 초고감도 가스센서가 이미 개발되고 있다. 나비의 날개 구조를 모방한 광결정 소재·소자도 만들어냈다. 고래도 프린트용 입자를 대량 제조할 수 있고, 에너지 절감형 창호를 생산할 수 있다. 이처럼 생물의 구조, 기능연구로 경제적 효과와 자연친화적 물질을 창조하는 청색기술blue technology은 미래의 부가가치 산업으로 정착되고 있다.

그림 2-24　청색기술(자연의 원리) 응용디자인 사례
물총새와 신칸센 고속열차, 풍뎅이와 제습기술, 흰개미 둥지구조와 쇼핑몰

3. 형상화 단계

형상화forming interfusion단계는 디자인 정체성참모습에 대한 시각화, 실체화로 나타난 합구조적, 합목적적 구현 단계를 의미한다. 따라서 그 결과물prototype, pilot model, mock up, sampling은 독자성과 창의적 가치성을 지녀야 한다.

표현이란 '여러 가지 조형요소를 사용하여 형체를 만드는 것을 뜻하는 질서이며 구성이고 형태에 대한 형식화 작업을 의미'한다. 창조적 조형성을 형성하는 구조학으로서의 조형 예술은 새로운 시각형식에 대한 가능성의 탐구이다.

표현 작품의 표상은 심적 복합체로서 대상을 뜻하며 객관적으로 작품이 지니고 있는 구성과 구조의 직유simile, 은유metaphor 및 환유metonymy의 관계로 어떻게 결합되고 있는가에 대한 질서를 형성함으로써 외형적 양식과 상징적 특성을 뜻한다.

그러므로 표현은 조형 창작의 근본작업으로 작가의 감정이 새로운 시각형식을 나타낸 것이다. 이에 반해 재현은 묘사가 아니고, 이미 존재하고 있는 것을 예술 속에서 제시하는 것으로 정신적인 의미가 포함되어 있다. 이것은 원시시대의 주술문화incantation culture에서 나타나고 있으며 기원, 기록, 모방 등의 사상으로도 발전하였다.

사물을 묘사하는 원리적 작용을 재현representation이라고 하며, 내적인 것을 외연화하는 원리적 작용을 표출expression이라고 한다. 이 양자를 총괄해서 작가가 작품 속에서 어떤 의미 내용을 객관화하는 작용을 표현, 표상, 표출이라고 한다.

표출은 '예술에서는 작가에게 내재되어 있는 심상one's feeling을 밖으로 내보낸다.'는 의미로 사용된다.

이에 반해 재현은 묘사와 같지 않다. 묘사는 재현을 실현하기 위한 행위이긴 하지만 재현 그 자체는 아니다. 재현은 재차 그곳에 존재하게 하는 것, 즉 사실 상징을 실현시키는 것으로 우리가 현실계에서 이미 느낀 것이다. '생명'이 되는 것을 예술작품으로 존재하게 하는 것이다.

예술이 지닌 아름다움이란 쾌적한 여러가지 관계들의 통일이나 조화적 인식이며, 의미표현에 대한 아름다움이며 경우에 따라서는 내적인 에너지, 움직임, 응집력에 대한 메시지이다. 예술표현은 작가의 정신적 활동, 독립된 의미체계, 의식의 자유로움 등에 대한 미적 쾌감을 지닌 예술혼esprit의 가시적 표현이다.

그 반면에 디자인designware은 실용적, 과학적 사고에 근거한 효용성, 재화성, 생활성과 실용적 감성을 지니고 있다. 그러므로 디자인이 지닌 표현은 기술적, 상품적, 마케팅적, 생활가치적, 과학적, 재료적, 환경적, 가치적 변화의 요인이 되는 결과이다.

또한, 시각적 특성이 지닌 미감성 내용은 시공간적 의미표현, 상징과 기호성, 소재선택에 따른 재료성, 미감성, 장식성, 장인성 등에 의존한다. 그러므로 이것에 대한 미적가치는 벨 C.Bell의 지적처럼 내용이 다른 의미 있는 형식, 선분, 색채, 공간적 요소의 조화적 관계를 포함한 작품이 지닌 가치의 발견에 있다.

라더Melvin Rader는 창작에 대하여 무엇인가를 존재하게 하는 것이어서, 예술작품을 만드는 일은 어떤 것을 존재하게 하는 방식에 대한 연구를 포함하는 것이라고 하였듯이 예술이 지니고 있는 미적 가치는 예술이 인간과 자연의 조화를 반영하는 데 있다.

예술 작품은 '객관화된 정신'이라고 한 하트만N.Hartmann, 1953은 미적가치의 의미를 개인적, 주관적 정신이나 역사적, 객관적 정신과 함께 정신적 존재의 일종이라고 하였다.

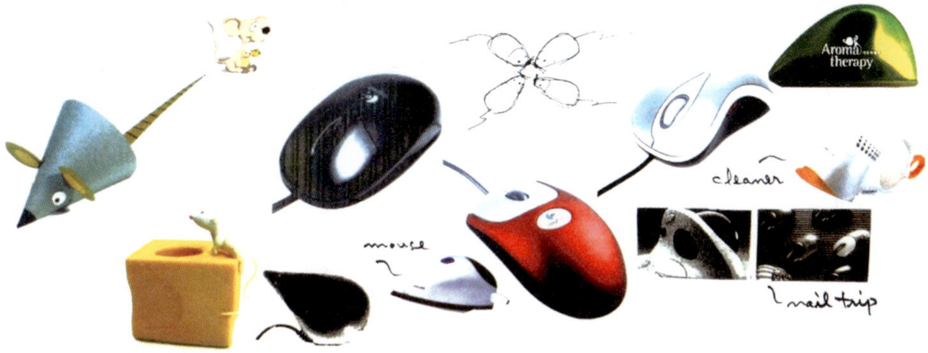

그림 2-25 메모 시트(memo sheet)를 이용한 조형 변환(transformation) 표현 사례

그림 2-26 씨앗, 물방울(water drop) 형상과 재사용 플라스틱을 활용한 패키징 디자인 – Rudiger Becke 디자인

차원dimension은 본질적, 근원적, 비재현적으로 차용된 공간성을 지니며 수학적으로는 공간 내에 있는 점 등의 위치를 나타내기 위해 필요한 축axis의 개수이며 공간 내의 각 점을 지정하는 데 필요한 독립 좌표의 수를 뜻한다. 여기에서 사용된 수를 그 공간의 매개변수라고 한다.

또한, 차원성은 공간성이 다른어떤 공간적인 특성을 제외하고 차원 분류방법을 통해서 해석되어질 때 공간성의 특성이 된다.

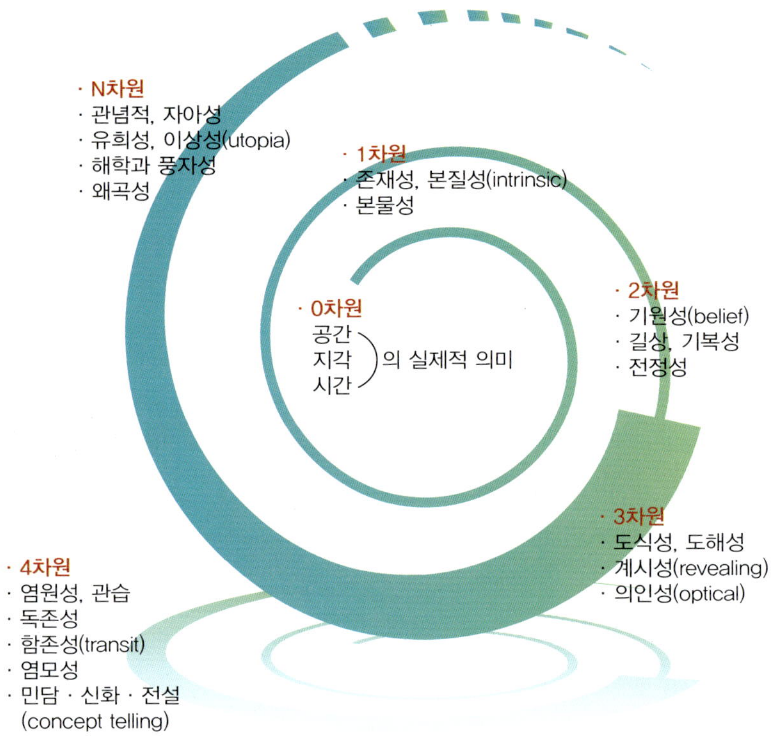

그림 2-27 민화의 궤석(김연화, 2020)이 지닌 다차원적 사유 공간의 존재론적 내포성

사고thinking는 생각하고 궁리하는 것이고, 사유는 명제의 진위판단과 지각을 바탕으로 한 비판적인 개념적 정신과정이다. 상상은 의식 중의 직감적 심상작용이므로 조형예술의 사고는 개인적 유추, 관념상의 계산, 마음의 특성 등 복합적인 추론에 해당된다. 따라서 개념을 속성으로 나누는 분석 태도와 발상적 의미를 이해하고 접목하는 접근 방식은 디자인 표현에 대한 사고력과 경험적, 연구를 위한 콘텐츠를 지니게 된다.

이는 곧 디자인이 지닌 실천praxis방식에 대한 이해이고 아름다움과 추함을 판단할 때 사용되는 비판적 기준의 시작과 함께 디자인 실체가 무엇일 수 있는지, 무엇이어야 하는지에 대한 개념이 된다.

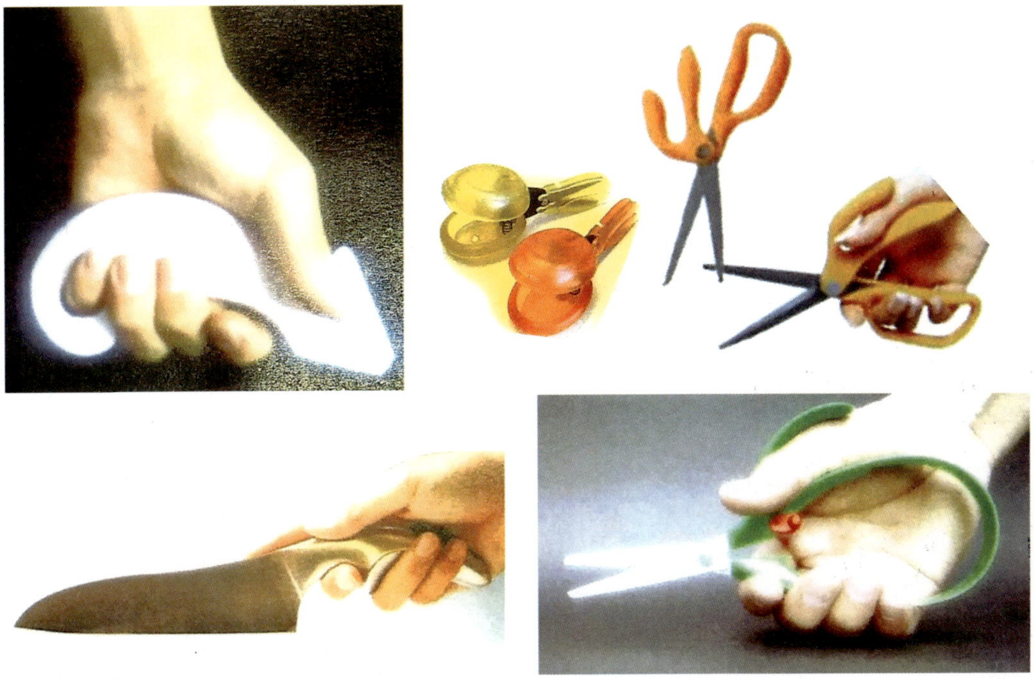

그림 2-28 유니버설 디자인(universal design)을 위한 가위를 잡은 손의 모양과 사용성(usability)의 관계분석

사고적 연구방법contemplative approach은 논리적으로 조형사고를 발전시키는 방법으로서 과학적 연구 방법을 의미한다. 형 자체를 과학의 대상으로서 해명해 가는 태도인데, '자연계의 형의 법칙' 등은 아직도 분명히 밝혀지지 않은 부분이 많기 때문에 조형이 '형을 매개로 한 행위'인 이상 물object의 세계를 가능한 한 과학적으로 명확히 해야 할 필요가 있다.

오늘날 디자인의 기초 조형 내용에서는 조형적 창조를 주로 하고 작가의 표현을 주된 테마로 하여 시행되고 있고, 형 자체가 갖는 특성에 관한 과학을 경시해왔다고 해도 과언이 아니다.

디자인 조형의 과학적 연구는 '형태 조형을 위하여'라는 전제에 입각한 것이며, 형의 특성, 구조형태탐구의 과학 등과 관련되며 '형'의 창조에 관련되는 법칙성 구성형태창조의 과학으로 나누어 생각해 볼 수가 있다. 전자는 실험적 연구방법, 후자는 조형적, 사고적 연구방법과 깊이 관련된다고 하겠다.

이와 같이 사고적 연구방법은 형태가 갖고 있는 잠재적 특성을 체계적으로 탐구하는 연구로서 예를 들면, 가령 입방체정육면체가 갖고 있는 형태의 특성을 이용해 각종 조건 또는 재구성에 따라 최선의 변화를 탐색해 가는 방법을 뜻한다.

디자인 연관 분야에서의 연구 내용들은 무엇이 바람직하며 무엇이 합리적인가에 대한 문제로 그 기준 설정이 여러 가지 변화요인과 속성을 지니고 있기 때문에 답을 찾기에는 어려운 과제가 아닐 수 없다.

이에 대한 생활 속에서의 해결점을 탐색하기 위한 선행적 사례와 결과들이 다양하게 전개되고 있으나, 인간적·사회 윤리적 조건에 대한 근거와 규범 등 과학적 표본은 확보하기에도 적합하지 않은 학문적 특성이 있다.

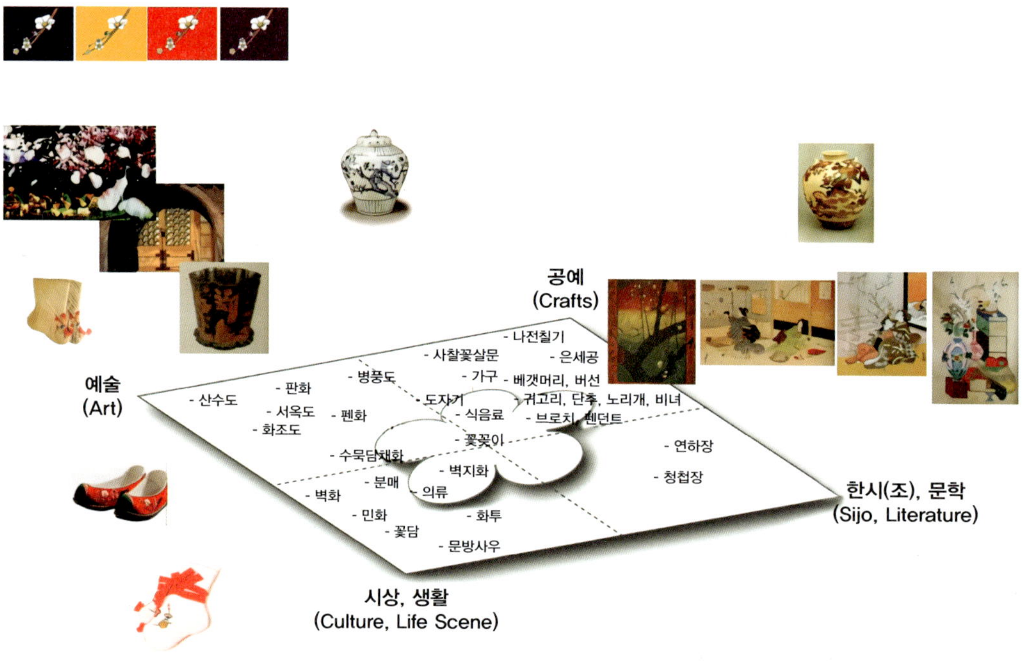

그림 2-29 매화를 주제(motif)로 한 조형영역

그러므로 확보된 사실과 실제 문제해결에 어떤 도움이 되는가 하는 명제를 전제로 디자인 최적화에 대한 체계적 관점 제시는 필수이다. 따라서 디자인 문제제기인식에서부터 문제해결검증이라고 하는 일반적인 관점에서 접근할 때 그 내용을 다음과 같이 요약할 수 있다.

첫째 : 디자인 문제 제기의 방법 형성 단계에서는 문제의 정의, 수준, 제한, 기준, 목표, 가치, 필요, 공헌, 조건개념, 방향 등이 정립되어져야 한다.

둘째 : 문제 이해를 위한 디자인 접근 방법의 적용과 실행단계에서는 조사, 분석, 평가, 관찰, 실험, 측정, 추상, 구조모색, 기준, 양식 및 형식 등을 도출하여야 한다.

셋째 : 문제의 명확화 및 통제 또는 재해석에 의한 평가와 진단의 단계에서는 변인자료의 속성이나 특징간에 타당성이 검토되고 관계가 진술되며 필요조건의 최적화와 합리성이 확보 되어야 한다.

넷째 : 문제 해결 및 검증을 위한 방법 응용 및 확산의 전 단계에서는 디자인 문제의 원인이 규명되며, 그 타당성이 확인되어야 한다.

이와 같이 필요 조건의 최적화를 위한 전제로 경험적 사실이 확인된 학술적, 기술적, 전문적, 가시적인 디자인의 총합적 접근 태도가 요구된다.

핵심문제

01 ㈎와 관련된 내용으로 옳은 것은?

> ㈎에 대한 연구는 1950년대 미국에서 시작하는데 모든 아이디어를 자유롭게 내고 이것이 다 나올 때까지 그 평가나 비판을 유보하는 방법으로 브레인스토밍(brainstorming)을 출현시켰다.

① 독단성　　② 습관성
③ 윤리성　　④ 창의성

해설
브레인스토밍은 창의성에 관한 연구 방법론으로 집단 창의력 증진운동이다.

02 브레인스토밍(brainstorming) 방법에서 가장 중요한 것으로 옳은 것은?

① 타인의 간섭과 지적을 배격
② 과격한 아이디어의 배제
③ 평가나 비판의 유보
④ 익숙한 습관 중시

해설
아이디어가 전부 나올 때까지 평가나 비판을 유보함이 가장 중요하다.

03 심리학자 칙젠미할리(Csikszentmihalyi)가 창의성을 향상시키는 방법으로 제시한 3요소는?

① 개인, 집안, 전문분야
② 집단, 상상, 기회보상
③ 질문, 절제, 사회성
④ 의심, 유연성, 희망

해설
칙젠미할리는 창의성을 창의환경을 만들어 주는 내용으로 보았다.

04 디자인 표현에 있어 새로운 형태를 발견할 수 있는 접근 방법 세 가지를 쓰시오.

해설

디자인은 개념화 → 구조화 → 형상화의 단계를 거쳐 구현된다.

05 디자인 콘텐츠 구현의 접근단계로 옳게 연결된 것은?

① 구조화 → 개념화 → 형상화
② 개념화 → 구조화 → 형상화
③ 형상화 → 개념화 → 구조화
④ 구조화 → 형상화 → 개념화

해설

기업의 혁신을 위한 창의성을 강조한 것이다.

06 다음의 내용과 관련하여 가장 적절한 것은?

> 루트번스타인 교수는 한국 IT기업들을 향해 "소프트웨어는 시를 쓰는 것과 같아서 하드웨어와 달리 수백 개의 답이 있을 수 있다는 걸 인식해야 한다."고 하였다.

① 합목적성　　② 경제성
③ 안정성　　④ 창의성

해설

3차원은 물리적·시공간적 공간인 입체와 부피로 나타난다. 초입체와 초부피는 4차원의 내용이다.

07 차원(dimensionality)의 유형을 제시하였다. 옳지 않은 것은?

① 3차원 – 초입체, 초부피
② 2차원 – 면, 넓이
③ 1차원 – 선, 길이
④ 0차원 – 점

해설

상징적 개념성은 추상적 이념으로 내용미학의 표현이다.

08 개념(conncept)이 지닌 미학의 조형표현을 제시하였다. 옳지 않은 것은?

① 미학의 가치성 – 비재현성의 추상적으로 내용미학
② 사유적 본질성 – 비재현성의 추상적으로 내용미학
③ 사물의 표현성 – 재현적 객관적 형식으로 형식미학
④ 상징적 개념성 – 재현적 객관적 형식으로 형식미학

09 개념의 요소를 구분하였다. 옳지 않은 것은?

① 개념적 구성요소는 내포적 속성이다.

② 형상 구성요소는 외연적 속성이다.

③ 심미적 가치는 외연적 속성이다.

④ 형식미학은 외연적 속성이다.

해설

심미적 가치는 내포적 속성의 요소에 해당한다.

10 유니버설 디자인에 대한 설명으로 옳은 것은?

① 제약을 받지 않는 보편적 디자인을 의미한다.

② 현실세계와 가상세계를 결합시킨 형태의 개념이다.

③ 추상적인 암시공간으로 신화와 초과학의 N차원의 공간 디자인을 의미한다.

④ 독창성, 혁신성을 의미하는 새로운 가치적 요소가 내재된 디자인을 뜻한다.

해설

② 유비쿼터스의 개념, ③ N차원의 내용, ④ 창의성의 개념 내용이다.

[정 답]

01 ④ **02** ③ **03** ①

04 1) 조형적 접근, 2) 실험적 접근, 3) 사고적 연구

05 ② **06** ④ **07** ① **08** ④ **09** ③ **10** ①

PART Ⅲ

3D프린팅 기술환경과 응용디자인 모델

- 3D프린팅 기술을 설명할 수 있다.
- 3D프린팅 연관영역을 설명할 수 있다.
- 사용자를 위한 단계별 공정을 파악하고 있다.
- 3D프린팅의 재료별 조형방식의 특징을 설명할 수 있다.
- 기술응용사례를 정리할 수 있다.
- 응용모델링의 창의가치를 설명할 수 있다.
- 3D프린팅의 환경변화를 예측할 수 있다.
- 3DPM 모델을 설명할 수 있다.
- 3D프린터를 활용한 응용 디자인을 시현할 수 있다.
- 3DPM 모델을 실행할 수 있다.

Part Ⅲ

3D프린팅 기술환경과 응용디자인 모델

1. 3D프린팅 기술과 변화장면 how to changing technoware & scene

1. 3D프린팅 기술이해

3D프린팅은 3차원 프린팅3 dimensional printing, 신속한 시제품rapid prototypong, RP, 적층방식의 제조물additive layer manufacturing, ALM, 첨가additive, 제조물added manufacturing, AM, 첨구물구조additive fablication, AF, 고체형 구조solid freeform fabrication, SFF의 명칭으로 불리워지고 있다. 3D프린팅은 3차원 데이터로 입체물을 만드는 적층조형장치로 플라스틱, 금속, 액체의 물질을 가공하여 적층방식, 응착조형방식FDM 등에 의한 조형물을 뜻한다.

이와 같이 3D프린터는 설계 데이터에 따라 액체·파우더 형태의 폴리머수지, 금속 등의 재료를 가공·적층방식layer-by-layer으로 쌓아올려 입체물을 제조하는 장비로서 3D데이터에 따라 생산하고자 하는 형상을 레이저와 분말 재료를 활용하여 신속하게 조형화하는 특징을 가지고 있다.

이러한 기술은 1980년대 초반 미국의 3D Systems사가 플라스틱 액체를 굳혀 물건을 만드는 프린터를 최초로 개발한 이후 기술사업화와 아울러 국내외 R&BDresearch&business development과제 수행의 기술지원으로 기술발전의 가속화가 이루어지고 있다.

한국정보통신기술협회는 이것을 고체의 열가소성 플라스틱 재료를 성형하는 제조기법으로 제품화 단계에서 금형을 제작하는 등 중간 과정이 필요 없으며, 즉각적인 수정작업이 가능해 제품의 개발주기 및 비용의 효율성을 높여주는 기술로써, 디지털 재료digital materials를 활용하여 정밀하게 출력print하여 최종 제품을 완벽하게 재현할 수 있는 기술이라고 정의하고 있다.

1980년대 초반부터 개발된 3D프린팅 기술은 3D프린터H/W, 소재, 설계 소프트웨어S/W 공정기술 및 원천기술 활용과 같은 기본적 요구조건과 제작과정3D modeling, printing, finishing touch에 의해 구현되는 기술이다.

이와 같은 3D프린팅은 〈그림 3-1〉에서와 같이 미래지향적 기술 패러다임 변화와 함께 그 응용영역 확대에 실제적으로 기여하고 있다.

특히, 스트라타시스stratasys, SD system, 랩랩raprap 등이 지닌 그래픽, 탄소나노튜브, 기능성 나노 입자와 같은 생분해성 소재 등 친환경 바이오bio 소재 개발은 3차원 형상디자인을 위한 조형방식과 영역 확산을 선도하였고, 〈그림 3-1〉에서처럼 빅데이터big data, IOT, 감성ICT, 인공지능AI과 연계하여 창의산업과 문화콘텐츠culture&content 기반 산업, 스마트smart, 모바일mobile, 완구, 패션, 주얼리, 가구, 생활서비스 용품, 건축, 의료, 디자인, 의생명공학, 방위산업, 우주, 국방, 오락성 교육상품edutainment에 이르기까지 광범위하게 응용 확산되고 있는 실정에 있다.

그림 3-1 미래지향적 산업 디자인 연관 산업 패러다임 변화 영역

기술을 활용한 공정은 디자인 SW 또는 3D스캐너를 통한 3차원 디지털 도면제작을 하는 모델링, 프린팅, 부착물supporter 제거, 연마, 염색, 표면 재료 증착 등 최종 상품화를 위한 기본적인 제조 공정의 단계는 〈그림 3-2〉와 같다.

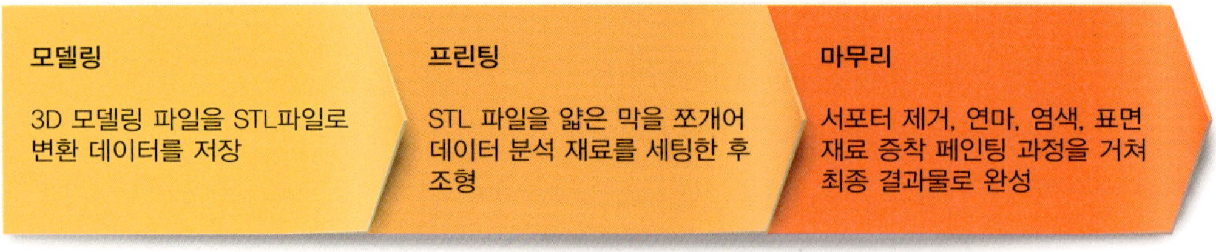

그림 3-2 상품화를 위한 마무리 3단계 공정

3D프린터 기술에 활용되는 적층방식은 압출, 잉크젯 방식의 분사, 광경화, 파우더 소결, 인발, 시트 접합 등으로 구분하며 액체 상태와 분말과 함께 고체 상태의 재료를 사용할 수 있다. 액체 기반형 소재의 경우에는 레이저나 강한 자외선을 이용하여 경화시켜 제작하는 광경화 적층방식과 폴리젯 적층방식 기술이 사용되며, 분말의 경우는 레이저 소결방식이나 잉크젯방식의 기술에 이용된다.

고체 상태의 재료인 알갱이나 와이어의 경우 노즐을 통한 압축방식의 기술이 사용되며 시트나 판 형태의 고체의 경우 박막 적층방식 기술에 사용된다. 대표적으로는 수지 압축방식으로 FDM방식fused deposition modeling, 광경화 적층방식으로 DLP방식digital lighting processing과 SLA방식stereolithography apparatus, 레이저 소결방식으로 SLS방식selective laser sintering, 박막 적층방식으로 LOM방식laminated object manufacturing, 잉크젯 출력방식으로 3DP방식 three-dimensional printing, 폴리젯 적층방식으로는 The Object Polyjet Process 방식이 있다. 현재 3D 프린팅 기술은 시제품 개발과 다양한 영역에서 주로 사용되고 있으나, 혁신적인 트렌드를 구현할 수 있는 작은 모델이나 복잡하고 규모가 큰 자동차, 항공산업과 건축에 이르기까지 각 분야에서 응용이 실현되고 있다.

ABS, PLA, 친환경 플라스틱을 한 층씩 적층하여 조금씩 쌓아 올리는 방식인 FDM방식은 현재 개인이나 기업의 시제품을 제작하는 데 일반적으로 많이 사용되며, 디지털 광학기술을 이용한 방식으로 프로젝터의 광원인 UV를 이용하여 경화성 수지를 굳혀 가며 제작하는 방식인 DLP방식이 있다.

구체적 UV발광이 단층으로 슬라이딩 된 화면을 하나씩 비추고 그 부분을 경화시켜 쌓아가는 방식으로 산업용 시제품을 생산하는 데 사용되고 있다. 레이저 프린팅방식인 SLA방식은 UV레진을 이용하여 액체 기반의 재료와 레이저 광원을 이용한다.

UV레진의 경우 강도가 낮아 본제품으로 사용할 수 없으나 정밀도가 좋아 시제품 제작하는데 사용되고, 치과진료에 필요한 보조물 제작 분야나 액세서리 분야에서 사용된다. 분말 소결방식인 SLS방식은 분말로 된 입자를 강한 레이저를 비추어 녹여 소결하는 방식으로 금속이 가장 많이 사용된다.

SLS의 경우 다양한 재료를 사용할 수 있으며 고품질의 실제 작품 제작에 이용된다. 박막 적층방식으로는 LOM방식이 있는데 이는 시트나 필름 형태의 재료를 겹겹이 쌓는 방식으로, 나무소재를 사용할 수 있다. 잉크젯 적층방식으로는 3DP방식이 대표적이며 파우더 형태의 재료에 바인더를 뿌리며 출력한다.

그림 3-3　3D 프린팅(CPAM : computer & printer aided model) 연관 영역별 콘텐츠

폴리젯 적층방식인 the object polyjet process 방식의 경우 광경화와 잉크젯 방식의 혼합형으로 프린트 헤드의 미세 노즐에서 재료를 분사하면서 자외선으로 경화시키는 방식으로 품질 높은 조형물과 다양한 형태의 조형 제작을 가능하게 한다.

3D프린팅, 디자인 모델링, 프린팅, 후가공 처리finishing touch, 소재 등의 분야에서의 핵심 기술 응용을 위한 기본체계 구축을 위해서는 3D프린팅 기술 활용 소프트웨어Software, 하드웨어 방법Hardware Method, 소재개발 및 응용Material application, 기술 지원Technical Support 등의 체계가 구축되어야 한다.

디자인을 형상화 하는 모델링 공정은 CAD, 라이노rhino 등의 컴퓨터 그래픽 설계 프로그램을 이용해 물체의 모양을 3차원으로 구성하는 단계로, 물체를 스캔하거나 디자인하여 데이터로 변환하는 기술이 필요하며, 디지털화된 파일을 불러들여 데이터를 분석하고 원료를 데이터 분석에 따른 위치에 맞게 분사하고, 이를 경화시키기 위해 필요한 에너지원을 제어하는 난이도 높은 기술을 통해 프린팅 된다.

현재의 산업에서 많이 사용되는 방법은 SLA 기술과 FDM방식으로 SLA 기술은 변환된 STL 파일을 반사 거울에 UV 레이저를 반사시켜 재료의 표면에 단면 형태에 따라 빠르게 움직이면서 초점을 맞춰 자외선을 분사하여 레진을 굳힌다. 단면이 완성되면 단면이 하강하면서 다음 단면을 굳히고 리코더recoater의 수평날을 이용하여 수지 표면에 대한 해상도가 높아 후가공 작업이 크게 요구되지 않는다. 그러나 레진의 특성상 강도가 낮아 깨지기 쉬우며 변형이 잘 되고 열에 약한 단점이 있다.

또한, 바닥부터 쌓아 올리는 방식이기 때문에 공간 중간에서 시작되는 형태나 구조물은 구현이 어려운 약점이 있고 색상에 제한이 있다. FDM Fused Deforsition Modeling, Fused filament fabrication방식은 가는 실 같은 필라멘트 형태의 열가소성 물질을 노즐 안에서 녹여 얇은 필름 형태로 출력하여 단면을 쌓는 프린팅 방식으로 필라멘트를 노즐에 연결하고 노즐 속에 열을 가하여 X축, Y축, Z축의 정확한 초점을 맞춰 재료를 분사한다.

후처리 공정은 표면의 불순물을 제거하거나 매끄럽게 하는 과정으로 코팅, 페인팅 과정을 거쳐 결과물로 완성된다. 최근 프린터에 후처리 공정을 일체화시킨 기술이 개발되고 있다.

표 3-1 3D프린팅의 재료별 조형방식과 특징

재료	대표 방식	재료 종류	조형 방식	특징
액체 기반	SLA Stereolithography	액체 형태 폴리머 합성수지	• 레이저나 강한 자외선을 이용하여 재료를 순간적으로 경화시킴	장점 : 정밀도, 표면 조도, 중간 정도의 조형 속도 단점 : 강도, 온도, 지지대 제거 작업 필요, 원료와 색상이 제한적
	DLP Digital Light Processing	DLP 전용수지	• 액체 상태의 광경화성 수지에 빛을 DLP Digital Light Projector에 투사하여 적층	장점 : 표면조도가 우수하고 낮은 소음, 작업속도가 균일, 비교적 빠른 조형 속도, 저가형 DLP printer가 개발 단점 : 조형물의 원료 선택이 제한적
분말 기반	SLS Selective Laser Sintering	플라스틱 분말, 모래, 금속	• 분말 형태의 재료를 가열한 후 결합하여 형태에 따라 접착제를 사용하거나 레이저를 사용	장점 : 재료가 광범위, 높은 정밀성을 가짐, 빠른 조형속도 단점 : 고가의 부품, 후표면처리 금속재료
	DMLS Direcct Metal LaserSintering		• 금속 분말을 레이저로 소결시켜 생산	장점 : 후공정 없음, 강도, 복잡한 형상의 금속제품 생산 단점 : 표면 조도, 폴리싱 작업 필요, 고가격
	DMT Laser-aided direct metal tooling		• 금속분말을 녹여 제품 형성	장점 : 산업용 금속분말, 금속 응고성 단점 : 표면조도, 고가격
	3DP Three Dimensional Printing Powder bed &Plaster-based PP		• 파우더 베드로 고분자화합물과 금속물질이 이용 가능하며 금속 작업 방식의 보편성	장점 : 컬러 잉크 사용, 다양한 색상, 가장 보편적 방식, 짧은 제조 시간 단점 : 출력 후 분말제거, 표면처리 필요
고체 기반	FDM Fused Deposition Modeling	와이어, 필라멘트 형태의 재료	• 필라멘트 등의 열가소성 재료를 열에 녹인 후 노즐을 거쳐 압출되는 재료를 적층	장점 : 장비 가격과 유지보수 비용, 다양한 소재 적용, 대형화 용이, 정밀도에 따라 표면 조도개선 가능 단점 : 세부형상 구현, 제작 속도, 개인용·가정용으로의 활용

(계속)

재료	대표 방식	재료 종류	조형 방식	특징
	EBM Electron beam melting	와이어 형태의 금속 재료	• 와이어 형태의 금속원료에 전자빔을 조사시켜 강화시키는 방식으로 적층	장점 : 공극률이 낮음, 밀도, 강도, 열처리 공정 불필요, 순수금속 재질의 제품 제작, 제작 속도 빠름, 잔류응력 최소화 단점 : 고가격
	Polyjet	왁스 패럿 형태	• 재료를 헤드에서 녹여 노즐을 통해 분사	장점 : 품질, 지지대를 워터젯 방식으로 녹여서 제거, 다양한 조형물 산출 가능 단점 : 고가격
	MJM Multi jetting modelling	광경화 수지 왁스	• 헤드에서 광경화수지와 왁스를 동시에 분사한 후에 UV라이트로 고형화하는 방식	장점 : 정밀도, 곡선 처리와 우수, 표면 조도, 투명한 조형물 제작 가능 단점 : 강도, 고온
	LOM Laminated Object Manufacturing	얇은 플라스틱 시트 필름 형태	• 플라스틱 시트를 접착하면서 칼을 사용해 절단 후 적층	장점 : 제조비용의 극적인 감소, 목재재질의 조형물 구현 가능, 밀링 등 후처리 불필요 단점 : 내구성, 정밀도, 표면 조도, 색상 재료가 제한적

1998년 넷스케이프 브라우저의 원시 코드에 대한 공개 형태 전략회의에서 붙여진 새로운 용어인 오픈소스open source 소프트웨어는 소스 코드를 공개해 누구나 특별한 제한 없이 그 코드를 보고 사용할 수 있는 오픈 소스 라이선스를 만족하는 소프트웨어를 말한다. 통상 간략하게 오픈소스라고 말하기도 한다.

오픈소스 하드웨어는 오픈소스 소프트웨어와 마찬가지로 소스 코드 혹은 설계도 등을 통해 유용한 기술을 인터넷 등을 통해 무상으로 공개하고 누구나 그것을 사용, 계량, 배포할 수 있도록 하는 오픈소스 문화를 기반으로 하며, 이 경우 사용권license 비용을 절감할 수 있고 발전 속도가 빠르며 높은 신뢰성을 제공한다는 장점이 있다.

오픈소스 소프트웨어가 소스 코드만을 공유했다면 오픈소스 하드웨어의 경우는 원본 디자인 파일, 재료 명세서, 하드웨어 작동을 위한 소프트웨어 소스 코드 등 해당 하드웨어의 제조에 필요한 모든 지원 리소스들이 공개돼야 한다.

오픈소스 하드웨어는 '누구나 그 디자인이나 디자인에 근거한 하드웨어를 배우고, 수정하고, 배포하고, 제조하고 팔 수 있는, 디자인이 공개된 하드웨어'이다.

오픈소스 소프트웨어가 개인용 컴퓨터와 소프트웨어 개발 도구로 공개된 소프트웨어 소스 코드를 손쉽게 수정하고 인터넷을 통해 빠르게 배포할 수 있었기 때문에 성공할 수 있었듯이 오픈소스 하드웨어가 진화하는 데는 오픈소스 하드웨어 플랫폼의 역할이 크다. 이러한 웹 2.0과 오픈 하드웨어와 오픈 소프트웨어의 디지털 환경의 변화와 함께 3D프린팅 기술의 주요 핵심 특허의 만료는 3D프린팅 기술 발전의 배경이 되었다.

3D프린팅은 다보스 포럼Davos Forum의 'Global Agenda Council on Emerging'에서 미국 제조업 부흥을 위한 10대 핵심 제조기술로 선정되었고, World Economic Forum에서는 3차 산업혁명의 주역으로 3D프린팅 기술의 가능성을 예측, 2025년에 실현될 20대 미래 기술에 3D프린팅 기술을 포함하였다. 파이낸셜 타임즈에서는 최고의 발명품 26선 중 하나로 인터넷보다 영향력이 커질 기술로 예상한 바 있다.

즉 3D프린팅을 활용한 응용 디자인 모델링과 연계로 실물의 제품을 화면상 형태로 구현, 화면의 형태를 실물로 구현함으로써 〈그림 3-4〉와 같이 디자인 개발 단계에서의 형태 개발에 효과적으로 활용할 수 있게 되었으며, 이를 통해 시공간의 제약이 없어짐으로 자유로운 사용, 제작, 비용과 시간의 절감 등 디자인 개발 환경에서 부가적인 효용가치를 증대시켜 주고 있다.

그림 3-4 유아기, 유년기의 창의 놀이 기구(fantasy play)로 하단은 1~2세, 중앙은 3~5세, 상단은 6세를 대상으로 개발됨 – Creative PlayThings, New Jersey 디자인

표 3-2 3D프린팅 기술 응용 디자인 사례

영역	소속	내용
자동차	• 람보르기니 Lamborghini	• 스포츠카 'aventadar' 시제품 제작에 80% 시간절약, 92% 시간절약
	• 로컬모터스 Local Motors	• 44시간에 스트라티 완성
	• 포드 Ford	• 자동차 부품인 「흡기 매니폴드」 제작을 4개월에서 4시간으로 단축
스포츠 의료	• 아디다스 Adidas	• 수작업 모델링 대비 1/6 기술자로 1/4시간 소요
	• 나이키 미국, Nike	• 초정량급 스포츠백 '헤벤투 더플'제작 2014
	• Skane 대학병원 Rydholm 교수 스웨덴	• 대퇴부 골절 치료용 티타늄 임플란트 제작이식 수술
	• widex 덴마크	• 맞춤형 보청기 제작기술 'CAMISHA' 개발 및 제작공급
	• Bespoke 미국 Innovation	• 의족보조기기 'bespoke fairings' 디자인 생산
	• Fraunhofer 연구소 독일	• 인공혈관 bio printing 티타늄을 이용한 AM 기술적용
의료	• 코빌의머 미국	• 인공귀 제작
	• 하버드대학교 미국 어바나샴페인 대학	• 리튬이온 배터리 이용 의료용 로봇 가동
	• 델라웨어 병원 미국	• 교체가능 의료용 로봇 팔 제작
항공 우주	• NASA 미국	• 3D 시뮬레이션과 프린팅을 통해 EBF3 기술적용 부품제작 시간의 1/6 감소
	• 삼손모토윌스 미국 Samson Motorwork	• DIY 형 플라잉카 'switch blade' 시제품 출시
가구	• 요리스라르만 Joris Laarman, 네덜란드	• MX3D Multi Axis Metal Printing 사용 스테인리스스틸 케이블 'dragon bench'시리즈 제작
푸드 의류	• 루이스 로드리게스 스페인	• 3디지털 쿡스 '3D 후드 프린팅'
	• 아이리스 반 헤르펜 Iris Uan Herpen • 이사이 블록 Isaie Bloch	• 'wilderness embodieal'
	• 프랜시스 배통티 Francis Bitonti • 마이클 슈미트 Michael Schmidt	• 'dita von teese'
도자	• 올리비에 반 헤르프 Olivier Van Herpt	• 'woven series', 'arcanum'
주얼리	• 라이오넬 딘 Lionel T Dean • 로스 러브그로브 Ross Lovegrove	• 'oris gold ring', 'foliates'

3D모델링 파일은, 3D프린팅 기술에 적용 가능한 제품의 기본단위를 삼각형으로 하여 연결시킨 지오메트리geomtry형식으로 된 STL 파일로 변환한다. 이렇게 변환된 파일은 단면화시켜 수치화한 후 파라미터 값들을 추출하여 작업 방식과 작업 시간을 결정하고 3차원 형태를 통해 사이즈와 재료를 선택하면 레이어가 쌓이면서 형상이 구현된다.

전자, 운송 등 기존 산업에서의 발전과 고도화된 바이오, 의료산업에서 개인 맞춤형으로 제작된 장기나 뼈 등에 새로운 산업영역이 확대되고 있다. 즉 디자인의 실체와 목업, 시제품 제작 단계를 한 번으로 축소하여, 단기간에 다양한 시제품을 한 번에 확인할 수 있다. 시제품의 경우 소재 및 기능, 작동이 가능하여 시각적·촉각적인 디자인 평가와 공간의 한계 극복으로 소비자 근접 지역에서의 제조, 개인 직접 제조로 물류의 혁신이 가능해졌다. 시각적 검증에 의존해 발생하였던 기존의 시행착오를 줄임으로써 디자인 경쟁력을 향상시킬 수 있다.

3D프린팅 기술의 가장 큰 장점은 실험적·재료적·혁신적인 제품디자인을 가능하게 해 디자이너의 다양한 아이디어 기획·설계의 구체화를 이룬다. 또한, 짧은 setup 시간, 공구작동 오차 감소 등과 같은 생산성 향상의 관점에서 본다면, 목업mock-up을 뛰어넘어 현물에 가장 가까운 상태의 시제품을 반복 제작할 수 있으며, 결함을 사전에 방지해 디자인에 대한 정확하고 실질적인 평가가 가능하다.

[표 3-2]에서처럼 항공우주, 의료영상, 설비생산과 함께 상품생산의 다각화 측면에서 세계적 수준의 GEGeneral Electrics은 3D프린팅 기술을 활용하여 제트엔진을 생산하기 위한 테스트를 마쳤으며 대량생산에 들어갈 준비를 하고 있다. 복잡하고 정교한 연료 노즐 부분 생산을 시작하고 있으며 주조 과정과 용접을 거치던 기존의 방식에서 벗어나 20 마이크로미터 두께의 레이어layer 층을 만들어 내는 3D프린팅 기술방식을 사용한다.

또한, 24시간 가동할 수 있기 때문에 향후 3년간 연간 25,000개씩 생산할 계획을 가지고 있고 의료 기기 분야에선 3D프린팅 기술을 활용하여 초음파 진단기용 탐촉자Probe를 제조하고 있으며 이를 통해 비용 30% 절감 효과를 기대하고 있다.

미국항공우주국NASA은 3D프린팅 기술을 이용해 로켓연료 분사 장치를 개발하였다. 로켓연료 분사 장치는 엔진 성능을 최대한으로 끌어내는 부품을 만들기 위한 것이 목적이다.

기존의 공정을 통한다면 설계에서 생산/조립까지 163공정이 소요되었지만, 3D시뮬레이션과 프린팅을 통해 단 두 파트로 생산이 가능하며 EBF3 기술을 적용하여 기존 가공 방식으로는 최소 2~3년 소요되는 매우 복잡한 부품을 4개월 만에 생산하였다.

3D프린팅을 이용하면 추가적인 생산작업에도 엔지니어가 모두 빠르고 스마트한 업무대응이 가능하며 테스트 모델링 데이터를 통해 빠른 수정과 시뮬레이션이 가능하므로 효율적이다.

프랑스 디자인 회사 No Design에서는 복잡한 형상의 부착형의 벽 조명 Waelice를 생산하는데 나일론을 소재로 한 SLS 3D프린팅 기술을 적용했다. 어둠을 밝혀주는 기본적인 기능 이외에도 색 온도와 모양에 따라 달라지는 여러 기능을 가지고 있다. 스마트폰이나 센서 트레킹으로 벽에 설치된 조명의 색과 세기를 조절할 수 있으며 어플리케이션을 통해 무수히 많은 색으로 변형이 가능하다.

유럽항공 우주방위 산업체EADS는 3D프린터를 활용하여 자전거 '에어바이크airbike'를 생산하였다. 3D프린팅 기술 방법 중 나일론 파우더 등의 플라스틱 분말을 녹이는 기법인 ALMadditive layer manufacturing 방법을 이용하였다. 고급 나일론 파우더를 사용하였기 때문에 스틸처럼 견고하지만 무게도 일반 자전거의 65% 수준이며 기존 공정보다 원료의 10분의 1 가량만 사용하였다.

기어와 페달 등도 기존의 조립과정이 없이 일체형으로 제작하기 때문에 과정이 단축되며 고장 가능성도 줄게 되었다. 사용자의 요구 사항에 맞게 제작할 수 있기 때문에 유지 보수나 수리가 줄어드는 이점이 있으며, 자동차 회사 코에콜로직은 지난 2010년 에탄올과 가솔린으로 작동하는 하이브리드 자동차 '어비urbee'를 생산하였다.

2개의 좌석과 3개의 바퀴가 달린 플라스틱 소재를 사용하여 3D프린팅 기술로 제작하는데 성공했다. 어비의 차체와 부품은 미국의 스트라타시스stratasys사의 레드아이 3D프린팅 제조공장에서 플라스틱 범퍼와 후드, 각종 부품 등이 제작되었다.

나이키Nike에서는 미국 내셔널풋볼리그NFL을 위해 3D프린팅 기술을 이용하여 만든 미식축구화 '베이퍼 카본 엘리트vapor carbon elite'를 출시했다. 나일론 소재를 사용하여 축구화 전체가 아닌 신발 밑창을 개발하였으며 '브이 플레이트'라는 이름으로 미끄럼방지용 스파이크와 밑창이 일체형으로 제작되어 미끄럼방지용 밑창이 그 특징이다. 이미 나이키는 2013년 3D프린팅 기술로 첫 번째 미식축구화 '나이키 베이퍼 레이저 텔론nike vapor laser talon'을 개발하였는데 운동장에서 미끄러지지 않도록 돕는 스파이크를 만들 때 3D프린팅을 활용하였으며 '베이퍼 카본 엘리트'의 밑창은 이 제품에서 업그레이드 된 제품이다.

그 밖에도 나이키는 2014년 브라질 월드컵에 참여하는 세계 최정상급 선수 3명Neymar Jr, Wayne Rooney, Cristiano Ronaldo에게 3D프린팅 기술을 이용하여 만든 초 경량급 스포츠 백 '레벤

투 더플rebento duffel'을 제공하였으며 그 밖에 스피드를 위해 설계된 '정강이 보호대 머큐리얼 플라이라이트 가드mercurial flylite guard'를 출시하였다.

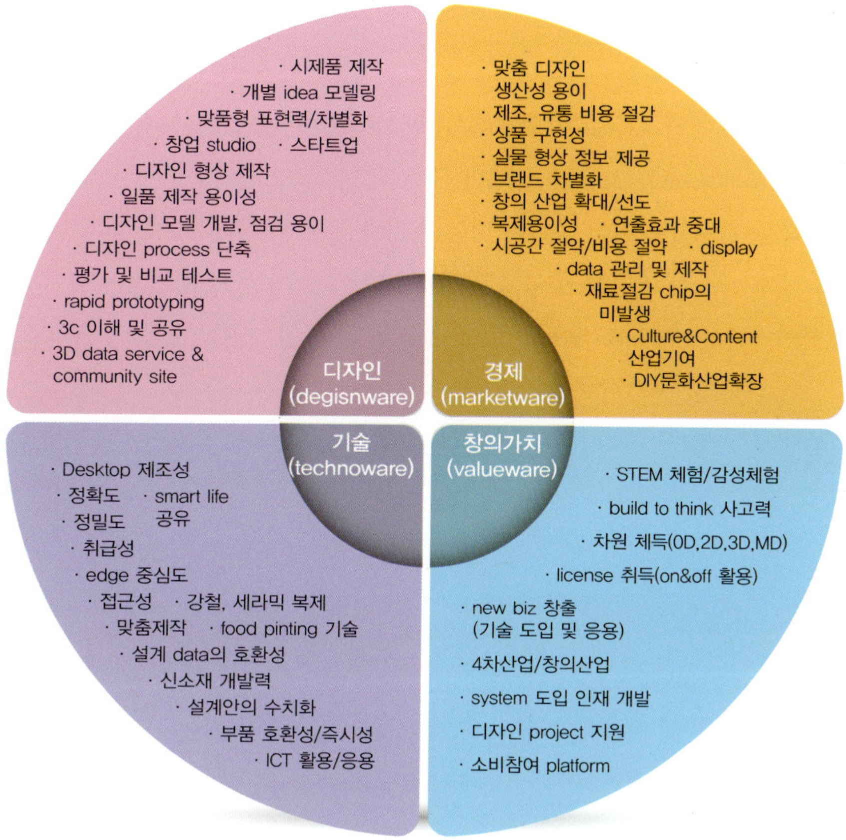

그림 3-5 3D프린터 응용디자인 모델링 영역별 구분 및 특성

Multithread, Kram Weisshaar는 3D프린팅 기술을 사용해 가구 모형에 시뮬레이션 상에 나타나는 힘을 지탱하는 부분을 레이저로 포인트 컬러를 입히는 기법으로 만들었으며, Digital Natives, Plummer Fernandez는 꽃병을 3D스캐닝 한 후 색상과 패턴을 만드는 알고리즘을 적용해 꽃병을 제작하였다.

네덜란드의 암스테르담에 있는 3D디자인 회사 '프리덤 오브 크리에이션 FOC freedeon of creation'의 디자이너 '앨런 응웬Alan Nguyen'이 3D프린팅을 활용한 다양한 제품을 제작하였다. 앨런 응웬은 2012년 밀라노 다지인 위크 행사에 3D프린터로만 구현해 낼 수 있는 섬세한 주름이 특징인 신발에 스마트폰을 결합한 독특한 디자인을 선보였다.

이 밖에도 독일 디자이너 'Frederik Roije'와 협업하여 같은 해 milan salone del mobile 2012에서 이음새 없이 버섯모양의 갓 3개가 이어져 있는 조명 디자인 '라이트니스트lightest'를 선보였으며 벽 부착용 옷걸이 'ze rex hanger' 등 3D프린터를 사용하여 다양한 제품을 제작하였다.

영국 사우스햄튼 대학university of southampton에서 개발한 무인 항공기 SULSA southampton university laser sintered aircraft는 효율은 높지만 구현의 난이도가 높은 몸체와 날개 디자인으로 알루미늄 조각을 퀼트처럼 이어 붙여야 하는 번거로움이 있었다.

비행기의 날개는 공기 마찰을 줄이고 양력을 받기에 적합한 타원형 모양을 3D프린팅 기술을 이용하여 나일론 가루를 쌓아 비행기를 인쇄한 뒤 레이저로 살짝 수정하여 해결하였다.

완성된 비행기는 배터리와 엔진을 달고 최고 시속 160km로 날았다. 에어바이크를 만든 EADS 전문가들은 사람이 탈 수 있는 여객기를 한 번에 인쇄하는 기술을 개발하고 있다.

2050년을 겨냥한 에어버스airbus의 콘셉트를 보면 커브가 큰 동체, 새의 뼈를 모방한 생체공학적bionic디자인, 투명한 외관 등 아찔할 만큼 복잡한 디자인을 채택하고 있다. 2050년즈음에는 3D프린팅 기술 자체가 비행기 격납고만한 크기로 대형화되면서 충분히 현재의 콘셉트 디자인을 시현할 수 있는 수준으로 발전할 것으로 전망했다.

미국 삼손 모토웍스samson motorworks가 3D프린터를 사용하여 하늘을 나는 자동차-플라잉 카, '스위치블레이드switchblade'의 시제품을 선보이고 있다. 이 모델은 엔진에서 기어, 단거리 이착륙STOL기능 등 다양한 옵션 사양을 고객이 직접 선택하고 스스로 차량을 DIY do-it-yourself 방식의 형태로 판매된다.

3D프린팅의 사용으로 기존 금형에서 구현하기 어려웠던 형태를 구현해 낼 수 있어 획일화된 모습이 아닌 유니크한 디자인으로 소비자의 욕구를 만족시킬 수 있으며 제조, 조립공정과 운용비의 절감으로 판매가격을 크게 낮출 수 있다. 성능 면에서도 일반차량을 훨씬 능가하는 퍼포먼스와 안락함을 가지고 있으며 서울에서 부산까지를 약 2시간 만에 완주할 수 있다고 발표하였다. 2018년 시판을 위해 개발 중인 콘셉트 굴삭기 'CX'는 3D프린팅을 이용하여 인체공학적 디자인을 개발하고 있다.

그림 3-6 요리스 라르만(Joris Laarman)의 3D 프린팅 신소재 가구 디자인 Adaptation chair와 Dragon Bench 시리즈, Microstructures Adaptation Chair / 국제 갤러리 전시

네덜란드 Design Lab Workshop사는 3D프린팅을 활용하여 기존의 절삭가공 방식으로는 구현하기 어려운 형상의 벽돌 'building bytes'를 제작하였다. 플라스틱 카트리지와 공기압축 부분으로 구성되어 있는 압출 시스템을 연결시켜 세라믹을 재료로 프린팅하는 기법을 이용하였다. 세라믹 외에 콘크리트나 시멘트 등 건축에 사용되는 어떤 재료도 사용할 수 있으며 하나의 벽돌을 규칙적인 방식으로 쌓아 만드는 방식과 정형화 되지 않은 복잡한 구조물도 형상화 할 수 있다.

3D프린팅은 고도의 정밀도를 요하는 의료·생체 분야에서도 사용이 확대되고 있다. CT 촬영을 통해 인체를 스캐닝하여 정밀하고 디테일한 부분까지 구현이 가능하기 때문이다.

일본 교토대 정형외과 후지바야시 슌스케 강사 등 연구팀이 경추 추간판 탈출증 환자 4명에게 3D프린팅 기술을 이용해 환자에게 딱 맞는 형태의 인공뼈를 제작하여 이식하는 수술에 성공했다. 치료법은 CT와 MRI 이미지를 활용하여 실제 뼈의 크기와 형상을 파악한 후 레이저를 이용해 티타늄 분말을 녹여 만들어 내는 방법을 활용하였다.

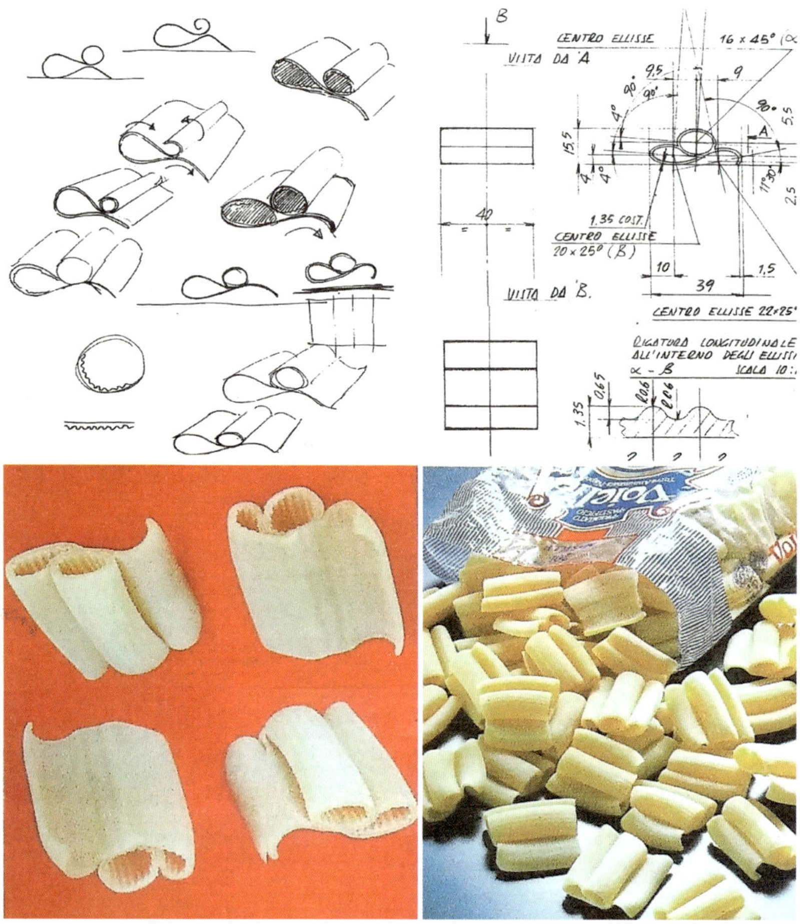

그림 3-7 파스타 – Giorgetto Giugiaro 디자인, 이태리

스웨덴 Skane 대학병원 Rydholm 교수가 신경 섬유종을 앓는 15세 소녀에 대해 수술 후 대퇴골 골절을 치료하기 위해 3D프린팅 기술을 이용하여 환자의 뼈 상태에 맞는 티타늄 임플란트를 제작하여 이식수술에 성공하였다.

2003년에 설립된 미국 Oxford Performance Materials는 고성능 소재 중 하나인 PEKK poly-ether-ketone-ketone를 사용해서 3D프린팅 기술로 두개골 임플란트를 제작하여 전 세계의 정형외과 분야에 혁신적인 발전을 가져오게 되었다. 또한, 궁극적으로 수술시간과 환자의 회복시간을 단축시켜 환자측의 비용절감에 큰 효과를 거둘 수 있게 되었다.

삼성서울병원 이비인후과 백정환 교수는 환자의 CT 영상 데이터로부터 수술 부위 골격을 3D 모형으로 제작해 얼굴 골격 절제 범위와 뼈의 두께, 절제 방향의 중요 구조물을 실시간으로 확인하여 성공적으로 수술을 마칠 수 있었다.

덴마크 보청기 회사 Widex는 3D프린팅 기술을 이용하여 보청기를 만드는 기술인 CAM-ISHA computer aided manufacturing for individual shells for hearing aids를 개발하였다. 귀 모양을 정확히 파악하기 위해서 귀의 본을 제작액상 실리콘을 이용하여 외이도 모형을 정교하게 몰딩하고 3D스캐너로 인식하여 3D프린팅 기술로 만드는 방식이다.

한국의 사회적 기업인 딜라이트는 2011년부터 3D프린팅 기술을 활용한 맞춤형 보청기를 제작하여 저소득층에 보급하고 있다. 과거의 맞춤형 보청기는 최소 10년 이상 숙련된 기술자의 수작업을 거쳐야 해서 제작시간이 많이 소요되었지만, 3D스캐너와 3D프린팅 기술을 이용하면 환자의 귀 모양에 딱 맞는 보청기를 빠른 시간 내에 대량생산할 수 있기 때문에 제품의 가격 경쟁력이 향상되었다.

2009년 설립된 미국 Bespoke Innovation는 3D프린팅 기술을 이용하여 뼈대만 남은 의족이 아니라 실제 다리 모양과 유사하도록 디자인한 의족 보조기기 bespoke fairings를 제공하고 있다. 이는 기존 의족의 비대칭성 문제를 해결하였으며 의족에 대한 거부감을 줄여줄 뿐만 아니라 사용자가 직접 소재, 디자인을 선택할 수 있어 자신만의 스타일을 만들 수 있다.

휴대폰으로 사진이나 동영상을 찍는 것처럼 3D입체 콘텐츠를 다룰 수 있는 쉬운 도구가 제공되며, 소비자들은 이러한 기회를 자주 갖으면서 3D프린팅 기술에 대한 막연한 경계를 허물게 되고, 아직 출력되지 않은 3D데이터는 소비자들의 상상력을 자극하면서 3D콘텐츠와 연관된 새로운 서비스들이 등장하고 있다.

아이패드 앱인 3D프린팅 스컵티오3D Printing Sculpteo 디자인 메이커에서는 유 커스터마이즈you customize라는 기능을 제공하여 본인의 사진을 선택하면 얼굴의 특징을 잡아내 3D로 디자인된 꽃병을 제작하고 있다. Fit Booth, Fitted Fashion 핏티드 패션fittedfashion.com은 TC2 tc2.com의 3D스캔 부스를 활용해 신체 스캔 정보를 바탕으로 몸에 딱 맞는 청바지를 판매한다.

런던의 패션 디자이너 캐서린 웨일스Catherine Wales는 체형에 맞는 패션 제품을 만들기 위해 3D프린팅 기술로 고객 맞춤형 제품을 디자인하고 고객 3D스캐너로 데이터화한 수치를 이용하여 규격화된 사이즈가 아닌 각 고객에 맞게 재단할 수 있는 비즈니스를 계획하였다.

스포츠 패션 브랜드 FnC 코오롱은 2013년부터 빅 데이터팀을 신설해 운영하고 있고 아웃도어 브랜드 네파는 서울대 의류학과와 협력해 네파 R&D센터를 만들고 IT기술이 접목된 웨어러블 컴퓨팅 아웃도어 제품을 개발하고 있다.

2012년 런던 올림픽에서도 육상, 사이클, 올림픽 경기장 디자인 등 다양한 영역에서 3D 프린팅 기술을 활용하였다. 프랑스 디자이너 뤽 프사로Luc Fusaro는 육상선수의 발을 3D스캔한 후 러닝화를 제작하여 무게를 96g으로 줄였다.

Fusaro는 이를 통해서 선수의 역량을 3.5% 가량 높일 수 있다고 주장했다. 영국 사이클 팀은 각 선수의 헬멧을 3D프린팅 기술로 제작하여 사용하였으며, 세계 최대 수영전문 브랜드인 SPEEDO는 3D프린팅 기술을 이용하여 개발한 하이테크 수영복과 고글을 선수들에게 협찬하였다.

Shapeways는 웹사이트를 통해 고객의 맞춤형 제품을 3D프린터를 이용하여 조형해서 배송해 주며 이를 다른 사람에게 판매하는 서비스 제공의 새로운 비즈니스 형태이다. Shapeways는 뉴욕에 거점을 둔 업계의 선두 주자이며 개인디자이너이라도 개수에 상관없이 출력을 의뢰할 수 있고 데이터와 만들기가 분리되고 디자이너가 쉽게 제작에 관여할 수 있으며 작업 공간의 제약에서 자유로운 장점을 가지고 있다.

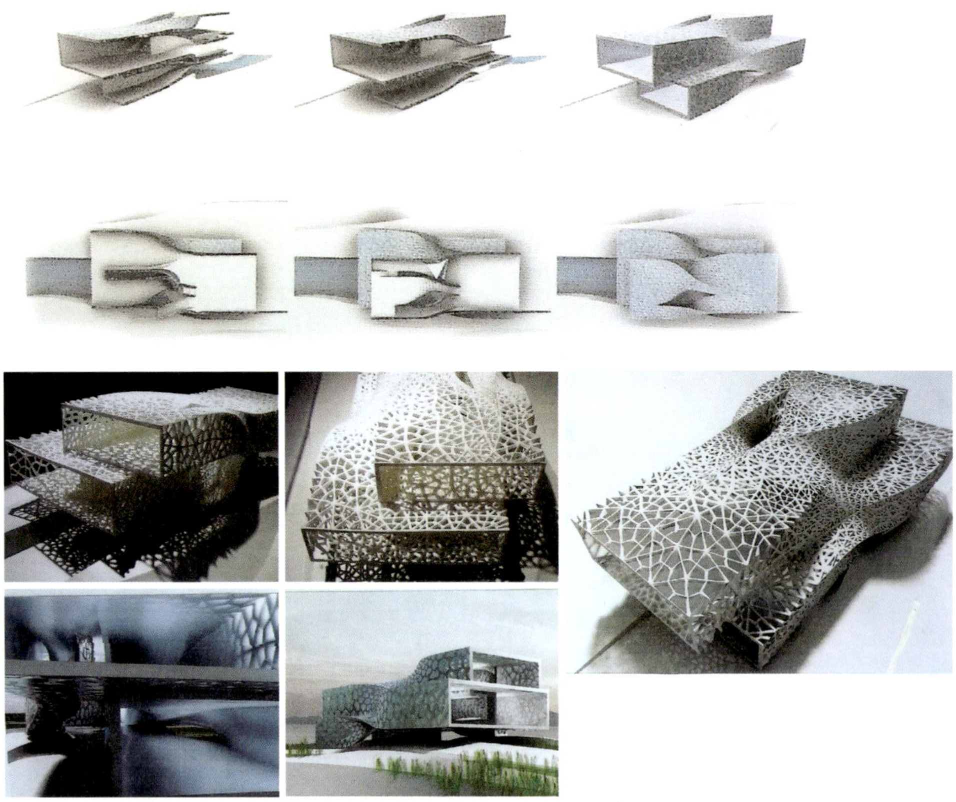

그림 3-8 3D프린트를 활용한 건축 모델링 해파리(jellyfish)하우스 – Iwamoto scott Architects 디자인

슈파 볼드Supabold의 메이크 유어 오운make your own 카테고리에 들어가면 제작주문 어플리케이션으로 자기만의 꽃병을 디자인할 수 있다. 물받이와 꽃병 용기 디자인을 선택한 후 물을 받는 위치를 설정, 용량도 설정할 수 있다. 이처럼 초이스 보드 형식으로 디자인을 선택하면 3D 디자인 파일을 생성하여 SLS방식의 기술을 활용하여 제조한다.

영국의 '로버타루카Roberta Lucca', '안드레아스코버Andre Schober'가 공동 설립한 3D프린팅 기술과 온라인 MTOmade to order를 결합한 형태인 온라인 사이트 '원더뤽wonderluk.com' 서비스가 시작되었다. 2013년 07월에 런칭되었으며 3D프린팅 기술을 이용하여 주얼리를 포함한 패션 액세서리폰 케이스 등을 제작하고 판매한다. 3D프린팅 기술제작 방식과 이점을 최대한 활용하여 유명 건축가나 패션 디자이너의 작품을 닮은 입체적인 디자인의 제품이 그 특징이며 영국, 이탈리아, 러시아, 일본 출신 디자이너와 건축가가 디자인 한 제품을 여러 가지 컬러로 주문할 수 있고 주문 후 가장 가까운 곳에 위치한 3D프린팅 기술로 제작하여 2주 내에 배송한다.

오직 주문한 사람을 위해서만 존재하는 패션 아이템이며 착용한 사람들의 개성을 돋보이게 할 수 있다. 3D Systems사는 뉴욕에 거점을 둔 패션업체와 협력하여 3D프린팅 기술을 이용하여 만든 제품 'Zub 40'이라는 손목시계를 제작하였다.

사용자가 시계 디자인을 선택하고 밴드 모양을 결정한 다음 주문·배송하는 서비스 방식이다. 누카NOOKA의 디자이너 'Matthew Waldman'과 3D Systems사의 내부 디자인 부서 in−house팀의 디자이너 'Alan Nguyen'의 협업으로 진행되었으며 재료 과학적인 혁신성과 제작 방법의 무궁한 잠재력 때문에 3D프린팅 기술을 활용하게 되었다고 한다.

'Zub 40'은 손목시계보다는 팔찌의 콘셉트를 가지고 있으며 인체공학적인 모양으로 디자인되었다. 나일론으로 만들어졌기 때문에 탄성력과 내구성이 뛰어나지만 소재의 특성상 유연성은 덜한 것이 특징이다.

Hyphae Lamps의 an infinite series of lighting designs는 균사의 형상을 구현한 조명으로, 신경계에 의한 알고리즘으로 생성 된 조명 디자인의 새로운 시리즈이다.

브리질리언 아티스트인 Guto Requena는 인간의 감정을 나타내는 뇌파, 심박, 음성 등의 데이터를 분석해서 3D프린터로 인쇄하는 love project를 진행하였다. love project는 개인의 감정적인 기록을 3D프린팅을 통해 하나의 객체로 만들어 지속적으로 간직할 수 있도록 하는데 그 목적으로 출력물이 나의 감정적 기억을 담고 있는 접시를 제작해 준다.

3D프린팅 기술은 다양한 재료의 개발과 기술의 발전으로 제작·제조까지 가능하며, 제품 제조 단계에서의 3D프린팅의 활용은 복잡한 구조의 설계를 가능하게 하고 부품 수와 조립 수를 감소하여 일체화된 제품을 제조함으로써 강도나 내구성을 높일 수 있다.

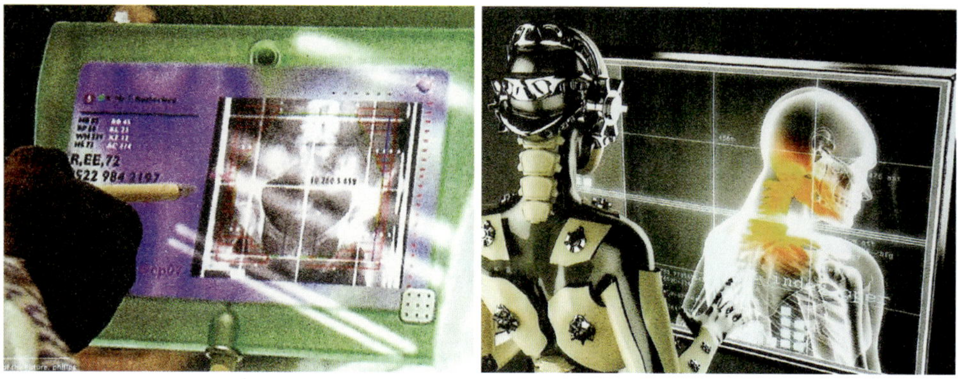

그림 3-9 디지털 환경의 의료서비스를 위한 헬스케어(health care) 네트워크 – Philips 디자인

3D프린팅 기술의 발전으로 다품종 소량 제작, 대량 맞춤형 제품, 개인별 생산studio, lab 등이라는 새로운 제조 형태의 산업이 가능하다. CAID의 간소화로 누구든지 활용이 가능하게 되었으며 디지털 도면의 유통과 제조 공간의 한계를 뛰어넘을 수 있는 혁신적 기술로 기대되고 있다.

생산과 서비스 과정에 소비자나 일반 대중을 참여시켜 아이디어를 얻고, 이를 기업활동에 활용하는 방식인 크라우드소싱crowdsourcing 환경과 디지털 경제환경으로, 지식 기반 산업의 자유로운 공유가 가능하여 소비자의 지위가 상승하면서 자신의 취향을 만족시키는 다양한 제품에 대한 소비자 요구가 확대되고 있다. 3D프린팅 기술은 지역 제조 여건과 제조 인프라 구축플랫폼 및 커뮤니티 등과 같은 기술 소유 등을 통해 유용한 영향을 줄 수 있다.

2. 3D프린팅 환경 변화

3D프린팅 기술의 발전과 보급의 확대와 더불어 디자인 도구의 간소화, 편리성이 향상되었다. 최근에는 Google의 sketchup, Autodesk 123d 등 일반 소비자도 쉽게 접할 수 있는 무료 3D모델링 소프트웨어가 주목 받고 있다.

또한, 3D스캐너로 주변 사물을 입체적으로 인지하고 3D모델링으로 변환되는 디지털 기술과 함께 컴퓨터에 연결할 수 있는 비디오 카메라, 웹캠webcam, 스마트 폰으로 촬영한 사진이나 동영상에서 3차원 모델을 추출하는 방법도 연구되고 있다. 스마트폰에서 찍은 사진을 즉석에서 3D프린팅으로 제작하는 것도 가능하게 되었다.

모델링설계기술과 관련하여 이미 인터넷에서는 3D프린팅으로 제작할 수 있는 여러 사물 및 상품들의 도면을 검색하고 공유하는 웹사이트들이 등장하고 있다.

3D프린팅 기술 응용 디자인 구현 과정은 다음과 같다.

① **3D구현** : 3D scan data, merge, decimate, smooth, edit, 3D graphics

② **3D모델링** : 3D CAD, solid modelling

③ **3D모델링 변환** : STL format AMF additive manufacturing file format의 표준화가 진행

④ **3D프린팅 준비** : 3D 모델 결점 체크, 지오메트리 형식으로 된 STL 파일, 단면화 시켜 수취, 파라미터 값들을 추출, 레이어 나누기, 코딩

⑤ **3D프린팅 제조** : 사이즈 선택, 재료 선택, 시간 선택, 분사/압출/제조

⑥ **품질체크** : 검수inspection 우호성 검증validation 평가reporting

그림 3-10 2018년 기준 약 20조 규모 시장의 드론(dron) 산업은 배송, 재난대응, 농약살포, 항공촬영, 건축측량, 국방, 스포츠, 레저, 완구, 안전진단 등에 활용됨. 중국 장쑤성에서 배송 중인 장동닷컴(중국) 드론과 DJI사의 장난감 드론(모델명 : phantom3, Inspire)

〈표 3-2〉와 같이 람보르기니Lamborghini는 스포츠카 'aventador'의 시제품 제작에 3D프린팅 기술을 사용하였다. 람보르기니의 기존 시제품 제작 시 4개월을 소요하였으며 4만 달러의 비용을 지출하였다. 그러나 3D프린터를 사용하여 시제품 제작 후 시간을 1/6 수준인 20일로 단축하였으며, 비용의 경우 1/8 수준인 $3,090로 비용을 절감하였다.

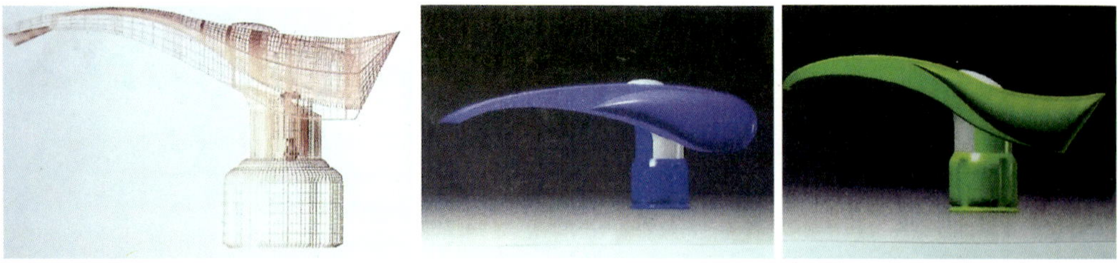

그림 3-11 배터리가 내장되어 있으므로 상단부를 누르면 정수가 배출되는 정수기의 펌핑시스템(pumping system) – 한석우 디자인

2014년 중국에서는 24시간 만에 콘크리트 건축물 10채를 3D프린터로 단시간에 만들어 냈다. 제작비는 건물 한 채당 500만원 남짓했다. 특히, 3D프린터로 지은 건축물은 폐기물이 거의 없어 친환경적일 뿐만 아니라, 공사기간이 크게 줄어들기 때문에 비용절감 효과가 크다. 치솟는 집값으로 인한 주택난 해결에 3D프린팅이 기여할 것이란 기대를 모으고 있다.

2014년 미국 시카고에서 열린 국제공작기계전시회IMTS에서 공개된 전기차 '스트라티 STRATI'가 3D프린팅의 대표적인 예다. 미국 자동차 업체 로컬 모터스Local Motors는 3D프린터로 44시간 만에 스트라티를 찍어냈다. 무게 450파운드약 200kg, 최고속도 시속 64km인 스트라티는 배터리 충전시 240km까지 달릴 수 있는 전기차다. 그런데 이 스트라티에 들어간 부품 수는 보통 자동차2만여 개의 2%40여 개에 불과하다. 기계 장치를 제외한 차체 대부분 보디·섀시·콘솔·후드·대시보드 등을 3D프린터로 한꺼번에 인쇄했기 때문이다.

로컬 모터스는 2014년 상반기에 스트라티를 상용화하였다. 스트라티의 디자인은 로컬 모터스가 수년 전부터 운영해온 온라인 커뮤니티에서 사용자들이 제안한 아이디어를 활용한 '크라우드 소싱' 방식으로 결정됐다. 디자인부터 수많은 부품별 금형제작에 들어가는 비용이 획기적으로 줄었다. 부품이 줄어든 만큼 사후관리A/S 비용도 함께 줄어드는 효과도 있다.

3D프린터로 인쇄한 얼굴 가면은 가면을 쓴 얼굴과 벗은 얼굴을 구분하기 어려울 정도로 3D프린팅 제품의 품질이 우수하며 3D프린터는 허리와 엉덩이 통증, 다리 저림 등 증상은 비슷하지만 치료법이 다른 환자들에게 수술 안정성·정확성을 높여줄 수 있다.

컴퓨터단층촬영CT이나 자기공명영상촬영MRI보다 더욱 사실적이고 정확하게 인체 내부를 그려내는 '환자 맞춤형' 장비다. 실제 미국에서는 선천성 심장 결함을 지닌 영아의 수술에 3D프린터로 만든 인공심장을 이용했다.

윌스기념병원에 설치된 3D프린터는 CT나 MRI 등 2차원 화면으로 확인이 어려웠던 뼈의 굵기나 굴곡을 정밀하게 재현한다. 만들어진 척추 모형의 정밀도는 0.178mm 수준으로, 1~0.2mm가량인 CT의 정밀도의 2배 이상이다. 척추 모형을 만들 때 사용하는 '3D프린터 설계도'는 수술 전 미리 찍어놓은 CT와 MRI 화면을 이용해 제작하므로 추가 검사가 필요치 않다. 뼈는 물론 신경·혈관까지 원하는 만큼 모형 제작에 반영할 수 있다. 의료진은 2차원 화면과 3차원 입체구조로 두 번 이상 환자 상태를 관찰한다. 진단·치료의 정확도는 그만큼 높아졌다.

3D프린터는 특히 고난도 수술에서 빛을 발한다. 대표적인 척추 치료 수술법이 전방복부 경유 척추유합술이다. 척추유합술은 척추 사이의 추간판디스크을 제거한 뒤 빈 공간에 인공 디스크나 인공 뼈를 넣고 척추를 잇는 수술법이다. 등 부위를 가르는 후방 경유식과 달리 전방 경유식은 복부에 척추를 감싸는 근육·인대가 없어 신체 손상이 최소화 된다. 환자 예후도 좋다. 그러나 동맥과 신장 등 주요 신체장기를 피해 척추에 접근해야 하므로 수술을 실제 집도하는 곳은 몇몇 대학병원을 비롯해 손에 꼽을 정도다.

척추모양의 변형에 맞춰 인공 디스크의 크기를 결정하는 것도 중요한 문제다. 실제 3D프린터를 도입한 뒤 전방 경유 척추유합술 수술시간은 네 시간에서 세 시간으로 한 시간쯤 줄었다. 사전에 인공 디스크 크기를 정하고, 혈관 위치나 척추 변형 정도를 파악할 수 있어 절개 범위도 5cm 미만이다.

윌스기념병원은 환자 만족과 성공적인 수술을 위해 3D모형을 무료로 제작해 활용한다. 안양 윌스기념병원 최경철 원장은 "환자의 만족과 맞춤형 의료시대를 선도하기 위해 앞으로는 실제 보형물 제작에도 3D프린터를 적극 활용할 계획"이다.

2002년 캘리포니아 주립대학교 의과대학에서는 3D프린터를 활용하여 샴쌍둥이 분리수술에 성공하였다. 샴쌍둥이가 붙어있는 부분을 MRI로 촬영한 뒤 3차원으로 인쇄하여 두 아기의 내장과 뼈가 실제와 같이 상세한 이미지로 출력되어 이를 통해 예행연습을 하였으며 내장과 뼈를 안전하게 자르는 연습을 충분히 한 결과이다.

이전까지는 100시간 가까이 걸리던 분리수술이 MRI로 찍은 영상을 프린터로 인쇄하여 수술계획을 수립하고 수 없이 반복되는 예행연습을 함으로써 22시간만에 성공적으로 마치게 되었다. 환자에게 적합한 3차원 CAD 데이터가 3D프린터를 이용해 구조물로 제작되어 수술 시뮬레이션에 응용되며 이를 통해 의료사고를 방지하고 효율을 증대 시킬 수 있다.

3D프린터 응용디자인 모델링의 SWOT strengths, weekness, oppartunities, threats 분석에 의한 구체적 특성은 요약하면 다음과 같다.

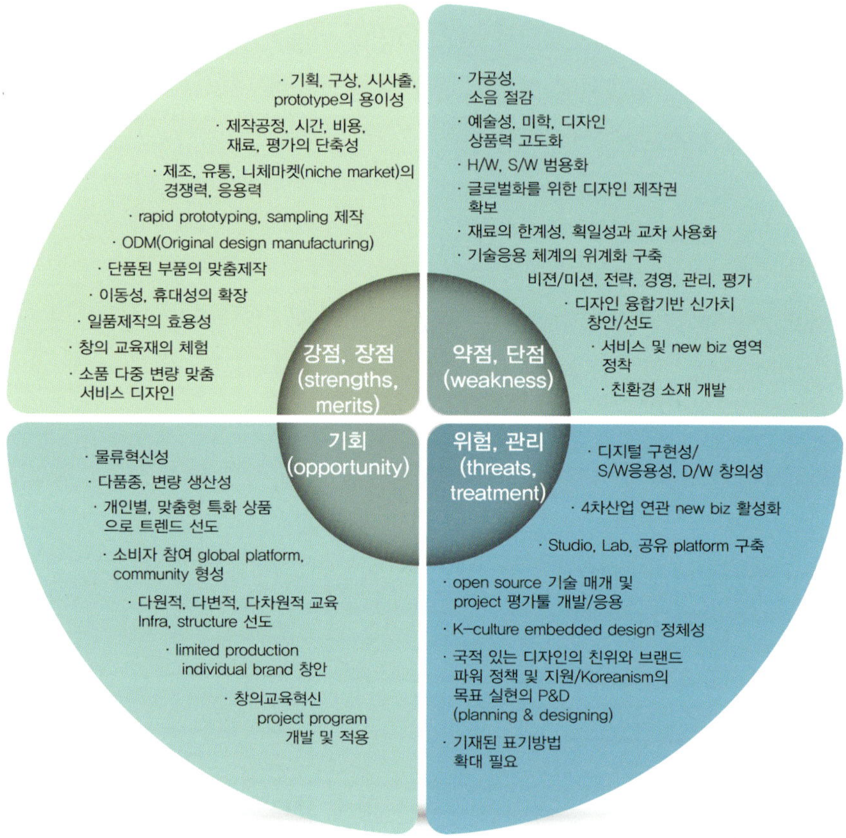

그림 3-12 3D프린터 응용 디자인 모델링의 SWOT분석

2. 3D프린터를 활용한 응용디자인 모델과 프로세스 전개

application design model & process using 3D printer

1. 3D프린터 응용디자인 모델

3D프린트 응용디자인 모델 3DPM의 연구절차는 디자인 모델링 연구계획 planning&designing의 이해 단계부터 시작된다.

이와 같은 과정을 〈그림 3-15〉에서처럼 선행적 개발 이해와 실제 활동을 통해 구체적으로 실현하기 위해서는 첫째로 실무진 구성과 디자인 계획 확정, 둘째로 디자인 이해와 컴퓨터 모델링 기술, 3D구현 방법 등 전문적 지식knowledge know-how 응용, 셋째로 제작·연출, 발표, 평가activity&field experience 참여 등이 요구된다.

이것은 3D프린팅 시스템과 콘텐츠에 대한 이해, 즉 무엇을 표현하려는가와 어떻게 표현performing할 것인가에 대한 기반, 기초연구 환경platform을 조성하는 일이기도 하다.

디자인은 문제의 발견에서부터 문제 해결까지의 복합적인 상호작용의 관계로 이어진다. 디자인 문제가 지니고 있는 포괄적 문제를 필요에 따라 진단·결정해야 하기 때문이다. 모델링 전개를 위한 절차에는 조형대상, 영역과 유형, 목적, 재료 방법, 상황, 하드웨어, 소프트웨어, 조건 등에 따라 다양한 단계로 이용되고 있으며 PERTprogram evaluation review technique, IMPACTimplication, planning&control technique, MSPmethod, stage, problem 등이 사용되고 있다.

산업현장에서의 디자인전개project planning&control technique 또는 제품계획product planning이란 신제품의 탐색, 심사, 개발 및 상품화를 계획·관리하는 것도 함께 포함한다. 따라서 신제품new product 개발과 개선제품existing product, 콘셉트 제품 등 디자인 계획이 구체화되기까지 전개 과정, 접근 과정에 대한 기본은 계획의 내용, 프로젝트project 규모, 프로그램program 내용, 프로세스process 단계, 시행시기, 장소에 대한 분석이 필요하다.

전개를 위한 일반적인 단계는 다음과 같다.

구분	단계
3단계	① 주제인식objective ② 실증implementation ③ 공헌production distribution
4단계	① 개요briefing ② 분석analysis ③ 종합systhesis ④ 평가evaluation
5단계 인공두뇌학의 모델	① 인식awareness-설정issues&객관화objectives ② 전달diagnosis ③ 개념확인concept refinement ④ 실행establish intent ⑤ 매뉴얼 작업manual&documentation

그림 3-13 인공두뇌학의 모델

핀켈스타인 사례로는 ① 자료수집information gathering organization 〉 ② 가치처방formulation of value model 〉 ③ 가능성의 일반화generation of candidate desgin 〉 ④ 가능성확인analysis candidate design 〉 ⑤ 결정decision making이 있다.

그림 3-14 핀켈스타인(Finkelstein) 모델

디자인이 지녀야 할 새로운 가치와 새로운 조형성 제시를 위해서는 개념화 design conception 단계에서 추출된 다양한 요구사항을 어떻게 최적화 하느냐에 대한 문제를 해결해야 한다. 따라서 구조화 단계에서는 이러한 요인의 최적화 가능성을 재확인하고 결정해야 한다.

구체적으로는 해당 디자인이 지니게 될 요구 내용 확인뿐만 아니라 구조를 명확히 진단하고 실행하여야 하는 것이다.

구체적인 내용을 요약하면 다음과 같다.

① 디자인 프로세스는 디자인 문제 발견에서 문제 해결까지의 복합적인 상호작용의 관계로 이어진다.

② 디자인 프로세스는 디자인 문제가 지니고 있는 비가시적이며 불확실성으로 이루어진 포괄적 문제를 필요에 따라 인식·진단해야 한다.

③ 디자인 프로세스는 필요 조건과 요구를 최적화한다.

④ 디자인 프로세스는 문제의 이해, 해결안의 종합, 해결안의 평가를 실행한다.

⑤ 디자인 프로세스에서 디자이너의 경험과 판단 단계는 디자인 의도 및 특성concept을 구성하고 구조화Constitution or Comprehension하는 것이다.

〈그림 3-15〉은 향후 일반적으로 적용이 가능한 3D프린터 응용디자인 모델3PDM로서 디자인 개념화conception단계, 디자인 구조 구성화constitution단계, 디자인 형상화creation단계 및 디자인 평가와 발표를 위한 디자인 전달communication 단계별 결정 과정을 act action 1~act action 4의 기호로 표기한 연구모델이다.

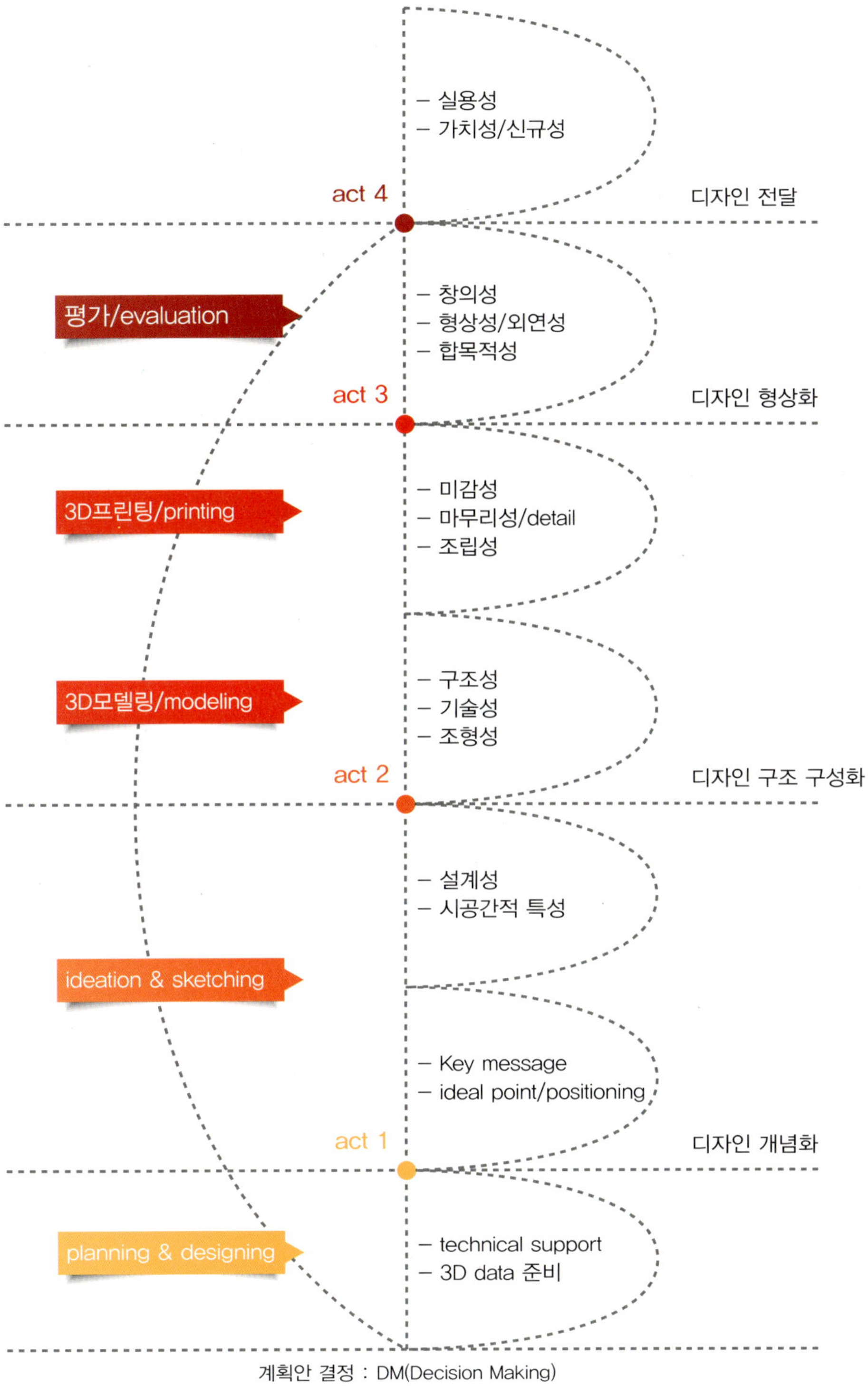

그림 3-15 3D프린터 응용디자인 모델의 단계별 DM과정(act 1~4 = action 1~4)
4C = 디자인 개념화, conception + 디자인 구성·구성화, constitution + 디자인 형상화, creation + 디자인 전달, communication

3. 3D프린터를 활용한 응용디자인 평가

evaluation of application design model using 3D printer

1. 평가를 위한 체크 포인트check point

디자인의 궁극적인 목표는 사회적·환경적·인간적인 관계를 통해 연관 산업에 시너지 효과를 불러오는 것이다. 이를 위해서는 인간의 지혜를 총동원하여 가장 행복한 제품을 만든다는 윤리적 사명감을 가져야 하는 것이 산업디자인의 역할이다.

디자인은 실용 가능성 즉 상품으로서의 가치에 그 성공 여부가 결정되며 상품의 질적 가치는 물론 외적인 가치도 중요하므로 새로운 가치 실현은 합리적인 계획과 전략적 방안이 요구되며 혁신적인 신기술의 적용과 평가가 요구된다. 즉, 계획된 아이디어는 다양한 실험과 검증을 거쳐 상품으로 탄생된다.

예술작품을 체험한다는 것과 평가한다는 것은 주관적인 것으로, 평가자는 소비자의 신념으로 가치성과 이미지성을 이해하는 것이다.

따라서 디자이너는 흡수력absorptive power, 추리력reasoning power, 독창력creative power, 기억력retentive power 등을 지니고 있어야 하며 무엇보다 지속가능한 가치에 공감하여야 한다.

따라서 디자인의 보편적 가치를 올바르게 평가하기 위해서는 디자인에 대한 객관적인 평가를 내릴 수 있는 판단력을 갖추어야 한다.

이와 같이 평가자와 감상자는 작품에 나타난 가치적 설계 내용 즉 형태, 색, 재료로서 이루어지는 하나의 구성체를 통해 그것이 지니고 있는 창조성의 의미와 새롭고 가치있는 착상을 만들어 내는 과정을 파악하고 깨닫게 되는 것이다.

아울러 디자인의 평가를 위해서는 먼저 디자이너의 표현의지, 상상력의 활동과 함께 사고에 의한 형태 짓는 일의 체험과 미의식에 대한 창조적 원리를 체득하고 조형물로 재현된 구체적인 이미지에 대한 교감과 이해가 선행되어야 한다.

아름다움은 감각적으로 표현되는 것이므로 경험과 과학적인 인과법칙으로는 논의하기는 어렵다. 하지만 아름다움은 감각이나 정신에 쾌감을 주는 것이므로 어떻게 창출해 내어 구현할 것인가 하는 것은 매우 중요한 일이다.

조형표현이란 이상적이거나 형식적인 면에서의 형태, 내면 형식인 구조와 기법의 밀접한 결합 등 작품 안에 실제로 존재하는 것으로 관조contemplation, 사물이나 현상을 관찰함와 표현expression을 의미한다. 작품의 얼굴이라 할 수 있는 조형성은 "하나의 전체적인 것 속에서 동형성재료는 다르나 형태는 같음"이라는 프랭클P.Frankl의 주장과 같이 대상의 부분적 특성 그 자체가 아니라 그 특성에 나타난 전체적인 관계성을 의미한다.

예술품 또는 디자인이란, 이와 같이 디자이너의 존재가 느껴지는 형식이고 산물일 때 그 가치성을 지닌다. 그러기 위해서 디자이너는 예술 또는 디자인을 성취하는 기술적, 표현적 수단을 알아야 하고 일반적인 시선으로 줄 수 있는 작품을 창안하여야 하며 계획·실천하여야 한다. 또한, 평가자는 작품에 나타난 디자이너의 경험과 가치의 의사소통을 위한 언어message를 이해하고 공감하며 감상, 평가할 수 있는 미적원리와 사실을 이해할 수 있는 굿디자인GD의 조건과 충족을 함께 체득하여야 한다.

디자인 평가를 위한 일반적인 접근으로서 사용하고 있는 체크리스트check list 평가법은 유사조건에서 중요하다고 생각되는 평가자의 질문항목을 준비하여 이용하는 방법이다. 이것은 동일한 조건에서 적합한 기준을 디자이너 스스로 평가할 수 있도록 하고 평가자에게도 조형 활동 전반에 대해 파악이 가능한 것과 아닌 것의 요소를 함께 제시해 공통의 측정 척도로 평가할 수 있는 장점을 지닌다.

체크리스트 평가법은 일반적인 조건과 객관적이며 가변적인 기준과 항목으로 구성할 수 있으므로 디자인 작품 평가를 위한 주된 방법으로 선택되고 있다.

결국 3D프린터를 활용한 응용 디자인 모델링의 결과물은 조형으로서 새로운 가치와 만듦의 힘을 뜻하므로 조형 목적을 만족시킬 수 있는 독특한 성향이고 재료, 기능, 형태를 위한 새로운 방법과 기법의 구조와 형식 및 개선과 시도를 포함하는 여러 가지 의미와 다양한 특성을 지닌다.

모델링, 제품 계획과 디자인 Product P&D의 평가기준을 위한 체크포인트 / generality

① 계획의 과정은 합리성을 부여하고 있는가
② 제품의 개념이 명쾌한가
③ 미래의 비전vision과 특성concept을 담고 있는가
④ 구체화 할 방법에 대한 전략이 명쾌한가

⑤ 희망, 요구, 제약 조건을 정리하고 있는가
⑥ 시간과 노력, 경제적 낭비를 막을 수 있는가
⑦ 체계적이며 조직적인 결과를 얻을 수 있는가
⑧ 가능성과 타당성을 기술로 습득할 수 있는가
⑨ 기술적 시스템technical system의 신뢰성을 발견할 수 있는가
⑩ 반드시 구체적인 상품으로 연결될 수 있는가
⑪ 현상에 대한 새로운 제안과 실제적 뒷받침은 기획 의도대로 목표의 성과를 높일 수 있는가
⑫ 기술상의 제약은 없는가
⑬ 생활 구조에서의 적합성을 가질 수 있는가
⑭ 판매 채널channel과의 적합성을 가질 수 있는가
⑮ 관계자가 공통으로 인식을 같이 할 수 있는가
⑯ 목표target 고객의 라이프 스타일과 요구L/S needs가 명확히 반영되고 있는가
⑰ 전개과정process은 최적의 상황pattern으로 반영하고 있는가
⑱ 방법의 범용성을 발견할 수 있는가
⑲ 연구 수행을 위한 자료조사의 분석 방법은 합리적인가
⑳ 문제 해결을 위한 접근 방법의 타당성을 근거로서 제시할 수 있는가
㉑ 구체적인 성과를 기대할 수 있는가
㉒ 응용 분야별 추진 내용은 구체적인가
㉓ 새로운 이념과 생활 활용의 혁신을 이룩할 수 있는가
㉔ 결과의 실제적 범위가 명확한가
㉕ 소비 및 제품 트렌드trend를 분석하고 있는가
㉖ 기술 및 재료에 의한 진전development & advances 내용을 설명할 수 있는가
㉗ 미감 감각을 위한 감정을 발견할 수 있는가
㉘ 전략의 우선순위가 결정되어 있는가
㉙ 개념을 이론적 구조로 설명할 수 있는가
㉚ 내적 일관성을 지니고 있는가
㉛ 구체적 특징을 실험적으로 검증할 수 있는가

디자인 평가의 내용 및 결과는 최대 수용자인 사회구성원과 주체인 이용자의 신뢰도 및 권위를 확보하는 데 목표를 두고 있다.

그러므로 향후 체계적이며 전문적인 평가를 위해서는 영역별 항목과 지표간의 관계를 측정할 수 있는 방법론을 구축하고 측정기법과 프로그램 개발이 지속적으로 유지·관리되어야 한다.

따라서 새로운 가치로 창출하기 위한 위계구조hierarchical structure를 재정립하고 이를 위한 정책적·제도적 플랫폼platform 구성과 지원 시스템을 단계별로 구축하여야 한다.

아울러 디자인 평가는 디자인 계획에 대한 정의, 주제인식, 목표, 프로그램, 품격, 가치, 색채계획, 관리 등에 대한 광범위한 대상을 포함하고 있다. 특히, 디자인에 대한 품격과 계획의 조직화 의도 및 창의성, 전문성 등 디자인 내용과 구성 및 서비스에 대한 반영 내용이 합리적이며 시간적·공간적 특성으로 파악되고 있는가에 대한 표본 확보의 측면에서 매우 중요하다.

디자인 프로젝트 목표달성 평가 시트Sheet 사례

* 척도 scale/ 5단계

A. 목표의 달성도	−2	−1	0	+1	+2
A1. 제시된 연구 목표를 달성했나					
A2. 연구 범위와 내용은 계획된 방향으로 수행했나					
A3. 중간 과정에서 디자인의 질적 수준을 높였나					

B. 주제의 구현 가능성	−2	−1	0	+1	+2
B1. 중간 과정을 기준으로 할 때 향후 실현 가능성이 있나					
B2. 조형적으로 해결해야 할 문제점들은 어느 정도 개선했는가					
B3. 디자인으로 개선되어야 할 요소들이 반영되었는가					

C. 연구 범위의 준수성	−2	−1	0	+1	+2
C1. 디자인 기술 확보에 대한 기술적 정체성이 반영되었는가					
C2. 디자인 브랜드 가치 확립과 품격 있는 디자인 창출 기여도를 높였는가					

D. 계획의 준수도	−2	−1	0	+1	+2
D1. 디자인 내용은 어느 정도 달성되었는가					
D2. 디자인 가치는 계획대로 제고되었는가					
D3. 디자인 장면Scene 연출은 계획대로 반영되었나					
D4. 구조, 구성은 계획대로 반영되었나					

E. 디자인 가치 구현	−2	−1	0	+1	+2
E1. 이미지성의 조건은 구현되었는가					
E2. 기술성의 조건은 구현되었는가					
E3. 사용자 특성 조건은 구현되었는가					
E4. 브랜드 가치의 조건은 구현되었는가					

F. 디자인 개선 내용의 적합성	−2	−1	0	+1	+2
F1. 개선 내용은 공간화 반영이 가능한가					
F2. 기술개선의 협동 체제가 잘 갖추어져 있는가					
F3. 관련부서 및 다른 주제와의 균형성이 있는가					

G. 디자인 조형개발 결과의 가치성	−2	−1	0	+1	+2
G1. 디자인 결과물의 이용 시 만족도는 어떤가					
G2. 독창적인 창의성이 구축되었는가					
G3. 디자인 기획의 미감성은 어떠한가					

H. 실용화의 파급효과	−2	−1	0	+1	+2
H1. 연관분야 발전의 파급 효과는 어떠한가					
H2. 디자인 기술 구현의 실천성이 있는가					
H3. 글로벌 브랜드 선도 가능성이 있는가					

I. 디자인 개발 결과의 실용성	−2	−1	0	+1	+2
I1. 디자인 개발 성공 시에 산업발전과 공헌도는 어떠한가					
I2. 디자인 저작권 확보는 되었는가					
I3. 실용화까지의 정책적·전략적 마케팅적 반영은 이루어졌는가					

2. 체크리스트check list

체크리스트check list는 문제의 특정적 변수에 대한 검토방법으로 디자인 전개 과정에서의 아이디어, 발상, 방향설정, 자료분석, 총합화, 전개 내용 및 결과의 검토, 평가를 위한 기준 등 다양하게 이용된다. 이것은 동일한 조건이나 유사조건에서 중요하다고 생각하는 질문의 리스트를 준비하는 것으로 평가 또는 예정되거나 진행·완결된 디자인 사항에 대하여 다양하게 사용된다.

신조형 디자인 창출 및 검증을 위한 체크리스트 사례는 다음과 같다.

기본적인 구성은 현상 파악, 주제인식, 목표의 명확화 및 프로그램 부합 정도와 품질에 대한 내용으로 구성되어 있다definition, objective goal, program quality에 대한 평점 check list.

첫째, 주제인식definition 현상과 연관된 평점에 대한 질문 D1~D7

D-1. 고객 요구needs에 대응하는 선호 조형에는 주 고객층의 조형의식이 반영되었는가

D-2. 새로운 개념concept의 창출은 타분야 개념concept의 발굴에 기초로 활용될 수 있는가

D-3. 필요로 한 정보들이 논리형의 계량정보로 도출되고 있는가

D-4. 요구needs의 트렌드trend tracking는 향후 타 분야의 분석과 응용을 위한 방향성으로 확립될 수 있는가

D-5. 인간존중의 기업이념이 상품철학으로 구현될 수반영되고 있는가

D-6. 사용자user층의 영역확대boardless, boundless화와 새로운 유형type의 목표cluster층의 잠재 요구needs, 선호wants를 중시하고 있는가

D-7. 생활 스타일과 장면L/S –life scene, life sofe의 조사내용은 개인의 자아개념에 충분히 접근하고 있는가

둘째, 목표objective의 명확한 주제 연관성에 대한 평점에 대한 질문 O1~O8

O-1. 기업 이미지 창출에 기여하고 있는가

O-2. 문제 이해가 논의적으로 명해성을 지니고 있는가

O-3. 디자인designing을 위한 전개process 전체가 다양성을 지고 있는가

O-4. 디자인designing을 위한 전개process 전체가 체계정립에 도움이 되는가

O-5. 설정된 개념conpept은 디자인 하드웨어, 사용자 요구userware 수행실체화에 필요한 것임을 확인할 수 있는가

O-6. 신제품에서 새로운 문화 및 새로운 가치 변화를 체험할 수 있는가

O-7. 제품 형태에서 새로운 생활의 장면scene과 이미지image를 추론할 수 있는가

O-8. 제품의 소구점for appeals of shape, 시청자나 상품 수요자에게 호소하는 부분을 형태로 파악할 수 있는 기술skill이 있는가

셋째, 목표 달성에 구성된 평점에 대한 질문 G1~G7

G-1. 제품 조형 개념 concept을 위한 선호 조형요소가 파악되었는가

G-2. 이미지 언어의 계층 관련도에 의해 위계구조 hierarchy를 만들 수 있는가

G-3. 제품 관련 감성언어의 카테고리화는 합리적인가를 확인할 수 있는가

G-4. 점위도 positioning map, 타깃 고객층는 목표 고객층의 조형의식이 잘 나타나고 있는가

G-5. 표현과 통계적 방법응용에 의한 빅 데이터 big data들이 시간적, 공간적 특성으로 파악되고 있는가

G-6. 변수에 대한 표본 확보는 충분한가

G-7. 조형 언어의 요인 분석을 위한 요인 적재량을 산출할 수 있는가

넷째, 프로그램 program에 대한 일반사항에 대한 문의 P1~P12

P-1. 핵심적 아이디어 ideal point의 일반적 언어 확인이 공통분모로 나타나고 있는가

P-2. 최종적으로 표현된 대상의 형상에서 그 이미지는 인지영역도와 제품 포지셔닝 맵 위치와 일치하고 있는가

P-3. 기본형에의 2차원 공간척도 구성법 형태 분류에 의한 공간 작성법은 목표 ideal point zone와 일치하고 있는가

P-4. 구성화 단계의 이미지와 조형은 결과물로서의 형상이 시각적, 형태적으로 구현되고 있는가

P-5. 색채 계획의 기능성, 정서성, 환경성은 종합적 관리와 조절을 통해 구현되고 있는가

P-6. 형태의 시각적 특성이 상호관계로 연계되어 있는가

P-7. 개념 concept의 개념적 중심적인 메시지 key message, 단어 keywords들이 조형적 실체로 구성되었다고 보는가

P-8. 조형성으로 파악된 결과물에서 개념적, 구조적, 형상적 지각내용을 숙지할 수 있는가

P-9. 조형성이 가시적으로 조형화되고 있는가

① 기술성의 정도는 어떠한가

② 표시성의 정도는 어떠한가

③ 상징성의 정도는 어떠한가

④ 기능성의 정도는 어떠한가

⑤ 생산합리성의 정도는 어떠한가

⑥ 구조성의 정도는 어떠한가

P−10. 로고logo 및 기능심볼은 표준화되고 있는가

P−11. 사용 편리성 극대화에 도움을 주는가

P−12. 수정교체, 또는 새로 제안된 기능심볼은 기존의 심볼symbol과 조화적 통일감을 이루는가

다섯째, 품질quality의 평가 Q1~Q8

Q−1. 규범의 정도legistration

Q−2. 색채화practice of color pallette

Q−3. 구조 계획organizational schemes

Q−4. 기술 사양provision of techniques

Q−5. 프로페셔널professionalism

Q−6. 인하우스 정신In−house ethos

Q−7. 신뢰성reliablility

Q−8. 재료의 합리성meterials related

Q−9. 브랜드 인식성brand awareness

Q−10. 창의성creativity

핵심문제

01 다음의 3D프린팅 기술이 시작된 시기로 옳은 것은?

> 이 기술은 미국의 3D 시스템사가 플라스틱 액체를 굳혀 물건을 만드는 프린트를 최초로 개발한 이후 기술발전의 가속화가 이루어지고 있다.

① 1970년대 ② 1980년대

③ 1990년대 ④ 2000년대

02 3D프린팅 기술 활용에 대한 내용으로 옳지 않은 것은?

① 액체분말과 함께 고체 상태의 재료를 사용할 수도 있다.

② 광경화적층방식 기술은 액체형 소재에 해당한다.

③ 폴리젯적층방식 기술은 분말형 소재에 해당한다.

④ 잉크젯방식 기술은 분말형 소재에 해당한다.

해설

폴리젯적층방식 기술은 액체형 소재에 해당한다.

03 3D프린팅 기술 활용에 있어 고체 상태의 재료에는 압축방식의 기술과 적층방식의 기술이 사용되고 있다. 다음 중 연결이 옳지 않은 것은?

① DLP 방식 – 적층방식 기술

② LOM 방식 – 적층방식 기술

③ FDM 방식 – 압축방식 기술

④ SLA 방식 – 압축방식 기술

해설

SLA 방식은 DLP 방식과 함께 광경화적층방식 기술이다.

04 다음의 내용과 관련된 기술로 옳은 것은?

> 친환경 플라스틱을 한 층씩 적층하여 조금씩 쌓아올리는 방식으로 현재 개인이나 기업의 시제품을 제작하는 데 일반적으로 많이 사용되고 있다.

① FDM 방식 ② SLA 방식

③ LOM 방식 ④ DLP 방식

해설

ABS, PLA, 플라스틱을 소재로 하는 FDM 방식에 관한 내용이다.

05 다음의 내용과 관련된 기술로 적절한 것은?

> 디지털 광학기술을 이용한 방식으로 프로젝터의 광원인 UV를 이용하여 경화성수지를 굳혀 가며 제작하는 기술방식이다. 구체적 UV발광이 단층으로 슬라이딩 된 화면을 하나씩 비추고 그 부분을 경화시켜 쌓아 가는 방식으로 산업용 시제품을 생산하는 데 사용되고 있다.

① SLA 방식 ② FDM 방식
③ DLP 방식 ④ LOM 방식

해설
SLA 방식은 UV레진을 이용하여 액체기반의 재료와 레이저광원을 이용한 기술이다. LOM 방식은 나무를 소재로 사용할 수 있다.

06 UV 레진을 이용한 액체기반의 재료기술과 관련된 기술로 적절한 것은?

① LOM 방식 ② SLA 방식
③ FDM 방식 ④ SLS 방식

07 다양한 재료를 사용할 수 있으나 특히 금속에 주로 사용되는 기술로 분말로 된 입자에 강한 레이저를 비추어 녹여 소결하는 방식은?

① FDM 방식 ② DLP 방식
③ SLA 방식 ④ SLS 방식

해설
3D프린팅 기술은 지식기반 산업의 공유가 가능하며 소비자의 지위가 상승하면서 자신의 취향을 만족시키는 다양한 제품에 대한 소비자 욕구가 확대되고 있어 크라우드소싱이 가능하게 되었다.

08 생산과 서비스 과정에 소비자나 일반대중을 참여시켜 아이디어를 얻고 이를 기업 활동에 활용하는 방식을 무엇이라고 하는가?

09 3D프린팅 기술 응용 디자인 구현 과정을 쓰시오.

10 3D프린터 응용디자인의 단계별 과정에서 구조성, 기술성, 조형성 등의 구성화가 요구되는 단계로 옳은 것은?

① 품질체크 단계

② 프린팅 제조 단계

③ 3D모델링 단계

④ 3D구현 단계

해설

디자인 구조 구성화의 내용으로 모델링 단계에서 요구되는 작업 내용이다.

[정 답]

01 ② **02** ③ **03** ④ **04** ① **05** ③ **06** ② **07** ④

08 크라우드소싱(crowdsourcing)

09 3D구현 → 3D모델링 → 모델링변환 → 프린팅준비 → 프린팅제조 → 품질체크

10 ③

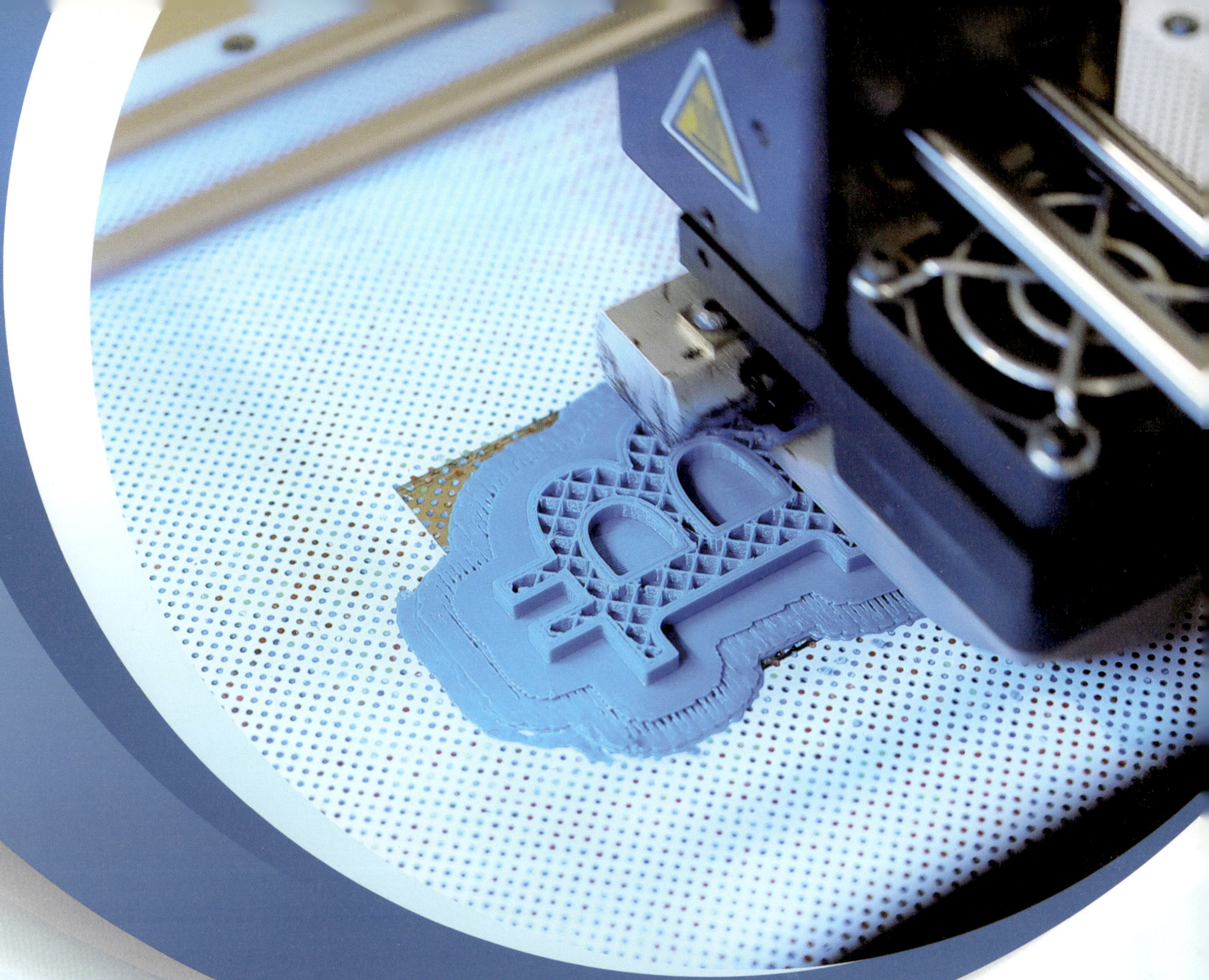

PART Ⅳ

3D프린터 응용디자인 모델링

- 3D프린팅이란 무엇인가를 설명할 수 있다.
- 3D프린팅의 장 · 단점을 설명할 수 있다.
- 3D프린터를 활용한 모델링과 디자인의 관계를 설명할 수 있다.
- Rhino 3D의 다양한 사용법을 설명할 수 있다.
- 3D프린팅을 위한 파일변환이 가능하다.
- CAD 프로그램과 프로그래밍을 이해할 수 있다.
- 주제별 접근성과 마무리를 설명할 수 있다.
- 주제별 적층, 조합, 관통 등의 특성을 파악할 수 있다.
- 3D프린터를 활용한 시작품을 제작할 수 있다.
- 3D프린터를 활용 독자적 디자인을 구현할 수 있다.

Part IV

3D프린터 응용디자인 모델링

1. 판재끼워 맞추기 plate fitting

본 장에서는 타원체와 이를 교차하는 커브를 추출해 타원체와 평면의 조형변화를 관찰하는 과정을 소개하고자 합니다.

타원체를 생성하고 이와 교차하는 커브를 만들어 타원평면을 만들고 평면에 두께를 주는 과정으로 Modeling을 진행하게 됩니다.

3D모델링은 한 가지 방법이 아닌 여러 가지 방법으로 만들 수 있기 때문에 본 장에서 소개하는 한 가지 방법뿐만 아니라 다른 방법에 대해서도 생각해 본다면 좋을 것 같습니다.

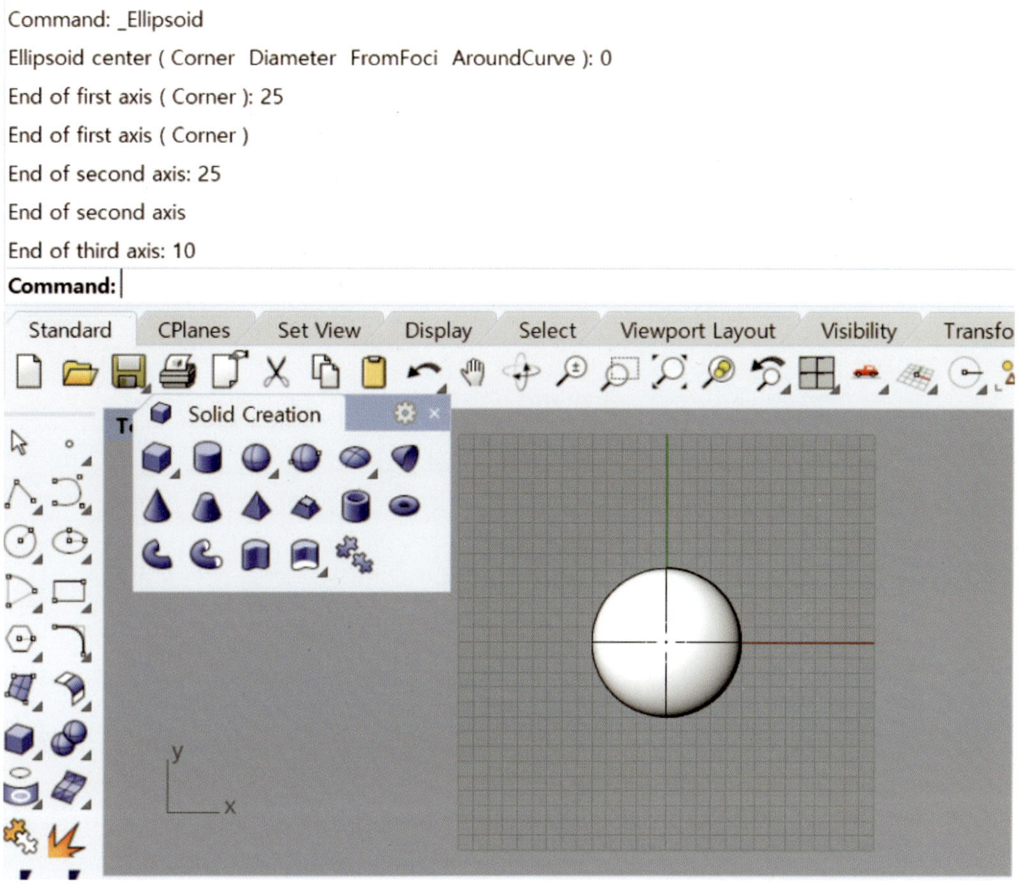

01 TopView에서 Ellipsoid 명령을 실행한다. 명령 창에 나타나는 Ellipsoid Center의 좌표 값에 0 0,0,0의 단축 Enter을 입력한다.

이후 명령 창에서 아래와 같이 차례대로 타원의 크기를 입력한다.

End of first axis : 25 입력 Enter

End of second axis : 25 입력 Enter

End of third axis : 10 입력 Enter

Viewport에서 타원입체가 생성된 것을 볼 수 있다.

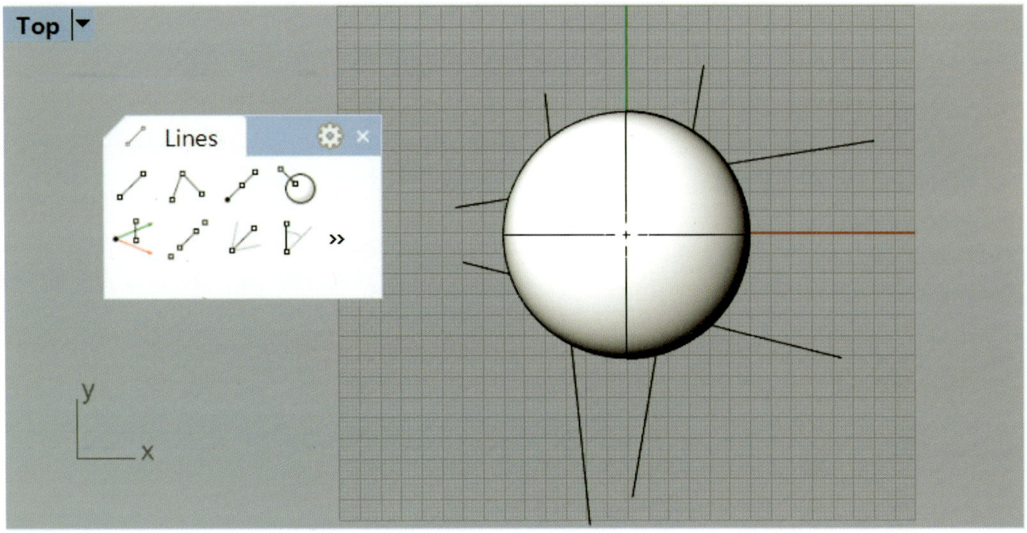

02 TopView에서 Polyline 명령으로 그림과 같이 타원과 교차하는 직선을 생성한다.

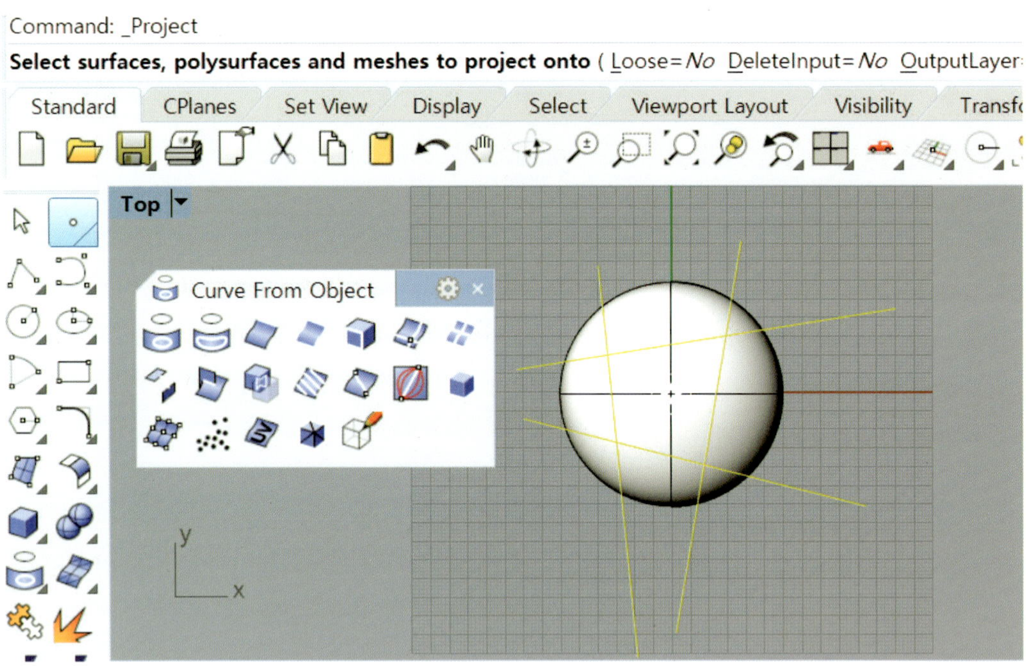

03 생성된 직선을 모두 선택하고 TopView에서 프로젝트Project 명령을 실행한다. 프로젝트될 개체를 선택하라고 나오면 타원체를 클릭하여 프로젝트 명령을 실행하여 타원체와 교차하는 커브를 생성한 다음 불필요한 타원체와 직선을 Delete하여 지운다.

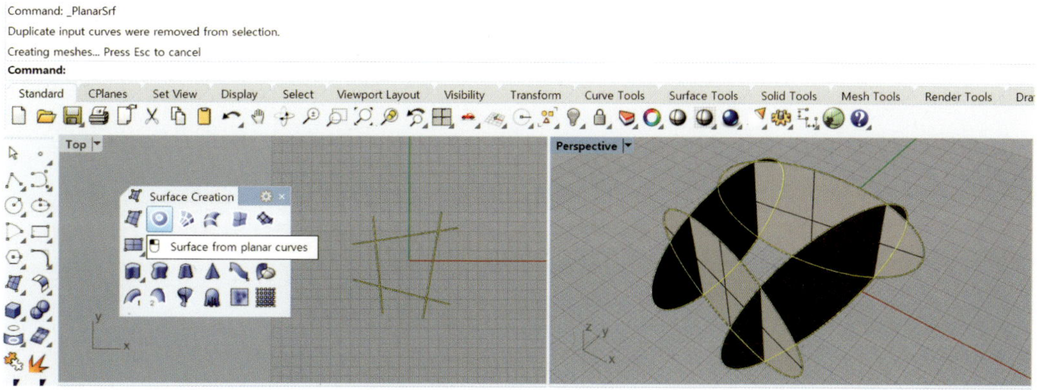

04 앞서 생성한 커브를 모두 선택한 뒤 PlanarSrf 명령을 실행하여 타원평면을 생성한다.

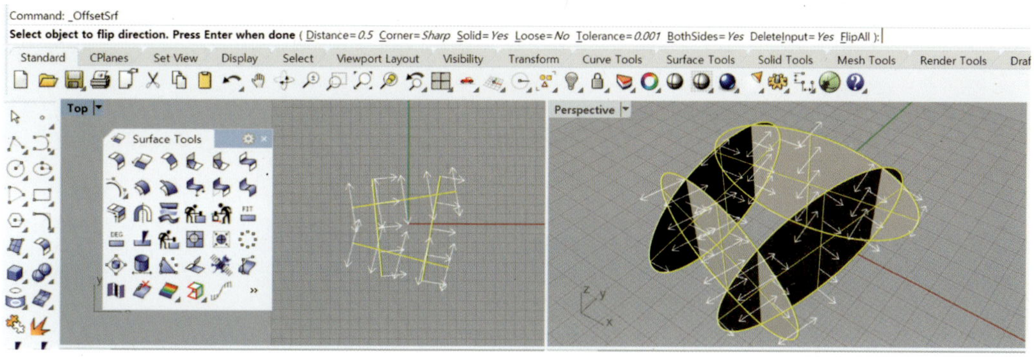

05 타원평면에 두께를 주기 위해 OffsetSrf 명령을 실행한다.

이때 명령창에서 Solid=Yes, BothSides=Yes로 값을 변경한다. 두께 크기인 Distance값은 모델링 사이즈에 따라 적정한 거리를 입력한다.

명령을 실행하면 두께가 생성된 것을 볼 수 있다.

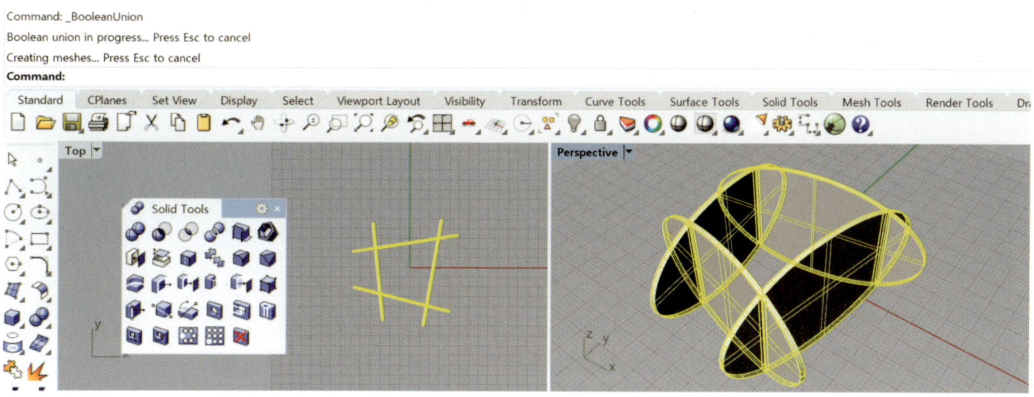

06 앞서 만든 4개의 두께를 가진 타원평면을 하나의 입체로 만들기 위해 모두 선택한다. BooleanUnion 명령을 실행해 하나의 개체로 합쳐준 뒤 모델링을 완성한다.

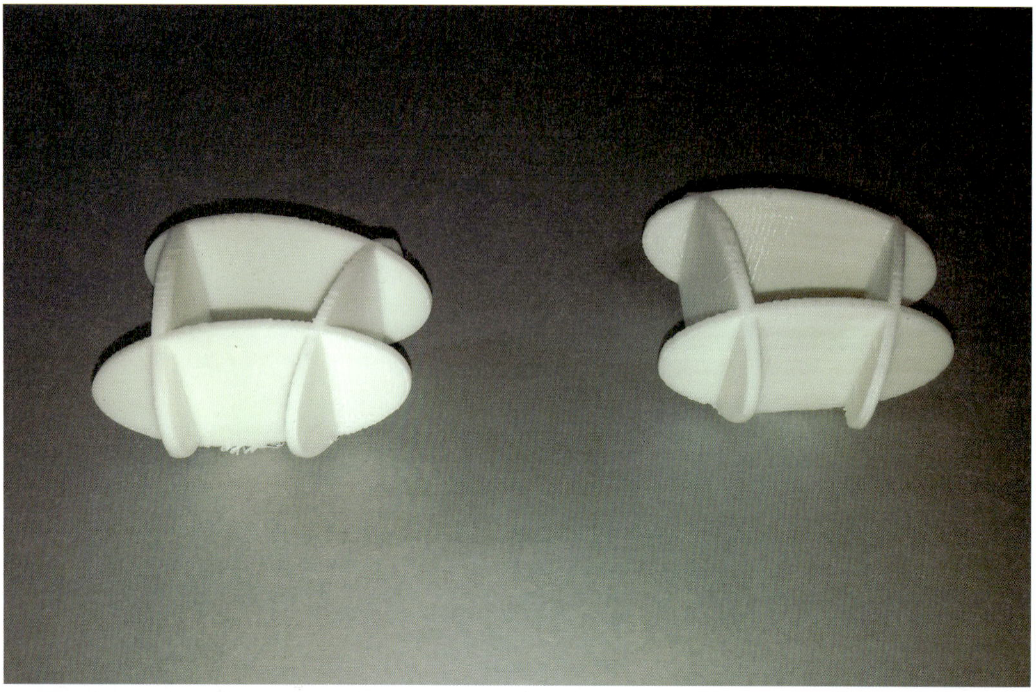

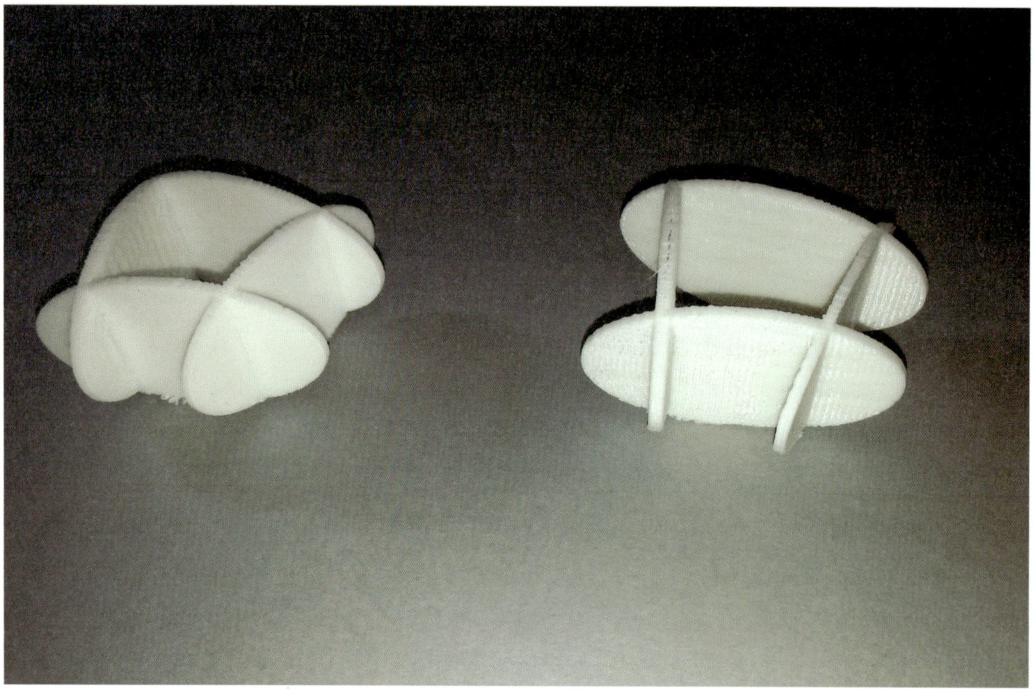

[3D프린팅 출력물 예시 1]

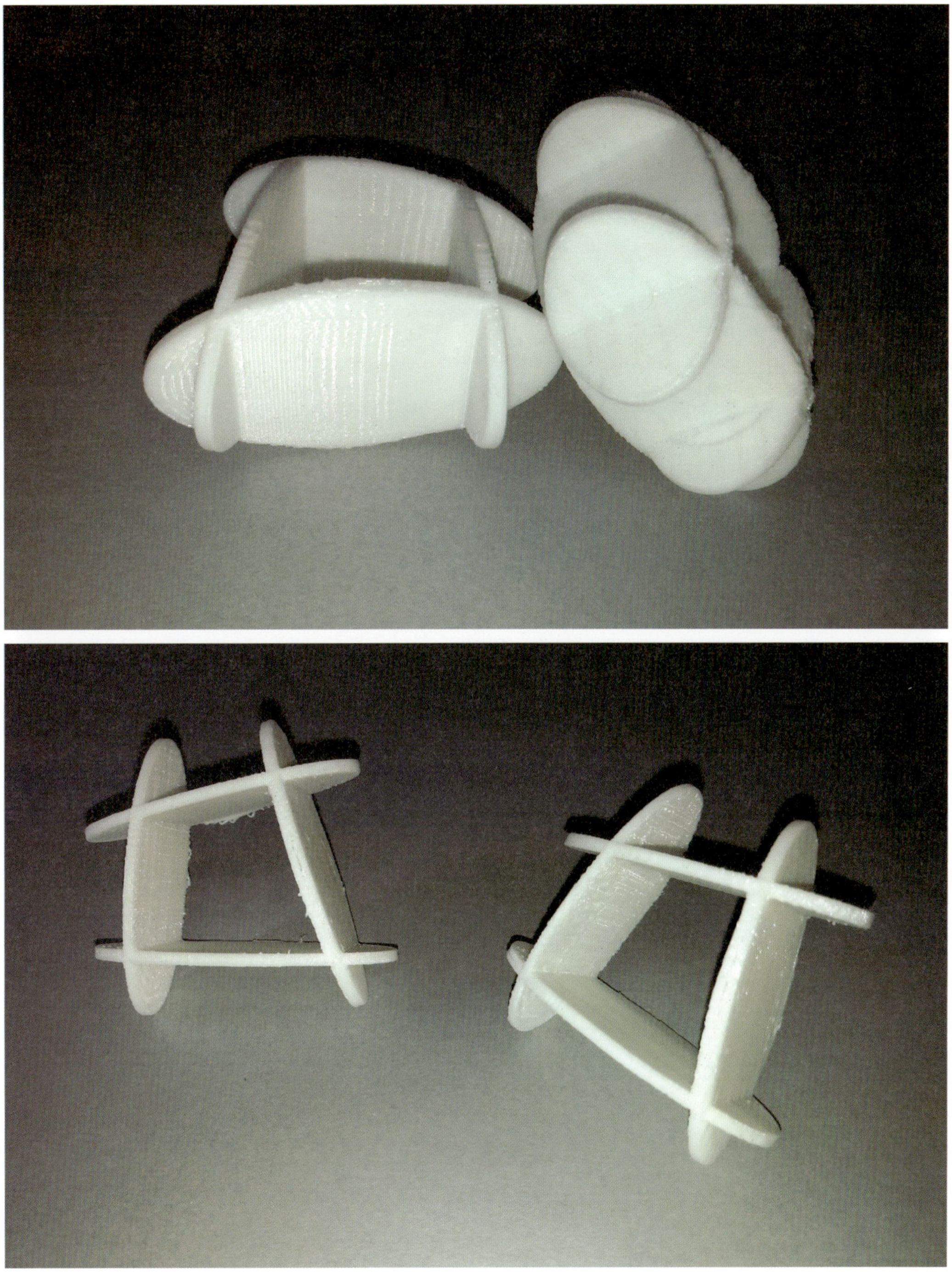

[3D프린팅 출력물 예시 2]

- 끼워 맞추기fitting, putting, crossing, together는 해체의 조작에 대한 재해석을 의미한다.
- 조형화 요소의 구조적 해석 및 상관성의 조건 및 형식 이해를 위한 구조물 디자인으로 손과 눈의 동작을 협응hand-eye coordination시키는 시각적 변환을 체험하게 한다.

2. 판재 퍼즐 놀이 board puzzle

본 장에서는 판재 퍼즐을 모델링하는 과정을 진행합니다.

퍼즐의 모양은 사각형을 기본으로 하여 커브를 그린 후 커브를 돌출Extrude하여 모델링을 진행합니다.

모델링하기 전에 다음 페이지에 있는 도면을 참고해 모델링을 진행합니다. 도면은 참고용으로 반드시 동일한 치수를 적용해 모델링하지 않아도 좋습니다.

실습을 진행한 뒤에는 퍼즐 조각의 모양이나 구성을 달리해 모델링을 진행하여 자신만의 퍼즐을 만들어 보는 것도 좋습니다.

모델링은 한 가지 방법이 아닌 여러 가지 방법으로 만들 수 있기 때문에 본 장에서 소개하는 한 가지 방법뿐만 아니라 다른 방법에 대해서도 생각해 본다면 좋을 것 같습니다.

판재 퍼즐 놀이의 도면

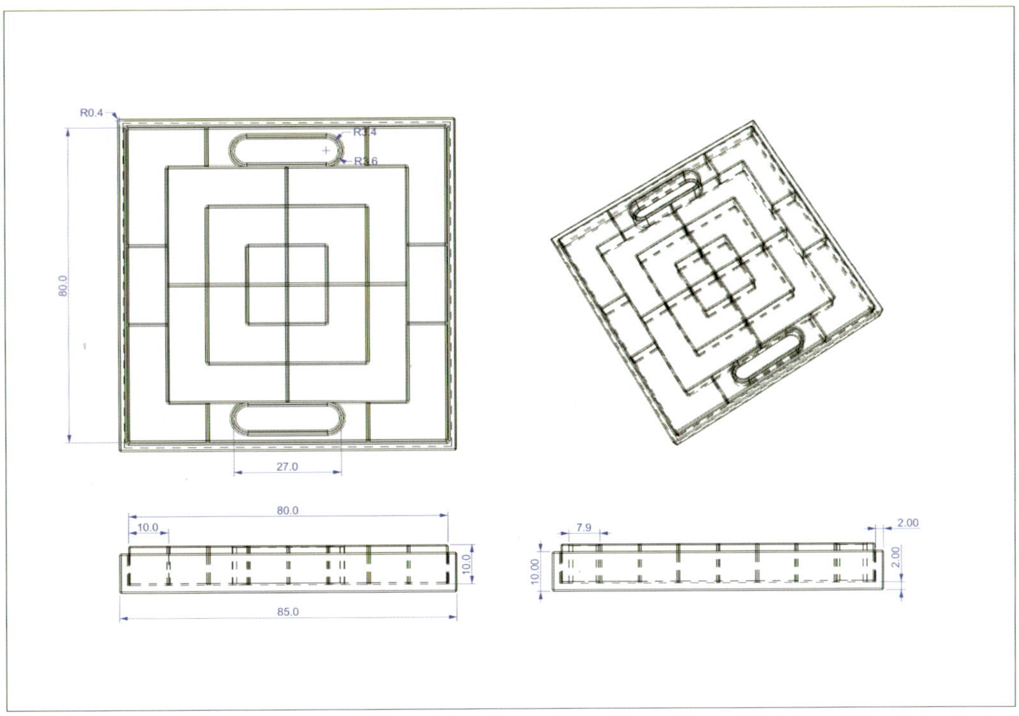

판재 퍼즐 놀이 Board puzzle

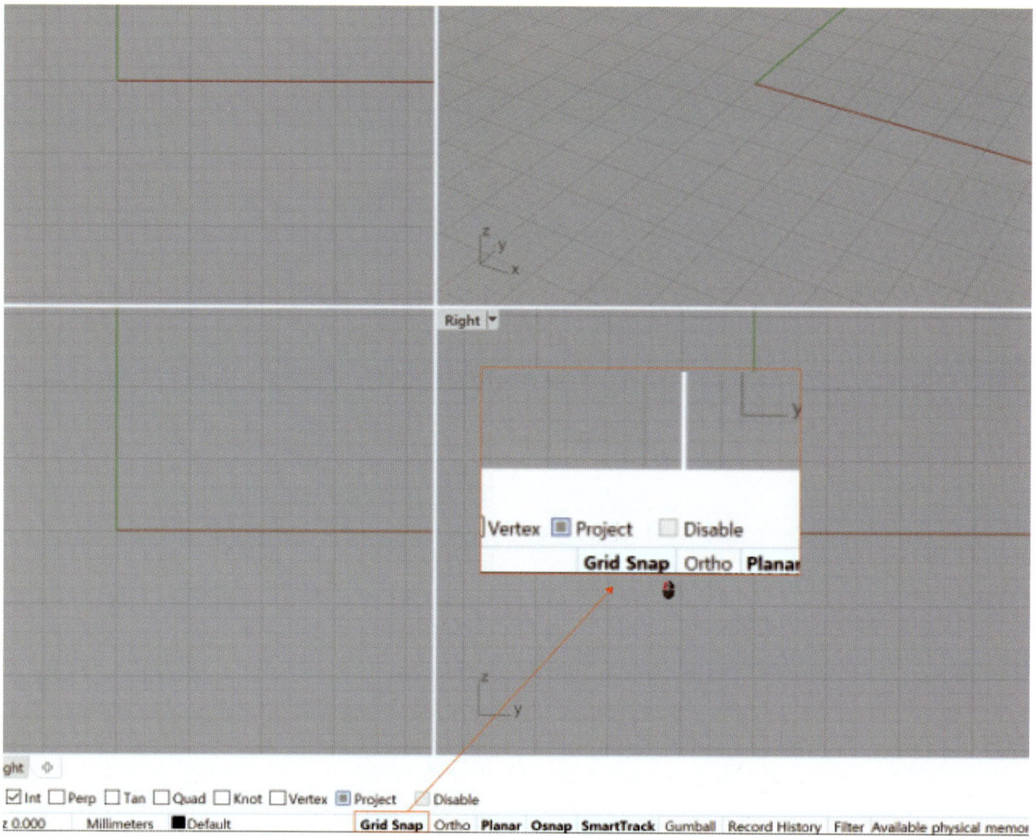

01 Viewport 내에 보이는 모눈선을 그리드Grid라고 한다. 이 그리드를 참조로 커브를 작성하기 위해 먼저 Grid Snap을 클릭단축키 : F9 해 활성화 한다.

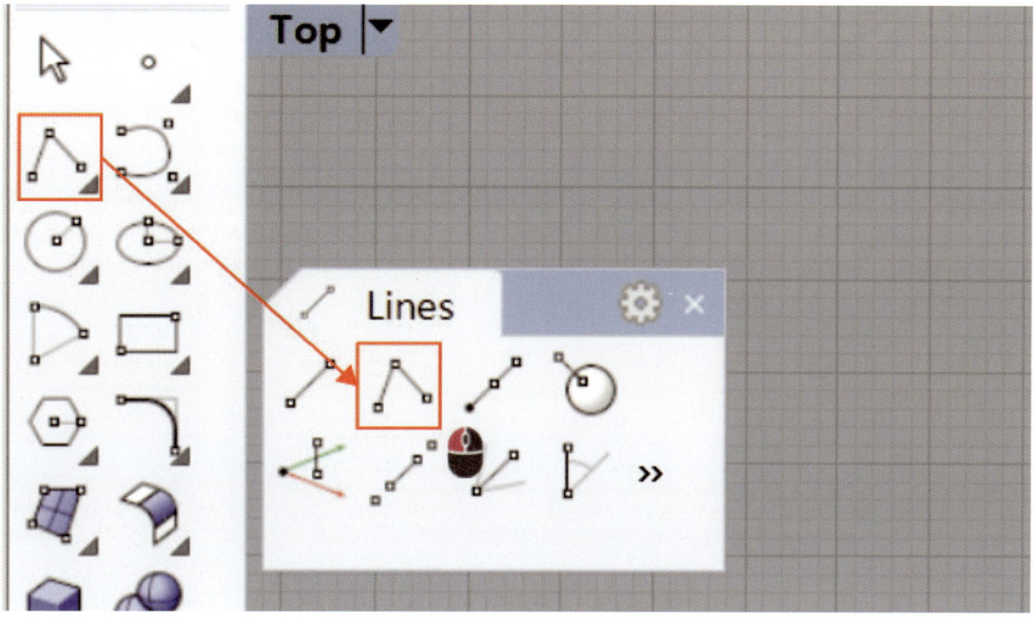

02  폴리라인Polyline 명령을 실행한다. 마우스를 움직이면 그리드의 각 눈금에 커서가 스냅되는 것을 알 수 있다.

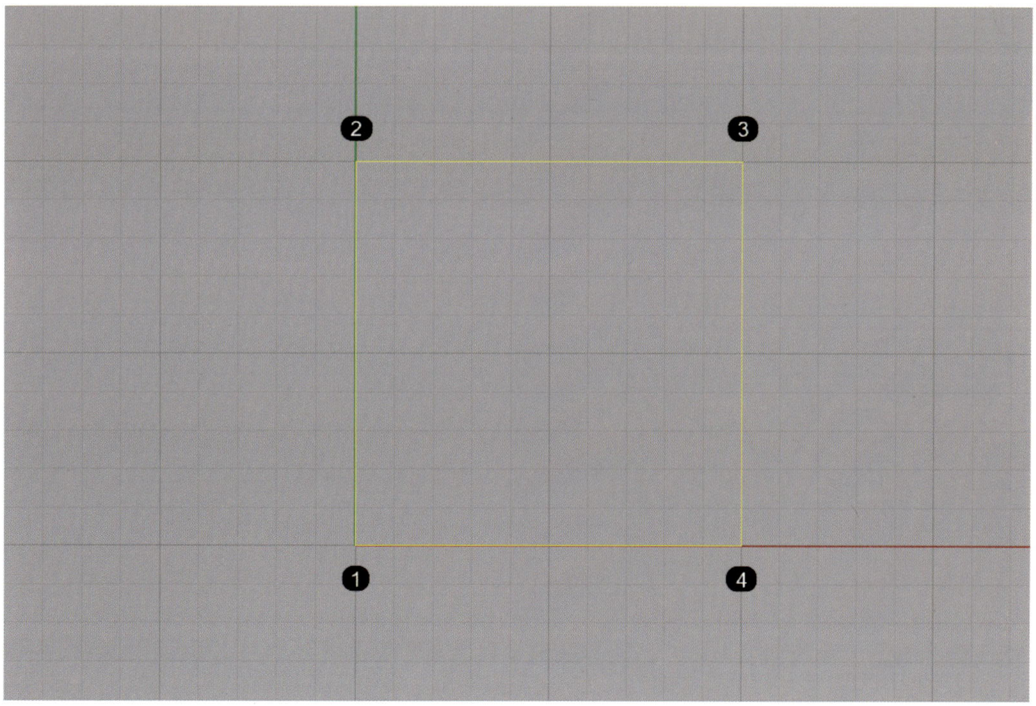

03 그리드 눈금 10칸 단위로 순서대로 클릭하여 정사각형 커브를 그린다. 커브를 잘못된 위치에 그렸을 경우 Undo 단축키 : Control + Z 한 뒤 다시 그린다.

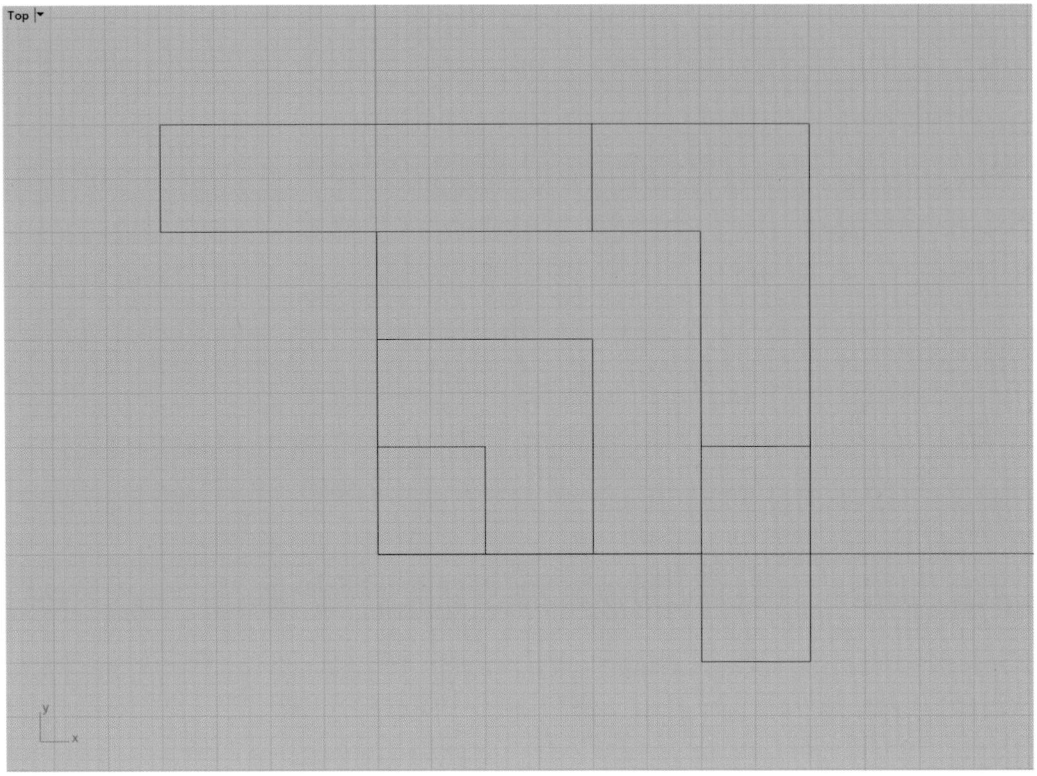

04 그림과 같이 나머지 부분도 전단계와 동일한 방식으로 퍼즐 커브를 그린다.

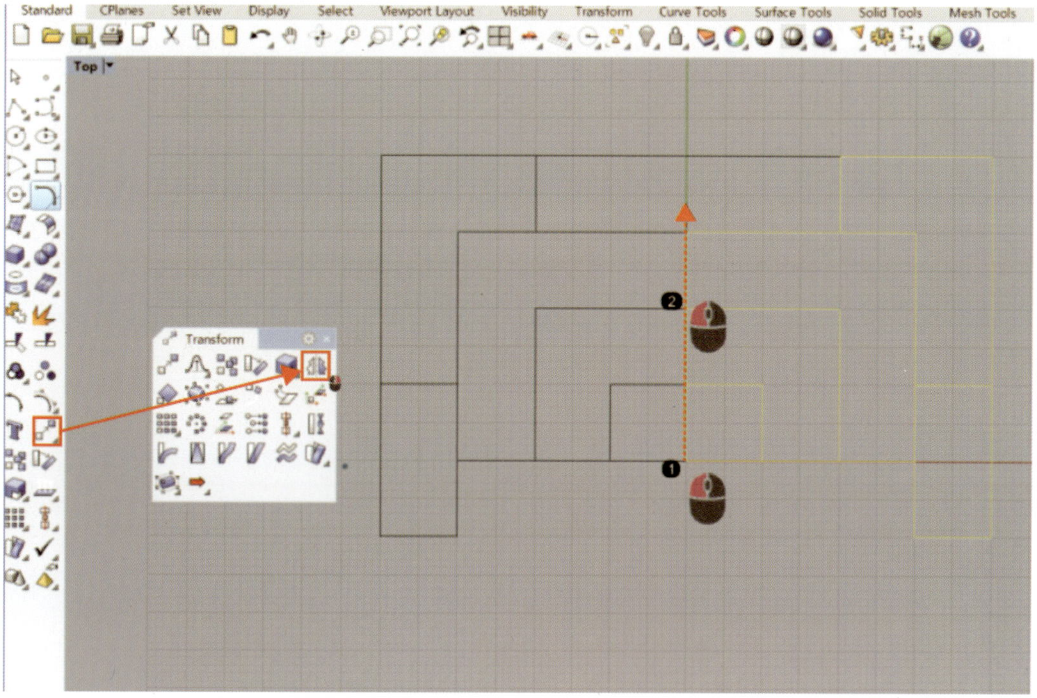

05 퍼즐 커브를 반대편으로 복사하기 위해 그림에서 노란색으로 표시된 커브만을 선택한 뒤 Mirror 명령을 실행한다. 그림에서 1과 2를 차례로 클릭해 Mirror 명령이 실행될 기준선을 선택한다. 명령이 실행된 뒤에는 기준선의 반대편으로 커브가 복사된 것을 볼 수 있다.

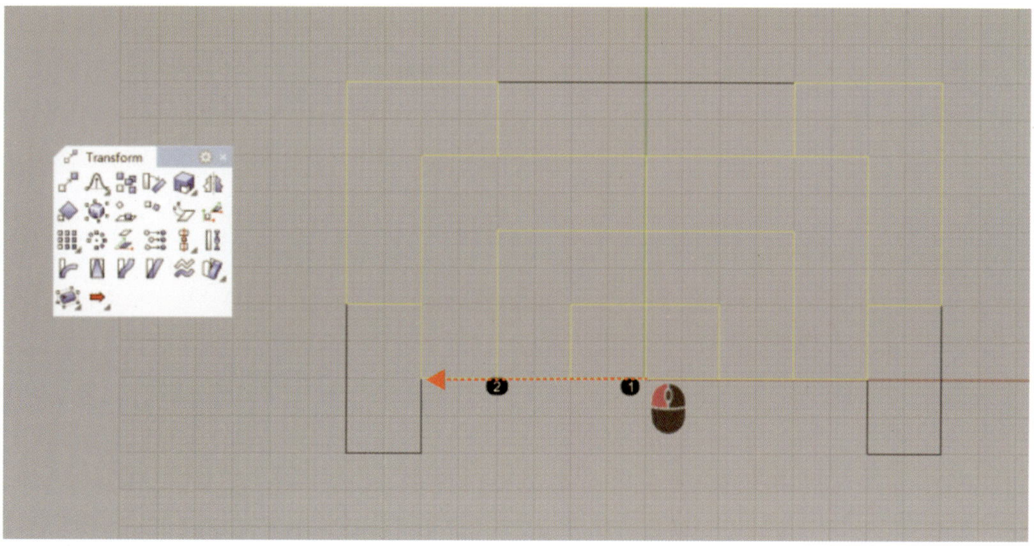

06 먼저 그림과 같이 커브를 선택한다. 다시 Mirror 명령을 실행하여 이번에는 수평방향으로 기준선을 지정해 나머지 커브를 복사한다.

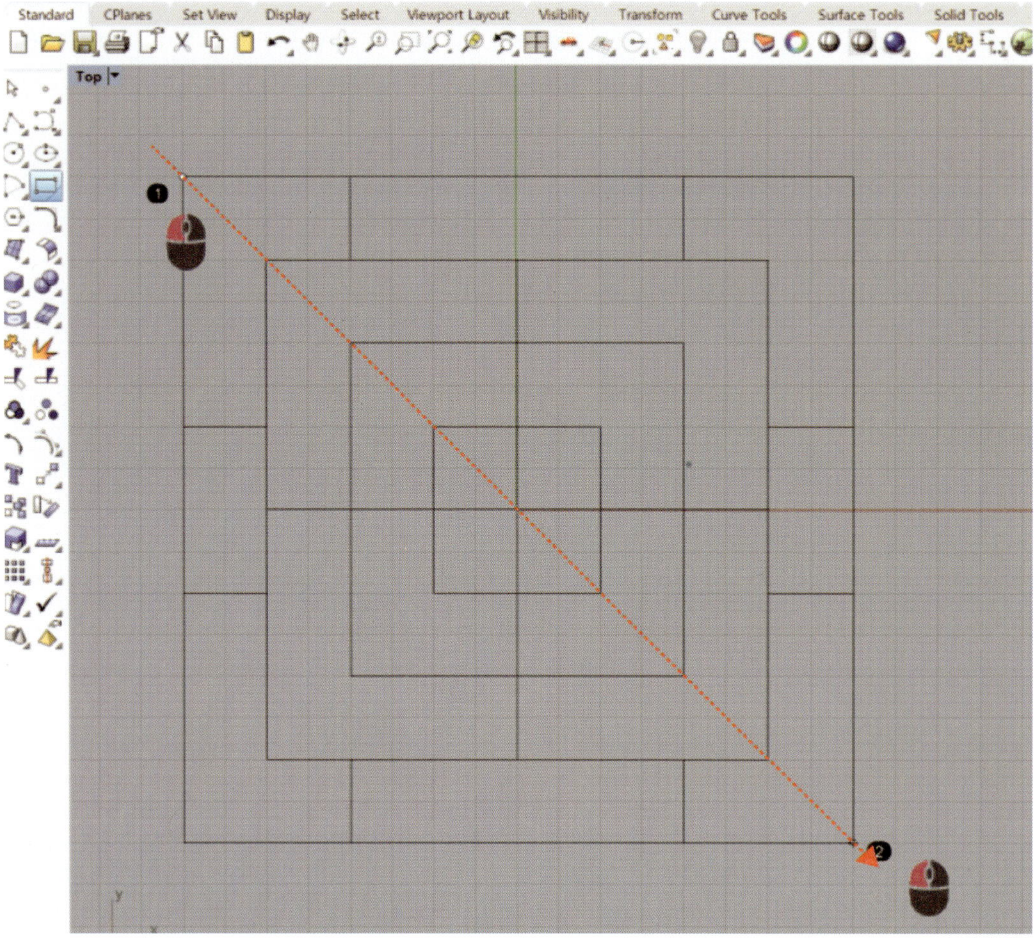

07 손잡이 부분을 제외한 퍼즐 조각의 커브를 모두 그렸다. 1번 지점에서 2번 지점으로 마우스를 드래그drag해 현재까지 그린 커브를 모두 선택한다.

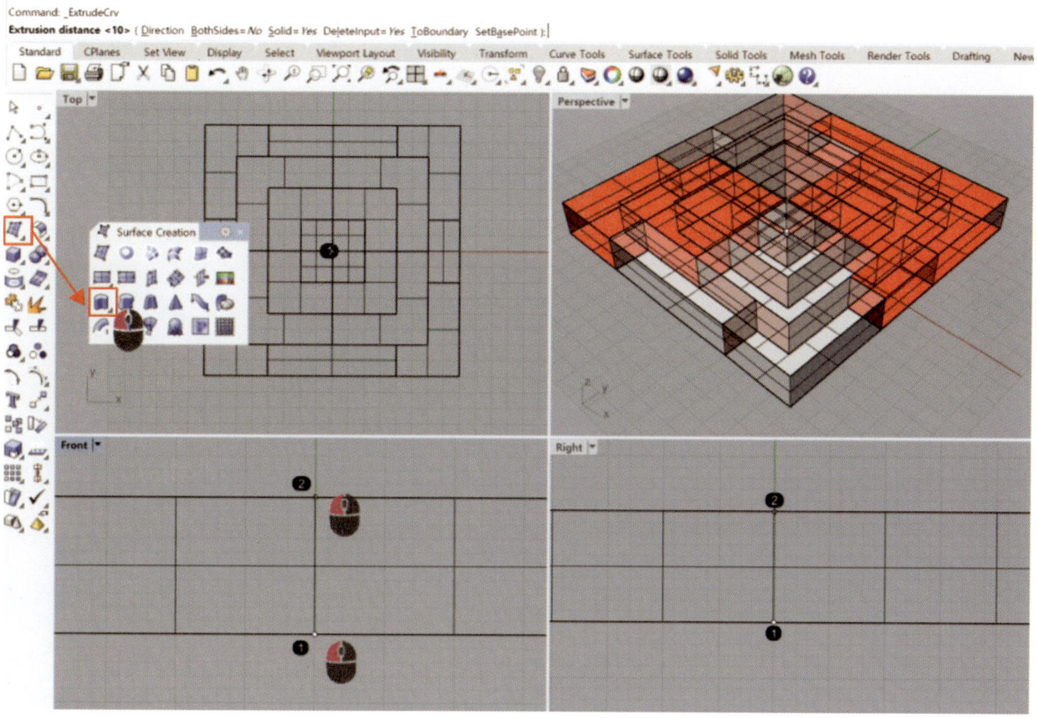

08 ExtrudeCrv 명령을 실행한다. 이때 명령창에서 BothSides=No, Solid=Yes, DeleteInput=Yes로 설정한다. 2번 지점을 클릭해 퍼즐의 두께를 생성한다.

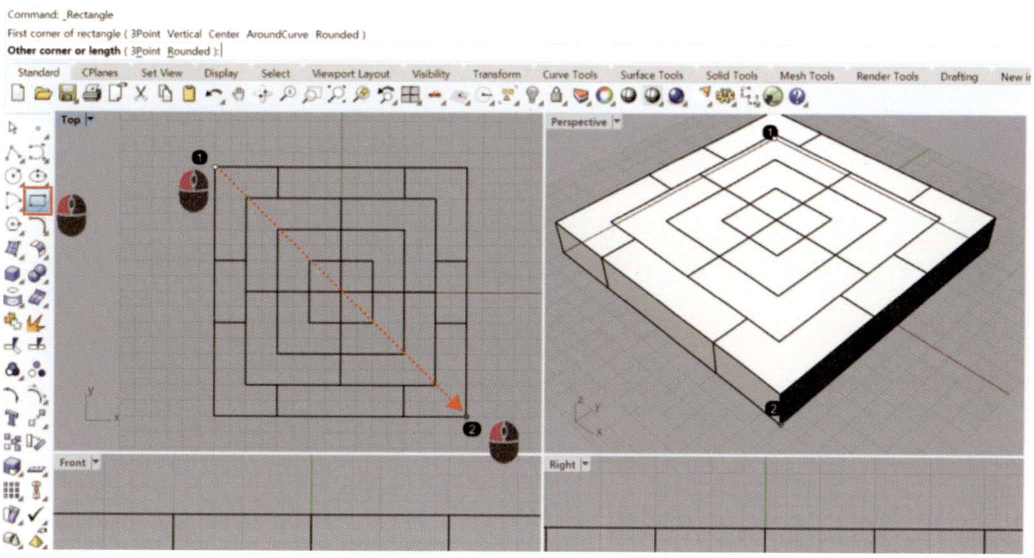

09 Rectangle 명령을 실행한다. 1번 지점과 2번 지점을 클릭해 사각형 커브를 생성하고 생성된 커브를 선택한다.

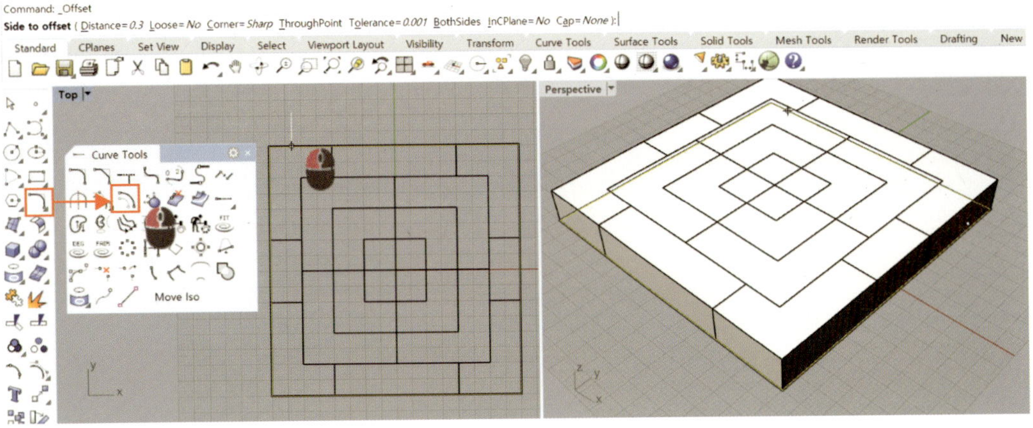

10 Offset 명령을 실행한다. 이때 Distance=0.3 지정하고 마우스 커서를 커브의 바깥쪽을 향한 뒤 클릭하여 커브의 간격을 띄어 생성한다.

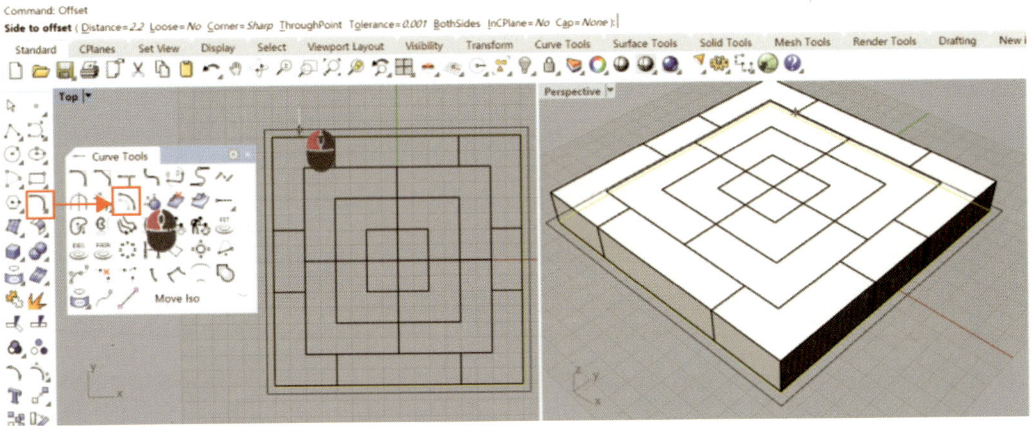

11 9번 단계에서 만든 커브를 선택한 뒤 Offset 명령을 실행한다. 이때 Distance=2.2 지정하고 마우스 커서를 커브의 바깥쪽을 향한 뒤 클릭하여 커브의 간격을 띄어 생성한다.

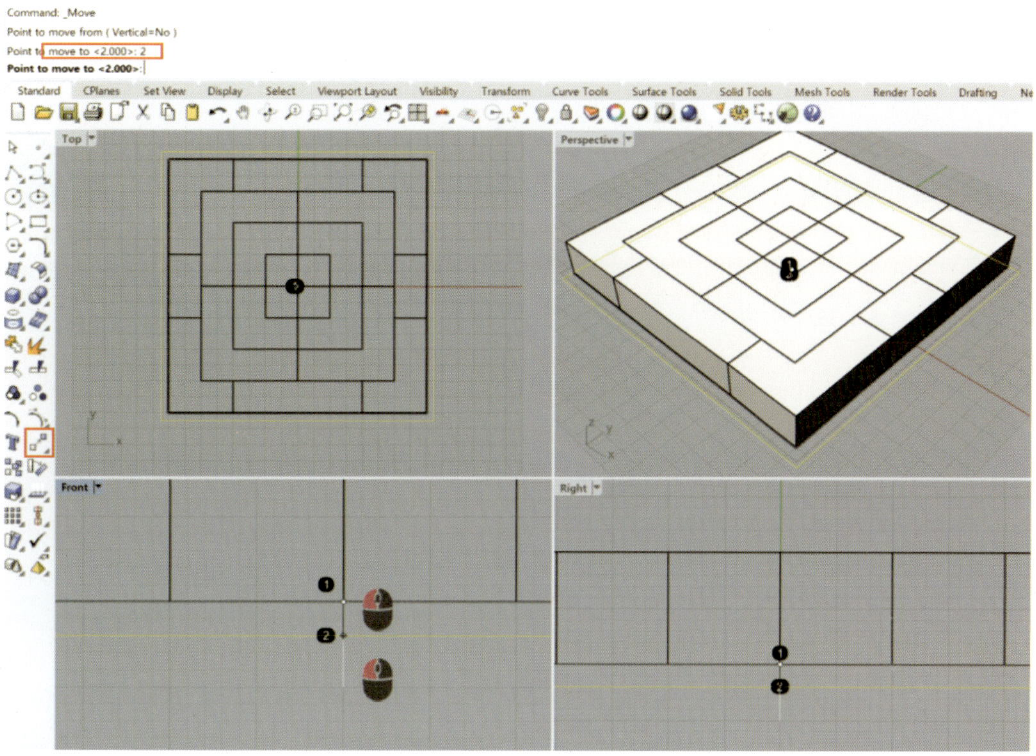

12 11번 단계에서 만든 커브를 선택하고 Move 명령을 실행하고, 마우스를 Front, Right Viewport로 이동해 수직방향으로 거리를 2만큼 이동한다. 이때 Shift를 누르고 있으면 직교모드가 활성화되어 90° 수직으로 방향을 고정할 수 있다.

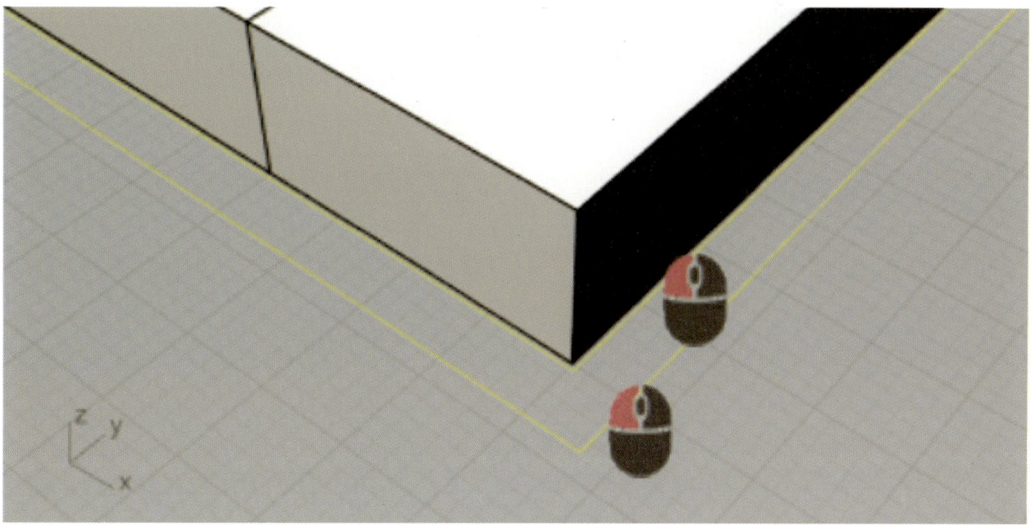

13 10번, 12번 단계에서 만든 커브를 복수 선택한다. Shift 키를 누른 상태에서 개체를 차례로 선택하면 복수 선택이 된다.

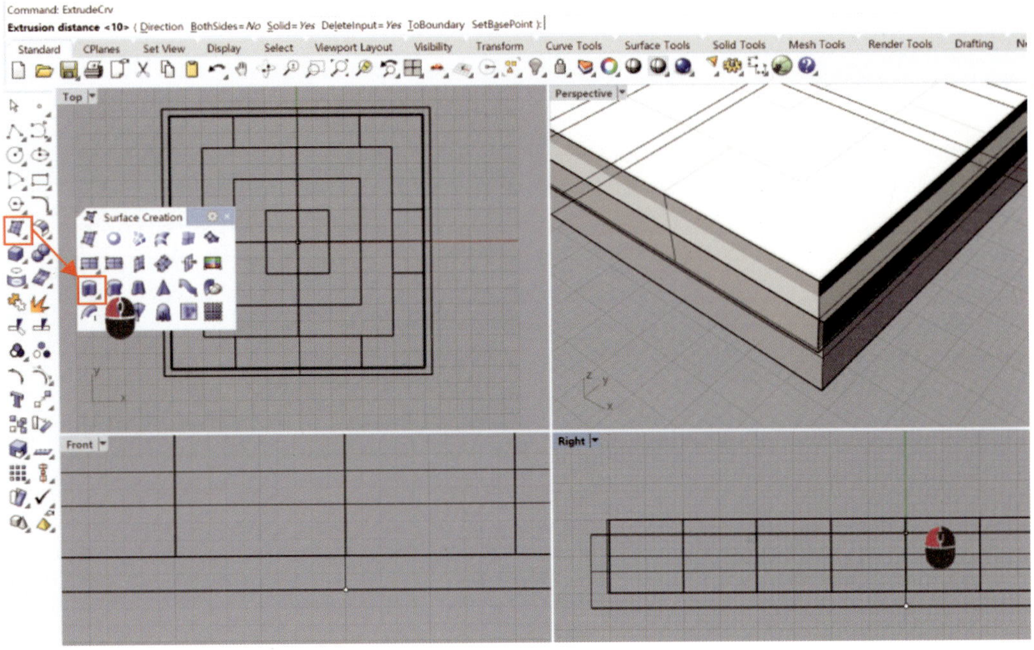

14 ExtrudeCrv 명령을 실행해 10만큼 위쪽 수직 방향으로 두께를 생성한다. 이때 명령창에서 BothSides=No, Solid=Yes, DeleteInput=Yes로 설정한다.

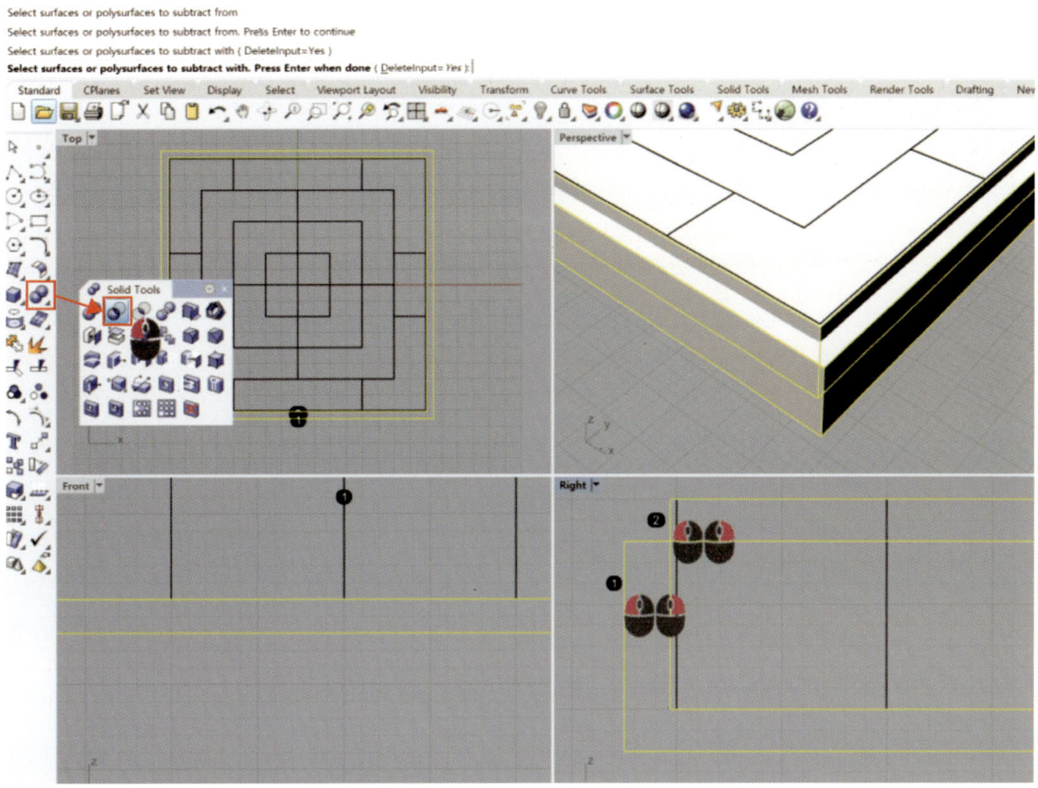

15 퍼즐조각이 담길 받침대 형상을 만들기 위해 앞서 만든 개체를 사용한다. BooleanDiffernce 명령을 실행하고, 1번 개체를 클릭 후 우클릭한다. 2번 개체를 클릭 후 우클릭하면 퍼즐이 담길 수 있는 받침대 형상이 생성된다.

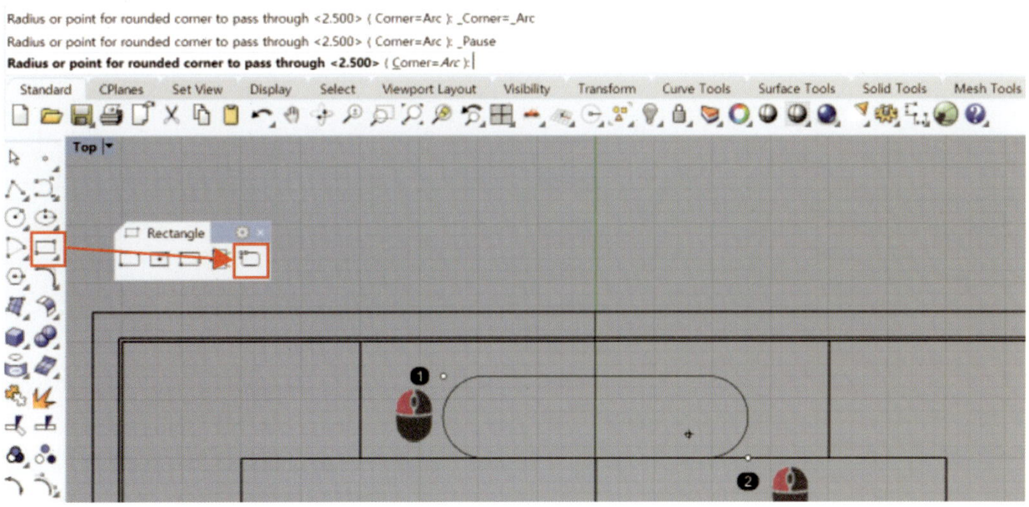

16 퍼즐 손잡이 부분을 생성하기 위해 RoundedRectangle 명령을 실행한다. 그림과 같이 1번 지점과 2번 지점을 클릭해 라운딩 값이 들어간 사각 커브를 생성한다.

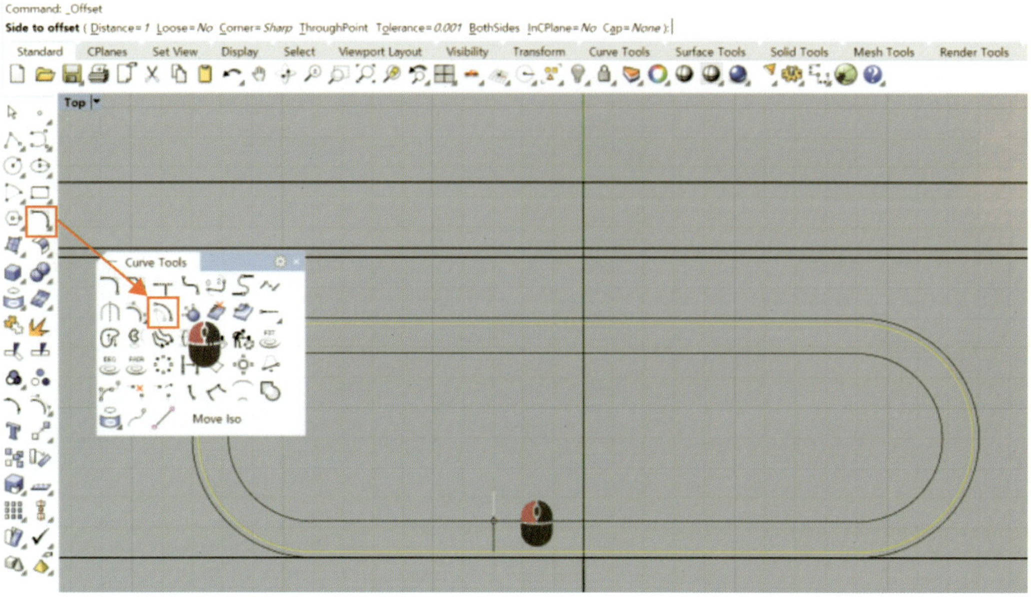

17 앞서 만든 커브를 Offset 명령을 이용해 안쪽방향으로 0.2만큼 간격을 띄어 커브를 생성한다. 이 커브를 다시 선택해 안쪽 방향으로 1만큼 간격을 띄워 커브를 생성한다.

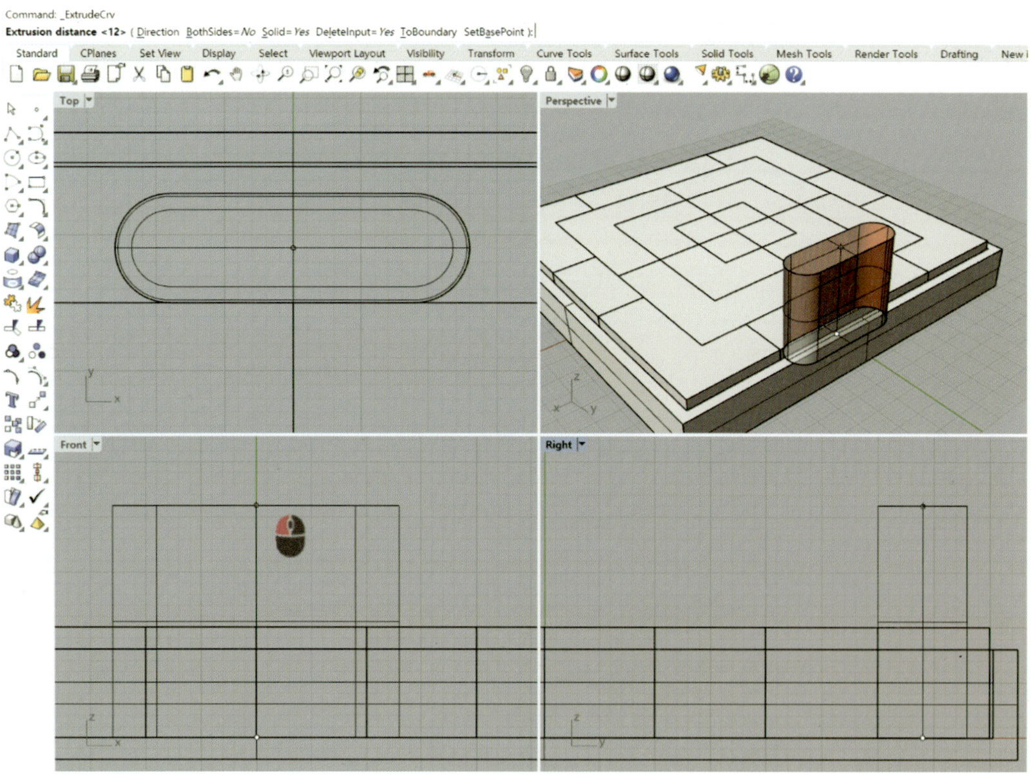

18 16단계에서 만든 커브를 선택해 ExtrudeCrv 명령으로 위쪽 수직방향으로 두께를 생성한다. 이때 두께는 10 이상 설정한다.

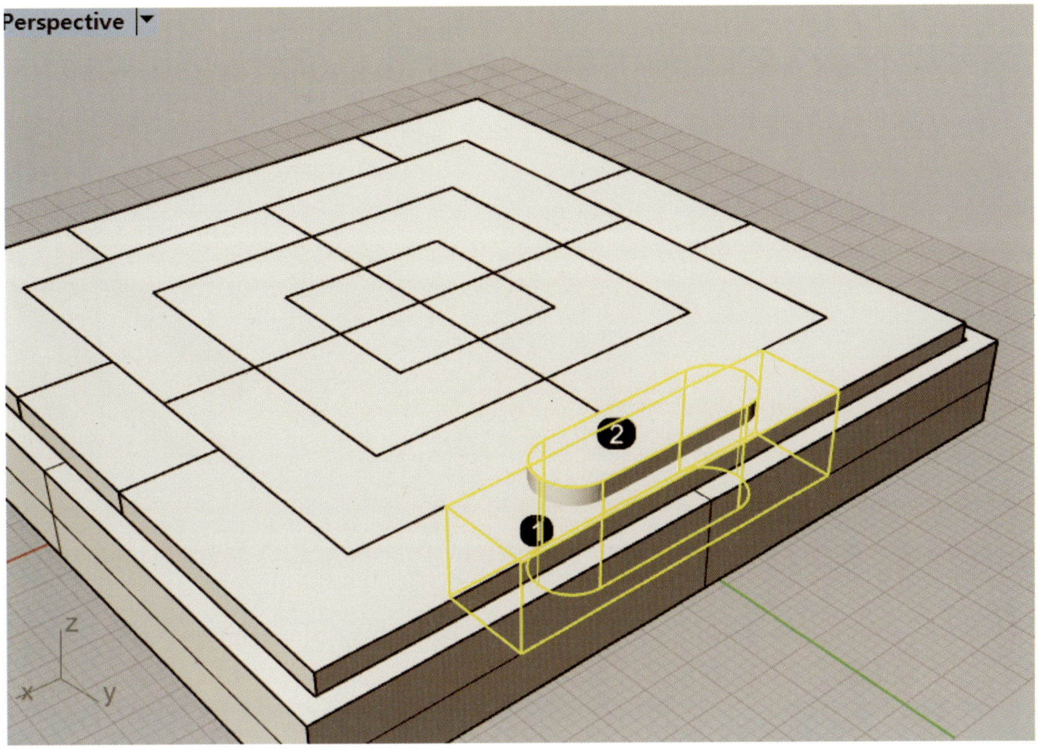

19 BooleanDifference 명령을 실행하고 1번 퍼즐 조각을 선택 후 앞서 만든 2번 개체를 선택해 손잡이 부분이 끼워질 공간을 만든다.

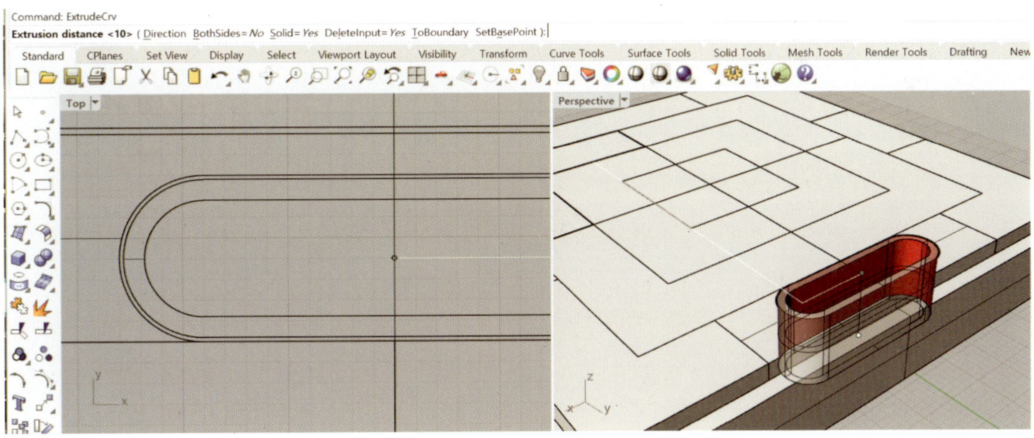

20 17단계에서 만든 2개의 커브를 선택해 ExtrudeCrv 명령으로 10 만큼 두께를 생성한다. 이때 명령창에서 BothSides=No, Solid=Yes, DeleteInput=Yes인지 확인한다.

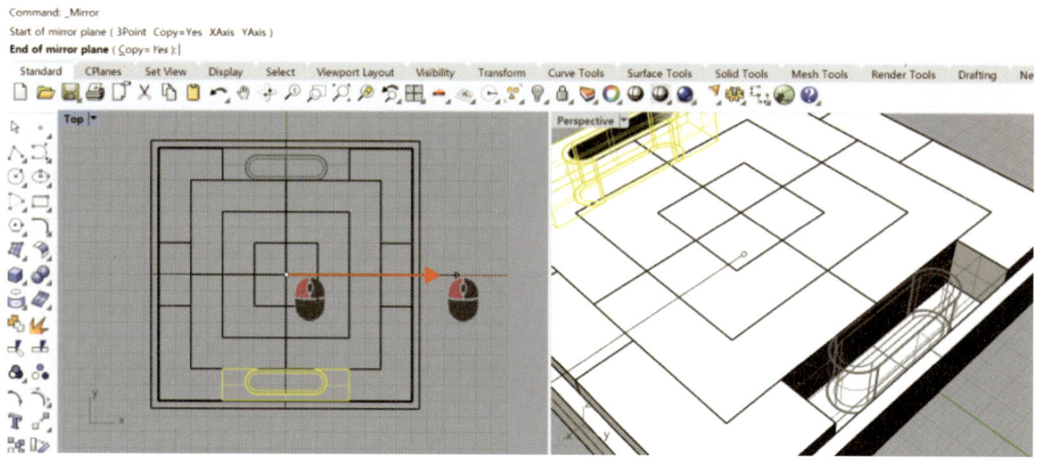

21 Mirror 명령으로 수평방향으로 손잡이 부분을 복사한다.

이때 Mirror를 실행하기 전에 반대편 손잡이 부분이 파여지지 않은 불필요한 퍼즐 조각을 Delete키를 눌러 삭제한다.

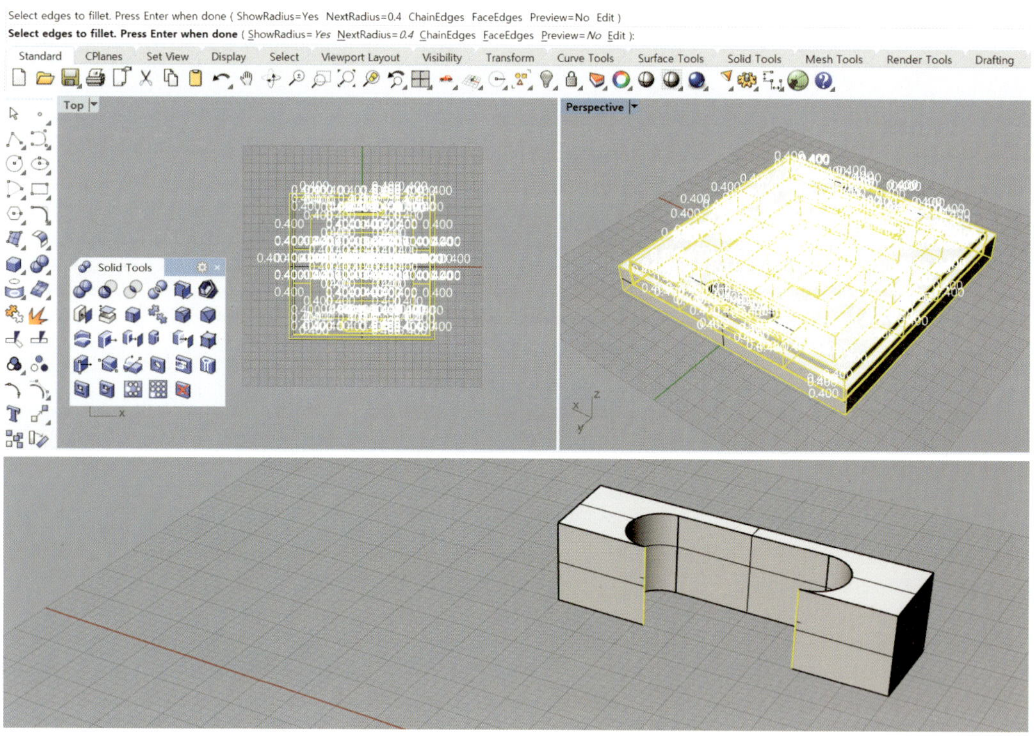

22 각진 부분에 Round값을 주기 위해 FilletEdge 명령을 실행한다. 마우스로 드래그해 모서리들을 선택한다. 위 그림의 손잡이 퍼즐의 예각 모서리 반대편 조각을 포함한 4부분의 모서리는 Control 키를 누른 채로 클릭해 선택을 해제한다. FilletEdge 명령을 완료한다.

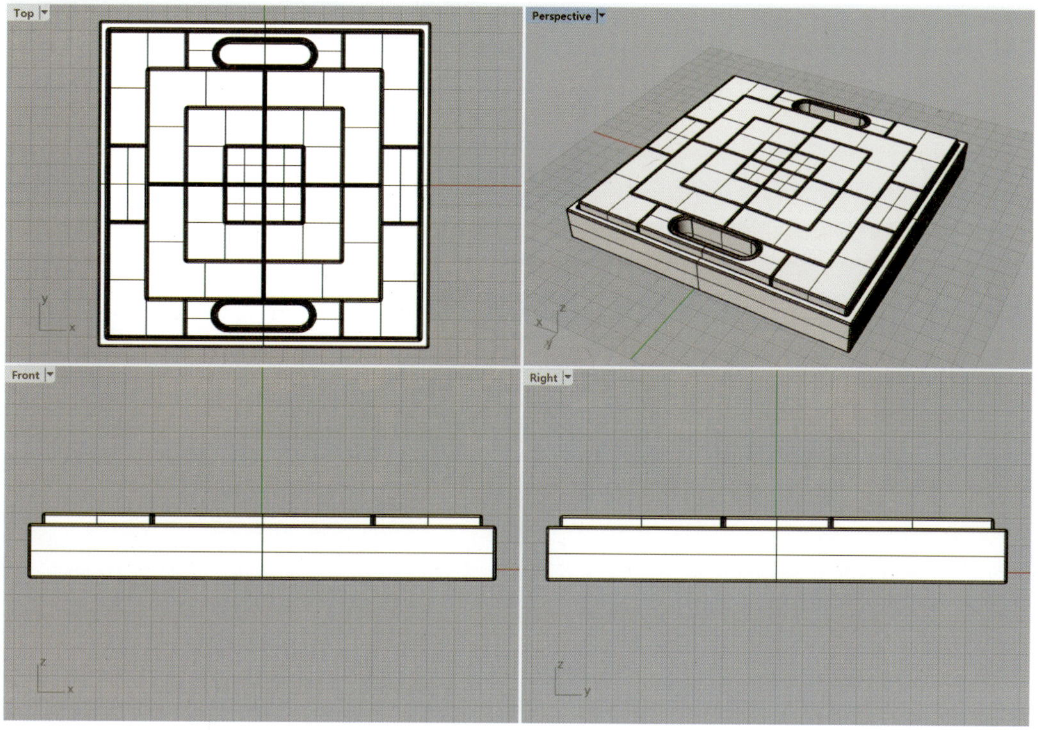

23 퍼즐 모델링 완료

[3D프린팅 출력물 예시 1]

[3D프린팅 출력물 예시 2]

[3D프린팅 출력물 예시 3]

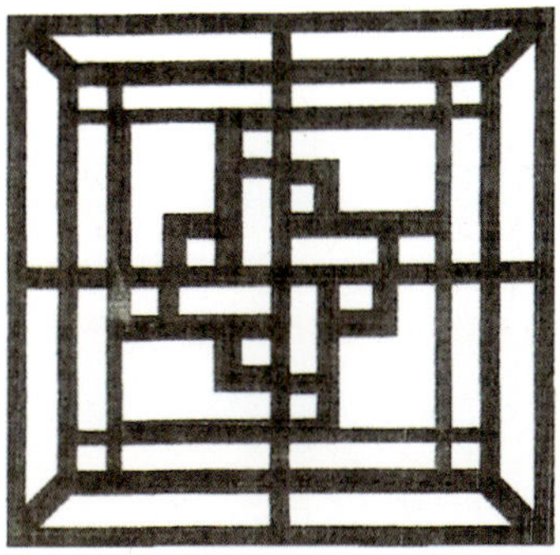

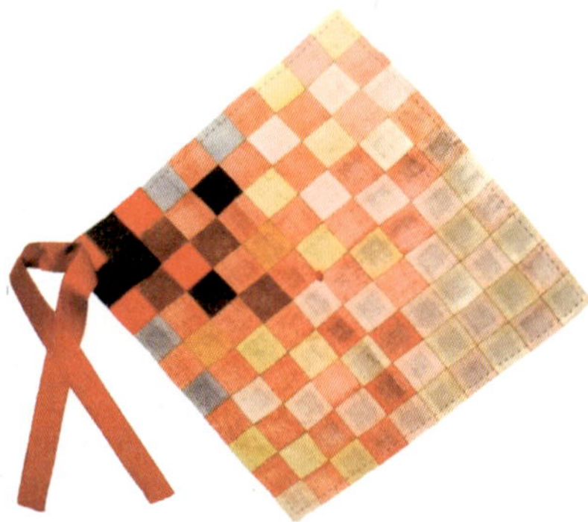

- 기하학적 모티프motif가 지닌 요소와 장식적 모티프가 지닌 요소는 현대적 단순성과 맥락을 함께하며 시각적 일루전illusion, 환상 효과를 주게 되고 맞물리는 형상특성을 지닌다.
- 한국적 정체성을 담은 조형물로 평가받고 있는 '보자기'가 지닌 비위계성과 비결정성의 존재론적 의미는 미학적 고유성, 자유성, 다차원성을 지닌 포용과 내재, 즉 구속되지 않는 '합의 표상'이 된다.

3. 데스크 톱 명함·메모꽂이 desk top card holder

본 장에서는 책상에 명함·메모꽂이를 모델링하는 과정을 진행합니다.

운동선수의 모습을 한 형상을 자유곡선으로 그린 후 커브를 돌출Extrude하여 모델링을 진행합니다.

모델링하기 전에 아래의 도면을 참고해 모델링을 진행합니다. 도면은 참고용으로 자유곡선을 활용한 모델링이므로 대략적인 치수만 참고해 진행하도록 합니다.

실습을 진행한 뒤에는 원하는 모양의 캐릭터를 구성해 모델링을 진행하여 자신만의 데스크 톱 명함·메모꽂이를 만들어 보길 권합니다.

데스크 톱 명함·메모꽂이의 도면

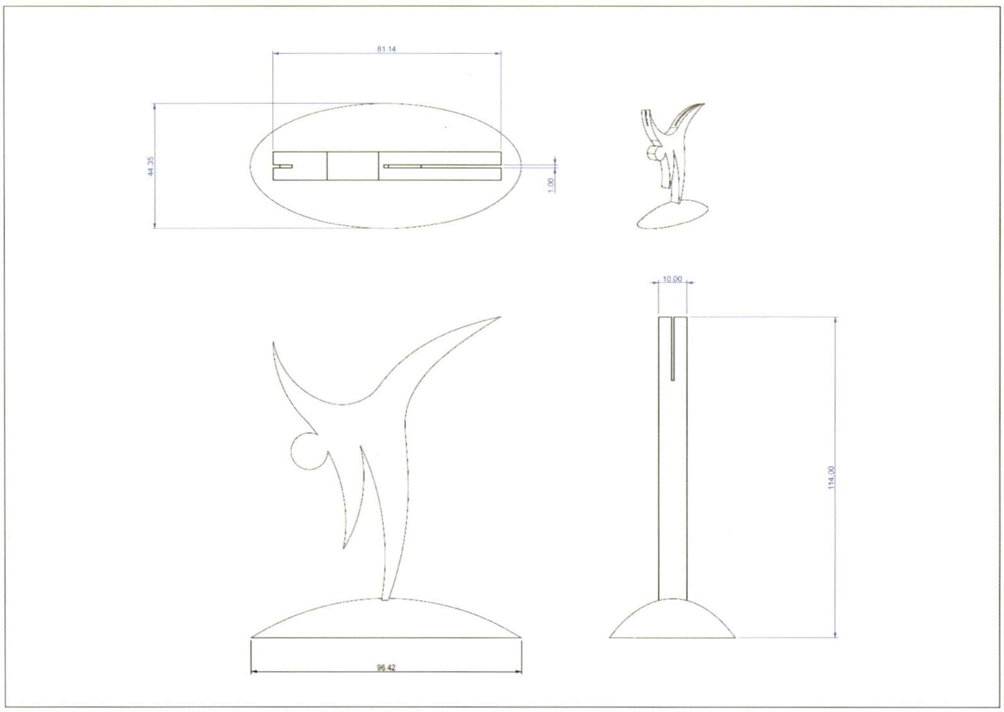

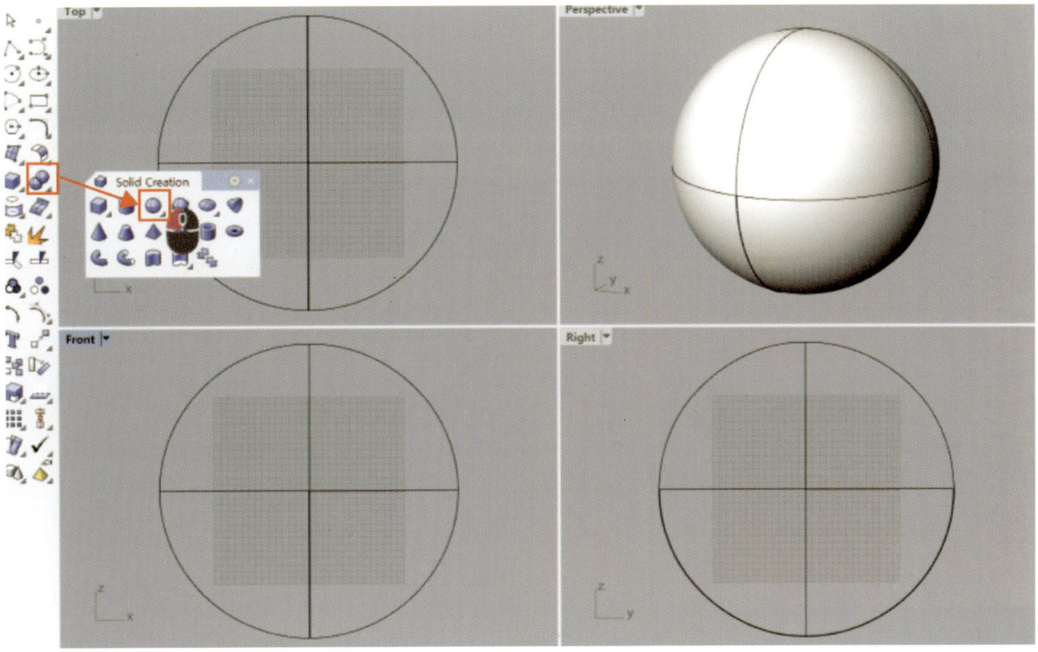

01 좌표 0,0,0을 중심으로 Sphere 명령을 사용해 그림과 같이 구체를 생성한다.

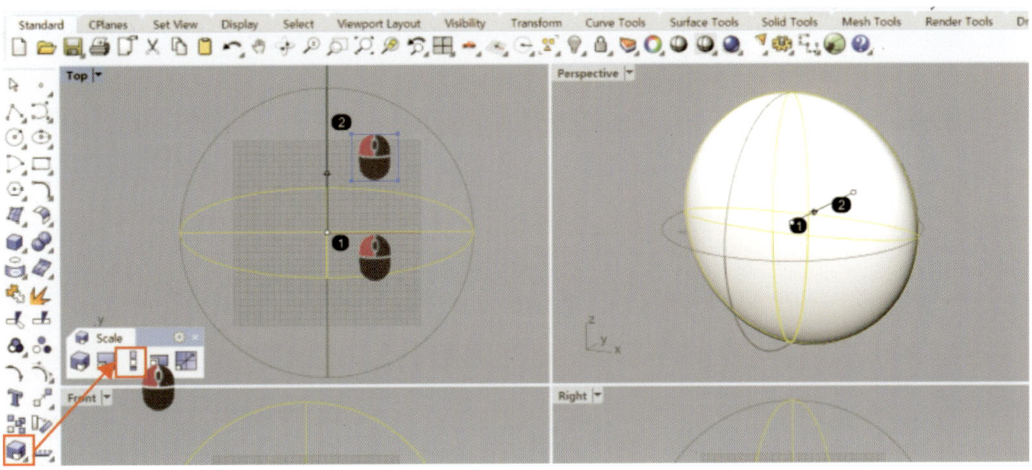

02 Scale 1D 명령을 실행한다. Scale 1D 명령은 한쪽 방향으로 크기를 줄이거나 늘릴 수 있는 명령이다. 1번 위치 구체의 중심을 클릭하고 수직방향으로 2번 지점에 마우스를 클릭한 뒤 1번 지점 방향으로 마우스를 움직이면 구체가 한쪽 방향으로 줄어드는 것을 볼 수 있다. 적당한 위치에서 명령을 완료한다.

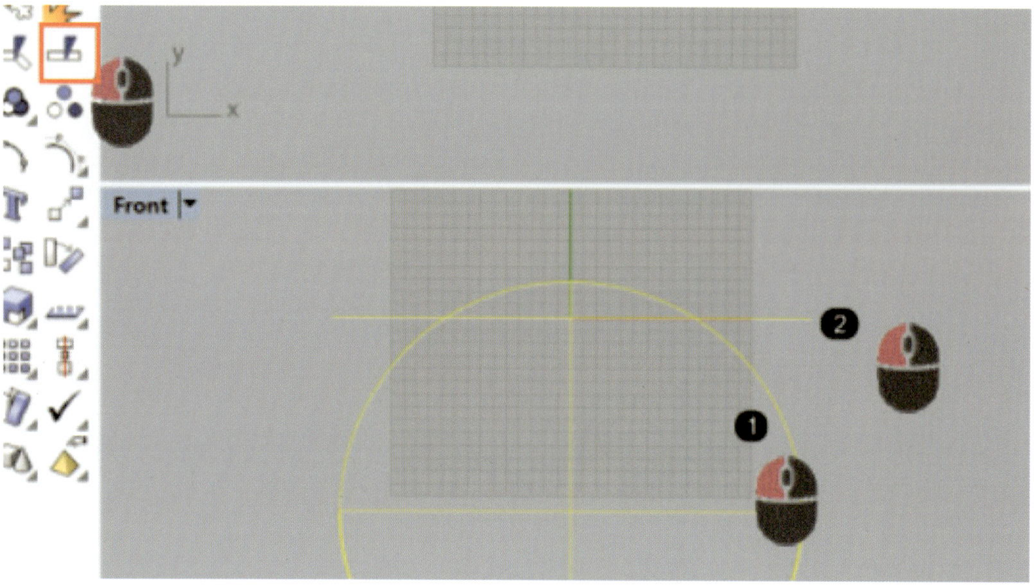

03 받침대가 될 부분을 자르기 위해 Line 명령으로 그림의 2번과 같이 수평선을 생성한다. Split 명령을 실행하고 1번 구체를 선택하여 우클릭으로 선택완료 한 뒤 2번 직선커브를 선택하고 우클릭으로 명령을 완료한다. 불필요한 직선커브와 구체의 아랫부분을 Delete키를 눌러 삭제한다.

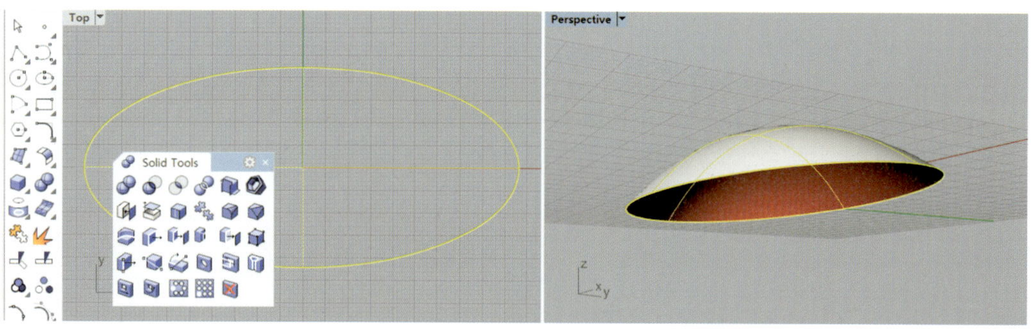

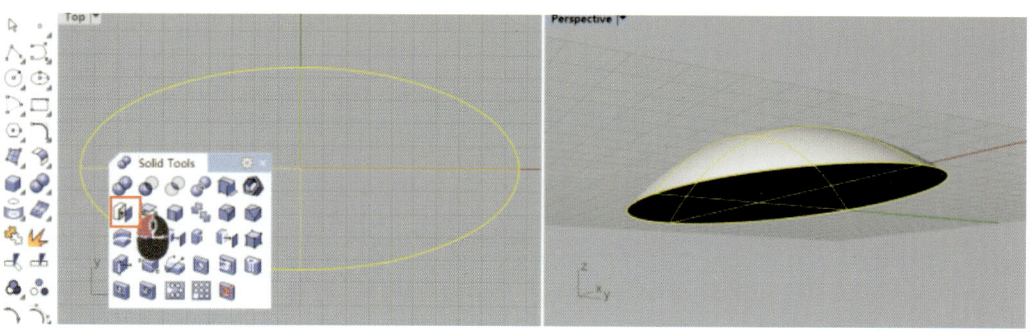

04 그림의 빨간색 부분을 막아주기 위해 개체를 선택한 상태에서 Cap 명령을 실행하면 아래와 같이 평면 홀이 채워지는 것을 볼 수 있다.

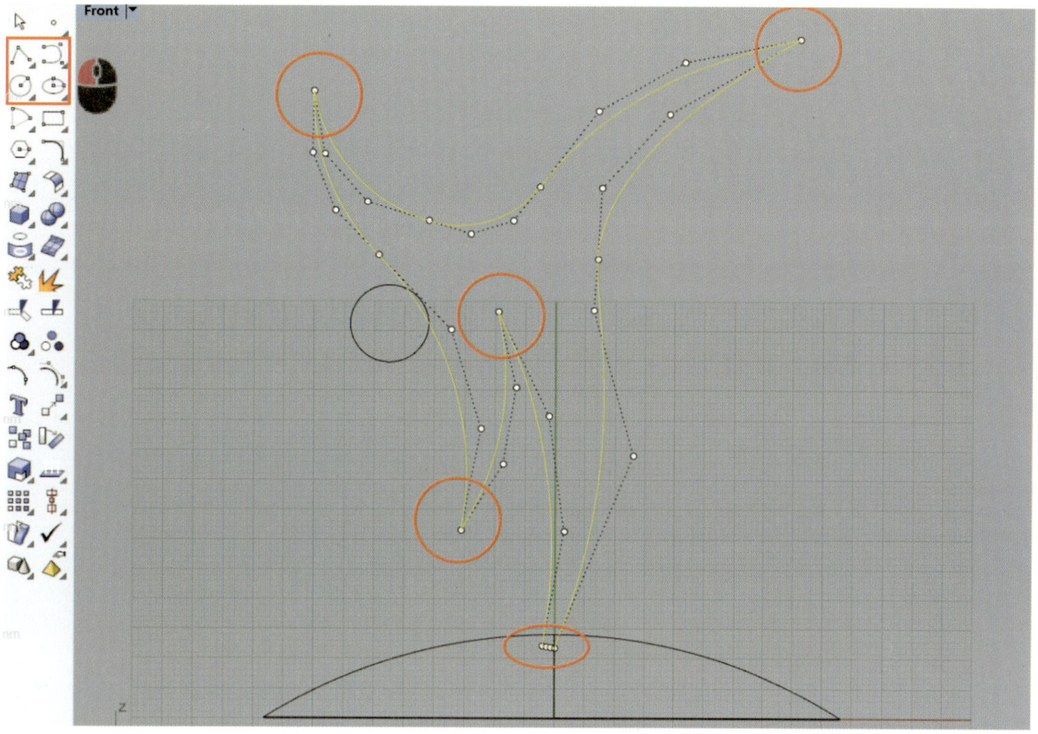

05 그림과 같이 Line, Control Point Curve, Circle 명령을 가지고 캐릭터의 형상을 그린다. 위 그림에서는 캐릭터의 머리부분은 Circle, 몸통부분은 5개의 Control Point Curve와 하나의 Line 커브로 구성되어 있다. 커브를 그리다가 수정할 경우 F10키를 눌러 커브의 Control Point를 켠 뒤 포인트를 드래그해 커브의 형상을 조정한다.

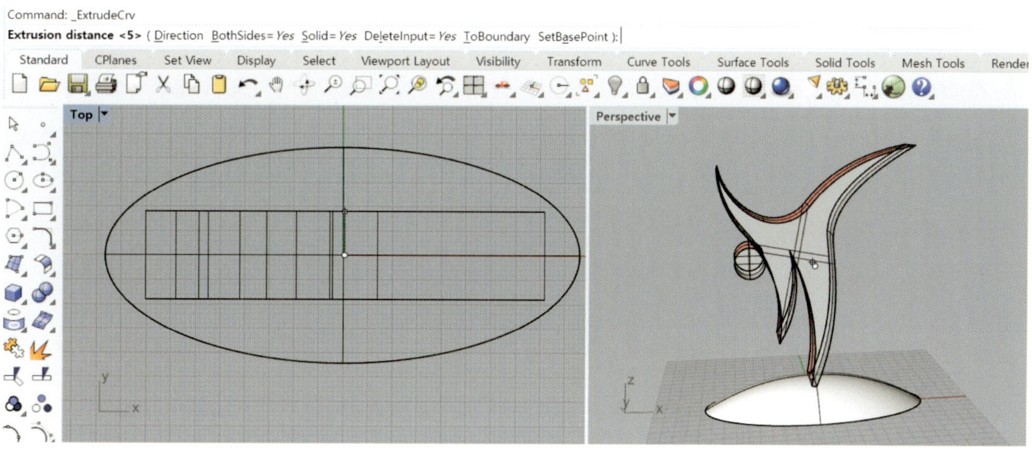

06 커브들을 선택한 뒤 ExtrudeCrv 명령을 실행하여 두께를 생성한다. 명령창에서 Solid=Yes, BothSides=Yes, DeleteInput=Yes인지 확인하고, 5만큼 두께를 생성한다.

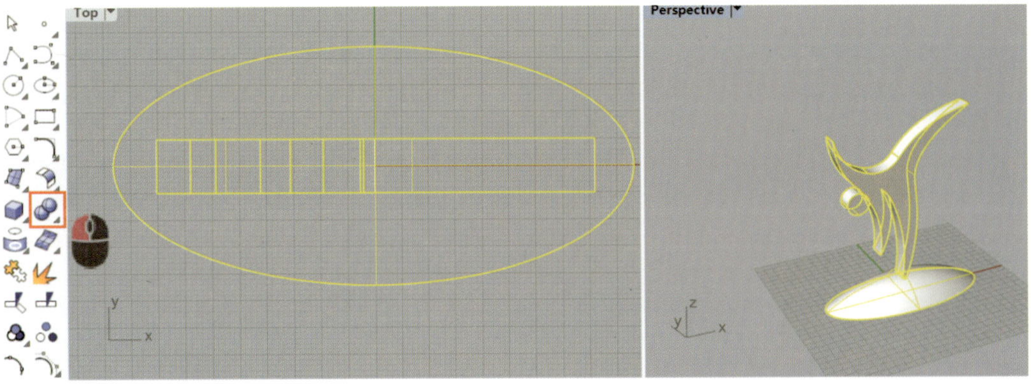

07 캐릭터와 받침대를 모두 선택하고, BooleanUnion 명령을 실행해 모든 개체를 하나로 합친다.

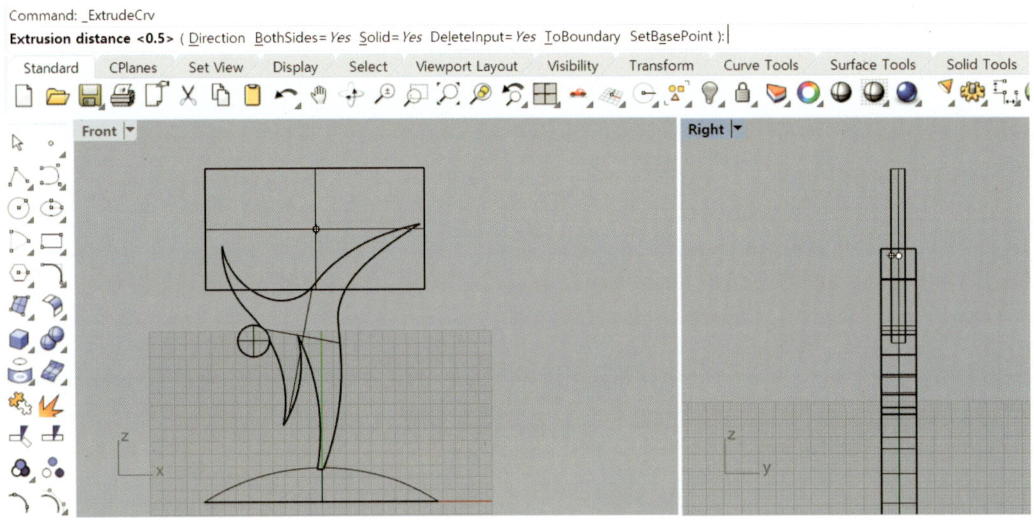

08 Rectangle 명령으로 그림과 같이 메모지나 명함이 꽂혀질 위치에 사각형 커브를 생성한다. 위치가 마음에 들지않으면 Move 명령이나 Rotate 명령으로 위치를 조정한다. 사각형 커브를 선택 후 ExtrudeCrv 명령으로 두께를 생성한다.

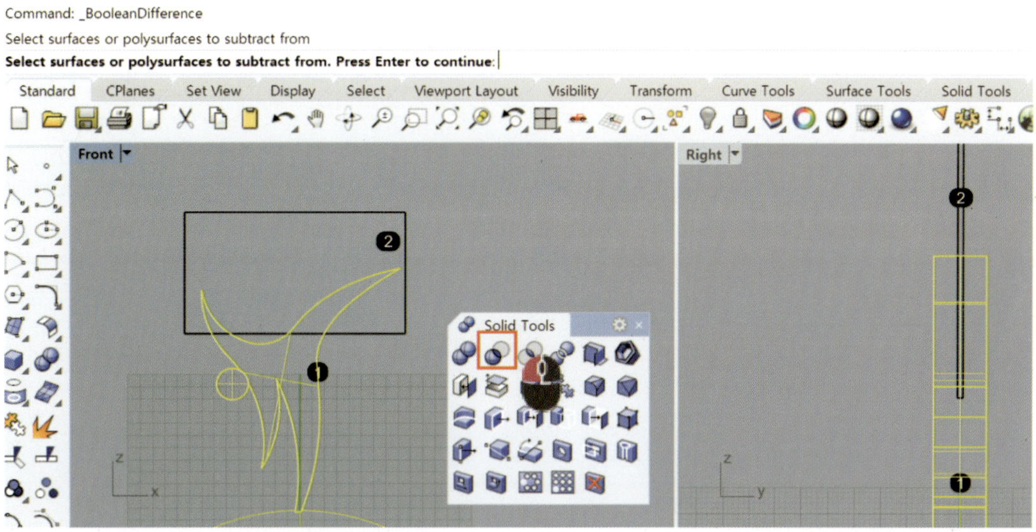

09 앞서 생성한 사각형 입체를 이용해 BooleanDifference 명령으로 1번 개체를 2번 개체로 차집합 명령을 실행하면 메모지, 명함을 꽂을 수 있는 틈새가 생성된다.

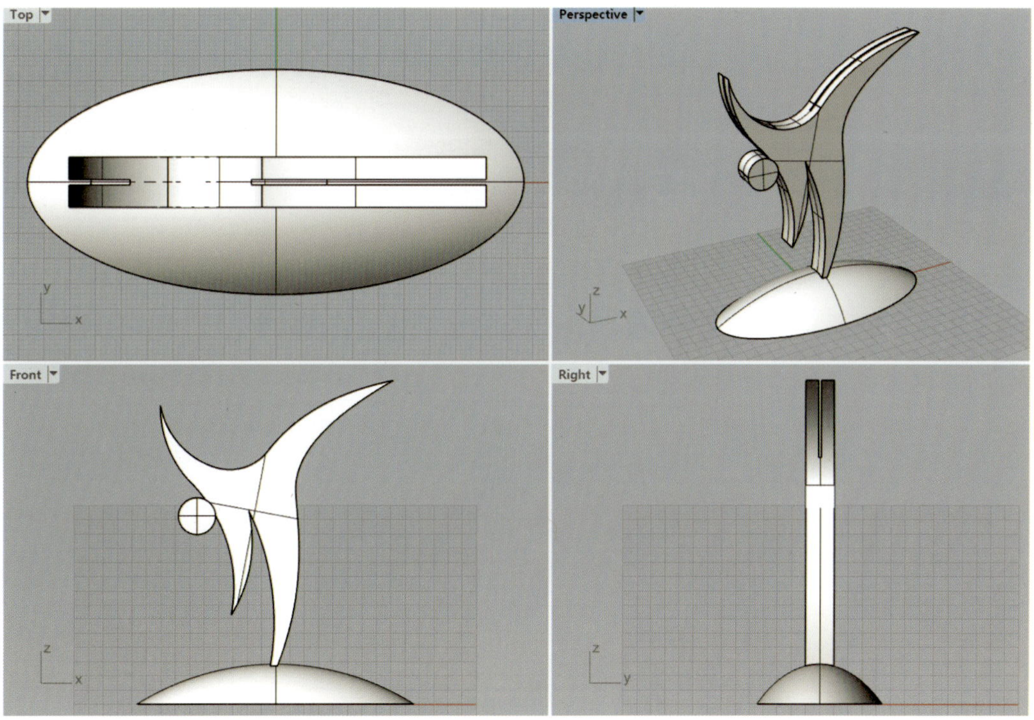

10 데스크 톱 명함·메모꽂이 모델링 완성

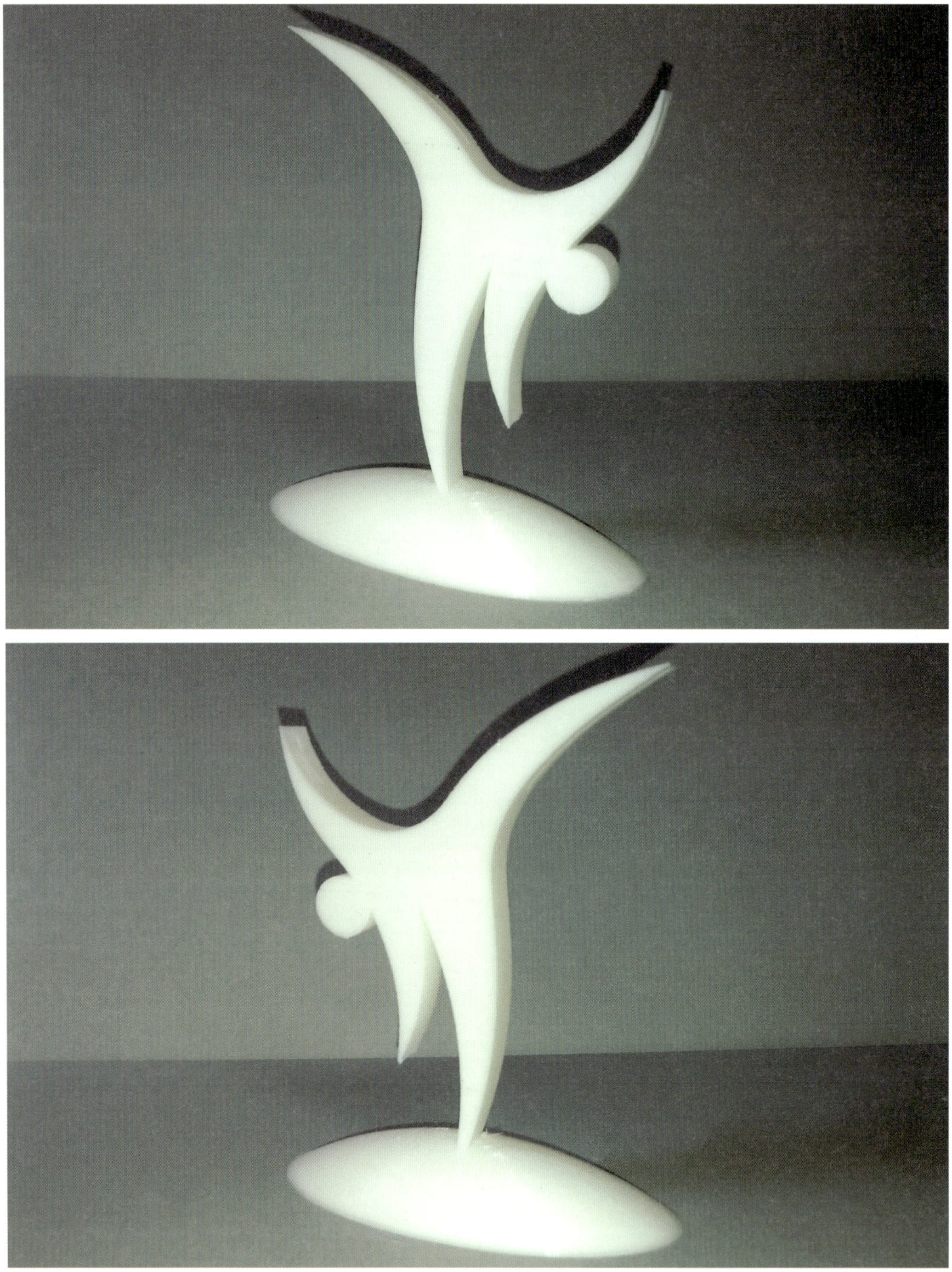

[3D프린팅 출력물 예시 1]

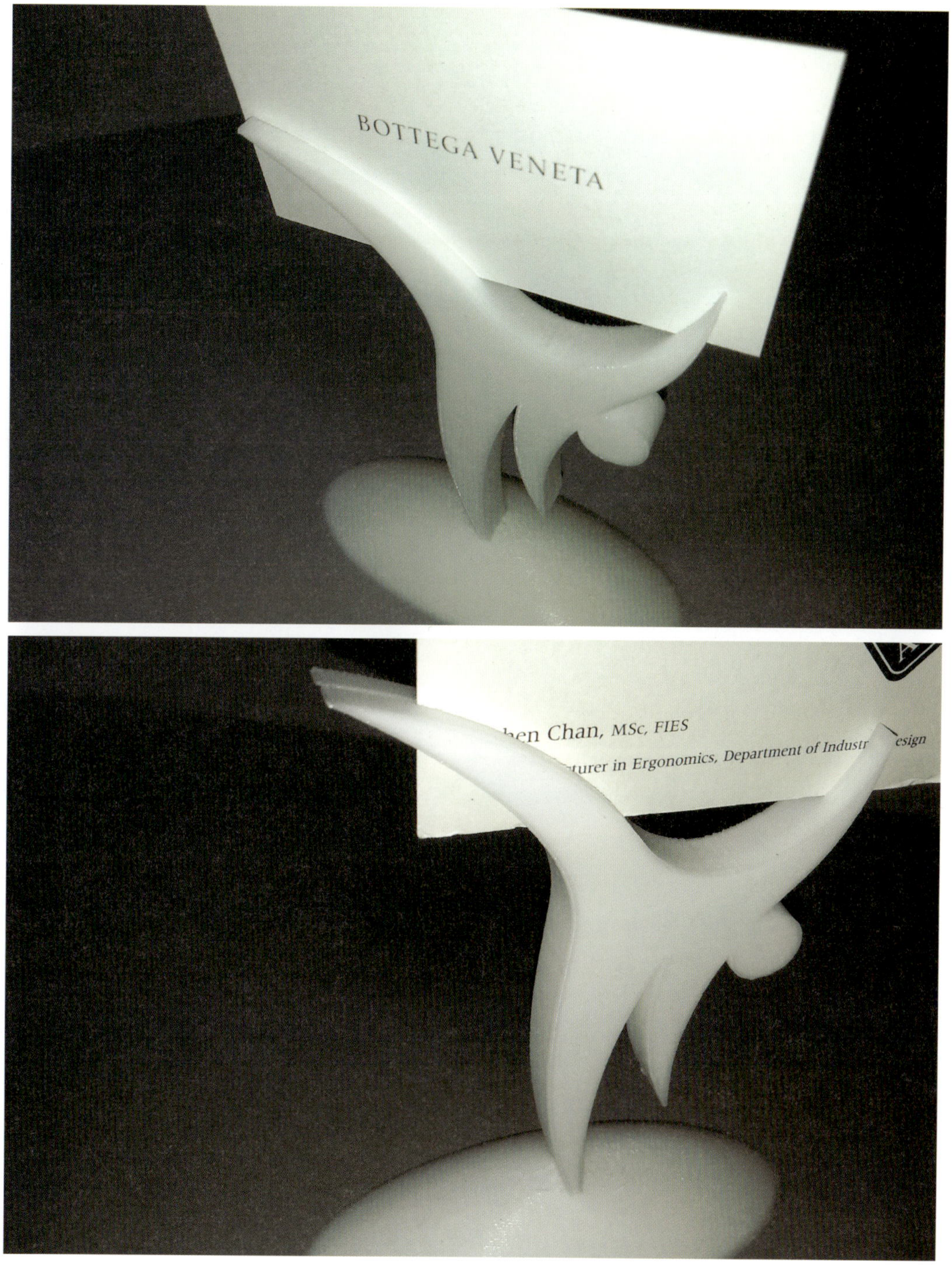

[3D프린팅 출력물 예시 2]

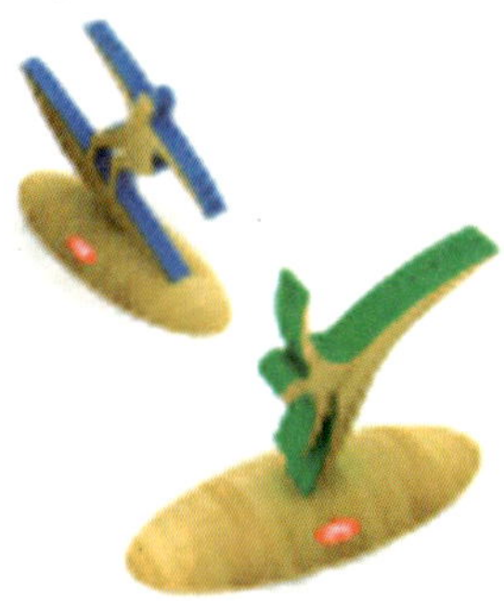

- 인간의 자세와 운동영역은 평형과 방향 및 동작의 합리성을 충족시키는 인간공학적 접근에 의한 디자인의 필요성을 야기시켰다.
- 피규어figure, 에듀테인먼트edutainment, 데스크서비스, 미니어처 모형, 장신구 등 생활공간의 즐거움을 제공하는 문화체화 디자인culture embodied design이다. 메인 브랜드main brand를 축으로 하는 브랜드 아키텍처brand architechture 상품디자인으로 정착할 수 있게 된다.

4. 아기동물의 세계 baby animal world

본 장에서는 아기 코끼리 모양의 장난감을 모델링하는 과정을 진행합니다. 기본 입체도형으로 이뤄진 코끼리 장난감을 만들어 보며 기본적인 모델링 과정을 연습합니다.

실습을 진행한 뒤에는 다른 모양의 동물 장난감도 모델링해 자신만의 장난감을 만들어 보도록 합니다.

모델링은 한 가지 방법이 아닌 여러 가지 방법으로 만들 수 있기 때문에 본 장에서 소개하는 한 가지 방법뿐만 아니라 다른 방법에 대해서도 생각해 본다면 좋을 것 같습니다.

아기동물의 세계 도면

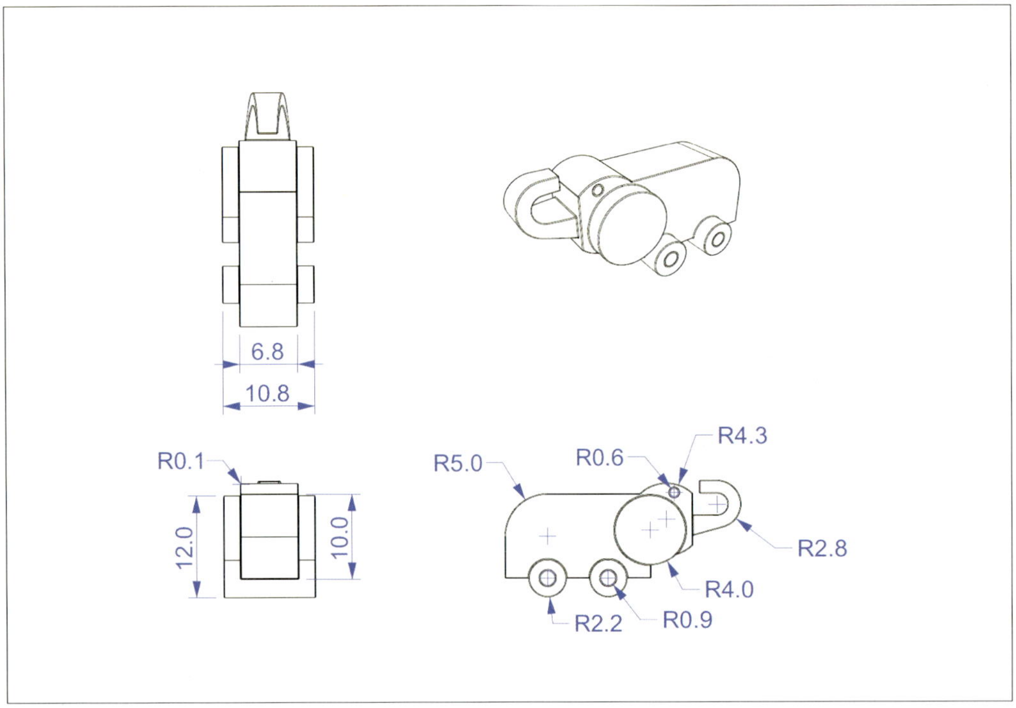

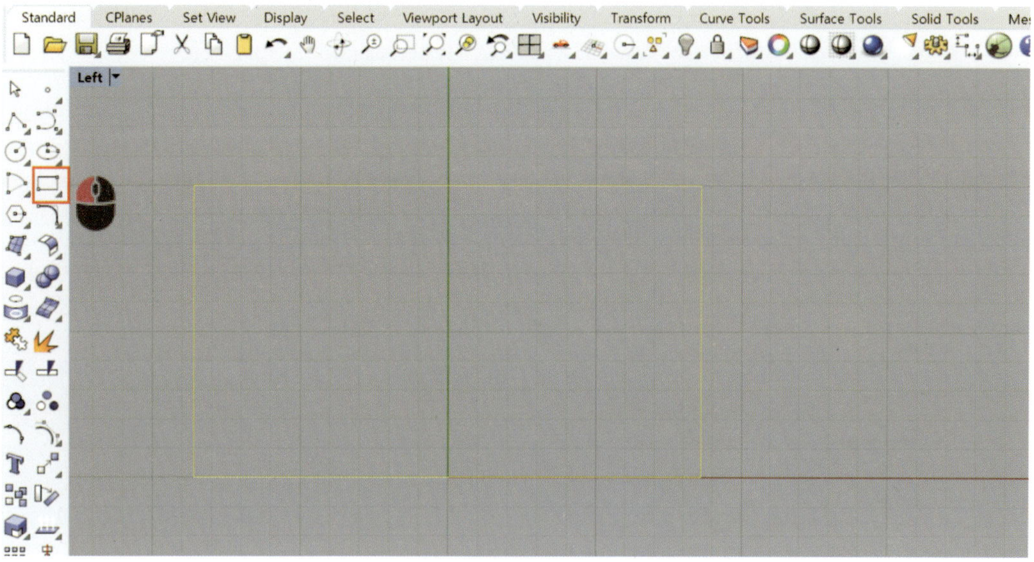

01 Rectangle 명령을 실행해 그림과 같이 몸통 부분이 될 사각형 커브를 생성한다.

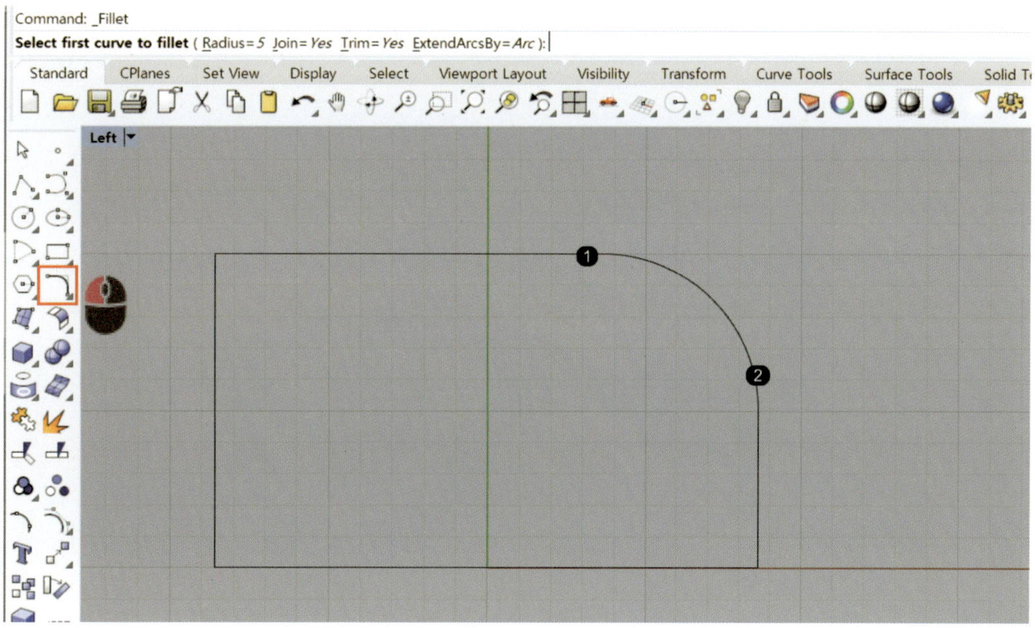

02 몸통 엉덩이 부분에 라운드를 주기 위해 Fillet 명령을 실행하고 1번 지점과 2번 지점을 클릭해 모서리에 라운드를 생성한다.

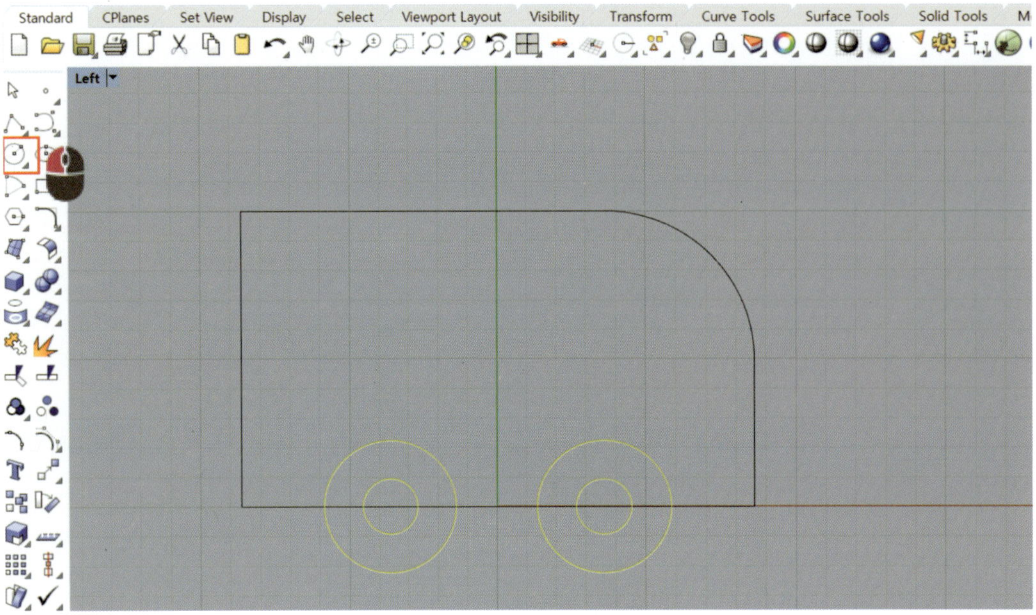

03 장난감의 바퀴 부분을 그리기 위해 Circle 명령으로 그림과 같이 4개의 커브를 생성한다.

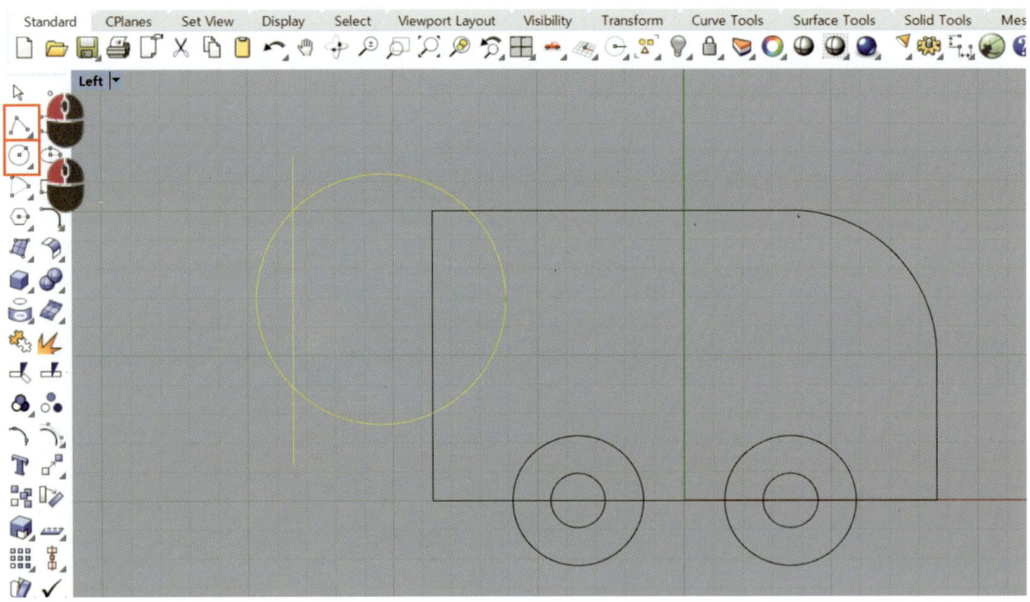

04 머리 부분을 그리기 위해 그림과 같이 Circle과 Line으로 커브를 생성한다.

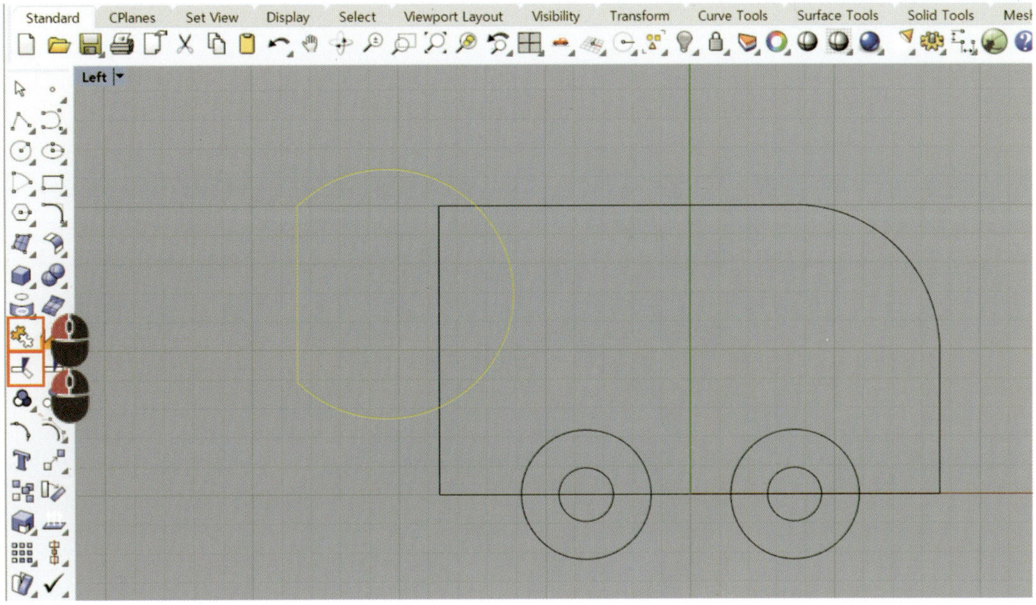

05 Trim 명령을 실행해 그림과 같이 머리 부분의 커브를 정리한다. Join 명령으로 2개의 커브를 하나로 합친다.

06 Circle 명령을 실행해 그림과 같이 눈, 귀 부분의 원형 커브를 만든다.

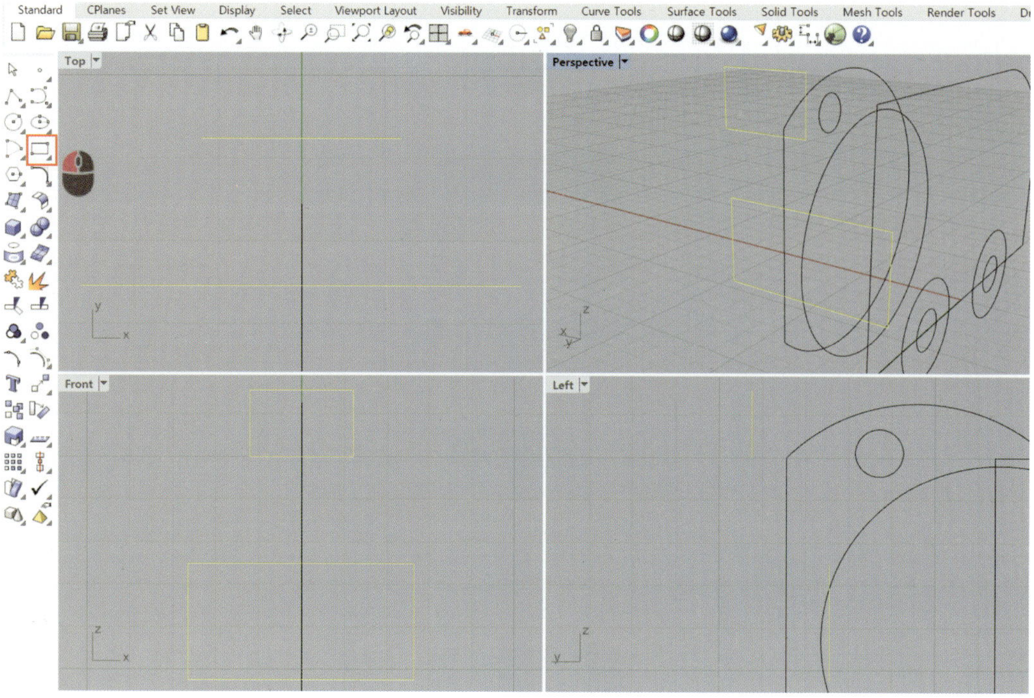

07 코끼리 코 부분의 단면 커브를 Rectangle 명령을 이용해 FrontView에서 그린다. LeftView로 이동해 그림과 같이 위치시킨다.

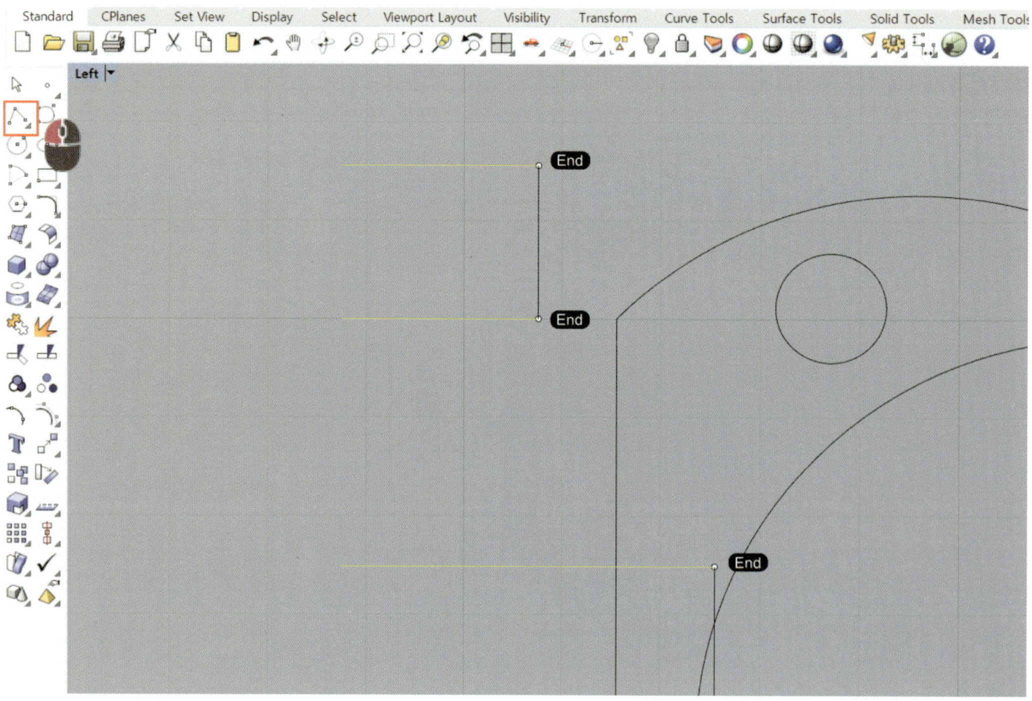

08 Line 명령을 실행한다. 전 단계에서 만든 단면 커브의 끝점을 기준으로 그림과 같이 3개의 직선 커브를 생성한다.

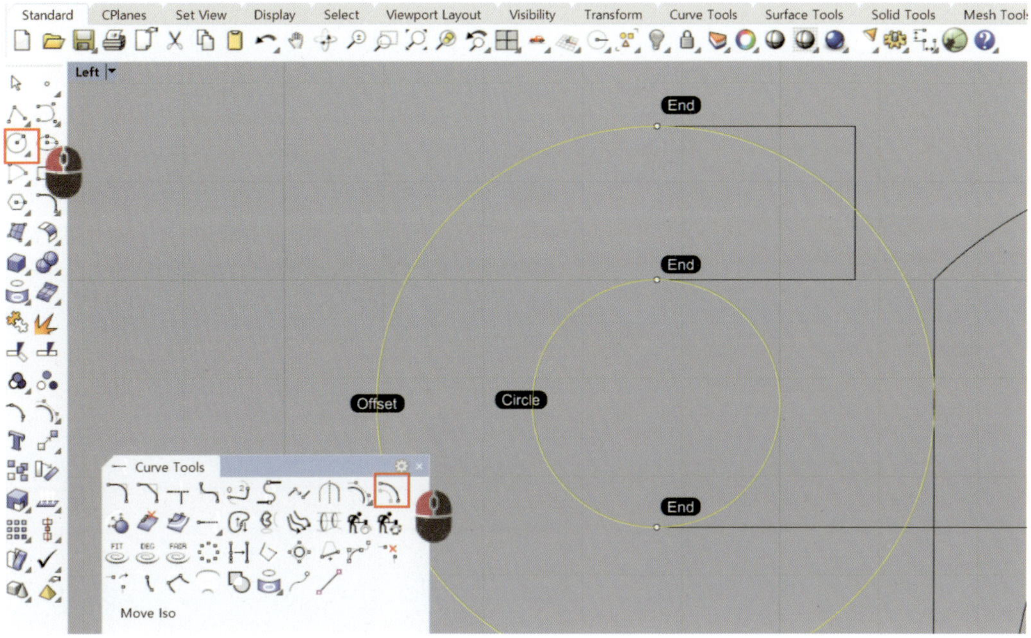

09 Circle 명령을 실행한다. 이때 명령창에서 2Point를 클릭한다. 끝점을 스냅하여 작은 원을 먼저 생성한다. 작은 원을 선택하고 Offset 명령을 실행한다. 명령창에서 ThroughPoint를 클릭하고, 끝점을 스냅하여 큰 원을 생성한다.

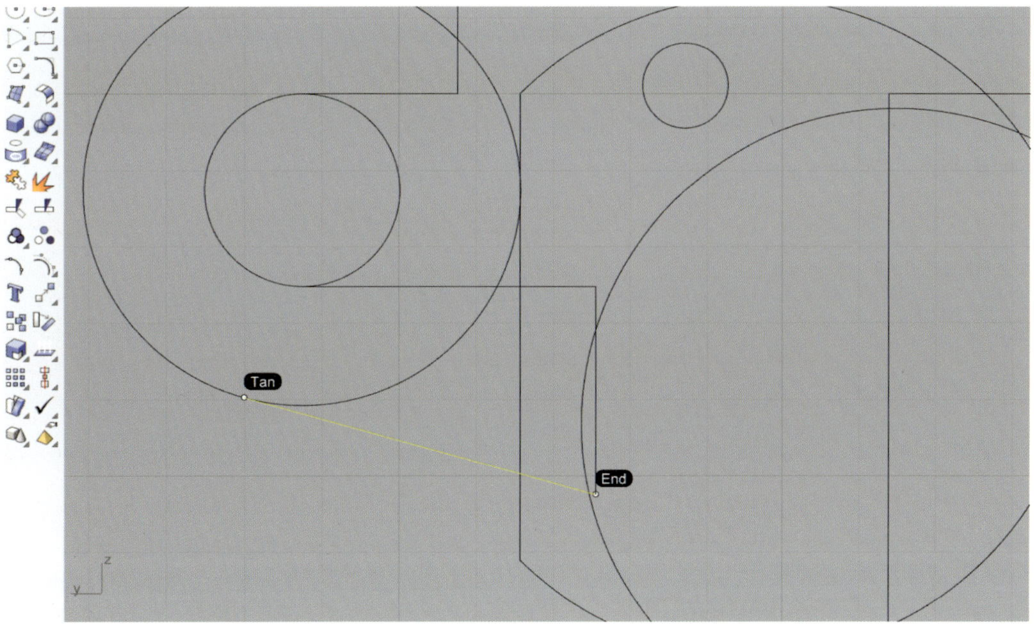

10 Line 명령을 실행해 그림과 같이 직선을 생성한다. 이때 ObjectSnap에서 끝점과 Tan점을 체크해 스냅하여 직선을 그린다.

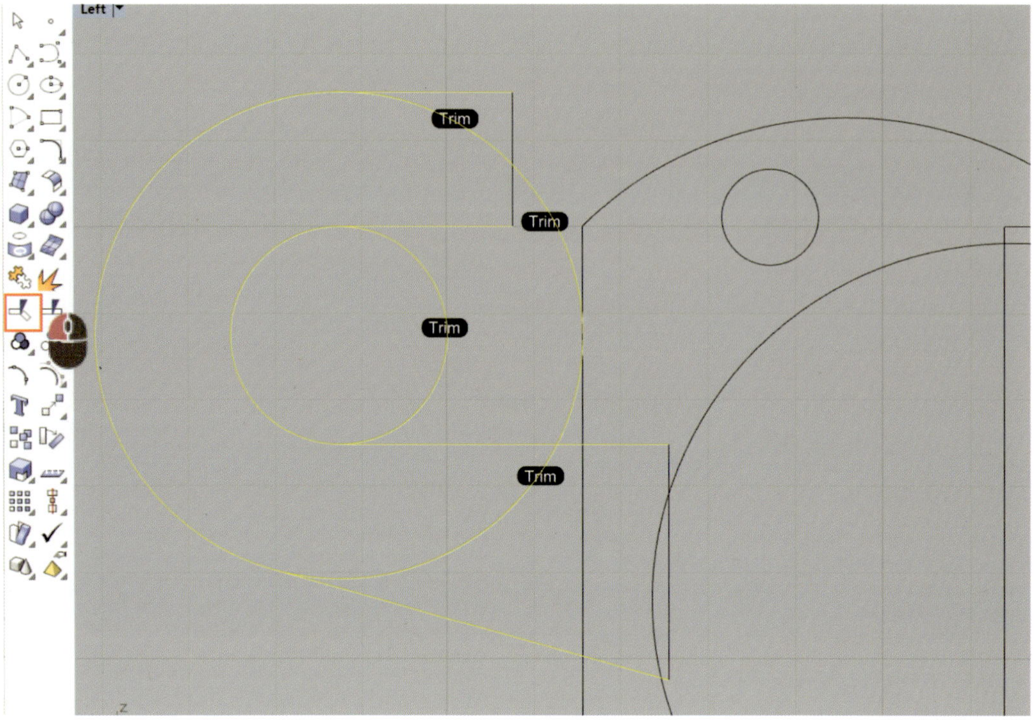

11 그림과 같이 커브들을 선택하고 Trim 명령을 실행한다. 그림에서 Trim으로 표시한 부분을 차례로 클릭해 지운다.

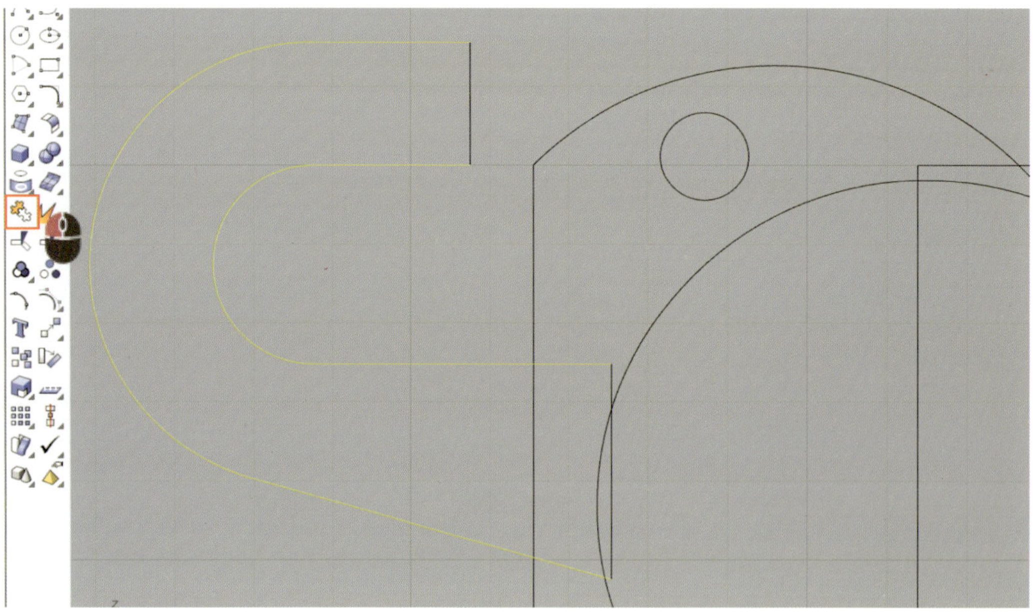

12 11번 단계에서 정리한 커브를 선택하고 Join 명령을 실행한다. 나눠져 있던 커브들을 2개의 커브로 합친다.

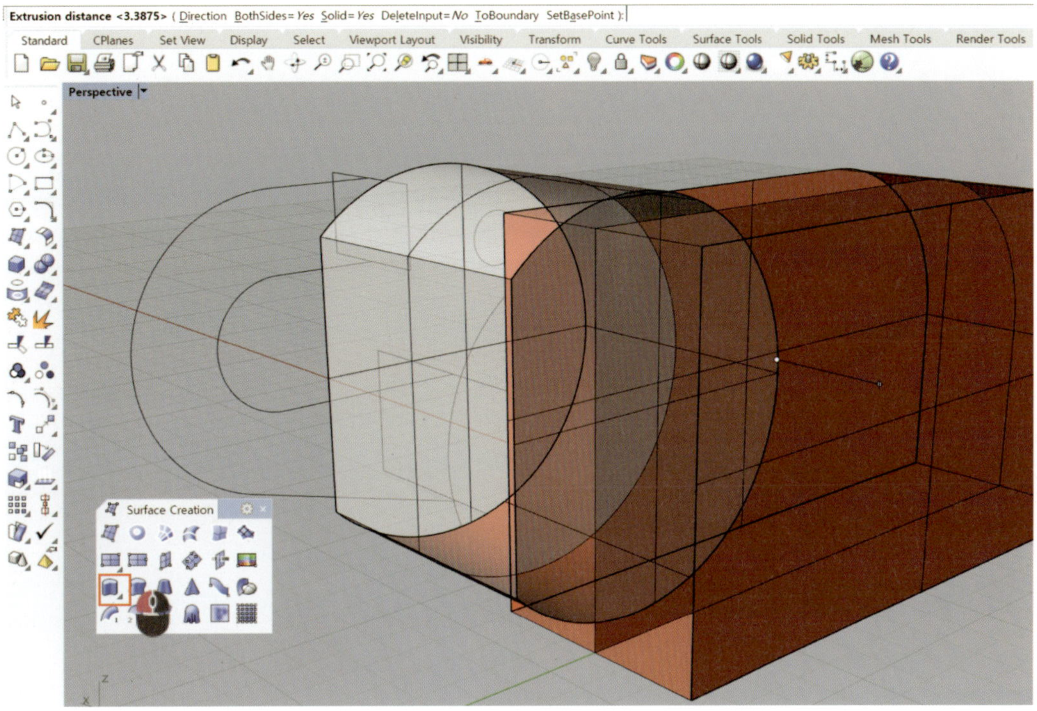

13 머리와 몸통 커브를 선택하고 ExtrudeCrv 명령을 실행한다. 이때 BothSide=Yes, Solid=Yes로 설정한다. 적당한 크기로 몸통과 머리를 돌출시킵니다.

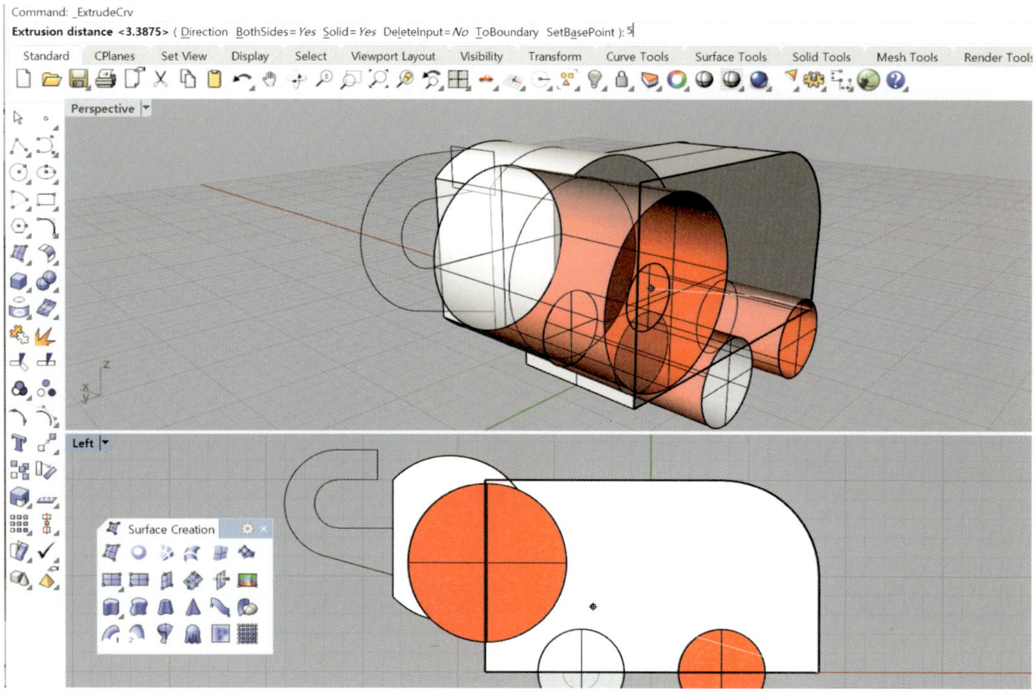

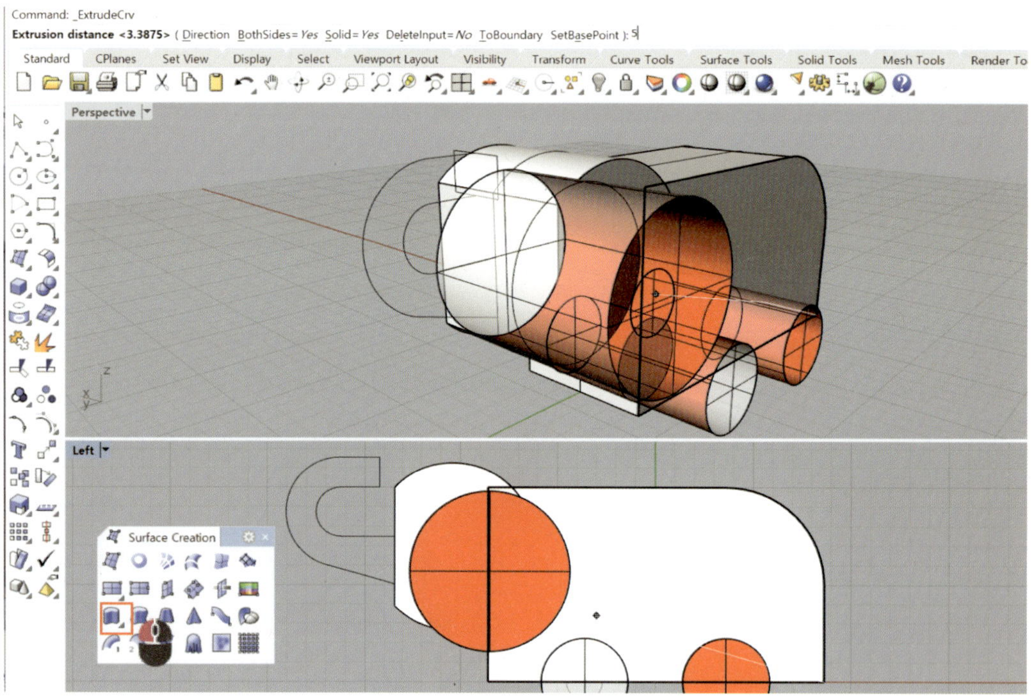

14 귀, 바퀴 부분의 커브를 선택하고 ExtrudeCrv 명령을 실행한다. 이때 명령창에서 Both-Sides=No, Solid=Yes로 설정한다. 돌출되는 거리는 몸통보다 조금 더 두껍게 설정한다.

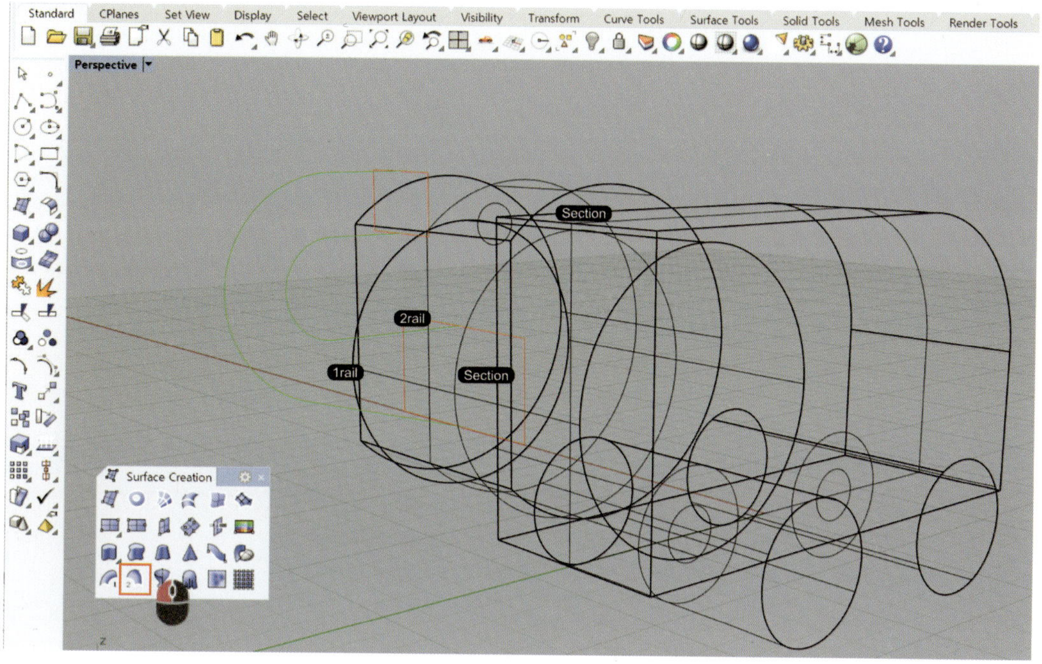

15 코 부분을 만들기 위해 Sweep 2 명령을 실행한다. Rail 커브와 Section 커브를 차례로 클릭해 코 부분을 만든다.

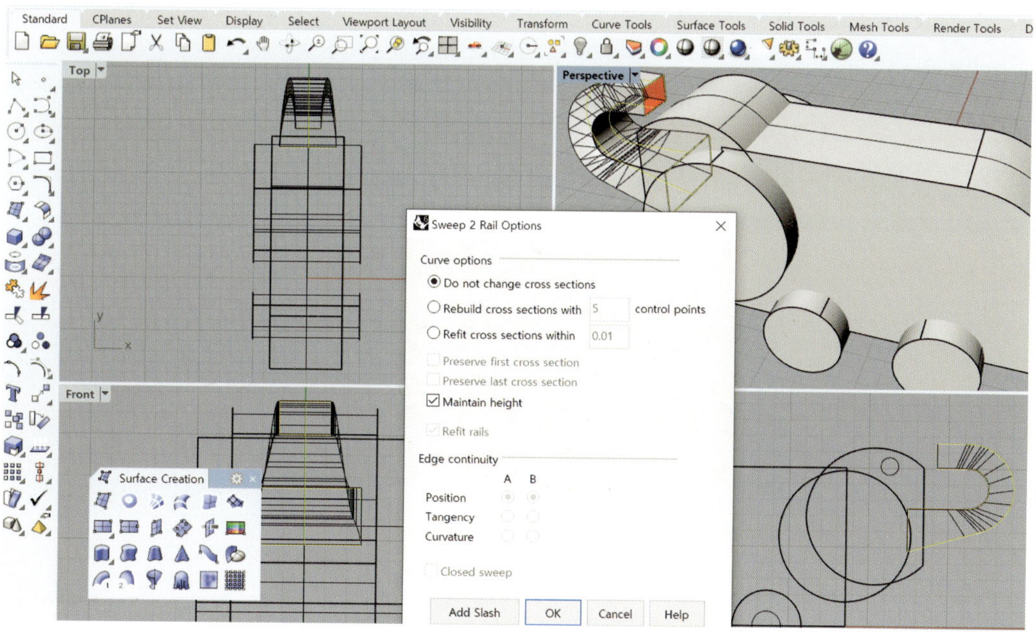

16 Sweep 2 명령 완료시 그림과 같은 옵션 창이 나타난다. 이 때 Maintain height를 체크한다. 코 부분의 형태가 부드럽게 변경되는 것을 볼 수 있다. Cap 명령을 실행해 코의 끝부분을 닫는다.

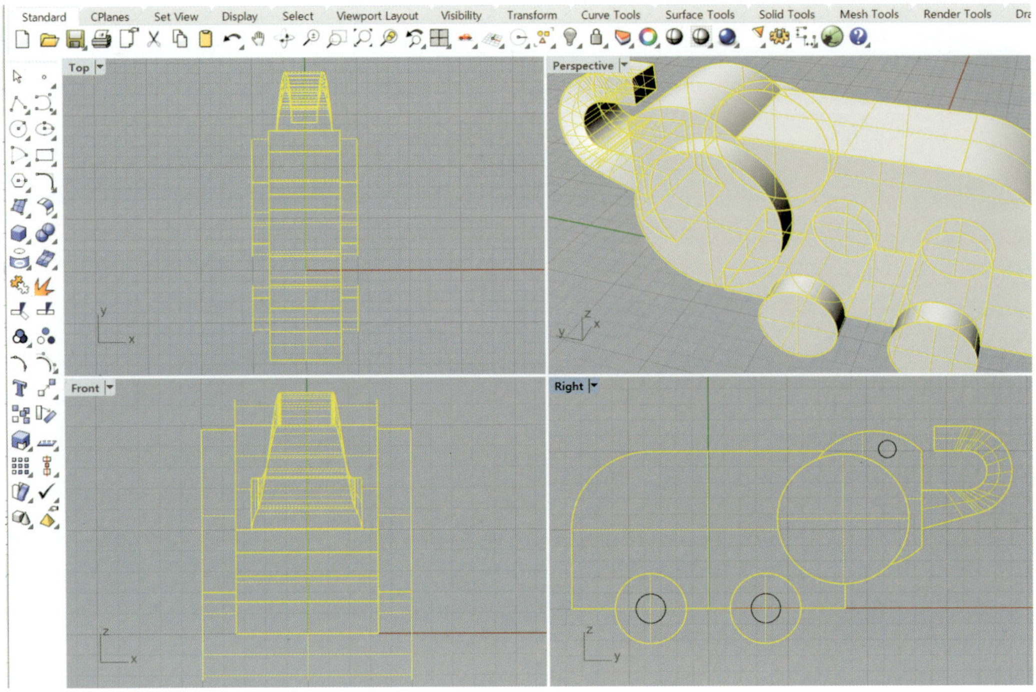

17 모든 개체를 선택하고 BooleanUnion 명령을 실행해 하나의 솔리드로 합친다.

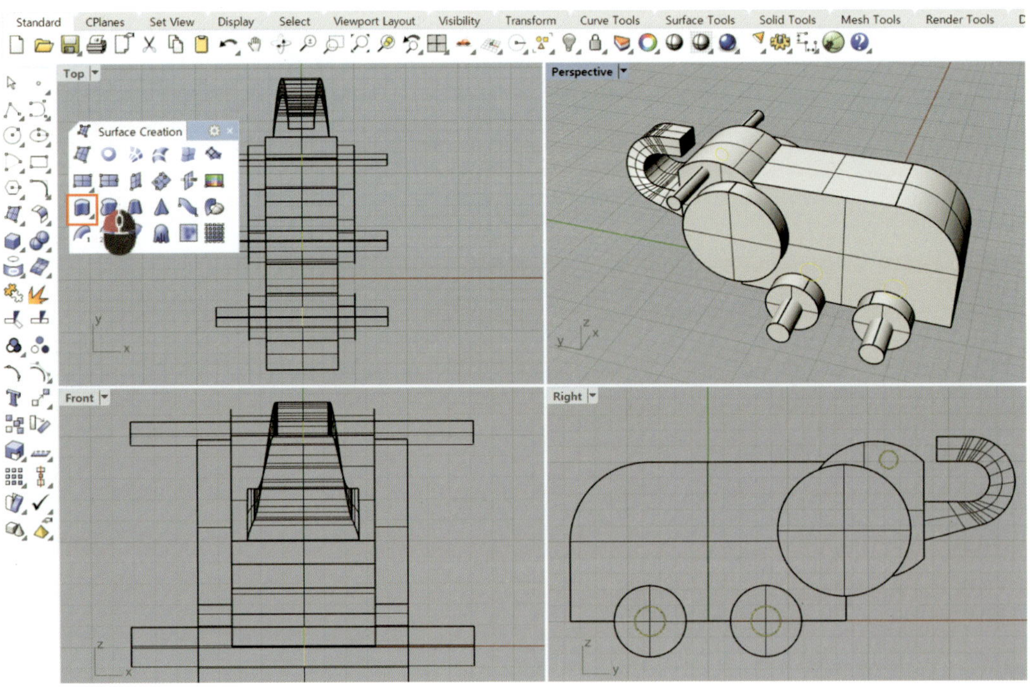

18 그림과 같이 눈, 바퀴 홀 커브 3개를 선택하고, ExtrudeCrv 명령으로 돌출의 크기를 그림과 같이 크게 생성한다.

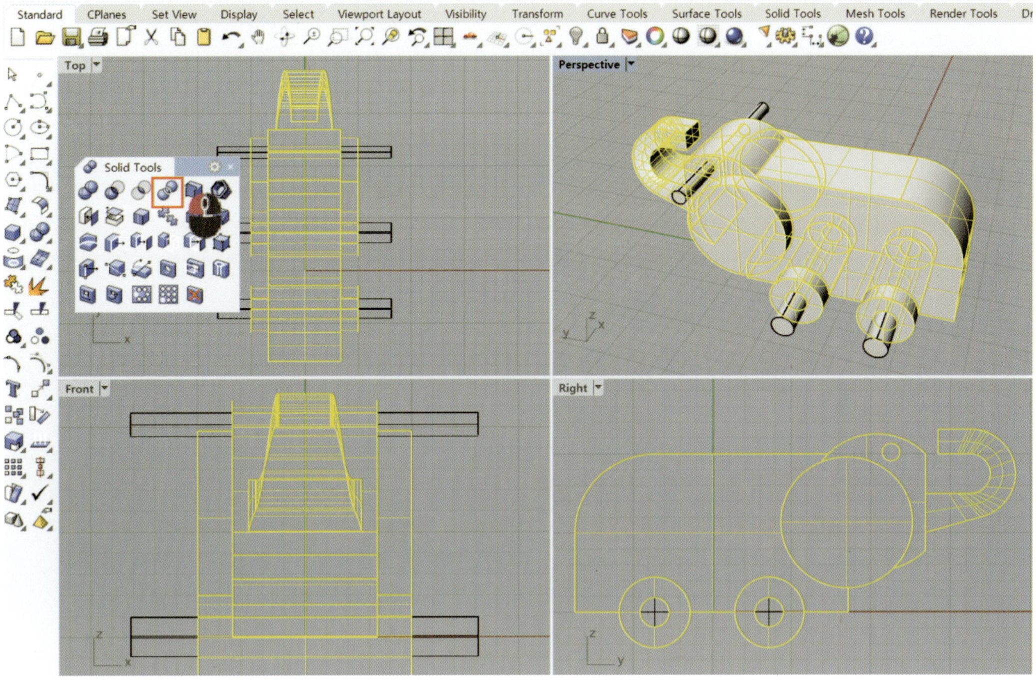

19 BooleanSplit 명령을 실행해, 코끼리 본체 부분을 전 단계에서 만든 원기둥으로 잘라내도록 한다. 완료 후 전 단계에서 만든 원기둥 3개는 삭제한다.

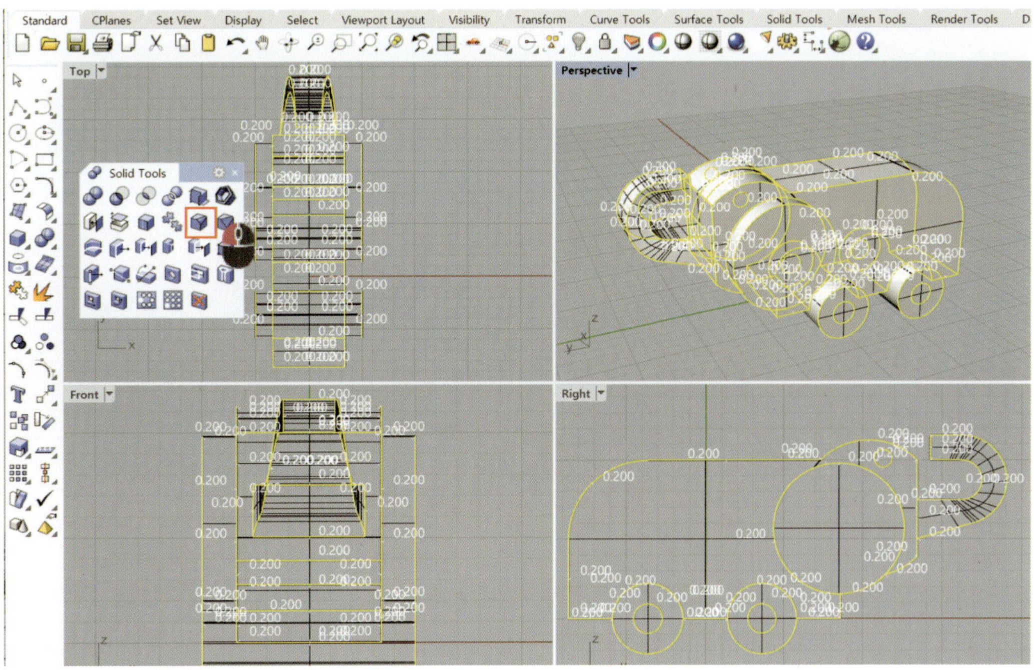

20 모서리 부분에 라운드를 주기 위해 FilletEdge 명령을 실행한다. 마우스를 드래그하여 모든 모서리를 선택한다. 적당한 반지름 값을 입력한 뒤 명령을 완료한다.

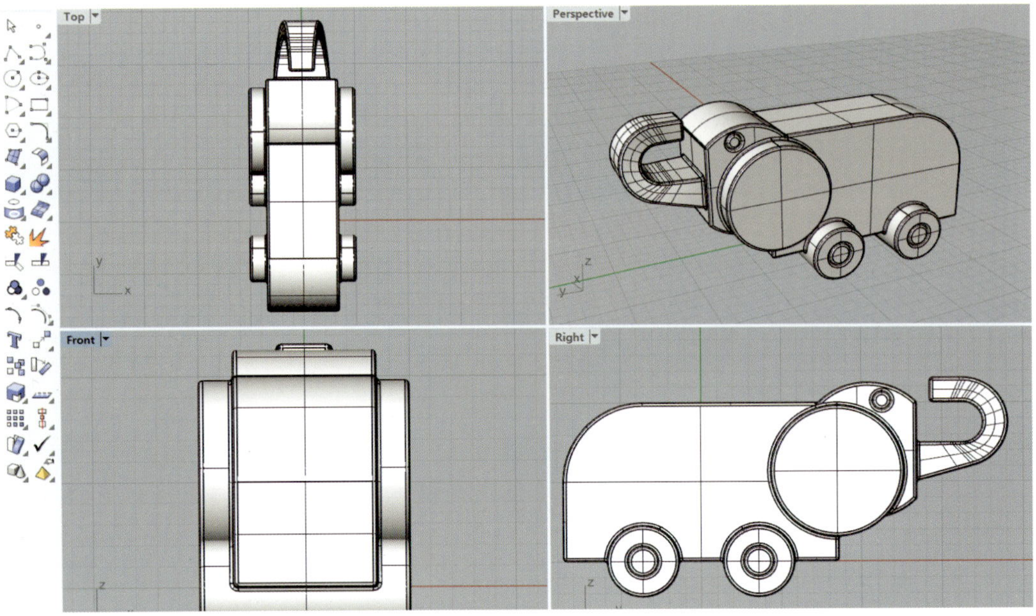

21 코끼리 장난감 모델링 완성

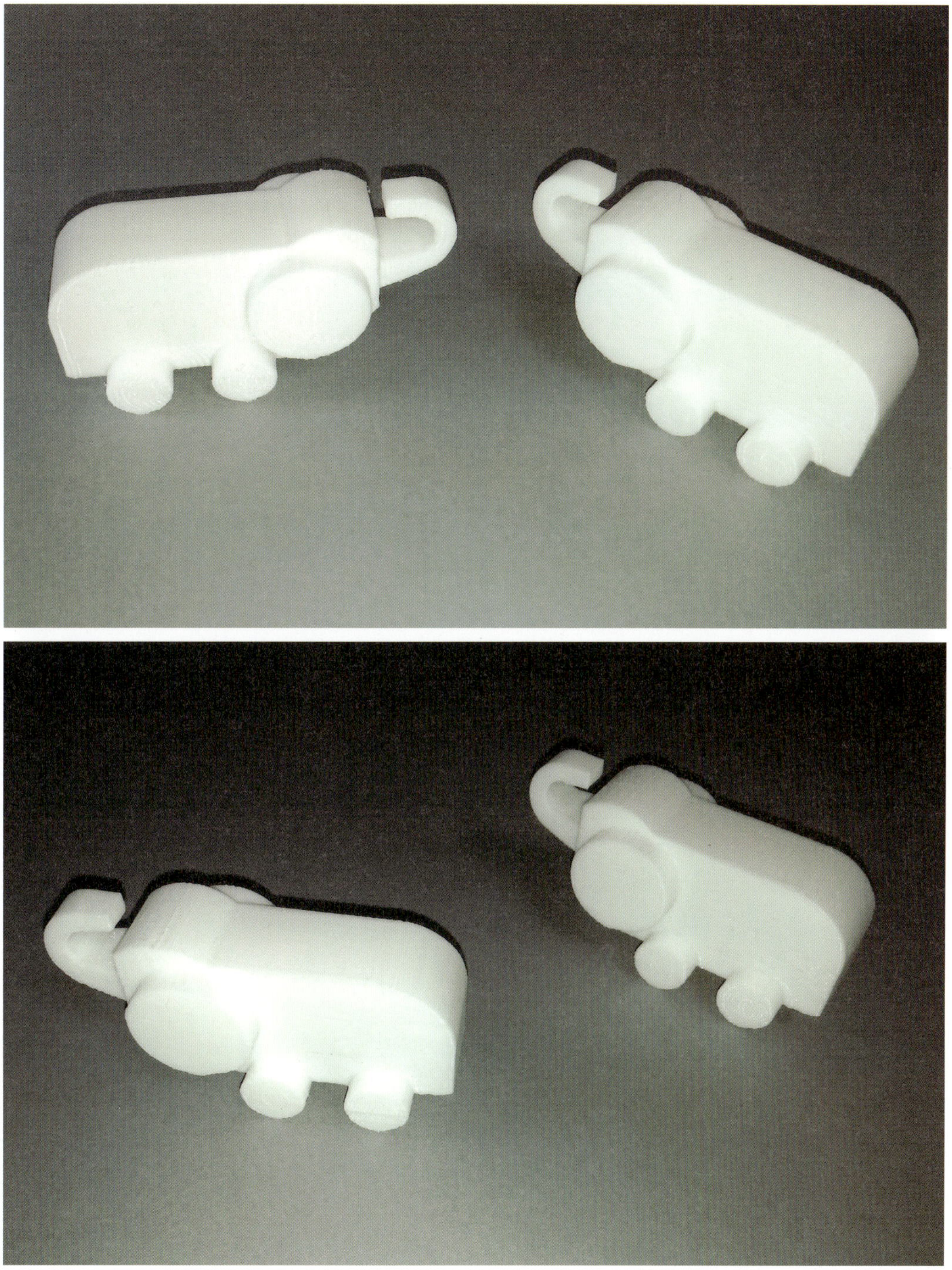

[3D프린팅 출력물 예시 1]

[3D프린팅 출력물 예시 2]

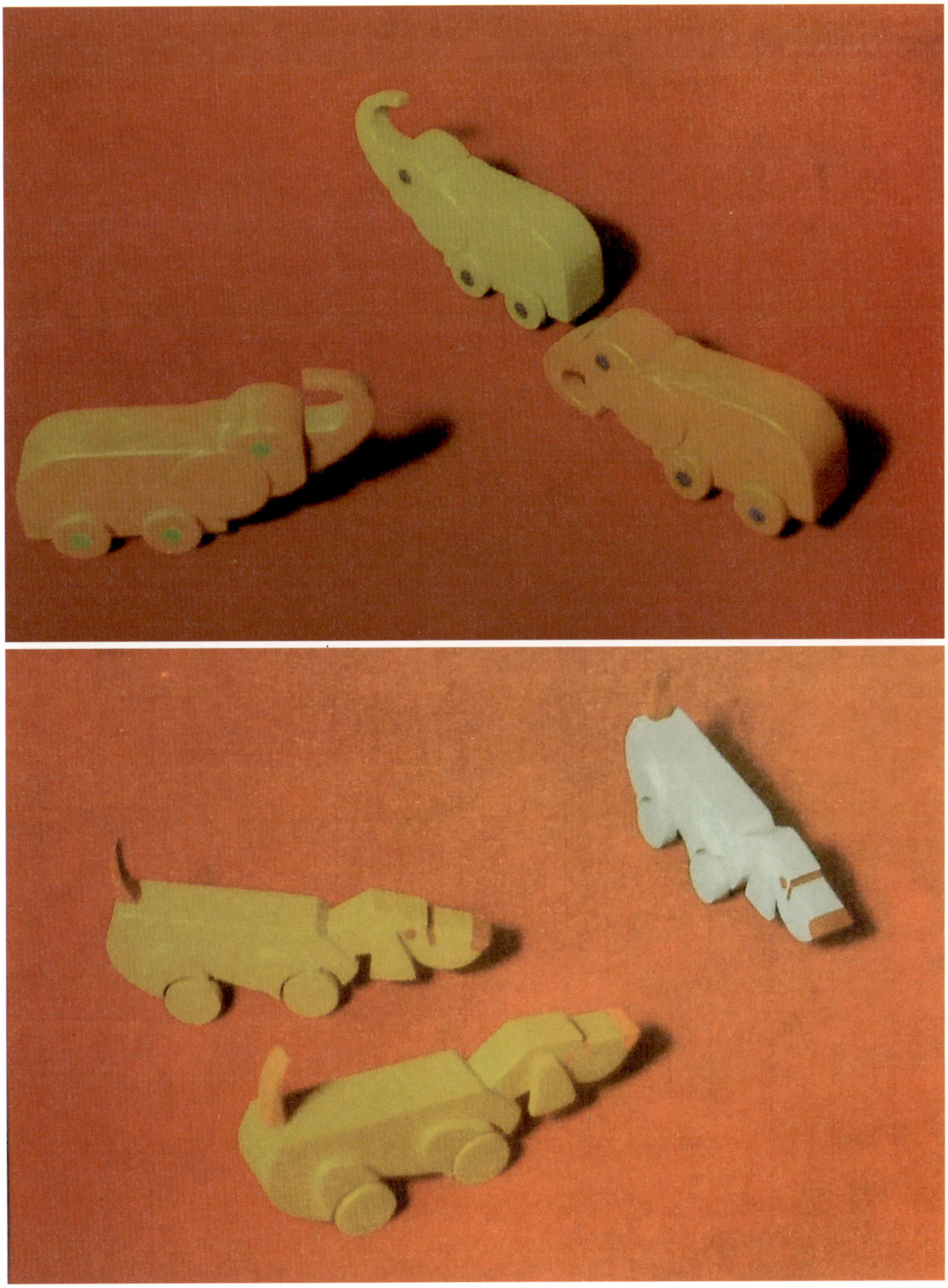

[3D프린팅 출력물 예시 3]

5. 테이블 데코 table decoration

본 장에서는 Table deco를 만드는 과정을 소개하고자 합니다.

Table deco의 디자인은 꽃 모양의 외곽라인 중앙에 원형으로 구멍이 뚫려 있는 형태로 2D Line에 두께를 주고 돌출된 입체물을 분리하는 과정으로 모델링을 진행하게 됩니다.

3D모델링을 진행하기 위해서는 본 장의 시작에서 소개하는 Rhino라이노 기본 기능을 꼭 숙지하시기 바랍니다. 그리고, Table deco 도면을 보고 Table deco의 형상을 정확히 파악하고 3D 진행을 권합니다.

3D모델링은 한 가지 방법이 아닌 여러 가지의 방법으로 만들 수 있기 때문에 본 장에서 소개하는 한 가지 방법뿐만 아니라 다른 방법에 대해서도 생각해 본다면 좋을 것 같습니다.

맨 뒷 장에서는 Table deco 데이터를 이용하여 3D프린트로 출력하는 과정을 소개하여 3D프로그램과 3D프린트까지의 전반적인 과정을 이해하는 데 도움이 되고자 하였습니다.

테이블 데코의 도면

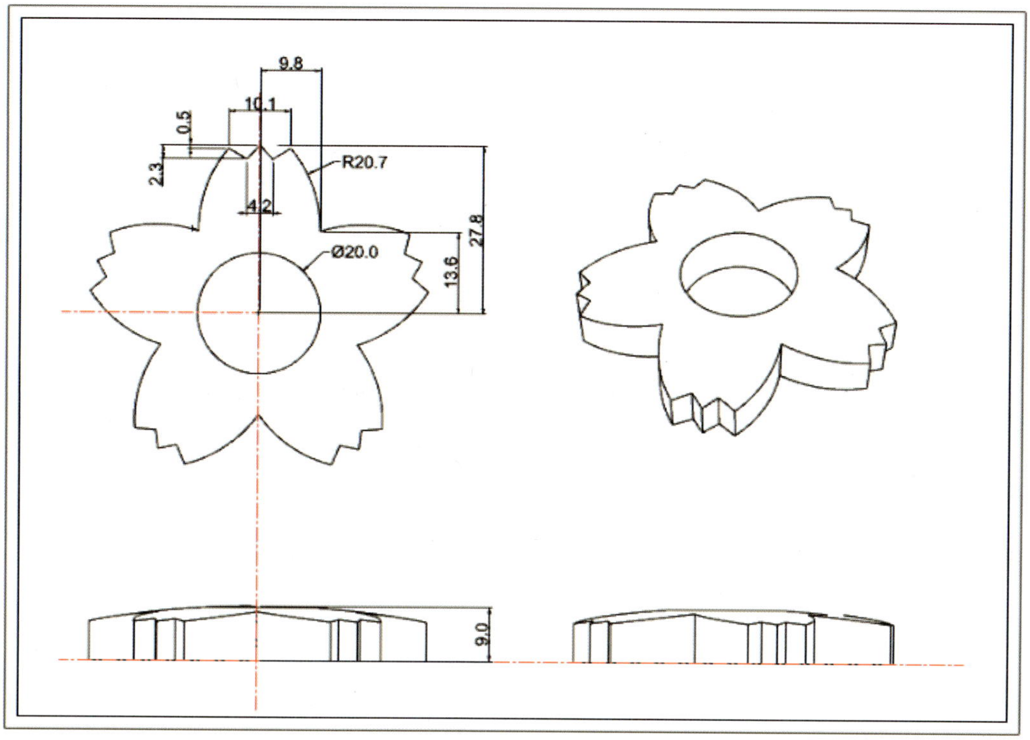

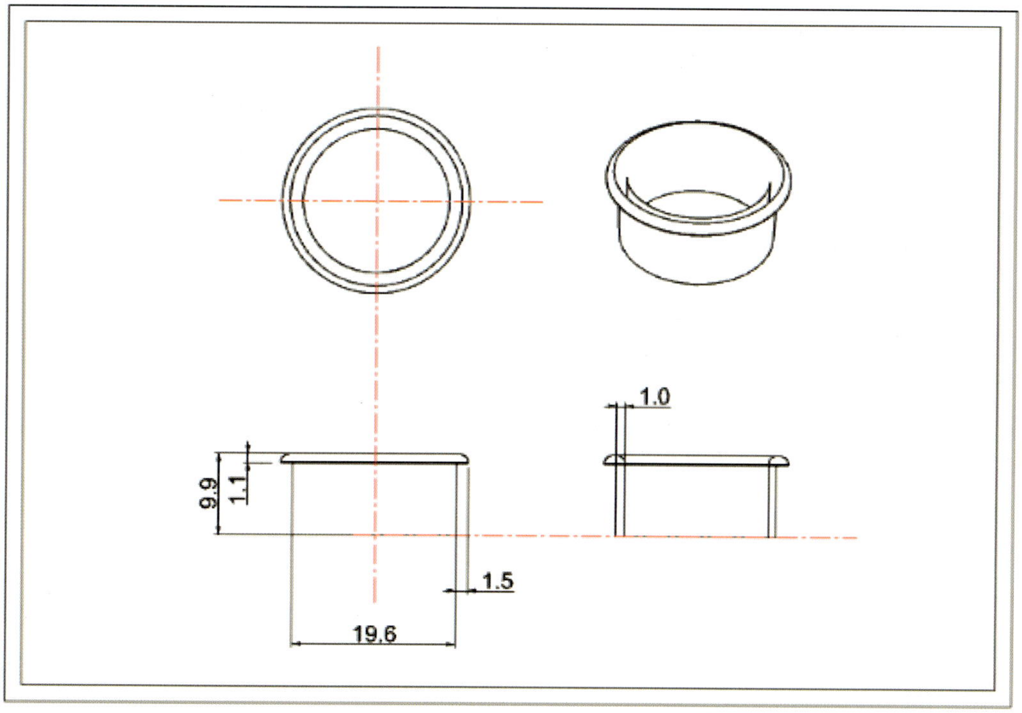

1. Table deco 그리기에서 필요한 기능

아래 그림 안에 빨간색으로 표시한 아이콘은 본 모델링 제작을 위하여 숙지한다.

Rhino에서 기능적용의 일반적인 순서는

1–아이콘클릭 2–수치기입 또는  왼쪽 마우스로 원하는 위치 클릭

3–Enter 또는  오른쪽 마우스 클릭으로 마무리한다.

* 아이콘의 성격에 따라 차이는 있을 수 있다. 기능적용 시 상단의 Command 창을 확인한다.

① Command 창 : 명령어 및 상태 표시

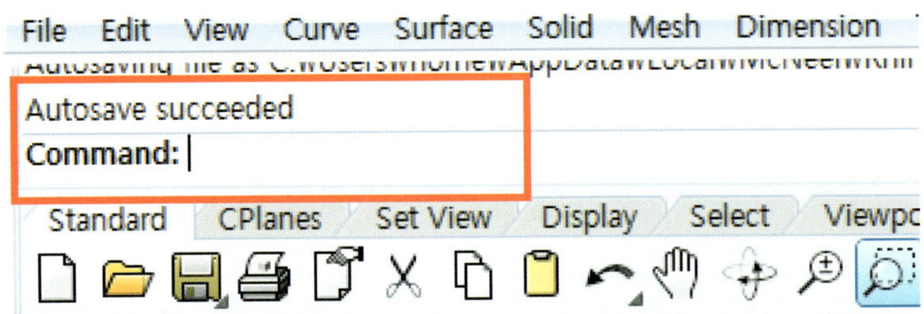

② Single Line과 Poly Line

Single Line은 라인을 한 개씩 생성하고 Poly Line은 연속적으로 이어져서 생성한다.

마무리 할 때는  오른쪽 마우스를 누르면 실행 종료된다.

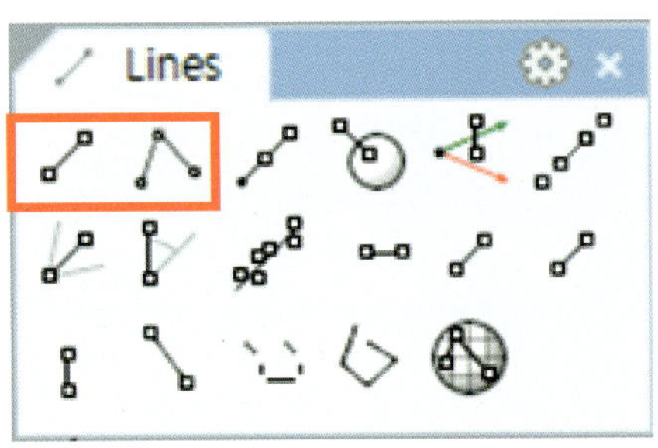

③ Offset line 생성 : 한 개의 선을 평행하게 복사하는 기능

아이콘 클릭 >  왼쪽 마우스로 복사할 Line 선택 > Command에

간격 수치 기입 > 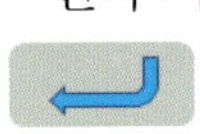 Enter

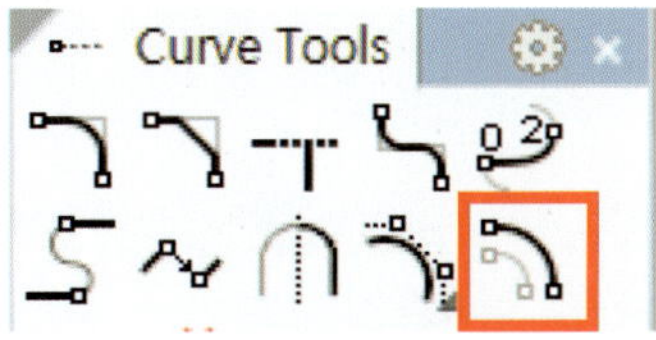

④ 3 Point Arc와 2 Point Arc : 3 Point Arc는 **왼쪽 마우스로**

시작점 > 끝점 > 중간점 클릭하면서 종결
2 Point Arc는 시작점 > 끝점 > R 값 > 왼쪽 마우스로 종결

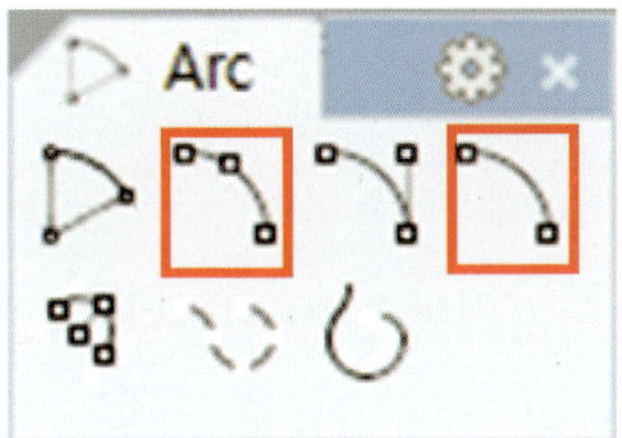

⑤ Circle : **중심에서 원그리기**

중심점 클릭 > 반지름 기입 또는 왼쪽 마우스로 원하는 위치 클릭하면서 종결

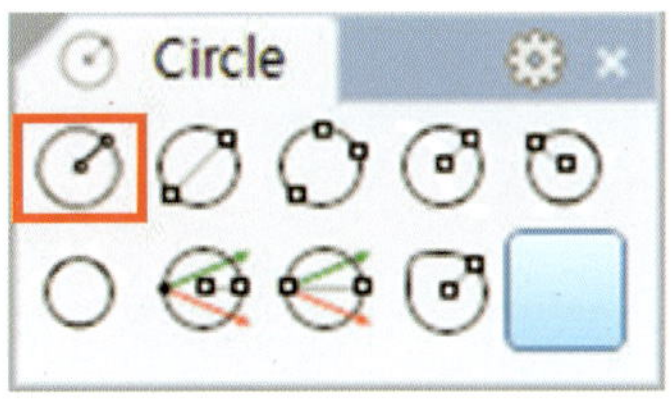

⑥ Object**에서 선 추출**

두 개의 교차하는 객체에서 선 추출하기
아이콘 클릭 > 왼쪽 마우스로 두 개 이상의 객체 선택 >

⑦ Join / Trim / Split

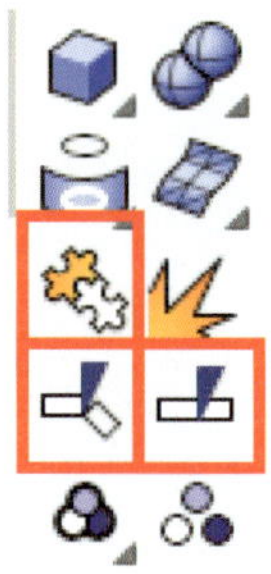

- Join : Line 또는 Surface를 하나로 붙이는 기능. 단, 정확히 끝점이나 면이 맞아야 한다.
  아이콘 클릭 > 붙일 객체 각각 선택 >
- Trim : 두 개 이상의 교차되어 있는 선이나 면에서 필요없는 부분을 삭제
  아이콘 클릭 > 교차되어 있는 객체들 선택 > >
  필요없는 부분을 왼쪽 마우스로 클릭하여 삭제
- Split : 한 객체를 다른 객체로 분리하는 기능
  아이콘 클릭 > 분리하고자 하는 객체 선택 > > 분리 기준이 되는 다른 객체 선택 >

⑧ Rectangular Plane과 Revolve

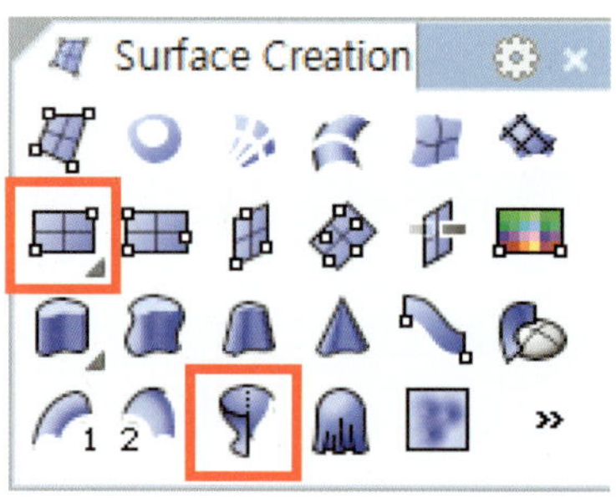

- Rectangular Plane은 평면인 사각형을 생성한다.
  아이콘 클릭 > 대각선 방향으로 양쪽 Corner를 클릭 또는 가로 치수, 세로 치수 입력 >
- Revolve는 Line을 중심에서 0~360로 회전하여 Surface를 생성한다.
  아이콘 클릭 > 회전할 Line 선택 > 중심이 되는 시작점과 끝점 선택 >

⑨ Extrude Straight : Line을 **돌출하여 입체를 만드는 것으로 평면인** Line**으로** Solid**를 만드는 아이콘**

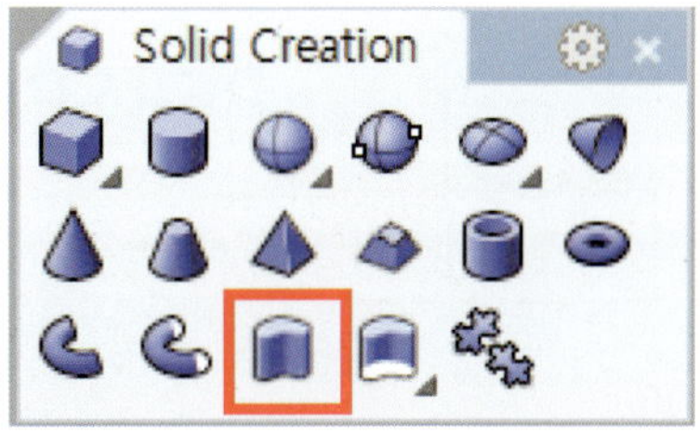

 아이콘 클릭 > 돌출할 Line 선택 > 수치 입력 또는 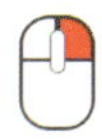 오른쪽 마우스로 원하는 양 만큼 정하여 클릭 > 

⑩ Polar Array : **하나의 객체를 선택한 다음 중심을 정하여 원하는 각도와 개수 만큼 복사하는 기능**

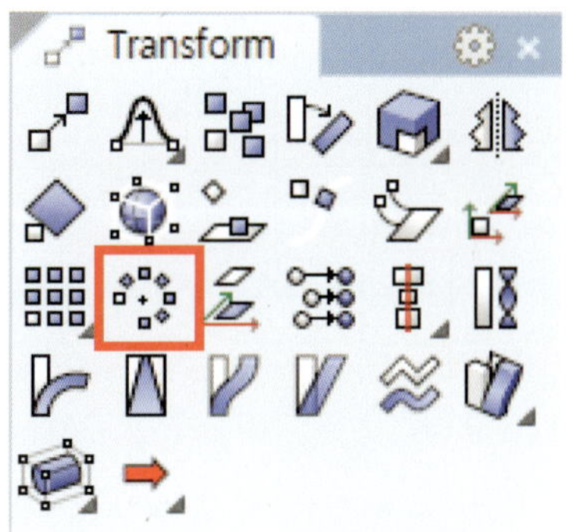

 아이콘 클릭 > 복사할 객체 선택 >  > 중심선택 > 복사할 수 기입 > 각도 기입 360° 기본 > 

2. 모델링 시작하기

(1) 작업 Viewer 선택

Rhino 3D의 화면에서 Viewer는 Front, Top, Side, Perspective가 있습니다.

어느 View에서 Modeling을 시작해야 할까? Table Deco의 형상이 수평으로 바닥에 놓여 있는 제품이므로 Top View에서 시작하겠다.

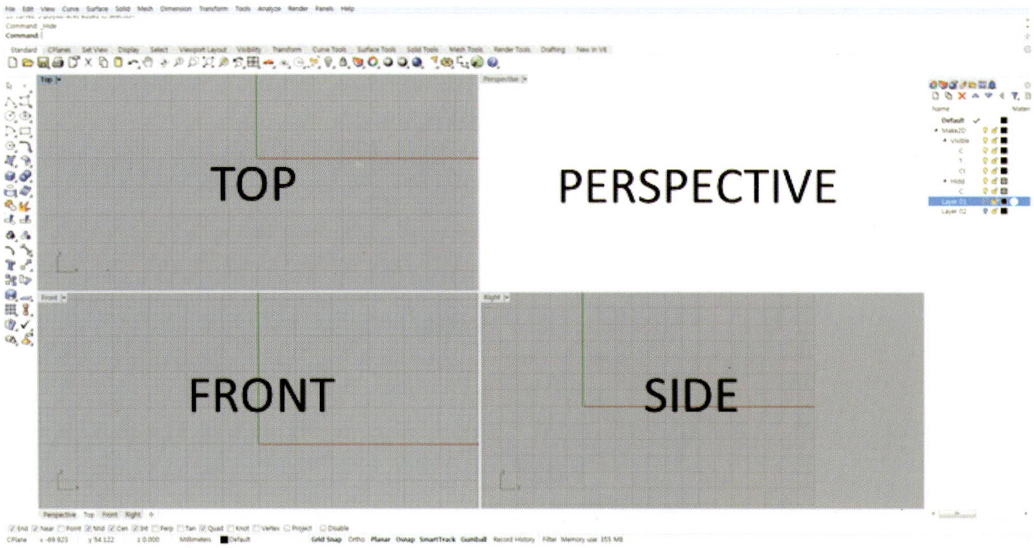

TopViwer를 크게 보는 방법은 TopView의 왼쪽 상단의 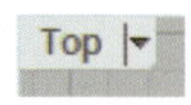 을  왼쪽 마우스로 두 번 클릭하면 아래와 같이 TopView가 화면에 꽉차게 된다.

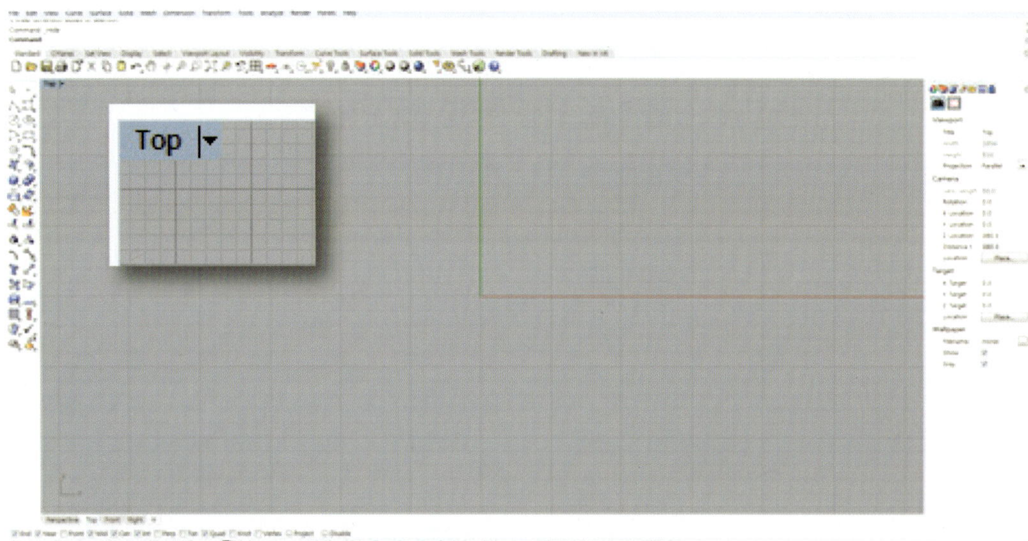

(2) 꽃잎 2D 그리기의 2가지 방법

첫째는   Line Tool과  Arc Tool로 원하는 형태로 자유롭게 그릴 수 있다. 두 번째는 정해진 수치를 계획적으로 그리는 방법이다. 본 장에서는 앞에서 소개한 준비된 도면그림1을 참고하여 그리도록 하겠다.

(3) 중심에 원 그리기:

x, y 축의 중심에서 Circle Tool을 이용하여 원을 그린다. 값 :R10

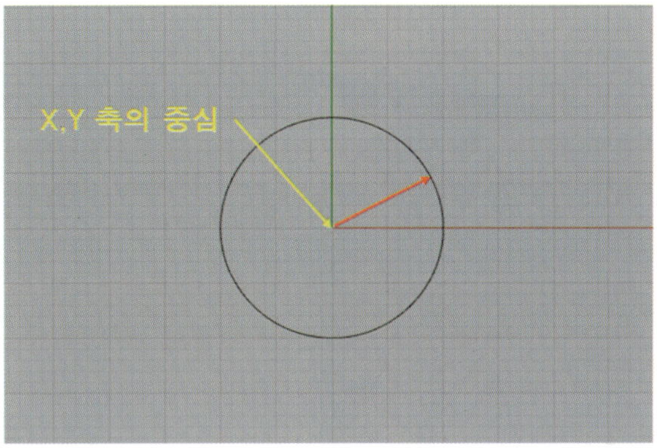

Work

왼쪽 마우스로 클릭 > Command '10' 입력 >

(4) 꽃잎 그리기

꽃잎 그리기에서 주로 사용하는 Tool은 Line과 Arc, Offset Curve를 사용한다.

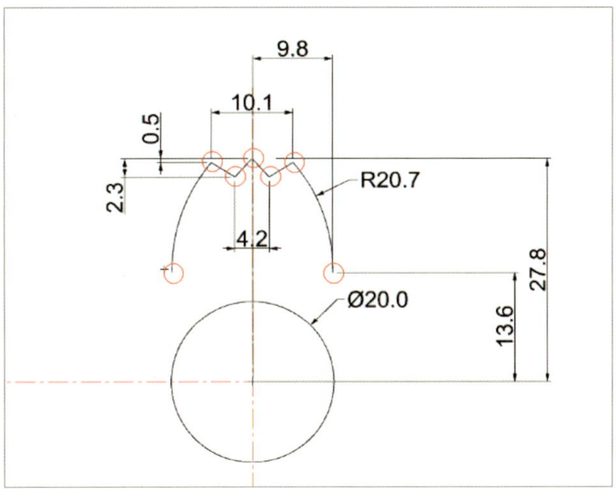

Work

1. Offset Curve : Offset Curve를 이용하여 위 도면의 빨간 원안의 선이 시작하거나 선과 선이 만나는 교차점을 만드는데 사용한다. 교차점은 X 축과 Y 축 선이 평행하게 복사하여 교차선을 만들어 정하게 된다.

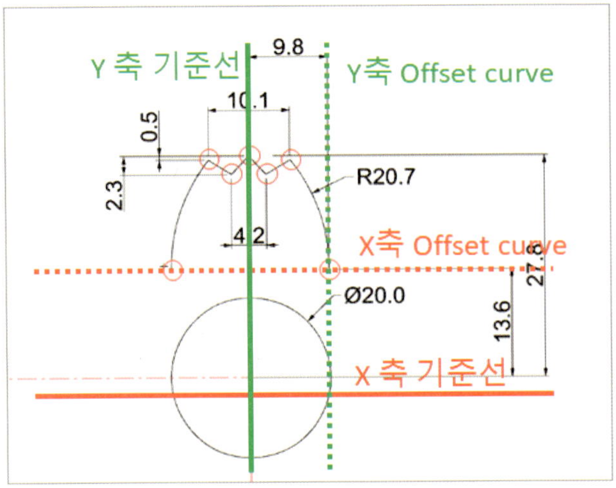

위와 같은 방법으로 빨간 원안의 교차점을 만들기 바랍니다.

2 도면의 R20.7 선은 Arc를 사용하여 시작점과 끝점을 정한 후 수치를 넣어주고 를 친다.

3 상단의 지그재그 라인은 빨간 원의 교차선을 만든 뒤 Poly Line으로 이어준다.

4 2와 동일한 방법으로 그린다.

아래 그림과 같이 그린다.

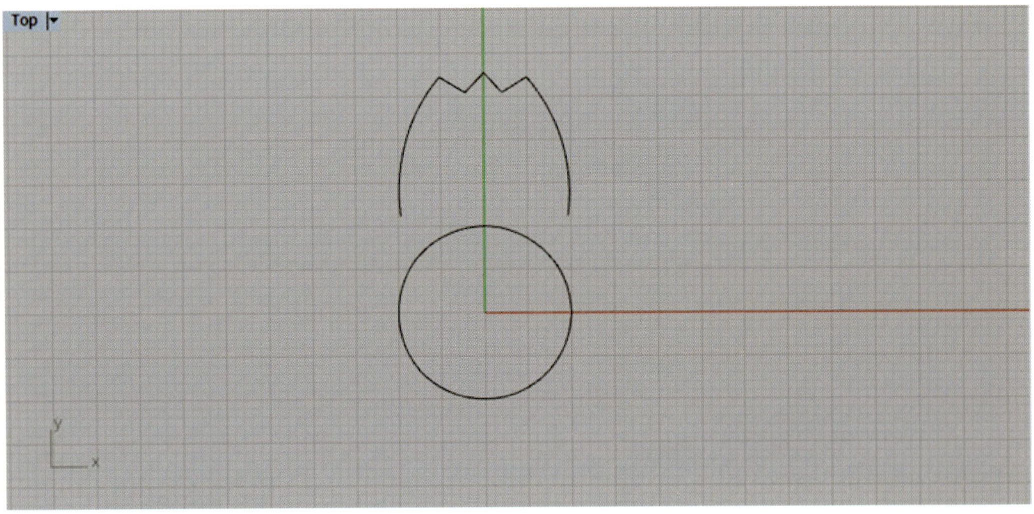

(5) 꽃잎 Line을 Polar Array로 복사하기

만들어진 꽃잎 라인을 Polar Array로 복사한다.

Polar Array는 아이콘에서 지정한 객체를 중심에 두고 회전하여 복사한다.

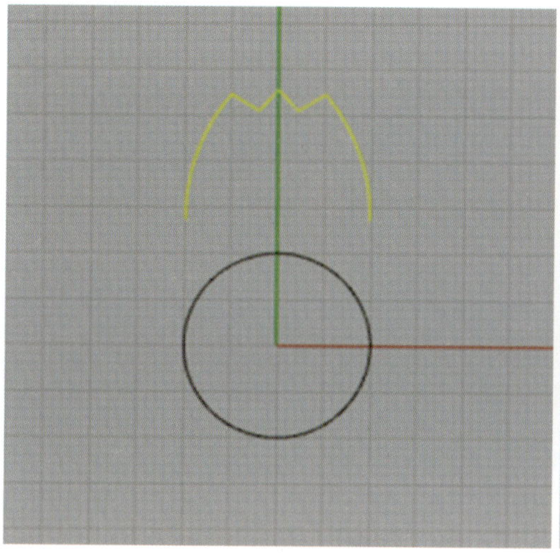

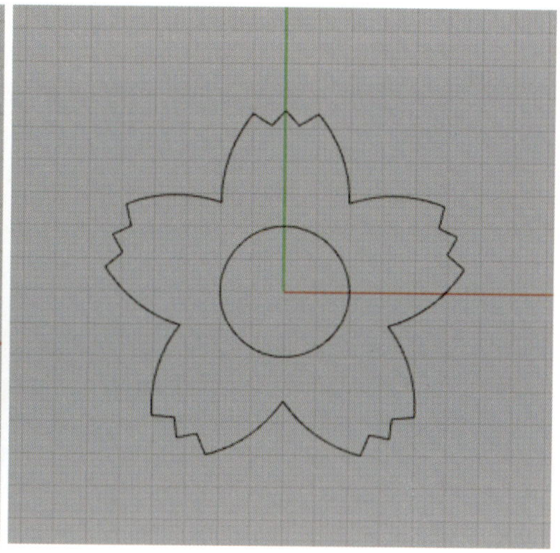

Work

1. Polar Array를 클릭한다.
2. 복사할 객체 꽃잎 Line을 선택한다.
3. 회전할 X,Y 좌표의 중심을 왼쪽 마우스로 클릭한다.
4. 복사할 수 5를 Command에 적습니다.
5. 마지막으로 회전하는 각도 기본 360°를 기입하고 치면 위 오른쪽 그림과 같이 복사된다.

TIP

빨간원 안의 교차된 선을 제거하기

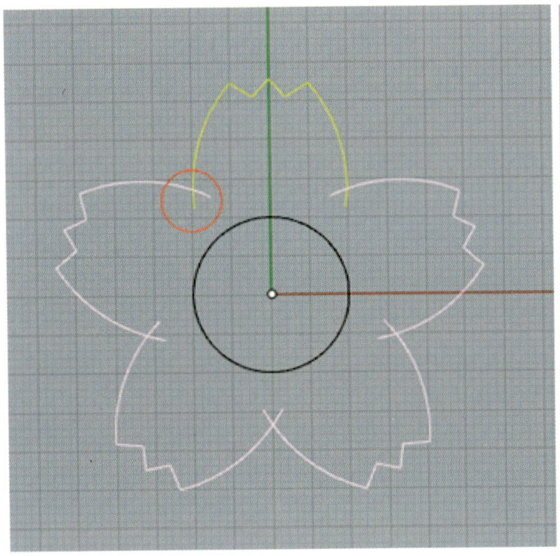

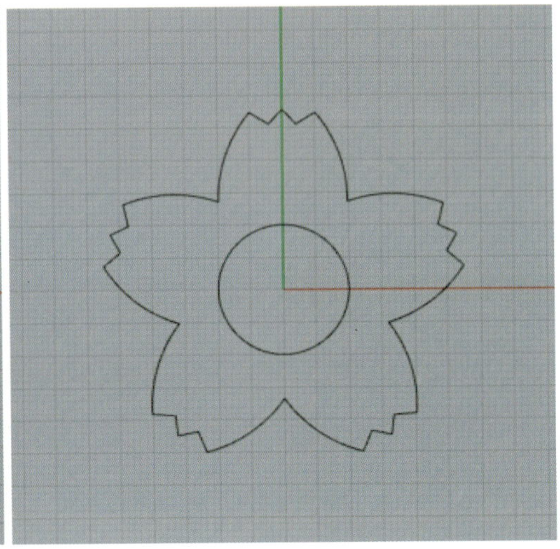

1. Trim 클릭한다.
2. 지우고자 하는 Line이 교차된 Line을 전체 선택한다.
3. 를 친다.
4. 지우고자 하는 Line만 클릭하면 삭제된다.

(6) 5개의 꽃잎 Line 붙이기

현재 그려진 Line은 각각의 Single Line으로 되어 있다.

Line으로 입체물을 만들기 위해서는 떨어져 있는 Line을 Join으로 붙인다.

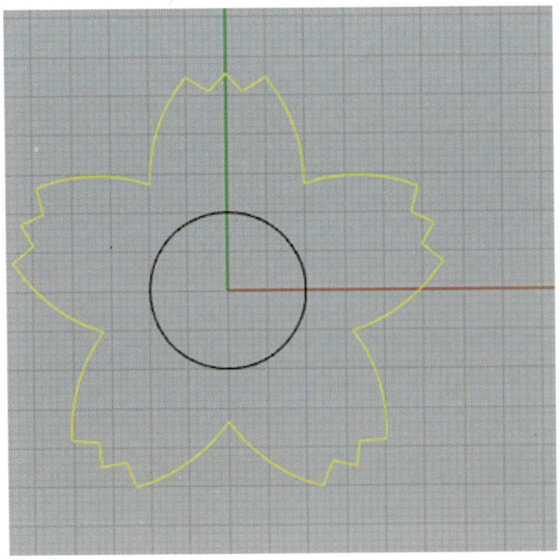

Work

❶ Join 아이콘을 선택하고 ❷ Line 전체를 선택한 후에 ❸ 적용하면 라인이 붙는 것을 확인할 수 있다.

(7) 꽃잎 Line 입체로 만들기

앞에서 설명했듯이 2D와 3D의 차이점은 높이 또는 두께 등의 Z 축으로의 치수의 적용이다. 꽃잎 Line에 Z 축 방향으로 두께를 주면 3D모델링이 구현된다.

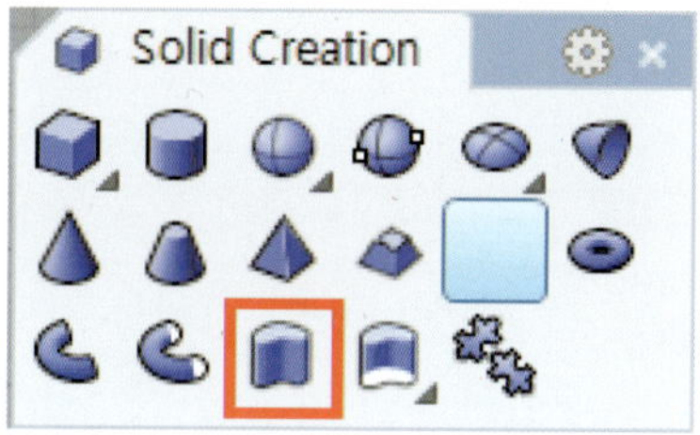

Extrude Closed Planar Curve는 Line의 끝과 끝이 Join된 선을 이용하여 Solid 형태의 입체물을 만든다.

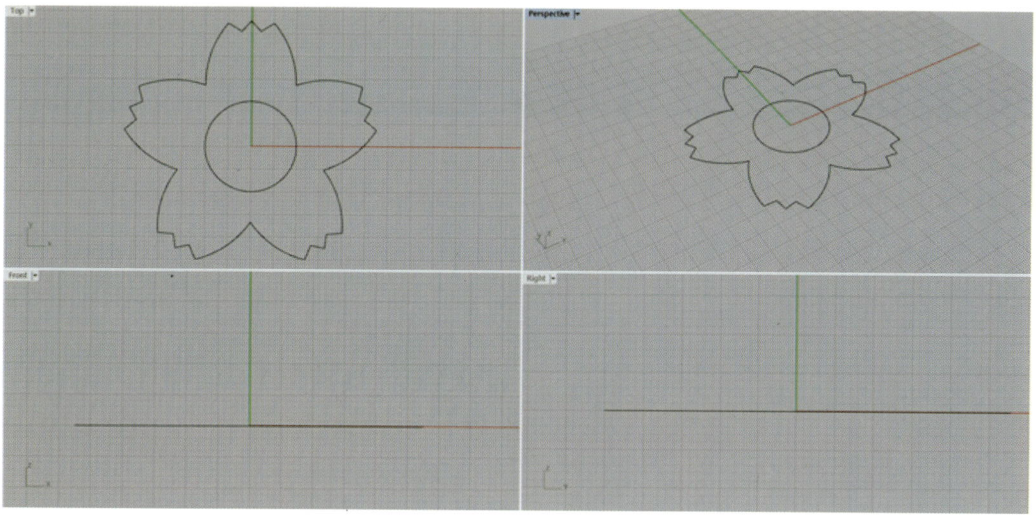

Work

❶ Rhino Viewer를 Perspective로 변경한다.

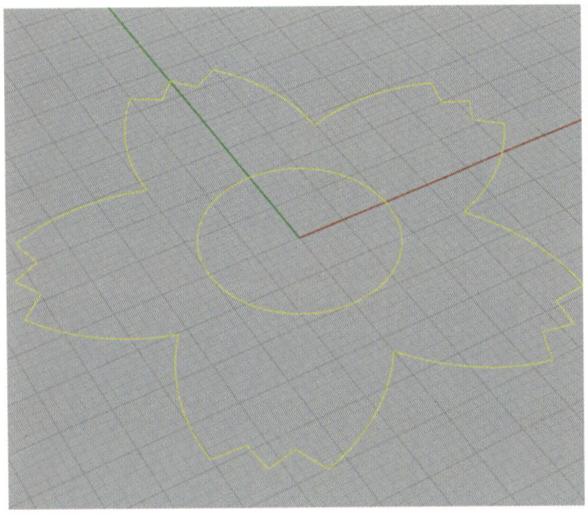

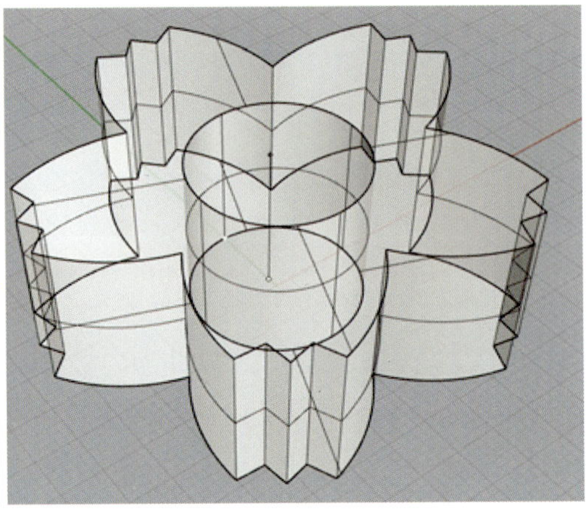

2. Extrude Planer Curve 아이콘을 선택하고 꽃잎 Line을 그림과 같이 전체를 선택한다. 그리고, 를 치면 Line이 입체물로 나타난다.
3. 입체물의 높이는 Command에 수치를 적거나 왼쪽 마우스를 이용하여 원하는 높이에서 클릭하면 아래와 같이 나타난다.

* 참조로 제품의 높이는 9mm이므로 이것보다 높게 두께를 적용한다.

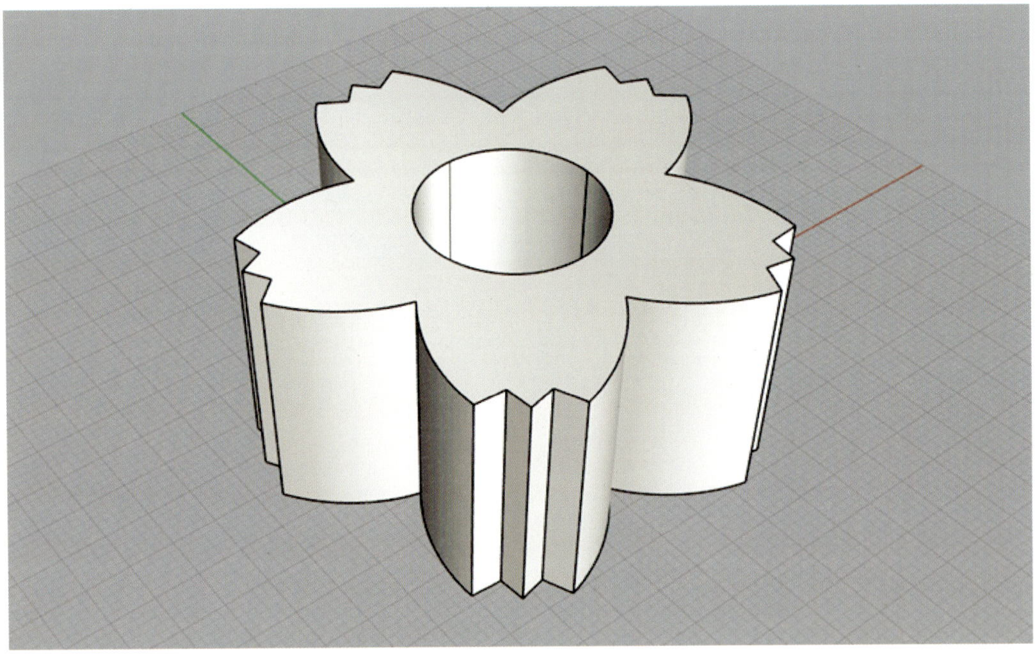

(8) 필요없는 두께 제거를 위한 Surface 만들기

Table deco의 형태는 대략 사이즈가 53mm, 9mm의 두께를 가진 형태이다. * 맨 위의 도면 참조. 즉, 9mm 이상은 필요 없는 부분이 된다. Table deco 디자인의 윗면은 Round로 되어 있어, Round의 입체물을 만들어 필요 없는 위쪽을 제거해야 한다.

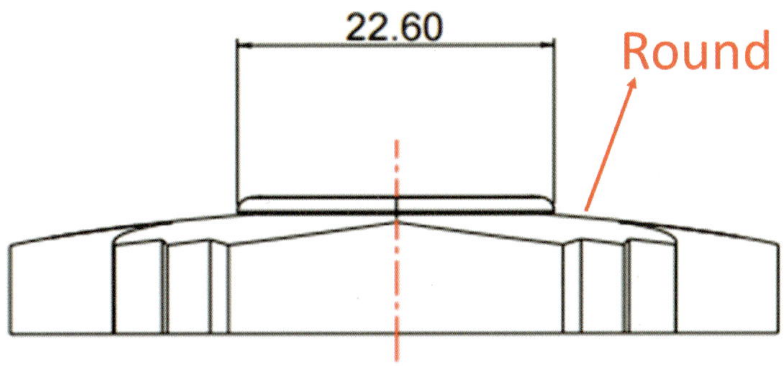

Work

1. 먼저 Hide Object를 이용하여 그려 놓은 객체를 숨긴다.
2. View를 Front 또는 Side로 바꾸어 아래와 같이 노란색 선을 만든다. * 꽃잎 2D를 그리는 방법과 같이 Offset Curve를 이용하여 그린다.

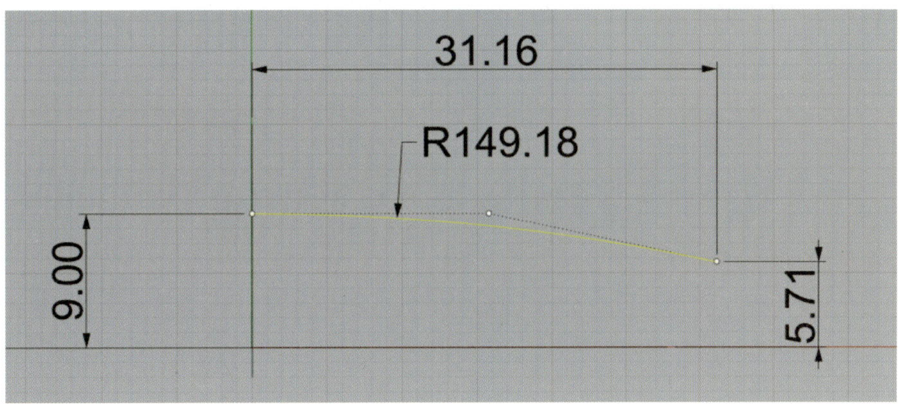

3 숨겨진 객체를 Show Objects로 나타내 보면 아래와 같다.

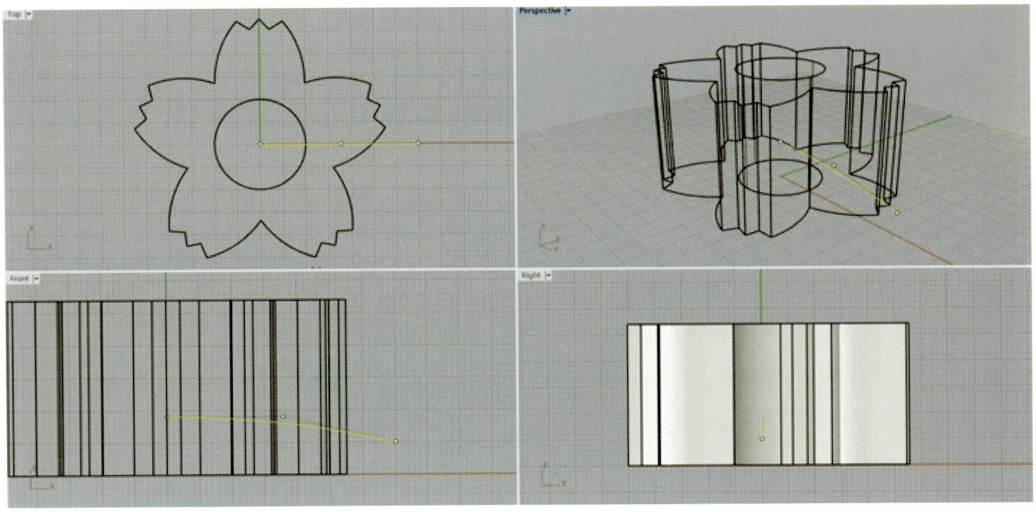

4 노란색의 Arc를 Revolve를 사용하여 Surface를 만든다.

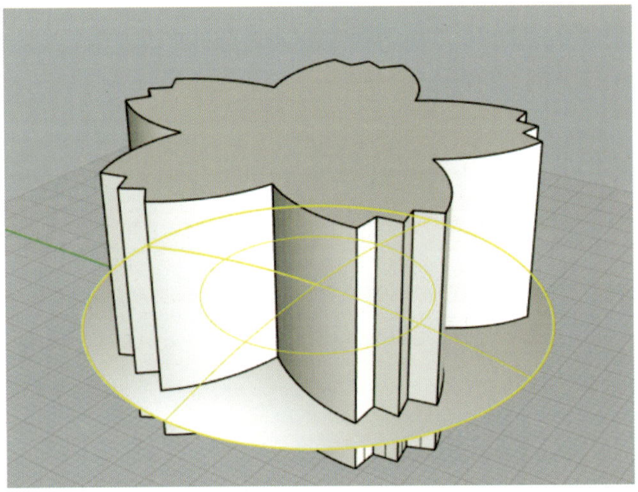

아이콘 클릭 > 회전할 노란색 Line 선택 > 중심이 되는 시작점과 끝점 선택 >

(9) 필요 없는 부분 분리 후 제거하기

Split은 서로 다른 객체를 이용하여 아래 제거할 부분을 분리한 후 제거한다.

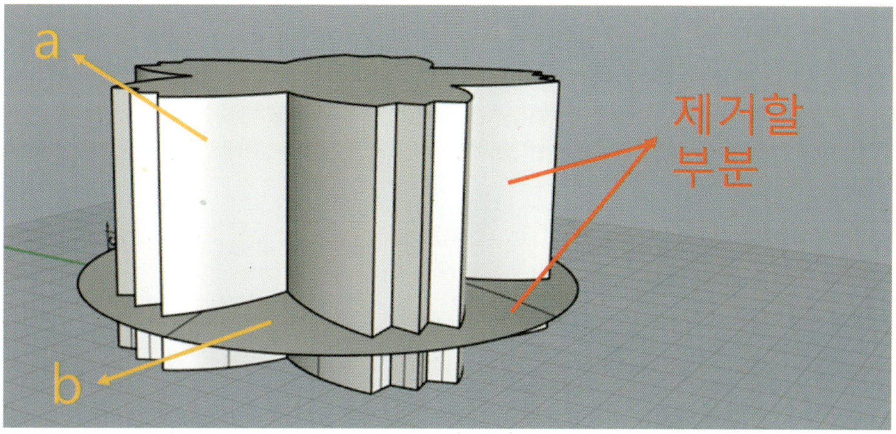

Work

1. Split을 클릭한다.
2. 위 그림에서 왼쪽 마우스로 'a'를 선택한다.
3. 를 친다.
4. 분리기준이 되는 'b'를 선택하고 *같은 방법으로 'b' 도 분리한다.

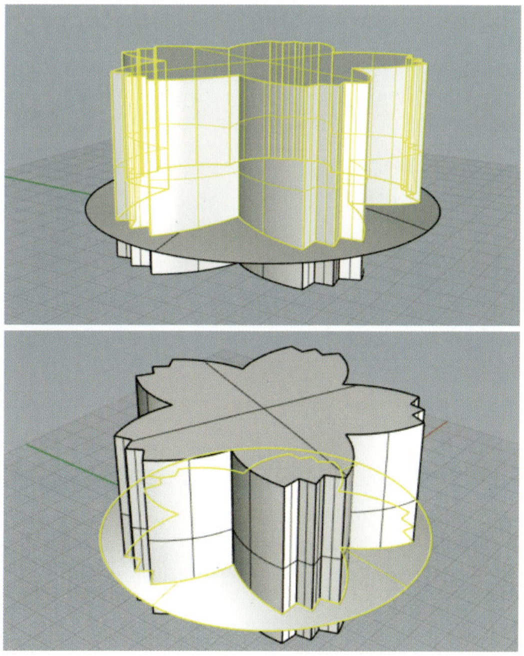

5 각각으로 분리된 입체물에서 삭제할 부분을 왼쪽 마우스로 선택 후 DEL 을 누르면 삭제된다.

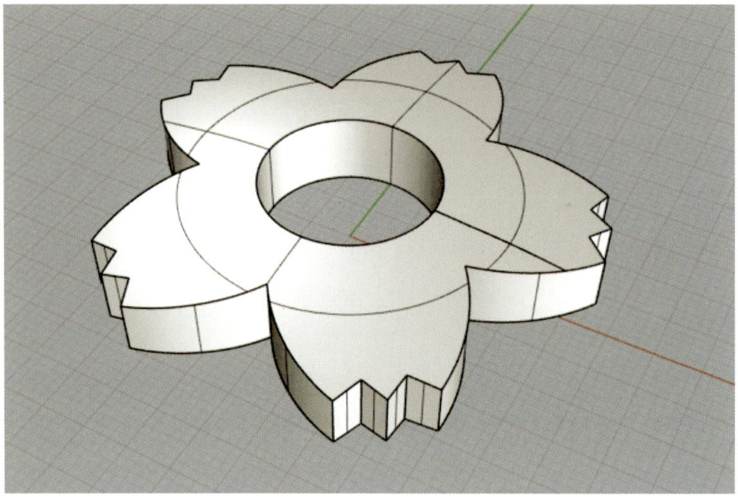

(10) Surface 붙이기

아래 그림의 오른쪽 그림과 같이 남아있는 Surface는 서로 분리되어 있는 상태이다. 이것을 Join으로 붙여서 하나의 Solid로 만든다.

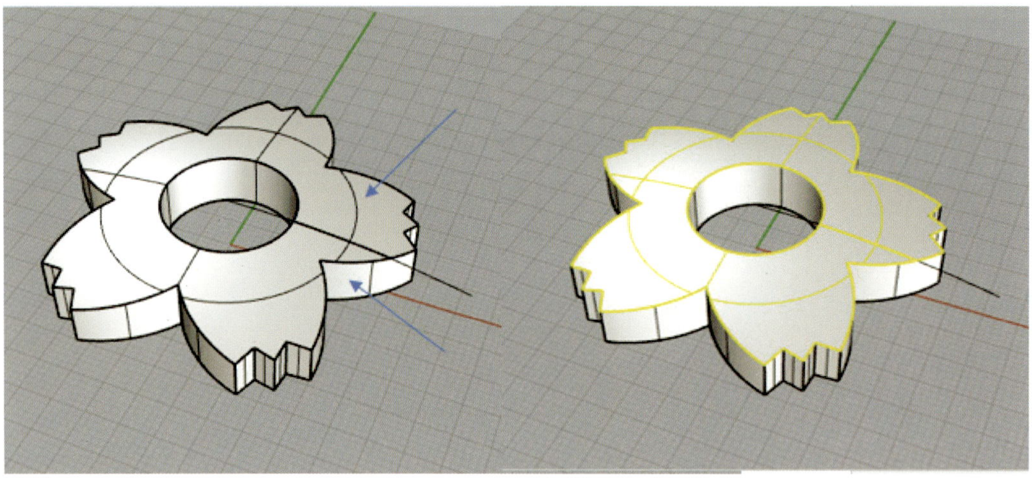

Work

❶ Join 선택한다.

❷ 두 개의 Surface를 선택한다.

❸ 를 실행하면 결합된다.

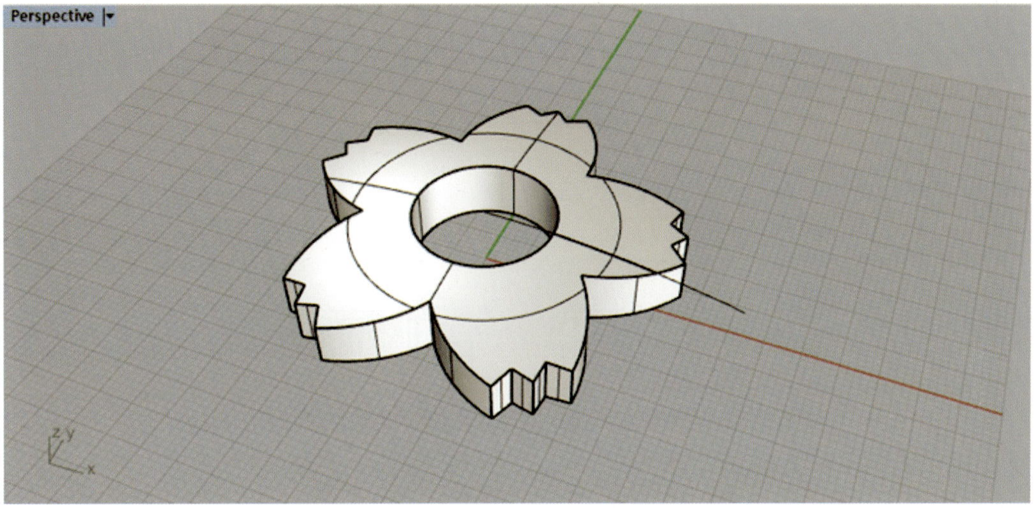

Table deco의 기본형 완성

(11) Deco ring 만들기

Deco ring은 파란색 부분의 기본 단면을  Revolve로 만든다.

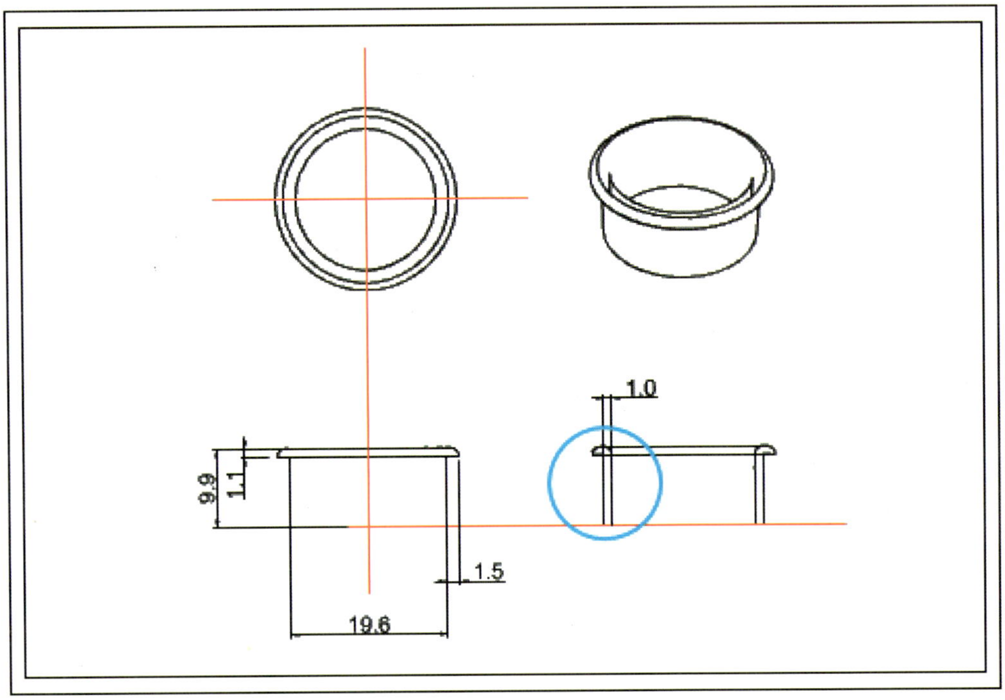

파란 원안의 Deco ring 단면은 수치를 보고 Line으로 그리면 되나, 본 장에서는 Surface를 교차시켜 Line을 추출하여  Revolve로 형상을 만드는 방법으로 만들어 본다.

Work

1. Right View에서 기본형에 교차하는 Rectangular Planer를  로 만든다. x 좌표 '0' 평면에 그린다.

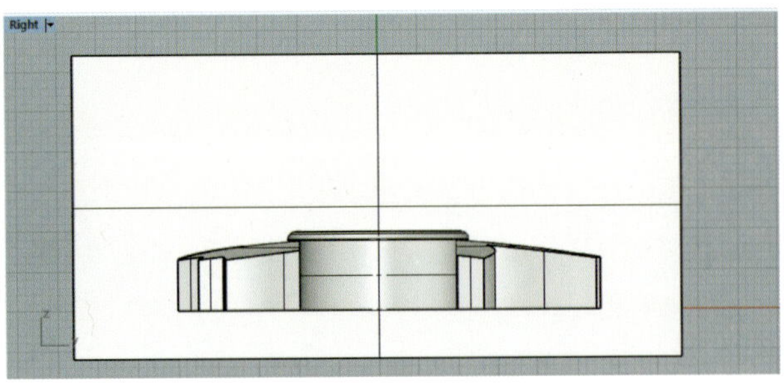

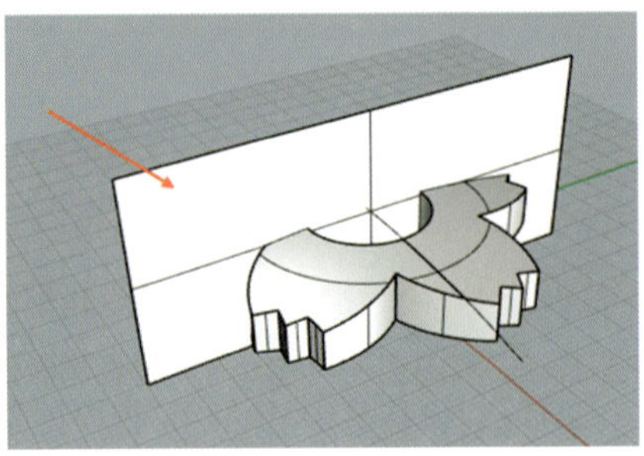

2 Object Intersection을 누르고 두 개의 사각형과 기본형을 선택한다.

3 를 실행하면 아래 그림과 같이 교차되는 선이 생성되는 것을 볼 수 있다.

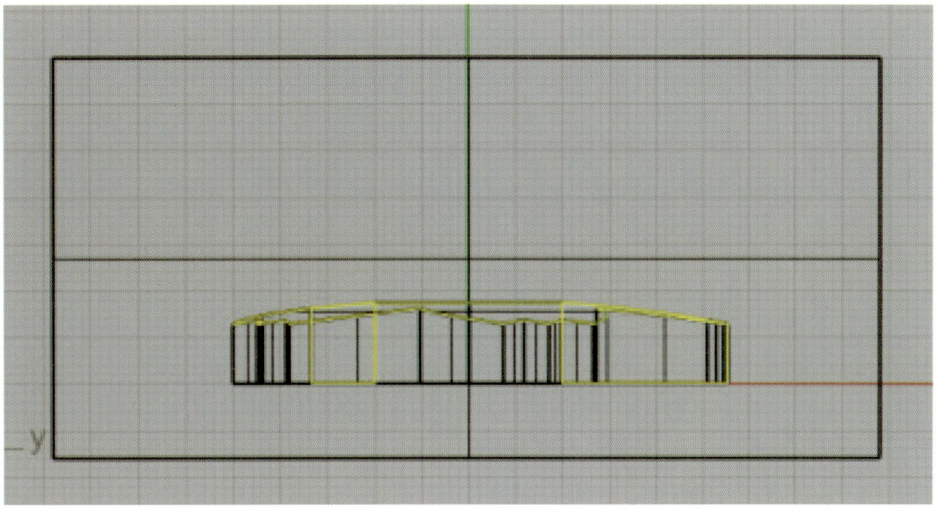

4 위 상태에서 Isolate Objects를 누르면 아래과 같이 남게 된다.

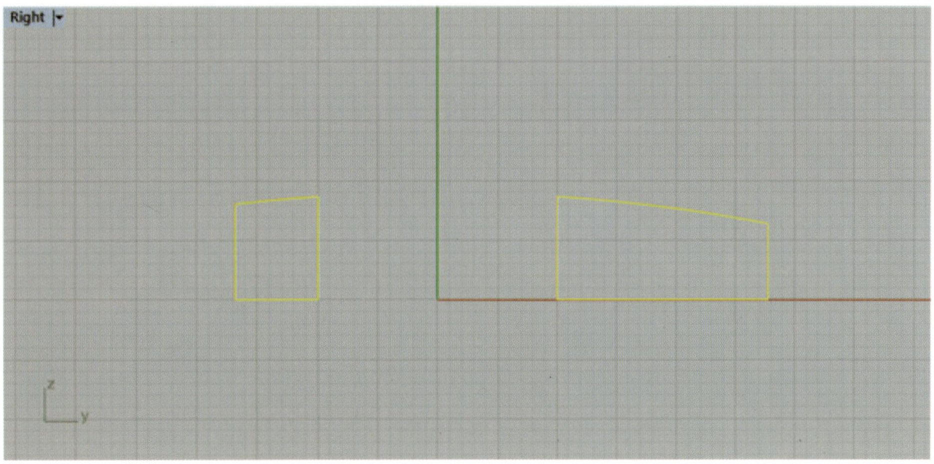

5 위 두 개의 Line 중 왼쪽 Line을 Offset과 을 이용하여 아래의 오른쪽과 같이 만든다.

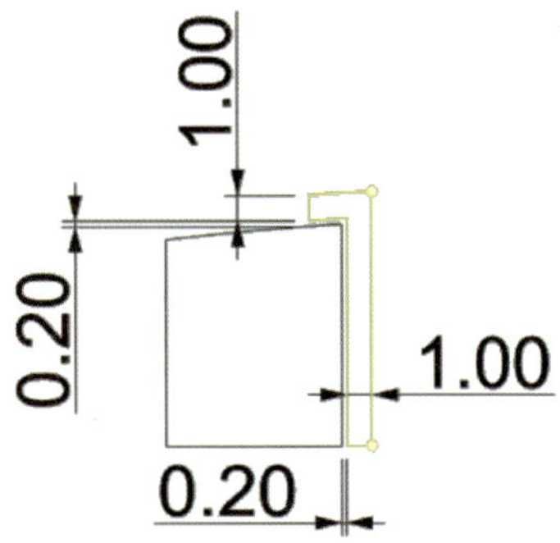

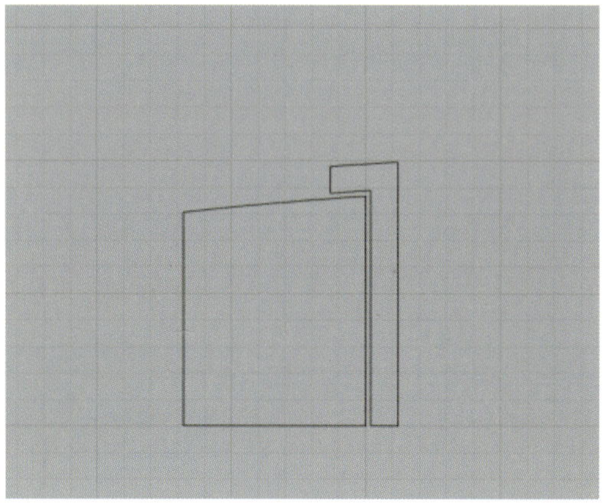

아래와 같이 단면만 두고 삭제하고 빨간 부분에 Fillet Curve로 Round 1.0을 준다.

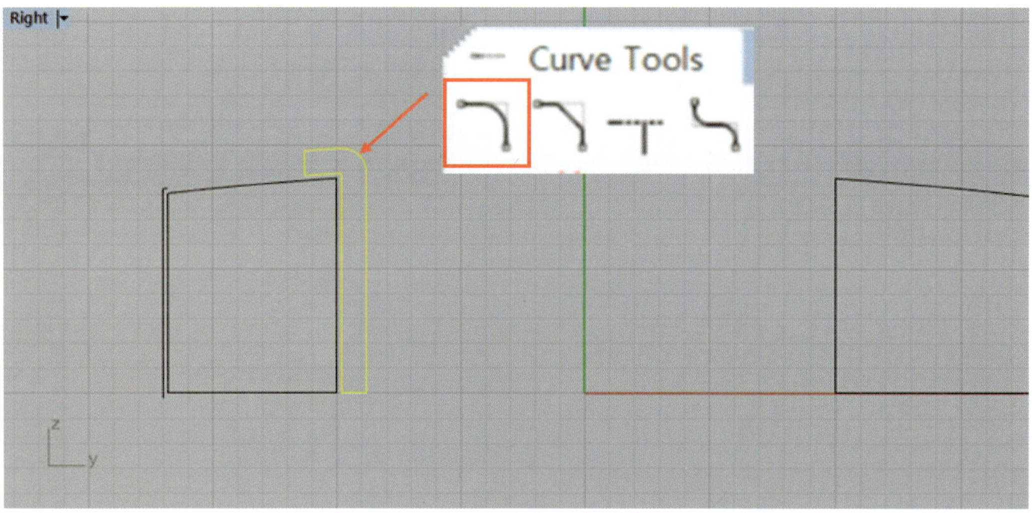

6 Deco ring 완성

위에서 만든 Deco ring의 단면에 revolve  를 적용하면 아래과 같이 만들어진다.

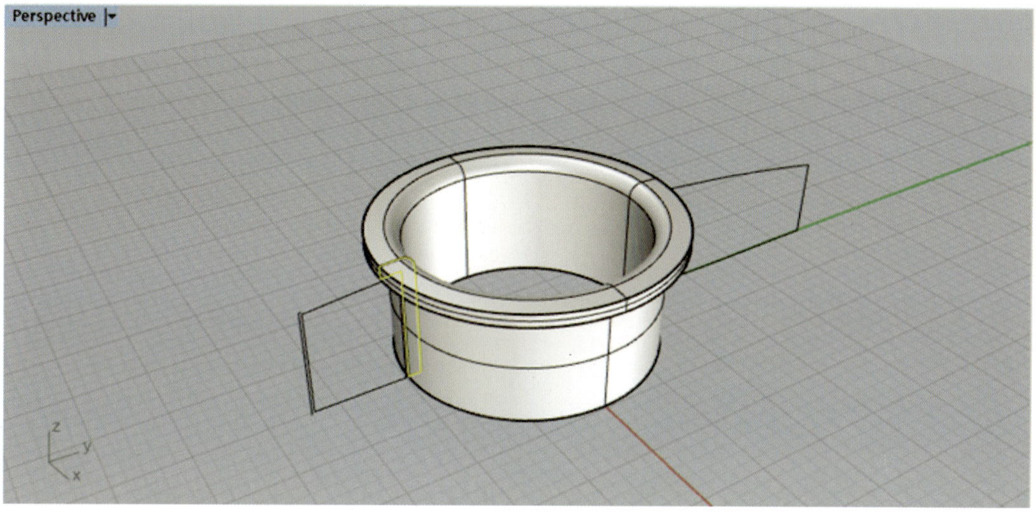

7  Show Object 하면 아래와 같이 결합되어 완성된 모습을 볼 수 있다.

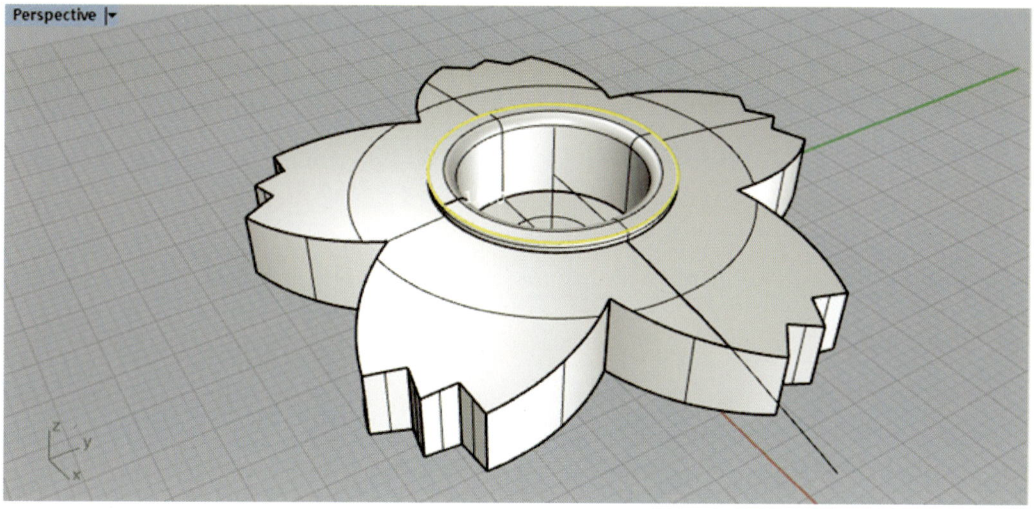

[최종 모델링 모습 Rhino 3D Rendering]

TIP

3D프린트로 Soft Mock-up 만들기

❶ 기본 모델링에서  Scale로 확대하여 기본형의 Modeling과 같은 방법으로 기본형보다 큰 형태를 만든다.

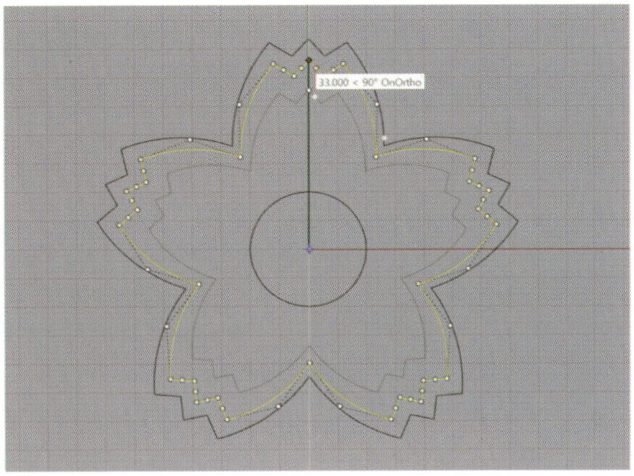

❷ 확대해서 만든 Modeling을 아래 그림과 같이 배치한다.

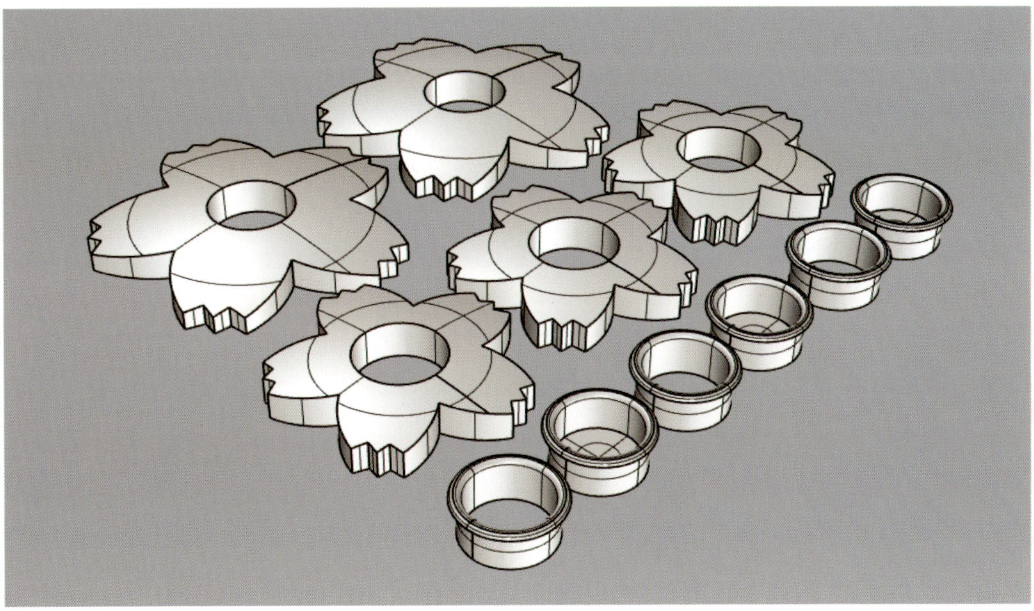

윗 그림의 배치는 3D프린터의 출력 사이즈를 확인하고 사이즈에 맞게 복사 후 배치한다.

Copy를 누르고 복사하고자 하는 객체를 선택한다.

원하는 위치에 왼쪽 마우스를 누르며 복사한 후 오른쪽 마우스를 누르면 복사된 상태가 된다.

③ 3D프린터 제작을 위한 STL 파일 전환하기

File / Save As / 또는 3D프린터할 객체를 선택한 후 Export Selected로 Save 창에서 파일 형식을 STL로 변경한 후 원하는 위치에 저장한다.

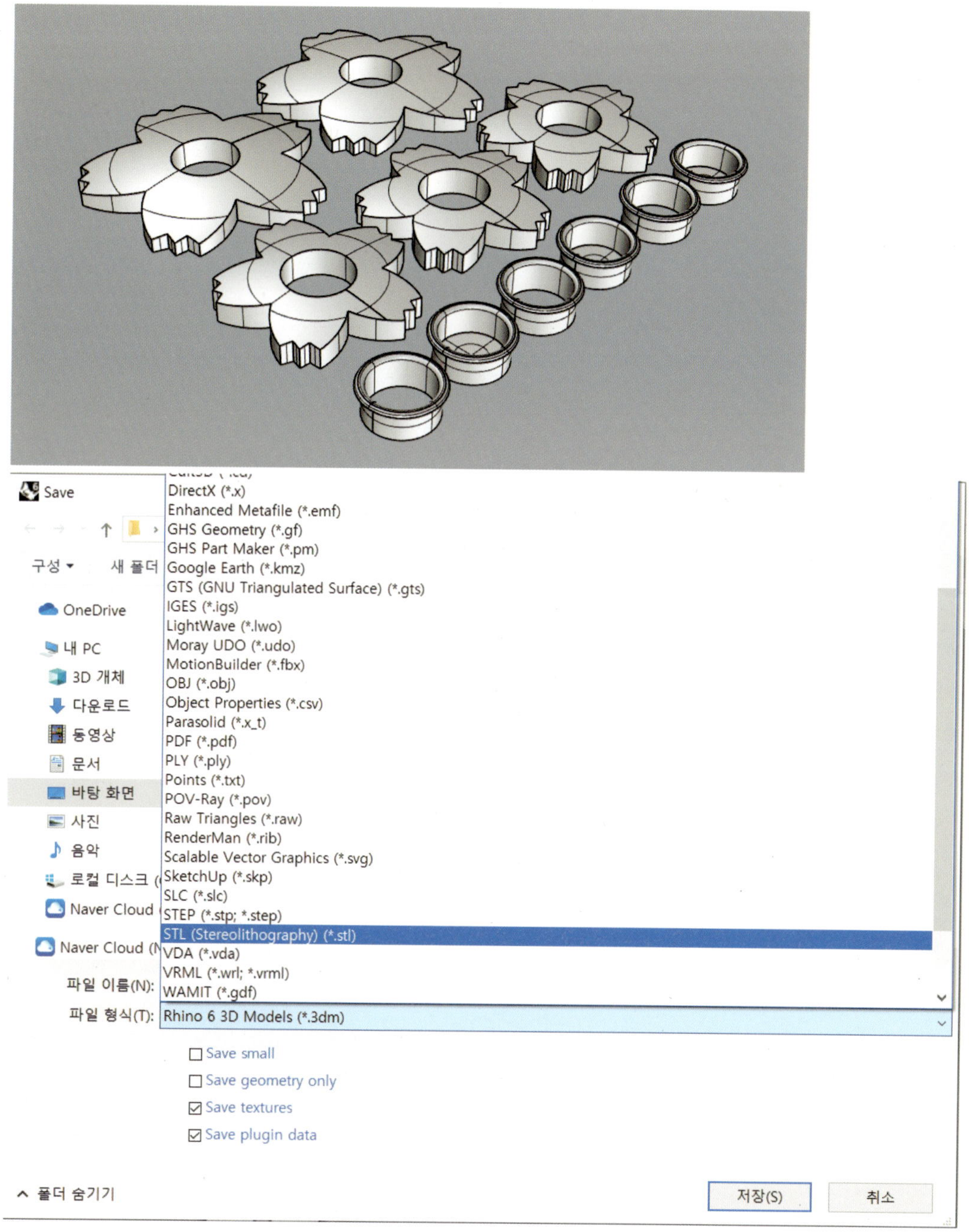

＊ STL 저장 시 Tolerance 값과 Export Option은 기본으로 설정한다.

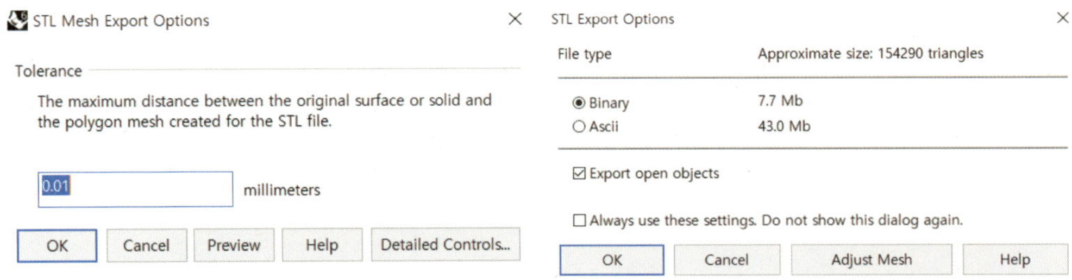

❹ STL 파일을 3D프린터에 맞게 환경 설정 및 파일 변환하기

STL 파일을 3D프린트 제조사 또는 범용으로 제공하는 소프트웨어를 이용하여 사용하는 3D프린터에 맞는 파일로 변환한다.

변화되는 파일형식은 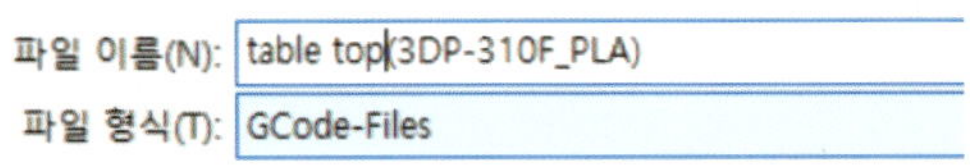 GCode 파일로 저장한다.

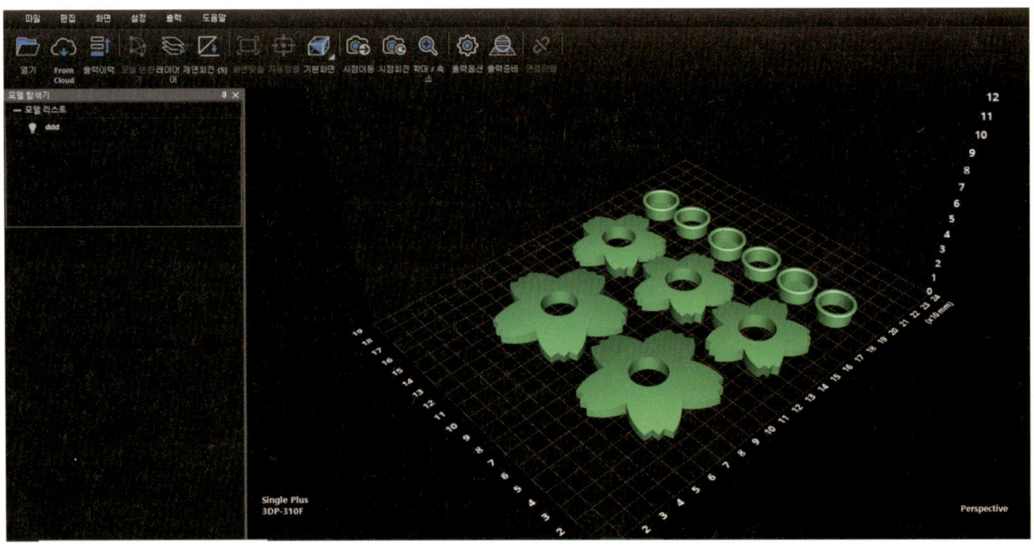

제조사에서 제공하는 소프트웨어에서 STL 파일을 불러온 모습

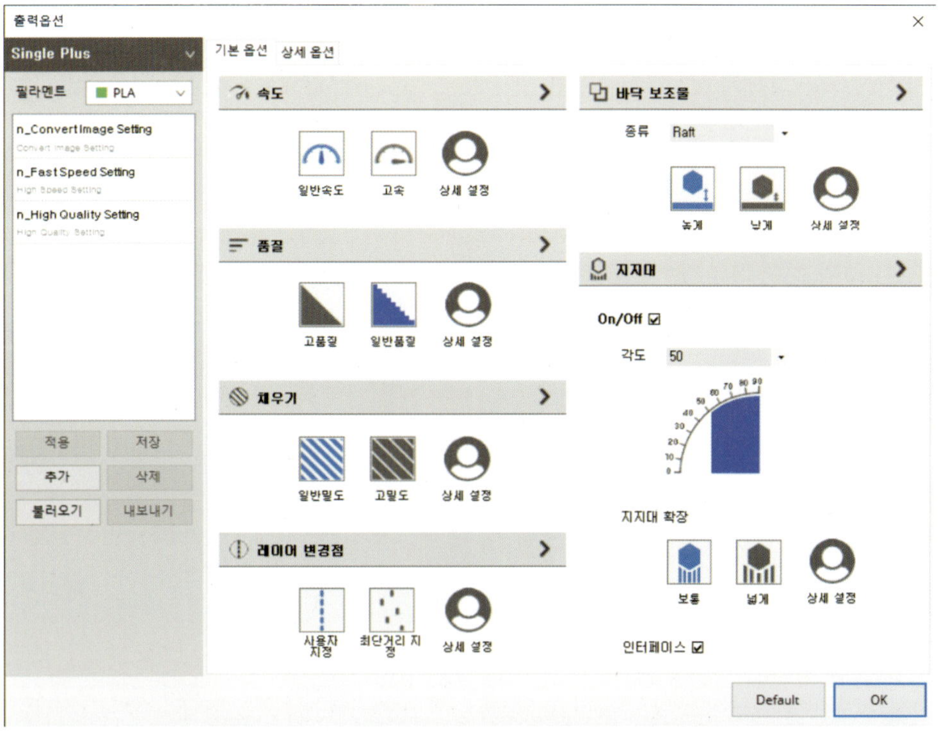

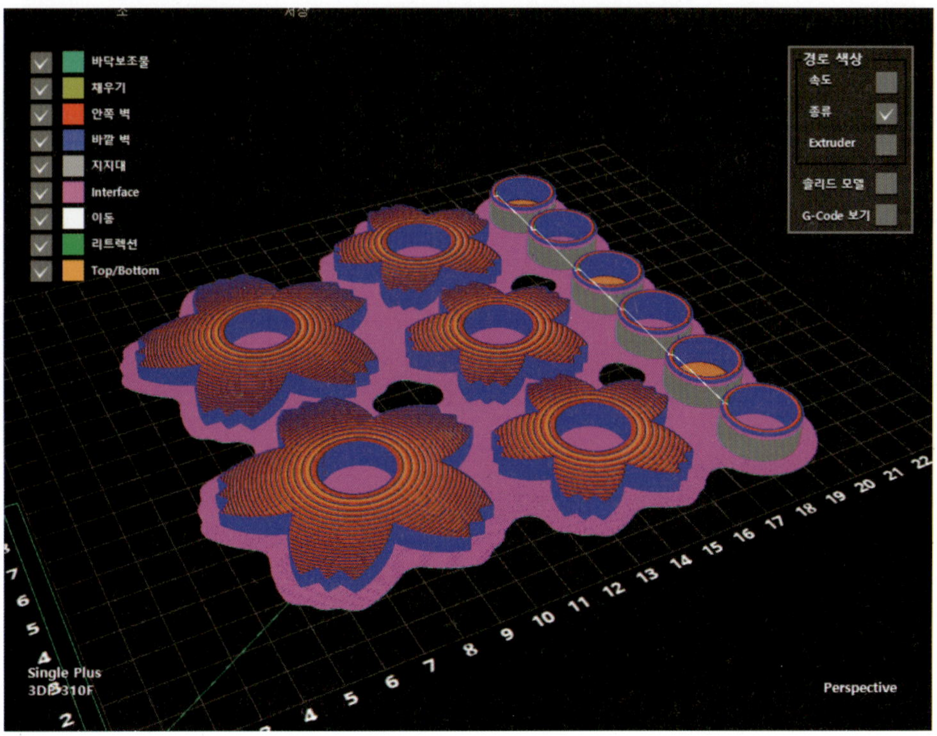

출력 조건 설정위 그림과 3D프린터 예상 출력 모습아래 그림

⑤ 3D프린터 출력하기

컴퓨터와 3D프린트가 연결되어 있을 경우에는 바로 데이터를 보낼 수 있으나, 네트워크 연결이 안 되어 있을 경우에는 USB에 담아서 이동 후 3D프린터에서 인식 후 출력을 실행한다.

⑥ 3D 출력 모습

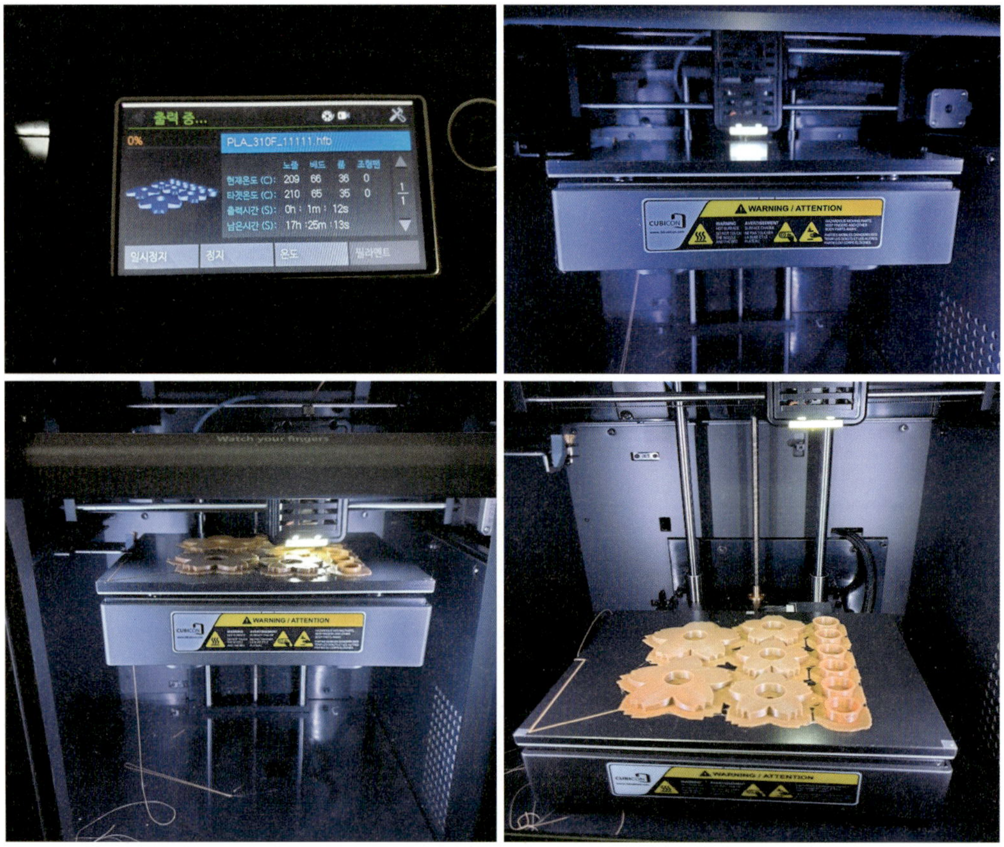

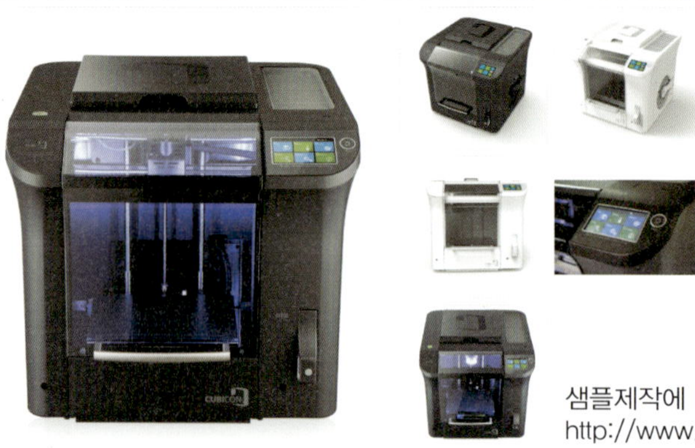

샘플제작에 사용한 3D프린터 : 제조사 – 큐비콘
http://www.3dcubicon.com

• 꽃 예술 디자인flower art design의 응용 사례로서 거실, 식탁living space의 공간을 장식하는 것을 주제로 한다. 컵받침, 냅킨 홀더, 촛대, 계란 받침, 탁상시계, 꽂이, 사진틀 등 다목적·다기능적으로 응용하게 된다.

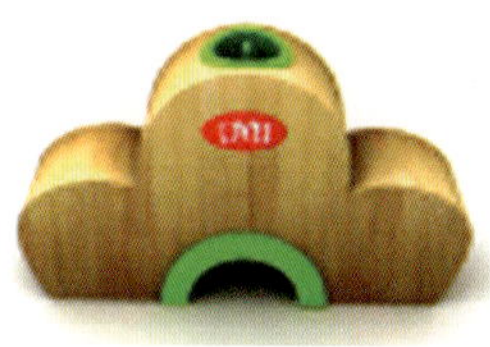

6. 포도나무와 내 얼굴 vine & face

본 장에서는 액자 프레임을 만드는 과정을 진행합니다.

프레임을 구성하는 커브를 생성하고 두께를 주어 사진을 넣을 수 있는 단순한 구조의 액자를 모델링합니다.

모델링하기 전에 다음 페이지에 있는 도면을 참고해 모델링을 진행합니다. 도면은 참고용으로 치수만 참고해 진행하도록 합니다.

실습을 진행한 뒤에는 원하는 다른 모양의 액자 프레임을 만들어 액자를 만들어 보도록 합니다.

포도나무와 내 얼굴의 도면

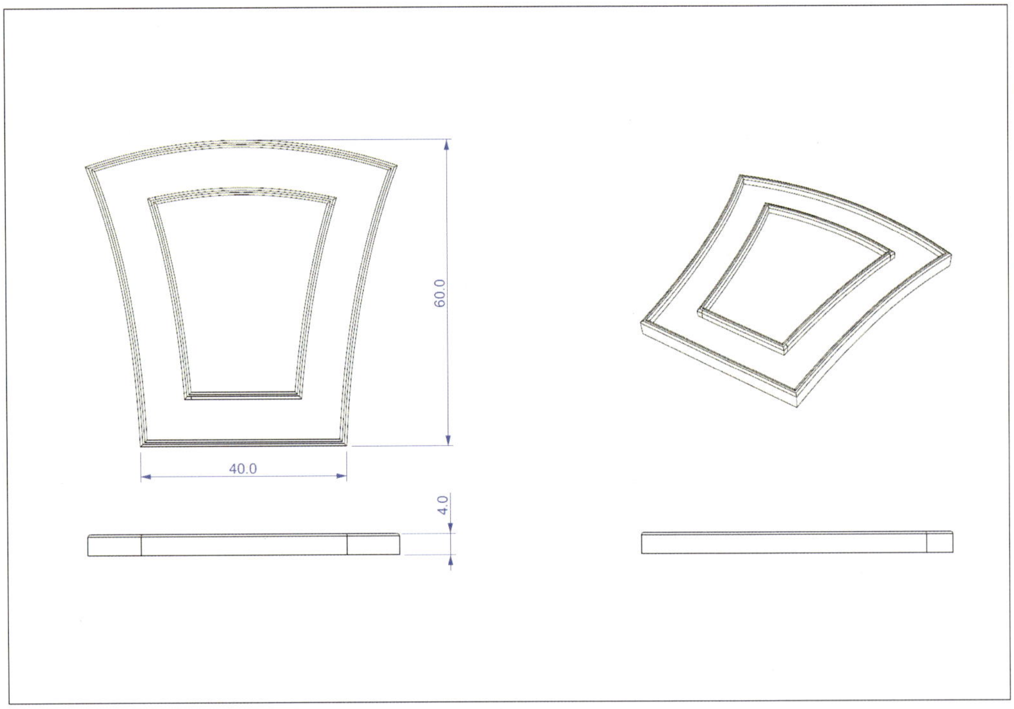

[포도나무와 내 얼굴 vine & face]

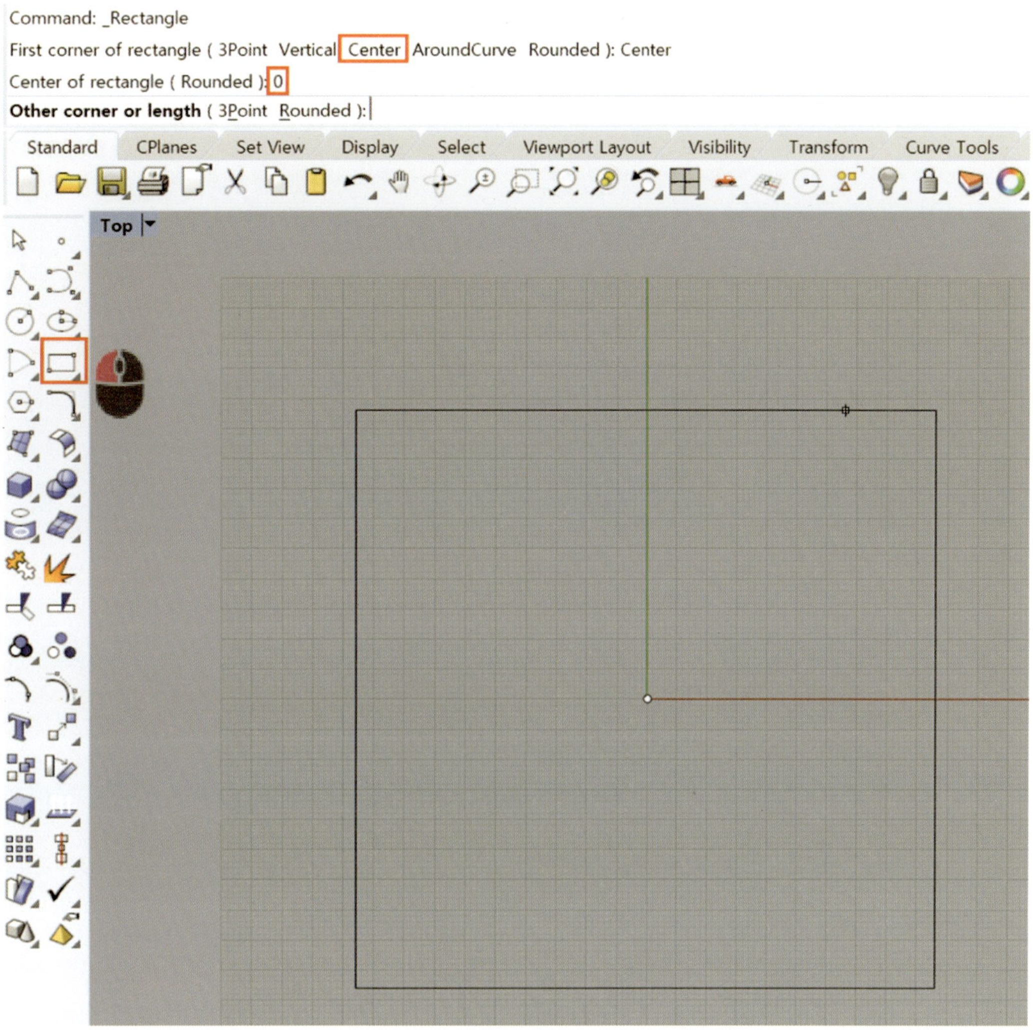

01 Top Viewport에서 작업을 하기 위해 Viewport를 최대화한다.

액자의 외곽선을 그리기 위해 우선 Rectangle 명령으로 사각형을 생성한다. 이때 명령창에서 Center를 클릭하고 사각형의 중심 좌표는 0을 입력한다. 적당한 크기로 사각형을 생성한다.

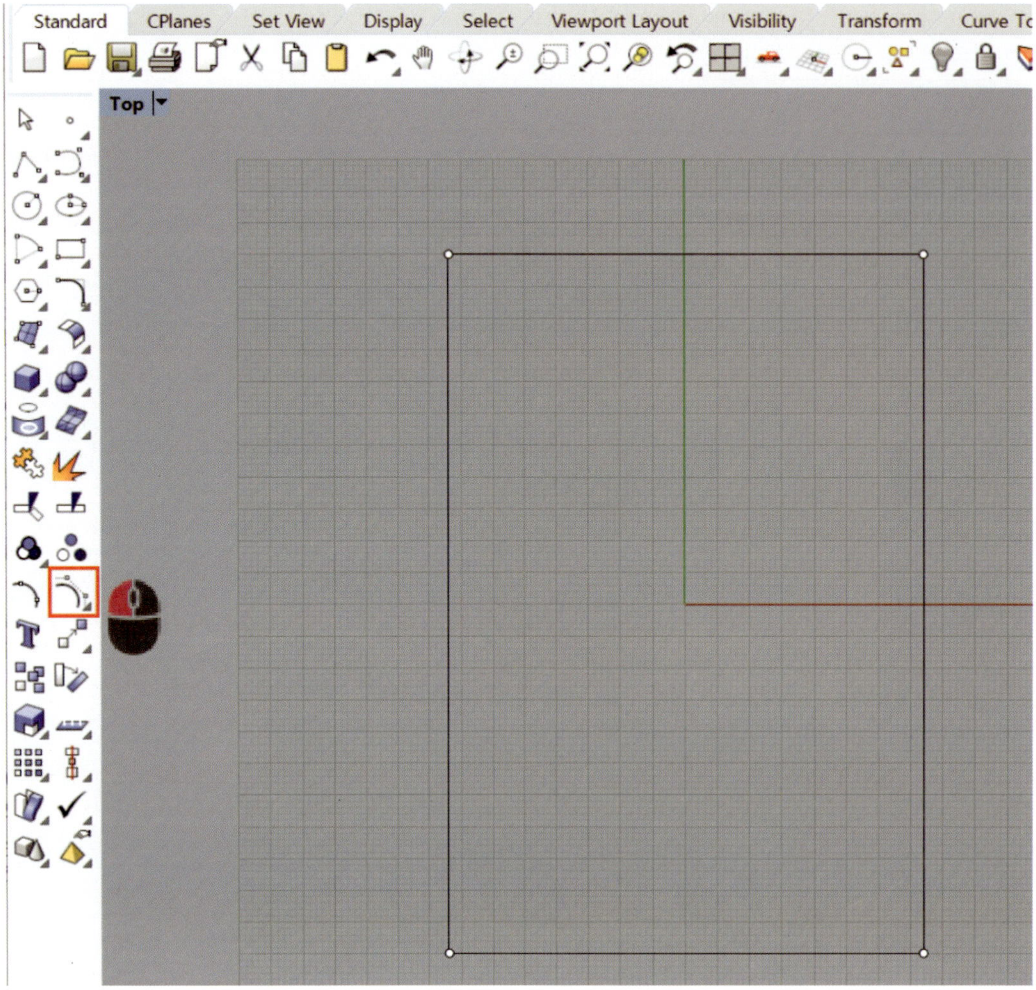

02 앞서 만든 커브를 변형시키기 위해 사각형 커브를 선택하고 PointsOn 명령단축키 : F10을 실행한다. 그림과 같이 커브를 구성하는 제어점들이 나타난다. 이제 이 점들을 이동시켜 커브의 형태를 변형한다.

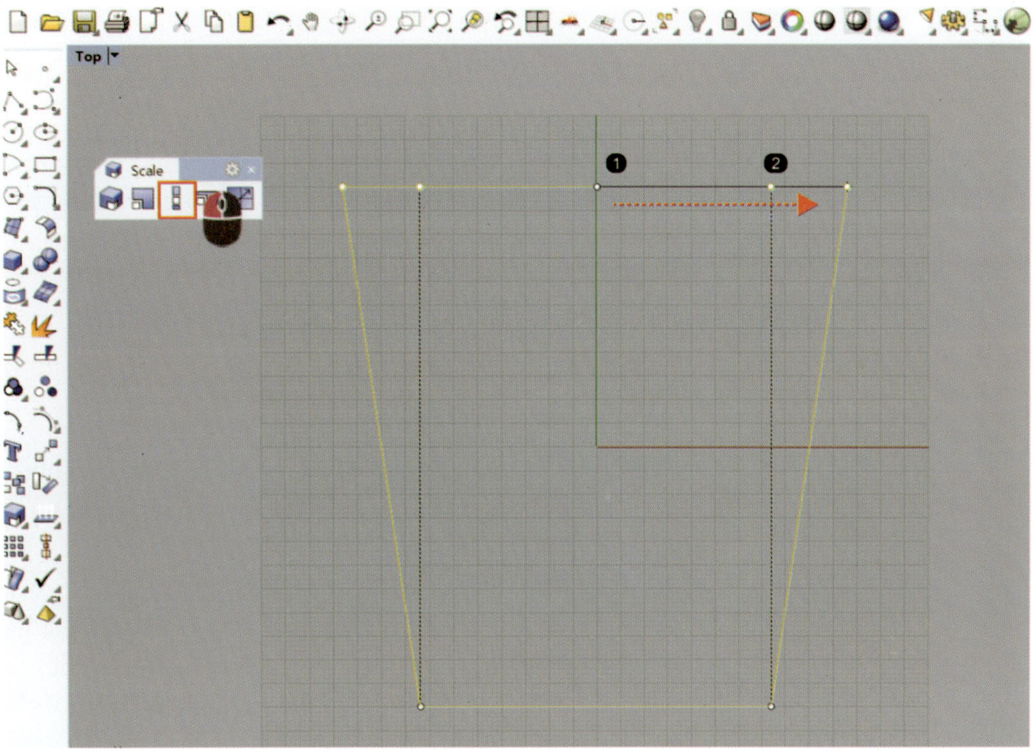

03 사각형 커브 상단에 있는 2개의 포인트를 복수 선택한다. 이 포인트를 좌우로 이동시키기 위해 Scale 1D 명령을 실행한다. 상단 직선의 중간점과 끝점을 차례로 클릭해 마우스를 옆으로 이동시켜 포인트를 좌우로 움직여 마름모꼴의 형태로 만든다.

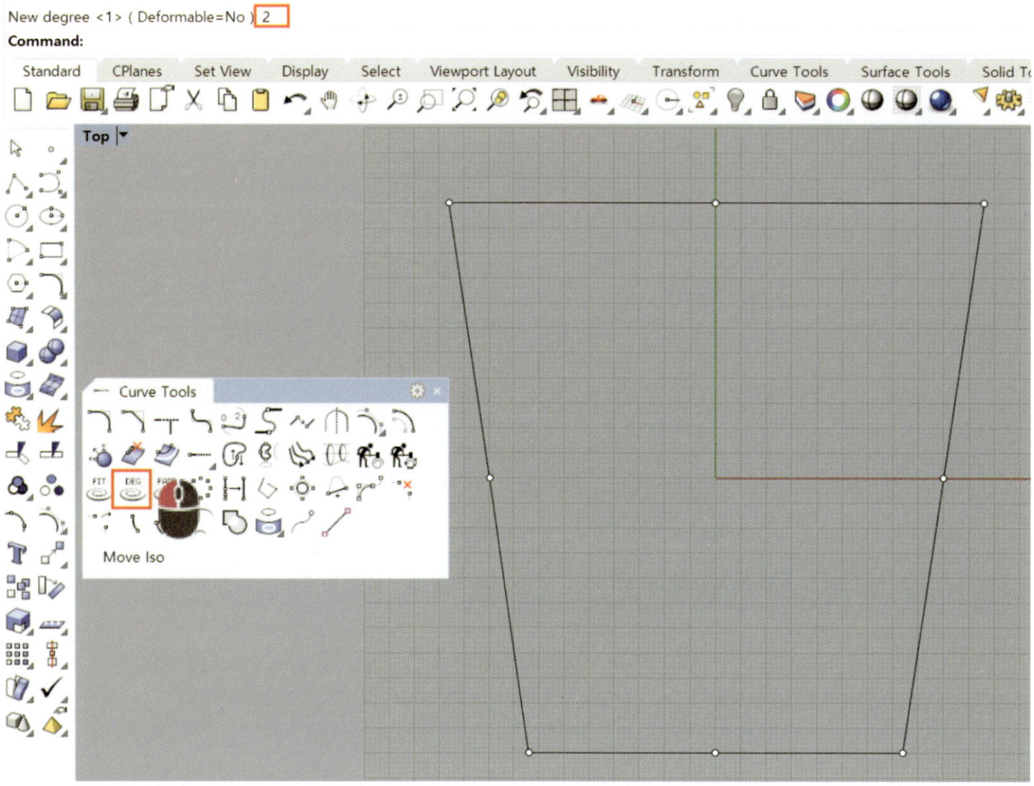

04 마름모꼴의 형태에서 곡선으로 변형하기 위해 ChangeDegree 명령으로 커브의 차수를 2로 변경한다. 커브의 제어점이 늘어난 것을 볼 수 있다.

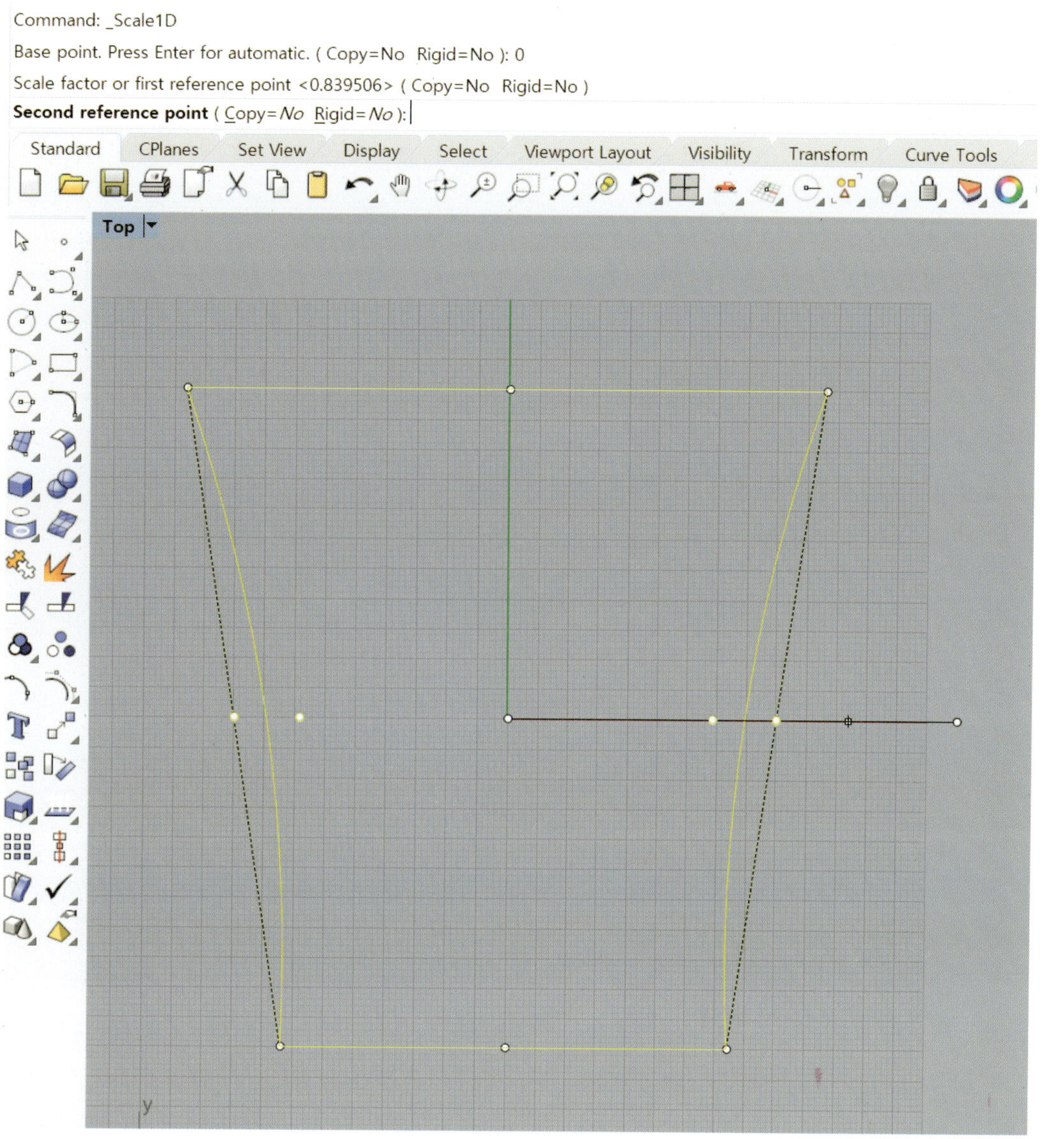

05 3번 단계에서처럼 좌우 커브의 중간 제어점을 선택해 0점을 중심으로 Scale 1D 명령을 실행해 포인트를 안쪽으로 이동시킨다. 직선 커브가 곡선으로 변형되는 것을 볼 수 있다. 적당한 위치에서 명령을 종료한다.

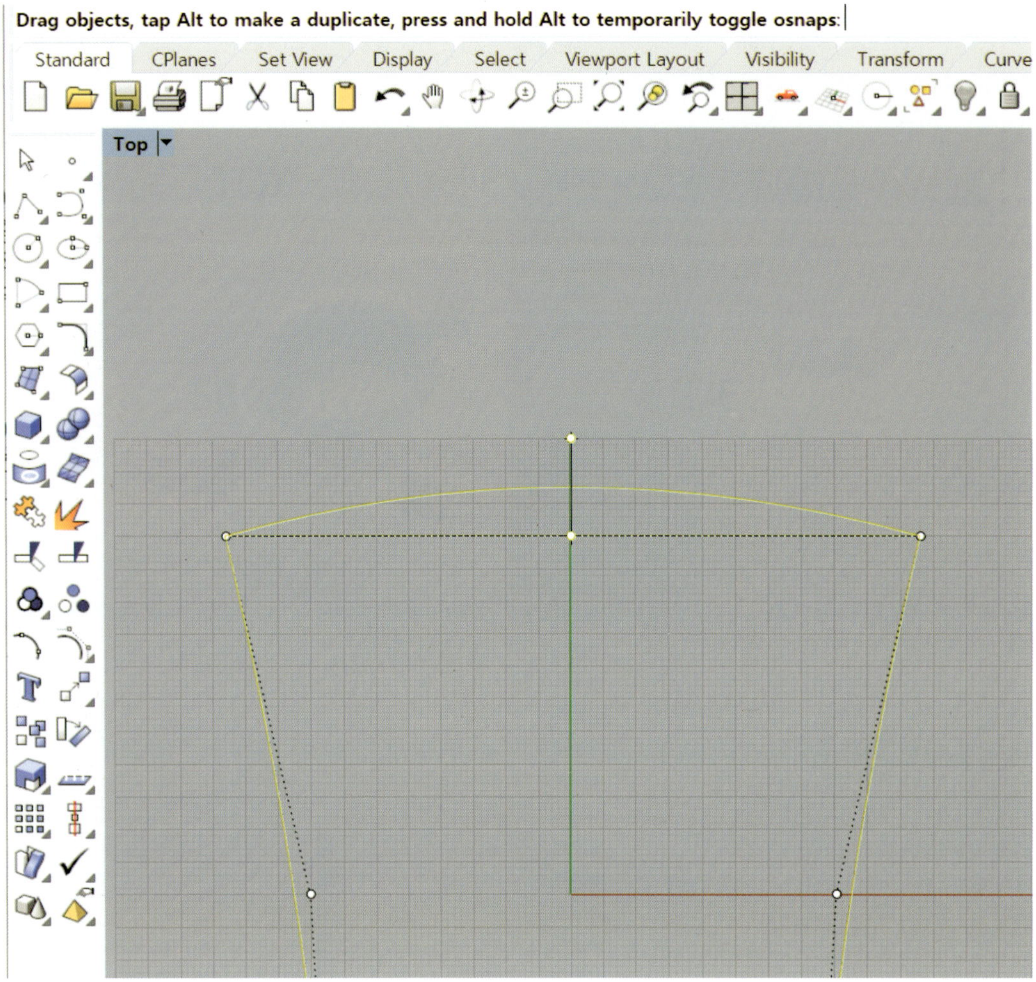

06 액자 상단 직선의 중간 제어점을 선택하고 드래그하여 곡선으로 변형한다. 이때 Shift키를 눌러 포인트를 직각으로 이동한다. 마찬가지로 적당한 위치에서 명령을 종료한다. 다시 F10을 눌러 제어점을 숨긴다.

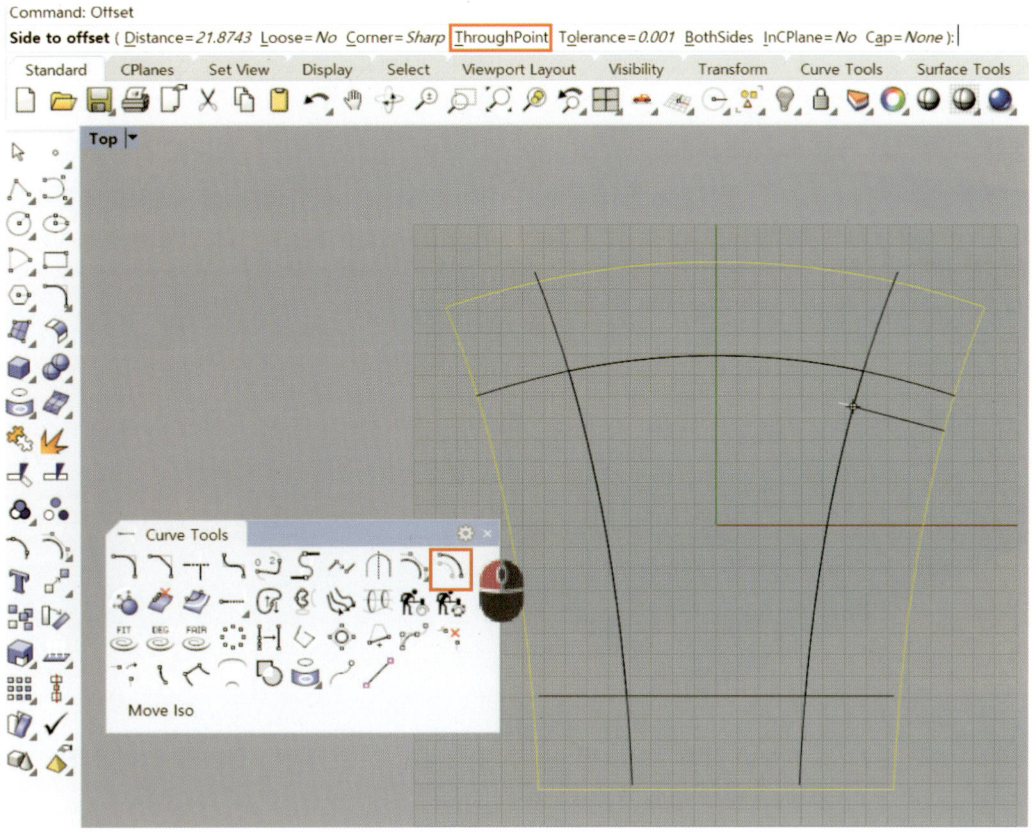

07 액자의 사진이 들어갈 커브를 그리기 위해 Offset 명령을 실행한다. 이때 명령창에 수치를 입력하거나 ThroughPoint를 클릭해 마우스로 적당한 위치에 커브를 생성한다.

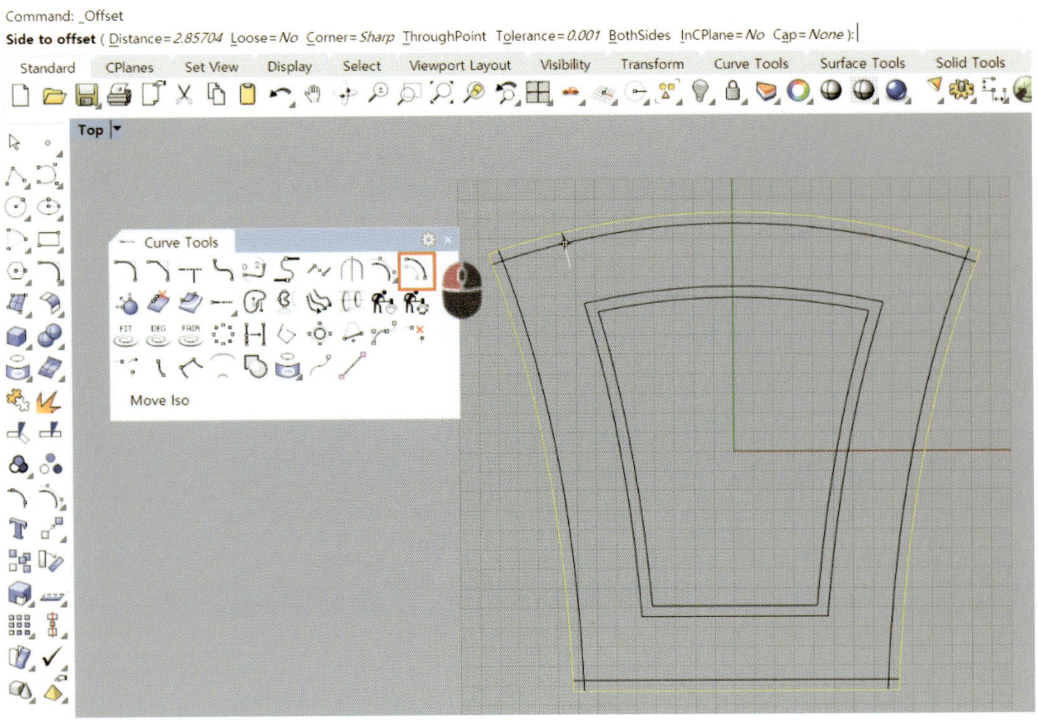

08 앞서 만든 2개의 커브를 각각 Offset 명령을 이용해 액자 살 두께가 될 커브를 생성한다.

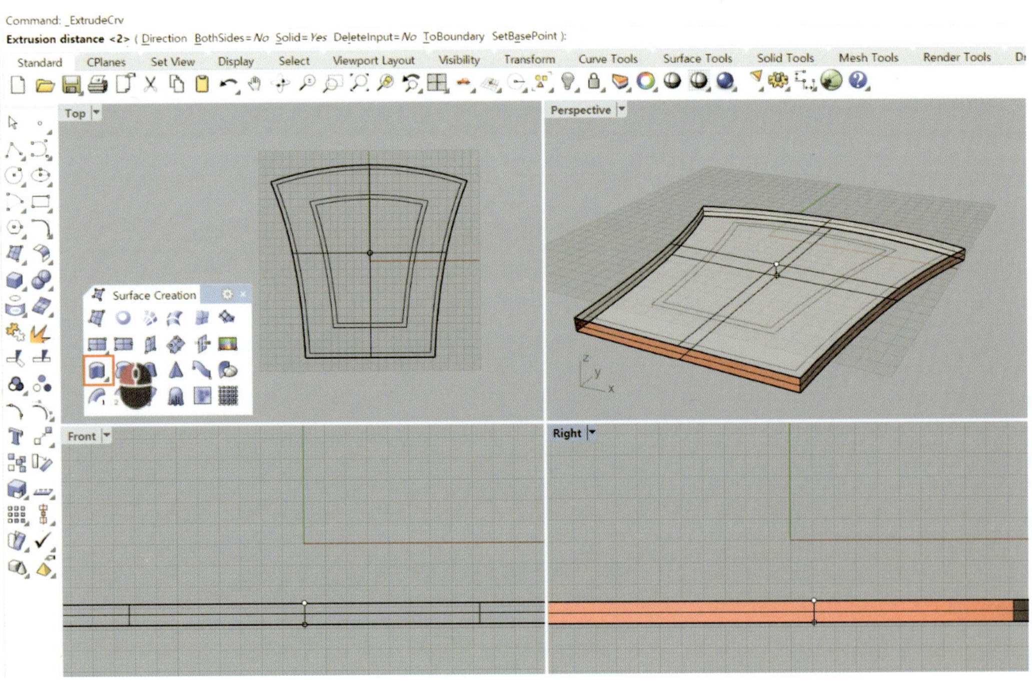

09 액자의 최외곽 커브를 선택해 ExtrudeCrv 명령을 이용해 아래쪽 방향으로 두께를 생성한다.

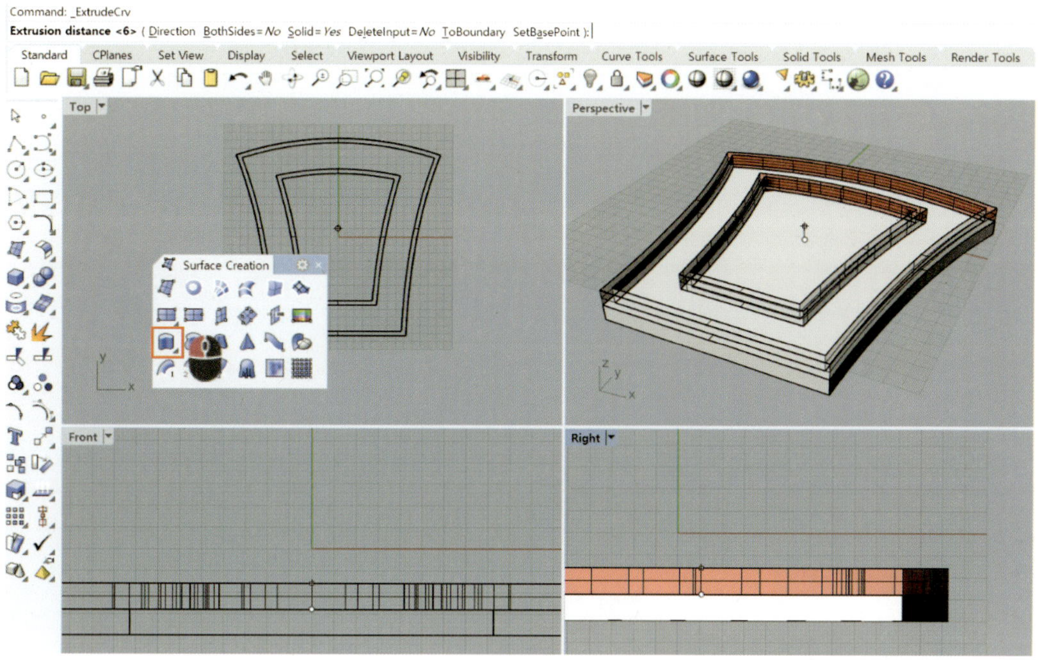

10 이번에는 모든 커브를 선택하고, 위쪽 방향으로 ExtrudeCrv 명령으로 두께를 생성한다.

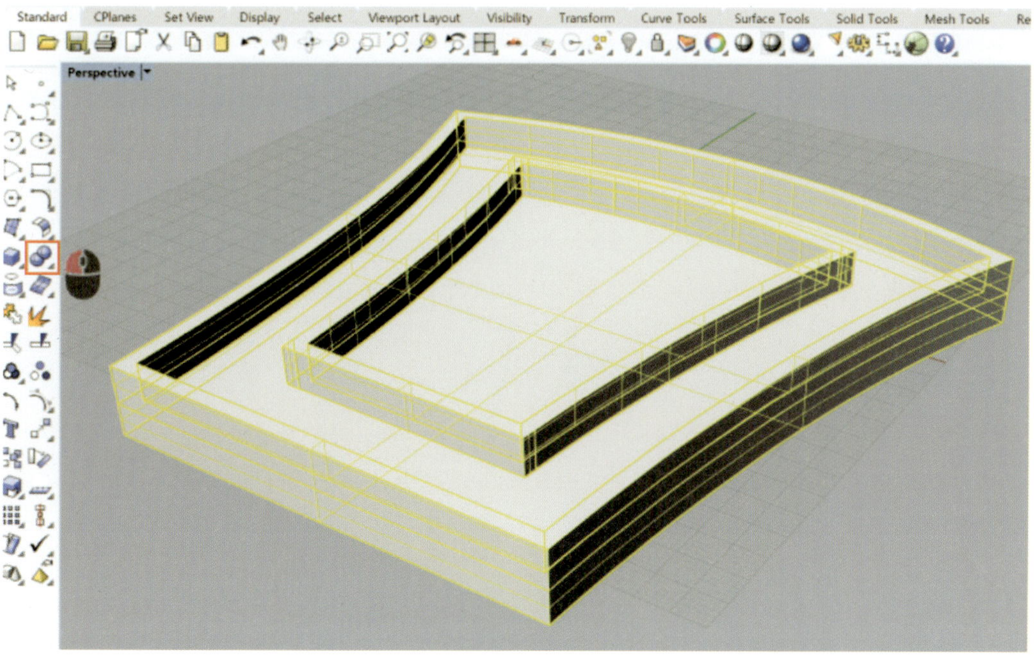

11 모든 개체를 선택하고 BooleanUnion 명령을 이용해 하나의 개체로 만든다.

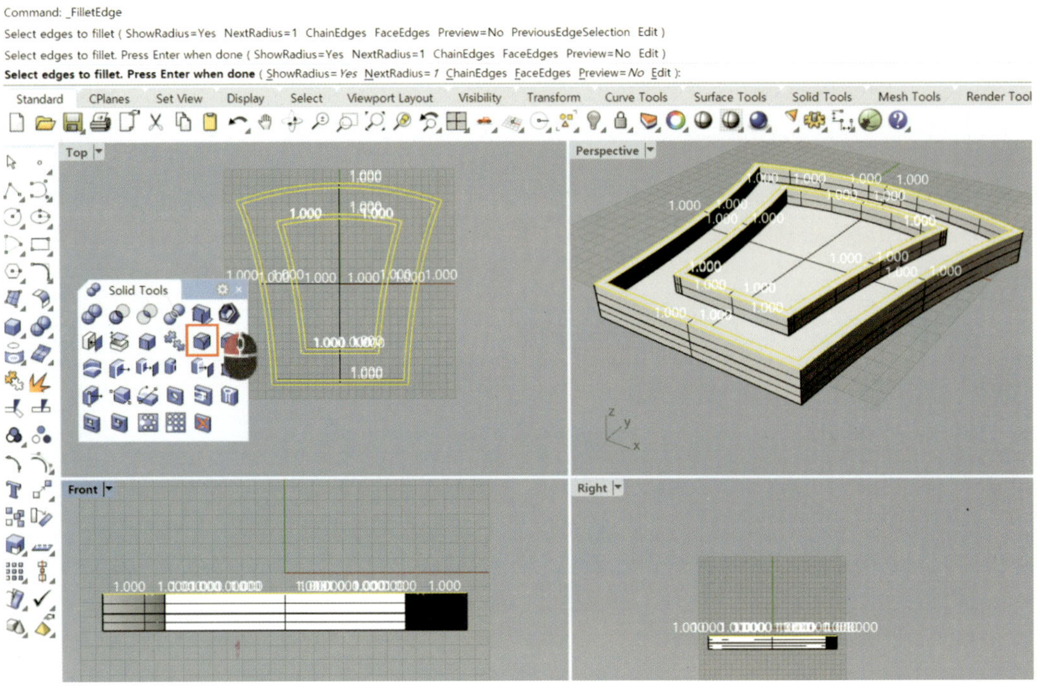

12 액자의 살 두께 부분에 라운드를 주기 위해 FilletEdge 명령을 실행한다. 살 두께 부분의 가장자리를 그림과 같이 모두 선택하고 Radius 값을 적당한 수치로 입력해 명령을 실행한다.

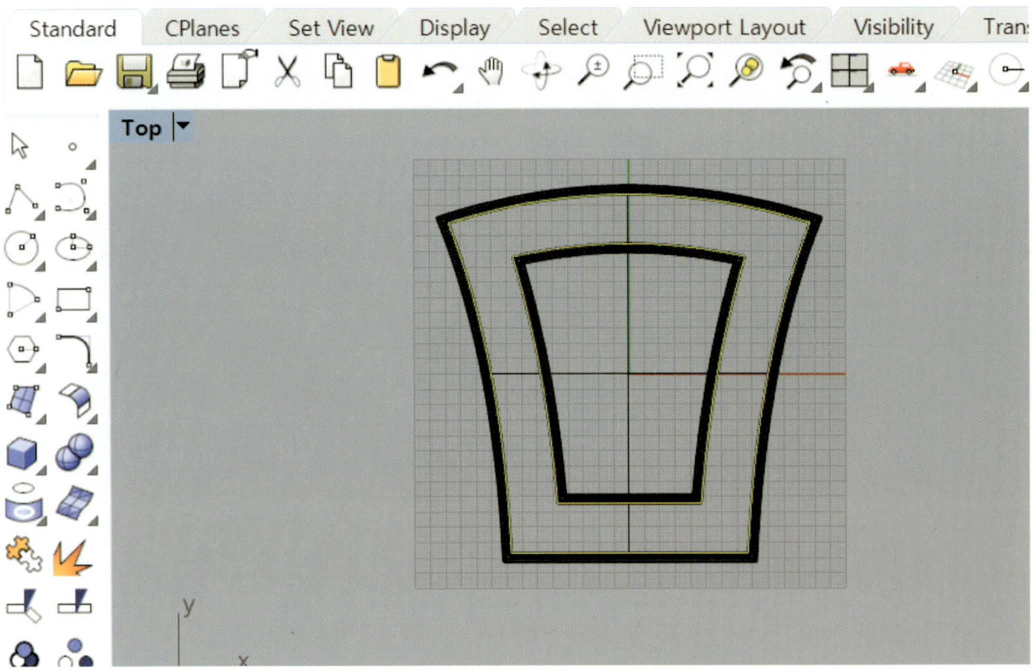

13 그림과 같이 액자 프레임 안쪽 커브 2개를 선택하고 ExtrudeCrv 명령으로 두께를 준다.

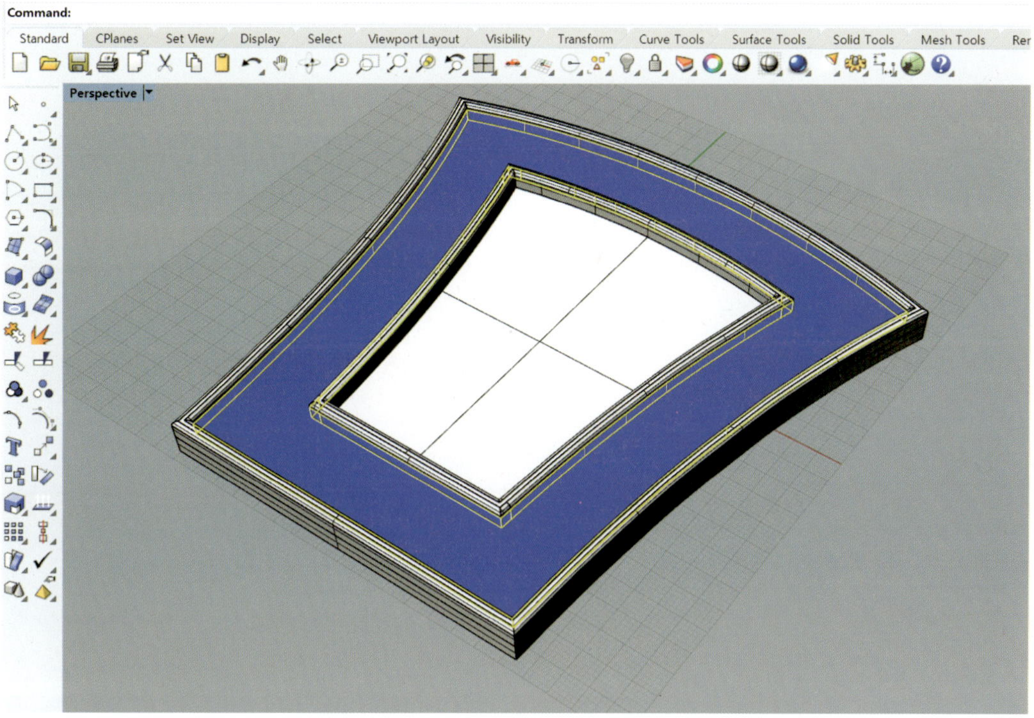

14 액자 모델링이 완성

추후 3D프린터로 액자를 출력한 후 사진이 들어갈 부분에 자신의 사진을 오려 넣어주면 액자가 완성된다.

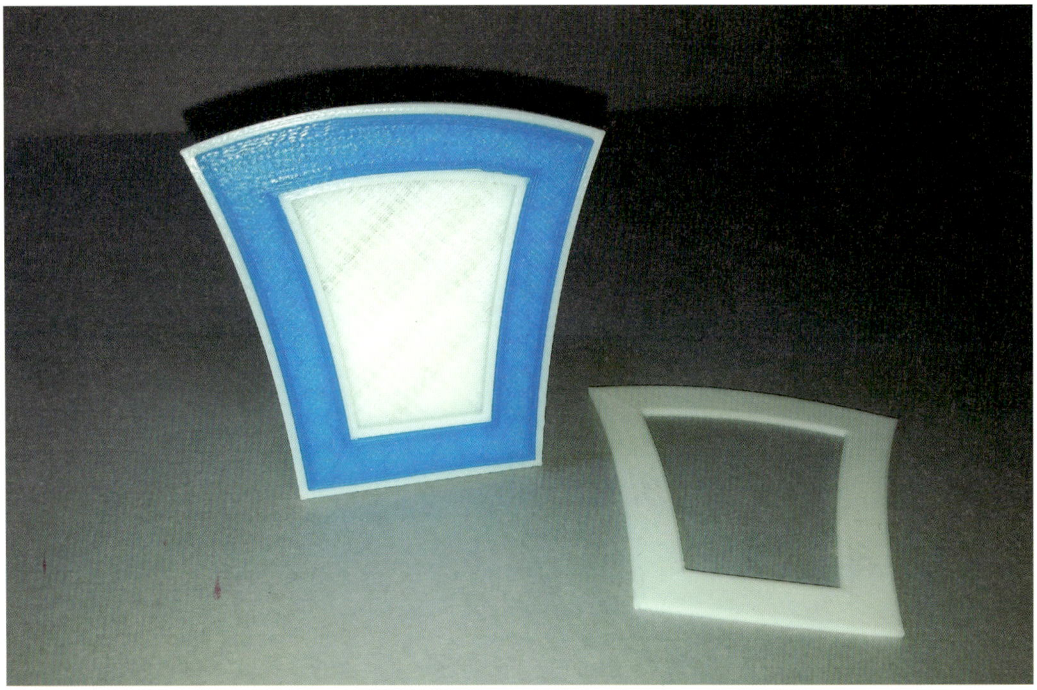

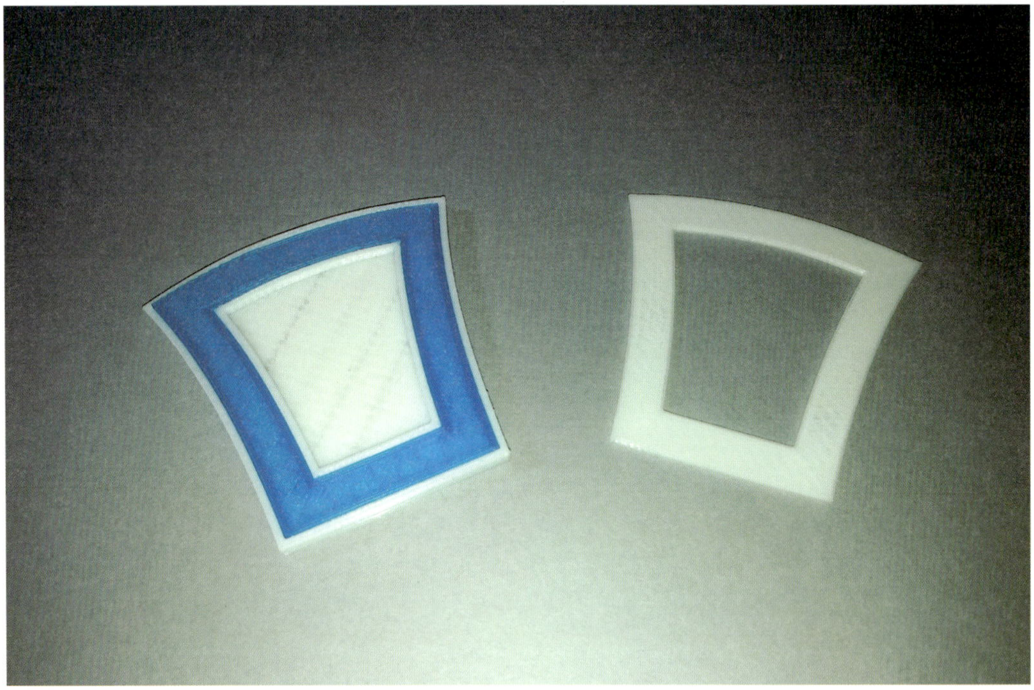

[3D프린팅 출력물 예시]

• 기하하적·추상적인 콘셉트 디자인으로 양산 판매되고 있는 픽처 프레임picture frame으로 브랜드 인지도brand awareness를 가진 'KORIN METAL–ARTS' 디자인 사례들이다.

7. 하나도 닮지 않은 계란 an egg that does not resemble any

본 장에서는 계란 모양의 타원체를 만들고 무늬를 투각하는 모델링 과정을 진행합니다. 계란의 단면 커브를 그리고 회전시켜 입체물을 만들고 피라미드 형태의 무늬를 투각하는 과정입니다. 도면은 참고용으로 반드시 동일한 치수를 적용해 모델링하지 않아도 좋습니다.

실습을 진행한 뒤에는 다른 모양으로 투각하며 조형을 탐구해 보도록 해도 좋습니다.

모델링은 한 가지 방법이 아닌 여러 가지 방법으로 만들 수 있기 때문에 본 장에서 소개하는 한 가지 방법뿐만 아니라 다른 방법에 대해서도 생각해 본다면 좋을 것 같습니다.

하나도 닮지 않은 계란의 도면

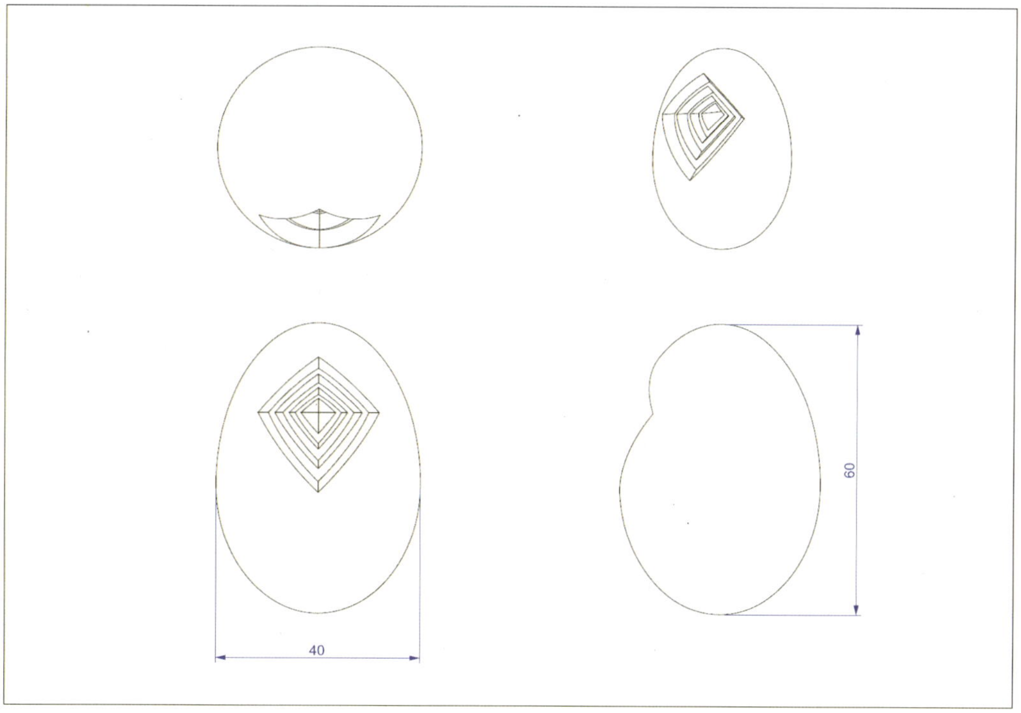

[하나도 닮지 않은 계란 an egg that does not resemble any]

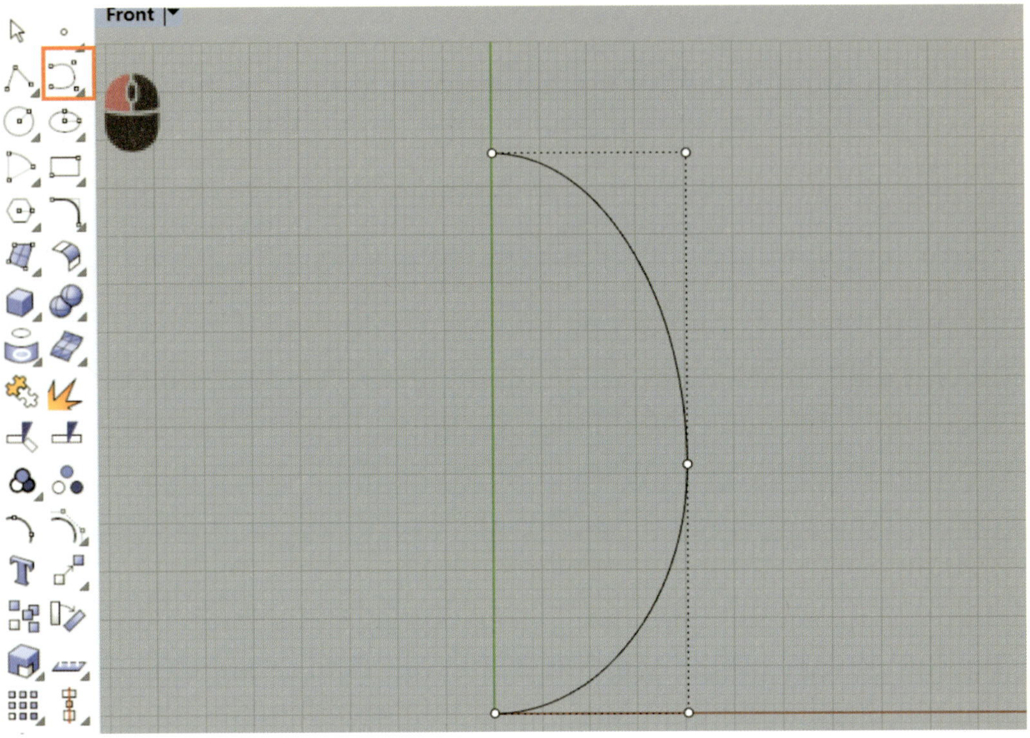

01 FrontView에서 Curve 명령을 이용해 그림과 같이 계란의 단면 커브를 그린다.

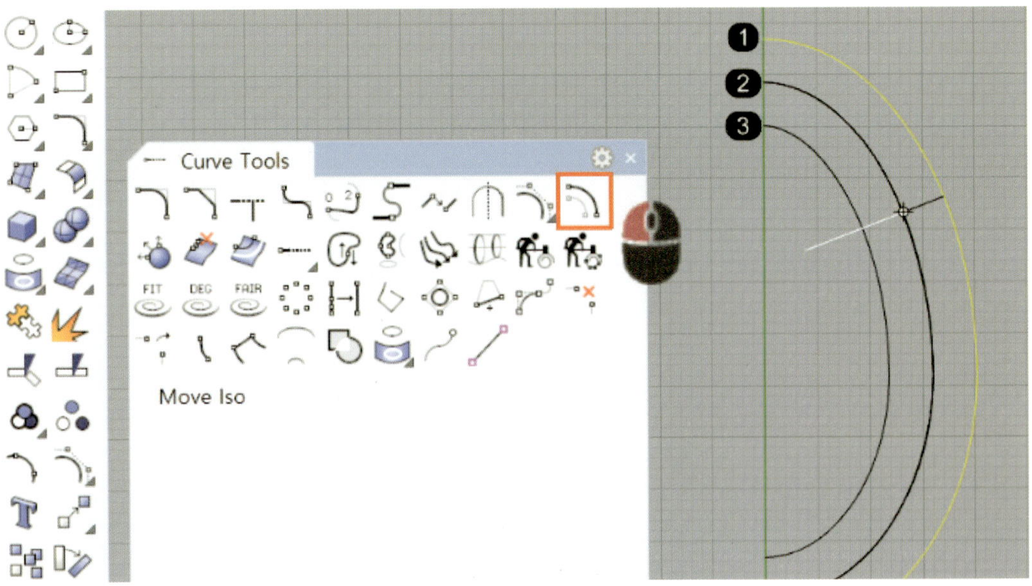

02 Offset 명령을 사용해 1번 커브로 2번 커브를 생성한다. 2번 커브를 Offset해 3번 커브를 생성한다. 계란의 기본 단면 커브가 생성됐다.

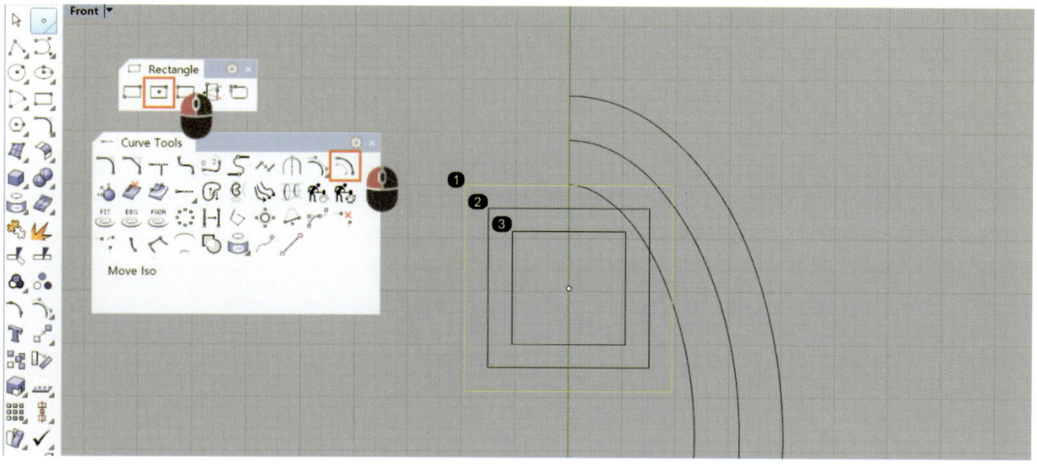

03 Point 명령으로 중심점이 되는 포인트점 개체를 만든다. Rectangle 명령으로 그림의 1번과 같이 사각형을 생성한다. 1번 커브를 Offset하여 2번 커브를 만든다. 다시 한번 2번 커브를 Offset하여 동심을 갖는 사각형 3개를 그려준다.

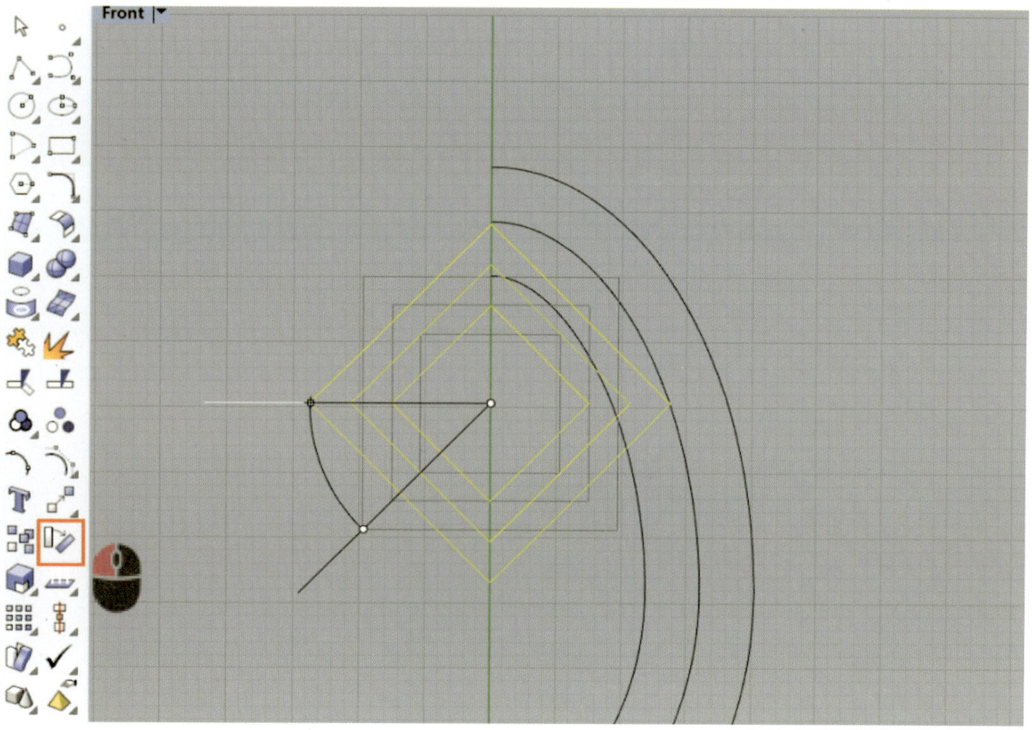

04 앞서 만든 사각형 커브 3개를 모두 선택한다. Rotate 명령으로 그림과 같이 45° 회전한다.

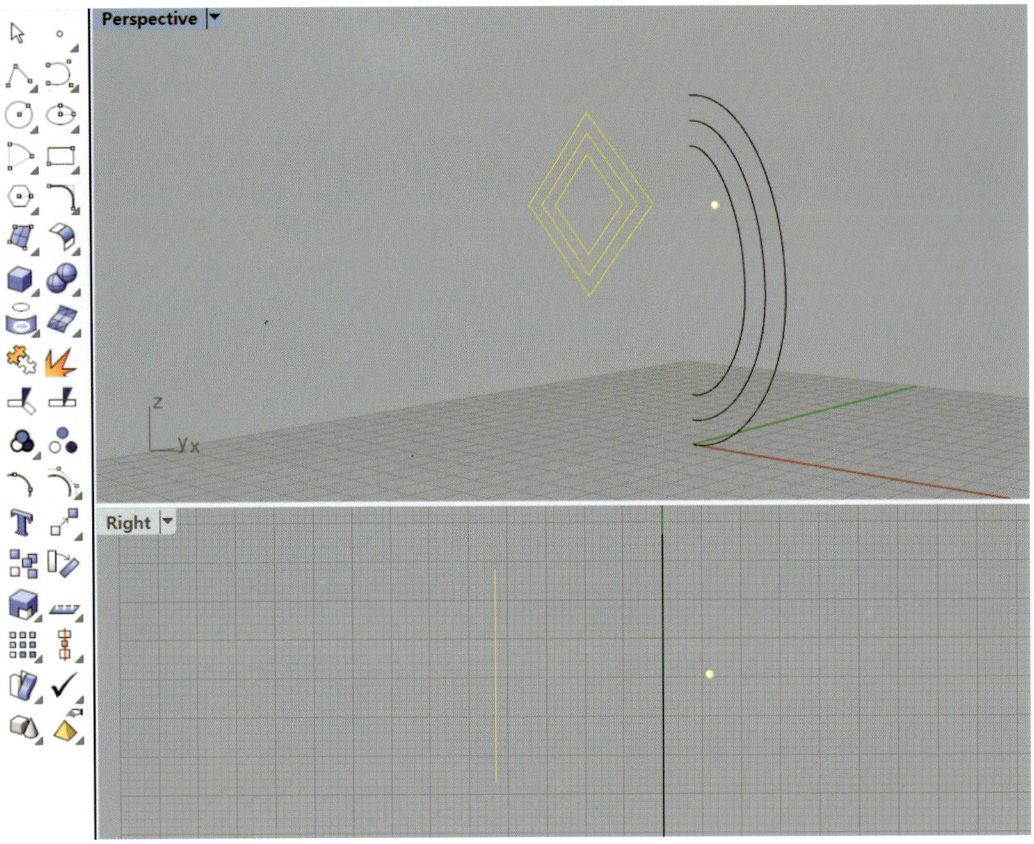

05 RightView에서 그림과 같이 앞서 만든 3개의 사각형 커브와 포인트 개체를 드래그하여 이동시킨다.

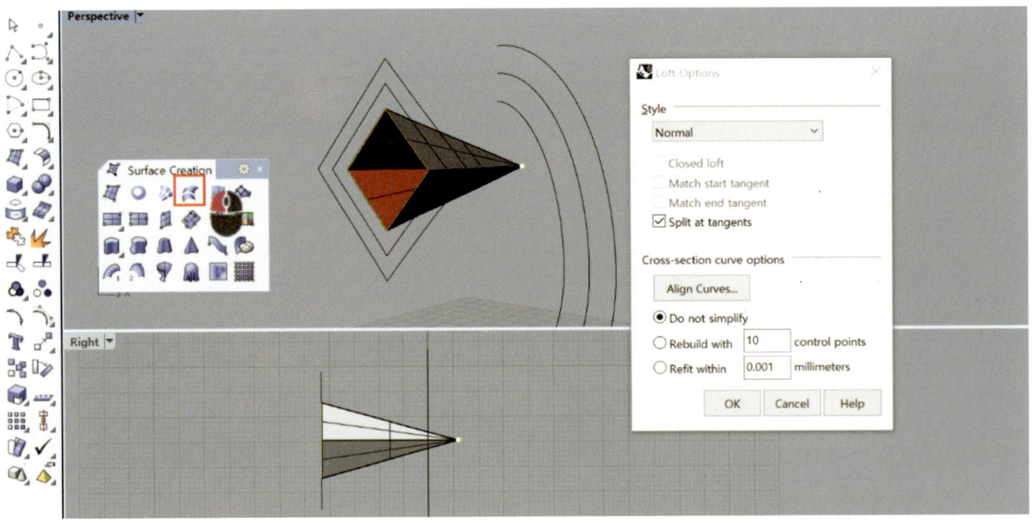

06 사각형 커브 1개와 포인트 개체를 선택한다. Loft 명령으로 사각추 형태의 면을 생성한다. 나머지 사각 커브들도 차례로 Loft 명령으로 면을 생성한다.

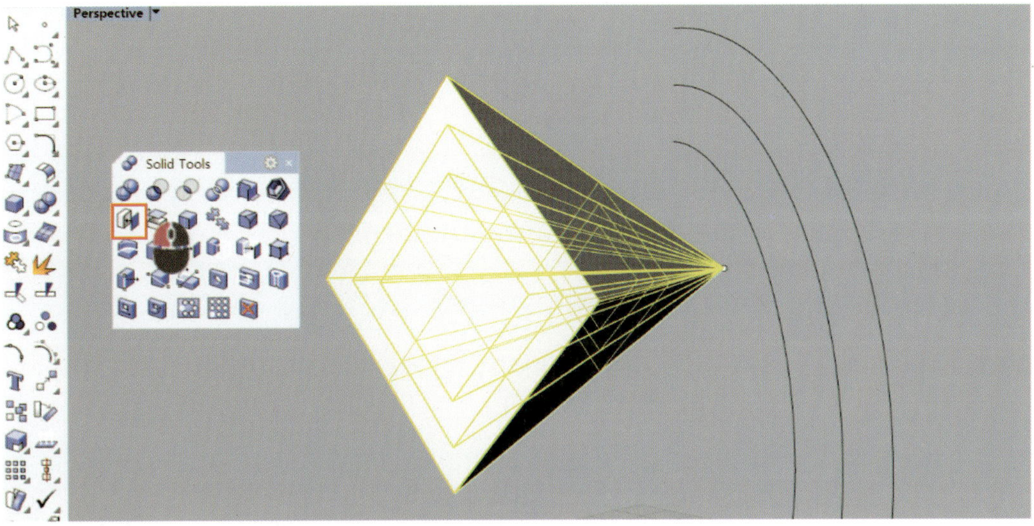

07 앞서 생성한 개체들은 모두 선택하고 Cap 명령으로 닫는다.

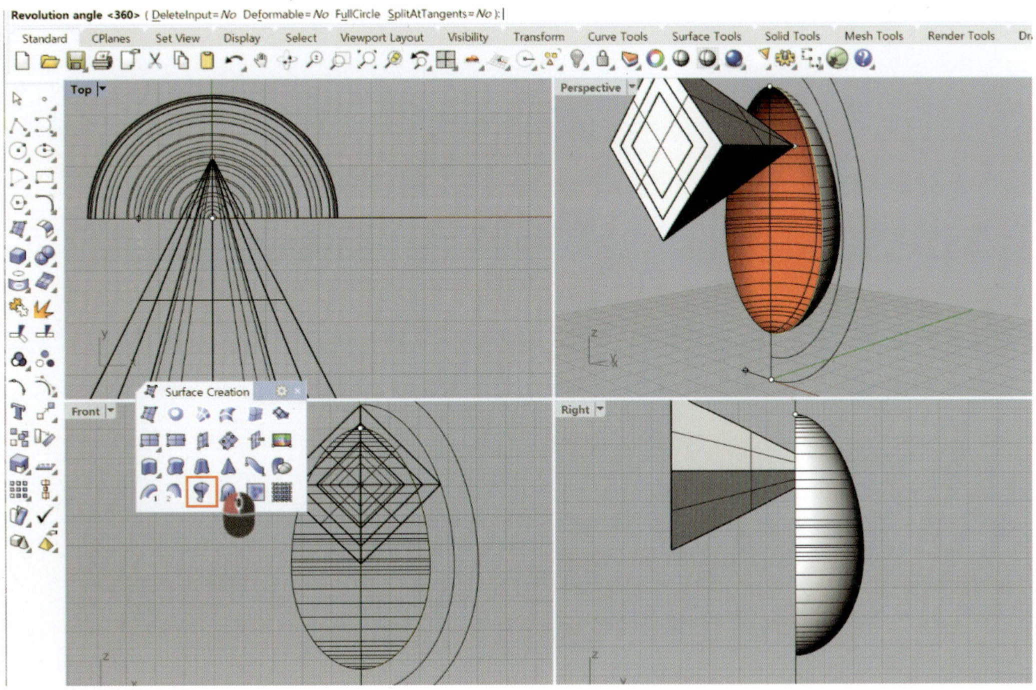

08 2단계에서 만든 계란 단면 커브 중 제일 안쪽 커브를 선택한다. Revolve 명령을 실행하고 회전축은 커브의 끝점과 끝점을 기준으로 설정한다. 이때 명령창에서 회전각도는 360°로 입력한다.

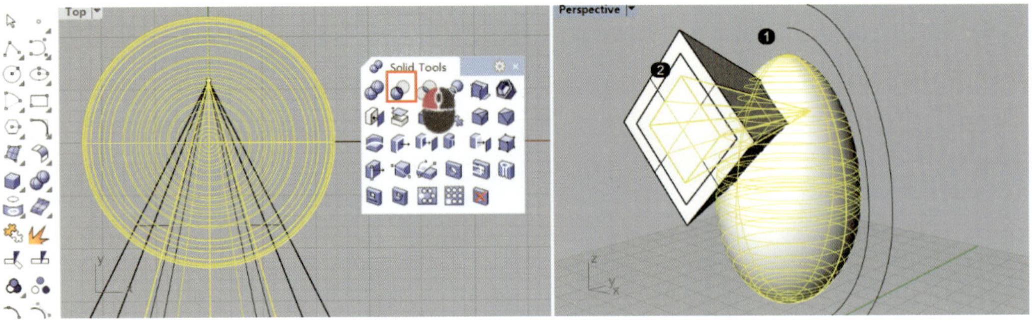

09 BooleanDifference 명령을 이용해 1번 개체에서 2번 개체를 차집합 한다.

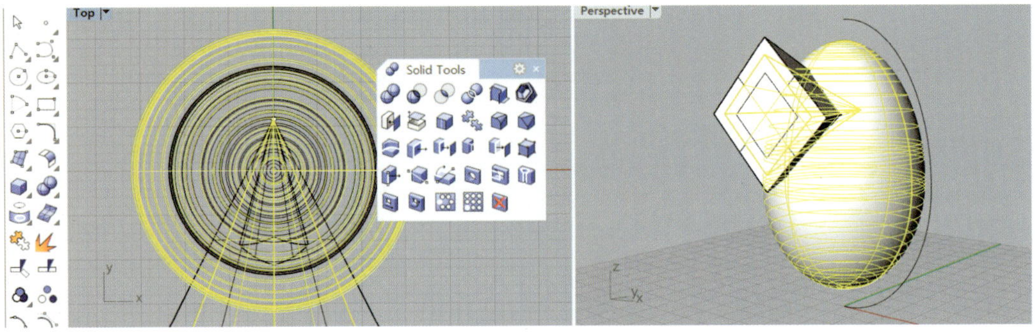

10 2번째 계란 단면을 Revolve 명령으로 회전시킨다. 2번째 사각추 개체를 BooleanDifference 명령으로 차집합 한다. 앞서 진행한 것에서 개체를 바꿔 반복 진행한다.

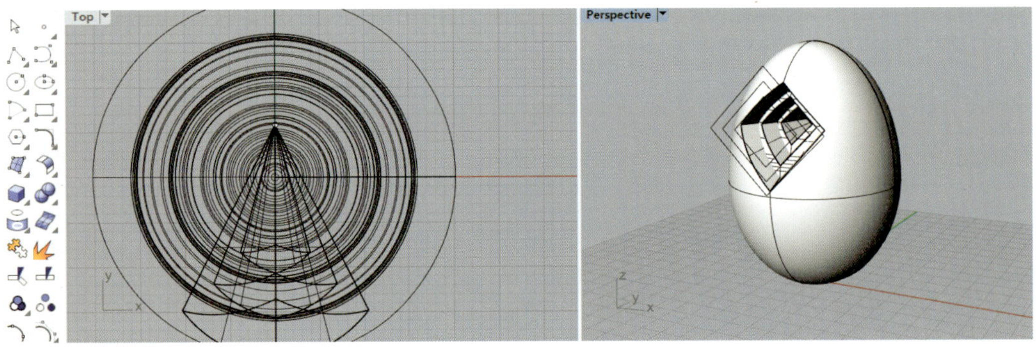

11 차례대로 진행하면 위의 그림과 같은 결과를 볼 수 있다.

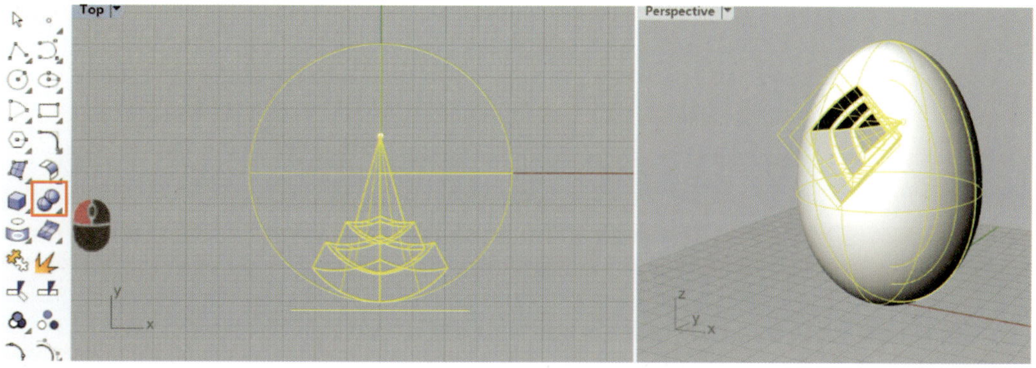

12 모든 개체를 선택하고 BooleanUnion 명령을 실행한다. 모든 개체가 하나의 솔리드로 병합된다.

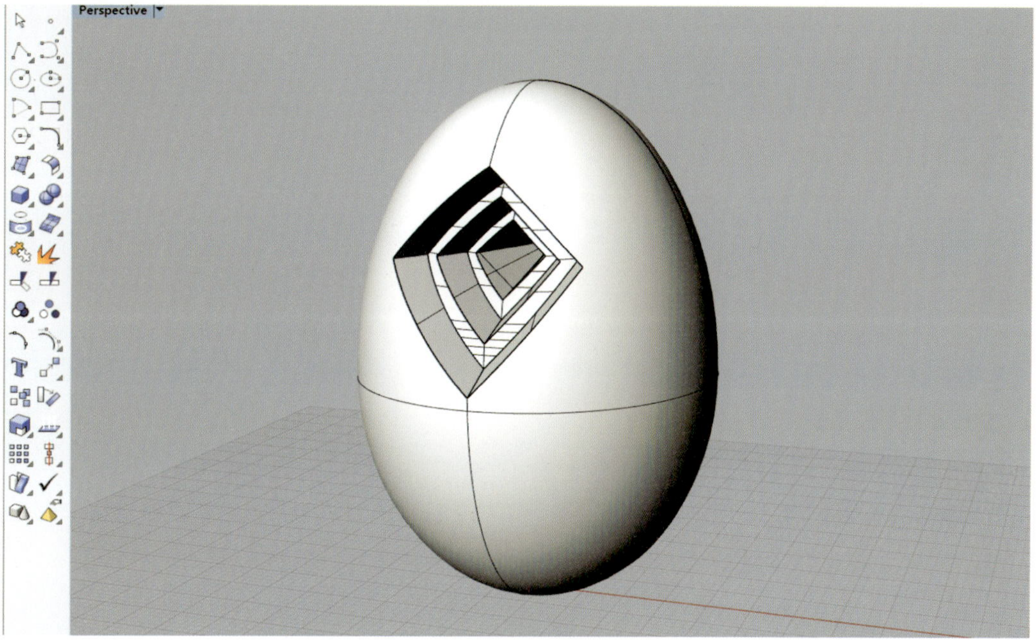

13 계란을 제외한 다른 개체들은 숨기거나 지워 모델링을 완성한다.

[3D프린팅 출력물 예시]

• 기하학적인 타원ellipse과 달리 난형eggshape은 하나도 닮지 않은, 완벽한 생명력을 갖춘 형상이다. 생장감, 연속된 표면의 일체감을 지니며, 양감mass, 질감texture에 대한 본 개념과 원리 체험, 형태변환formation 부조형태를 두드러지게 조각, relief에 의한 음영효과의 기본 원리와 조형 속성을 체험할 수 있다.

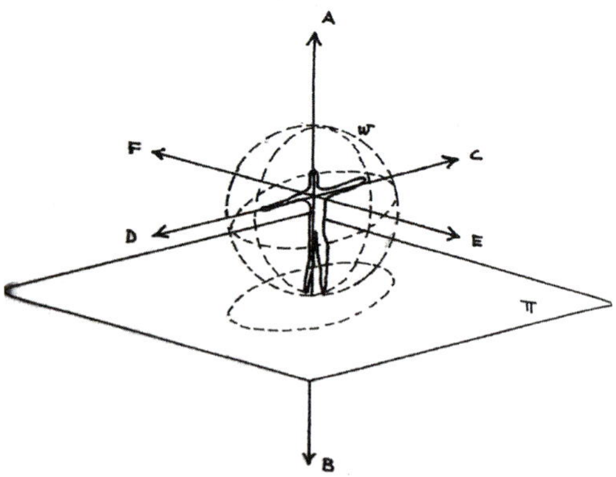

- 공기를 넣어 부풀리는 구형의 돔 spherical dome 구조물로 육각형의 기본 라인으로 커버링 되어 있다.
  – Lydia henry 디자인
- 'Codizia' 향수병이 지닌 구체형 금빛과 반사의 효과
  – Nacho Lavernia & Alderto Cienfregos 디자인
- 배꼽을 중심으로 인체의 360° 회전 영역 시에 구체의 공간이 설정됨.

• 작가의 창작행위는 작품의 내포성을 표현하는 외연화 작업이 되므로 이때 그 대상을 표출하는 가치적 작용performing이란 결국 내용미학을 형식미학으로 표상화하는 창의적 작용의 실체realization라고 할 때 그 속에서 이루어지는 비양식적, 비형식적 메시지와 콘텐츠들을 객관화시키는 의지의 결과는 결국 유희충동idiom as a spieltrieb으로서의 표현 방법이 된다. – 김연화 디자인

8. 나를 비춰주는 귀요미 cute light that shines on me

본 장에서는 클립형태로 이뤄진 파이프를 응용한 조명을 모델링하는 과정을 소개합니다.

3D모델링은 한 가지 방법이 아닌 여러 가지 방법으로 만들 수 있기 때문에 본 장에서 소개하는 한 가지 방법뿐만 아니라 다른 방법에 대해서도 생각해 본다면 좋을 것 같습니다.

나를 비춰주는 귀요미의 도면

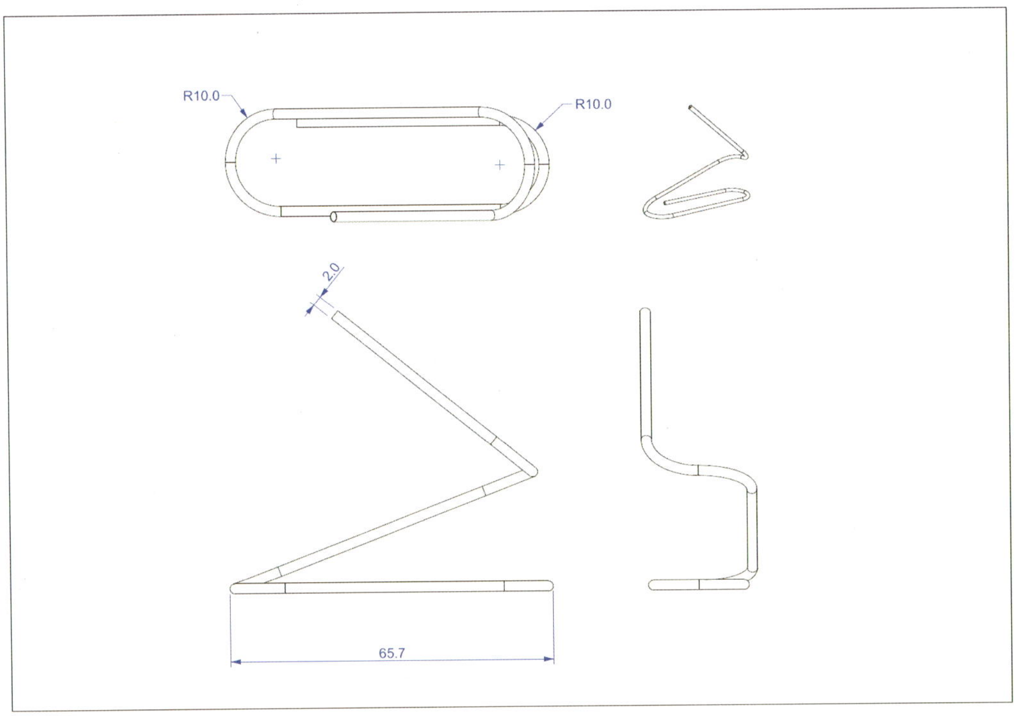

[나를 비춰주는 귀요미 cute light that shines on me]

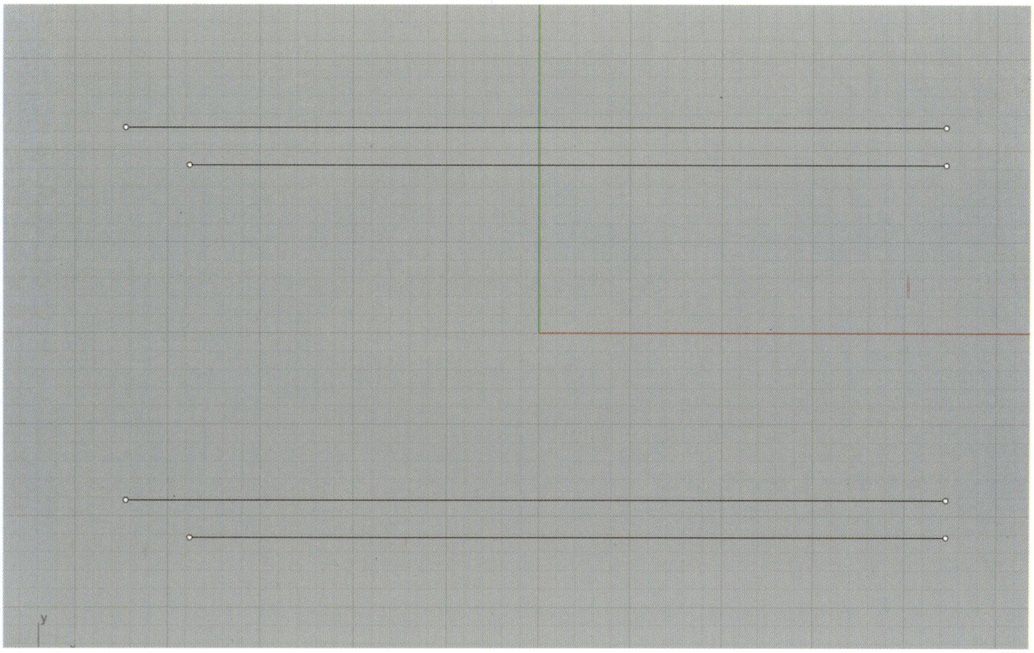

01 Line 명령을 이용해 그림과 같이 직선을 그린다.

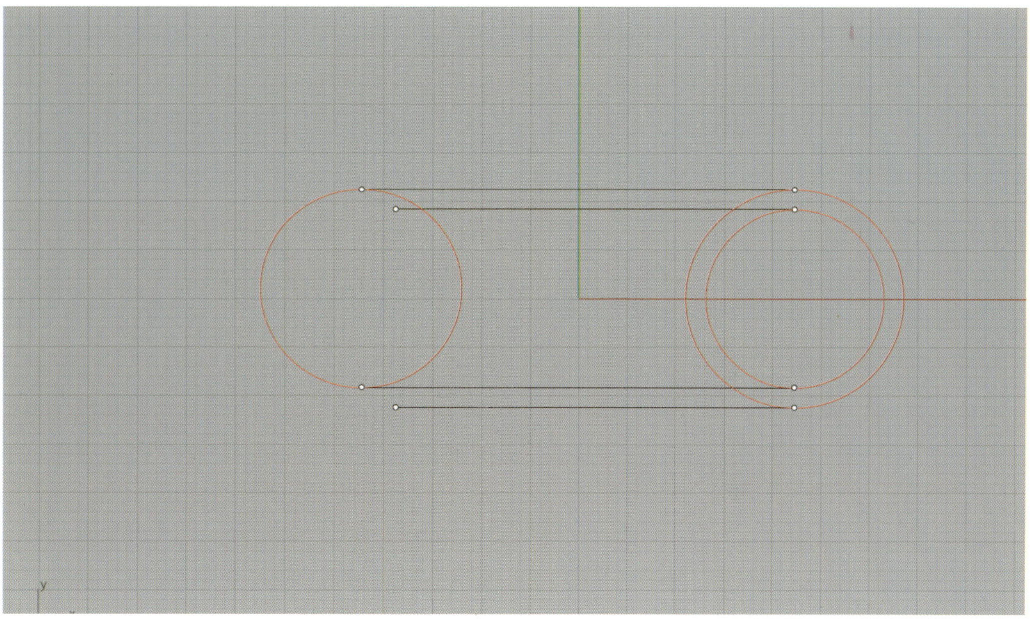

02 [Object Snap]은 End를 체크한 뒤, Circle 명령 중 2 Points 명령을 이용해 직선의 끝점과 끝점이 닿는 원을 생성한다.

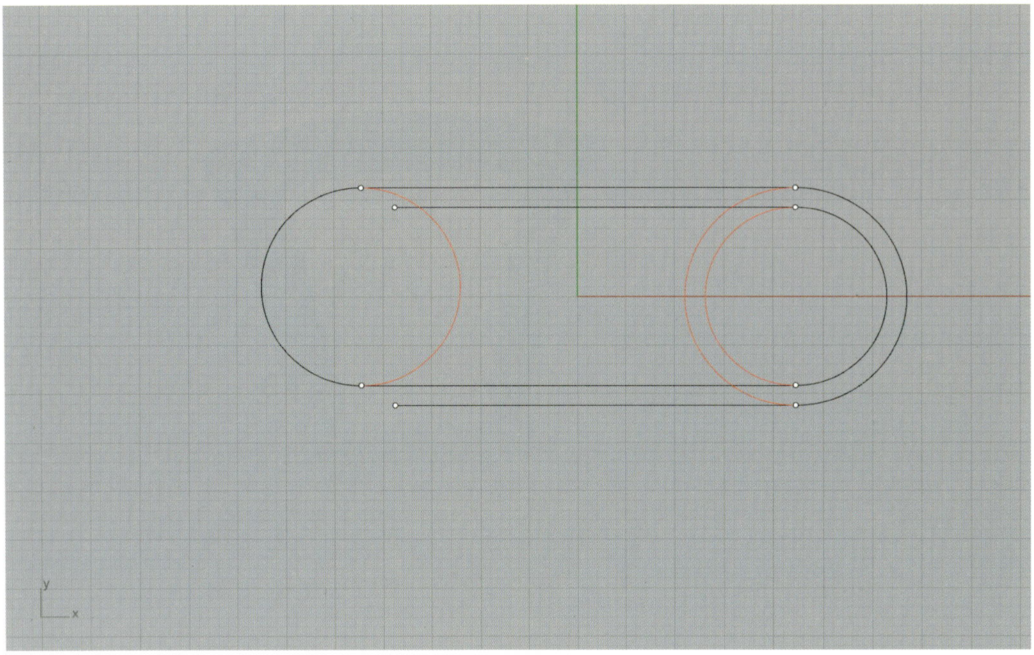

03 Trim 명령을 이용해 빨간색으로 표시된 불필요한 커브를 삭제한다.

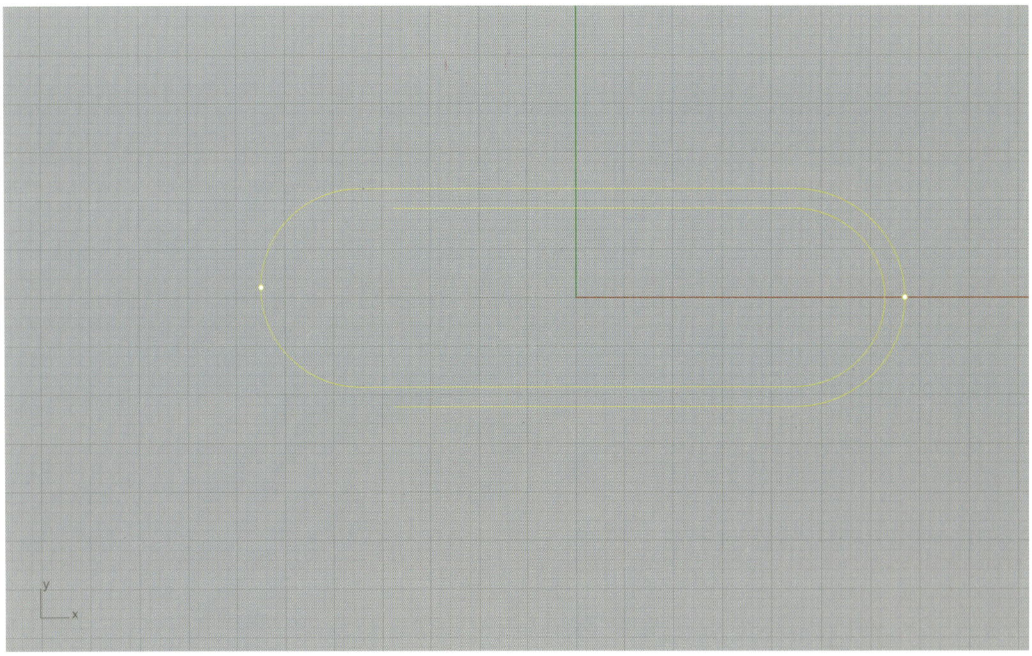

04 모든 커브를 선택한 뒤 Join 명령을 이용해, 하나의 개체로 합친다. Split 명령을 실행하고, 명령라인에서 Point 옵션을 선택한다. 이때 Object Snap에서 Quad를 체크한다. 그림에 표시된 2점을 클릭해, 커브를 분할한다.

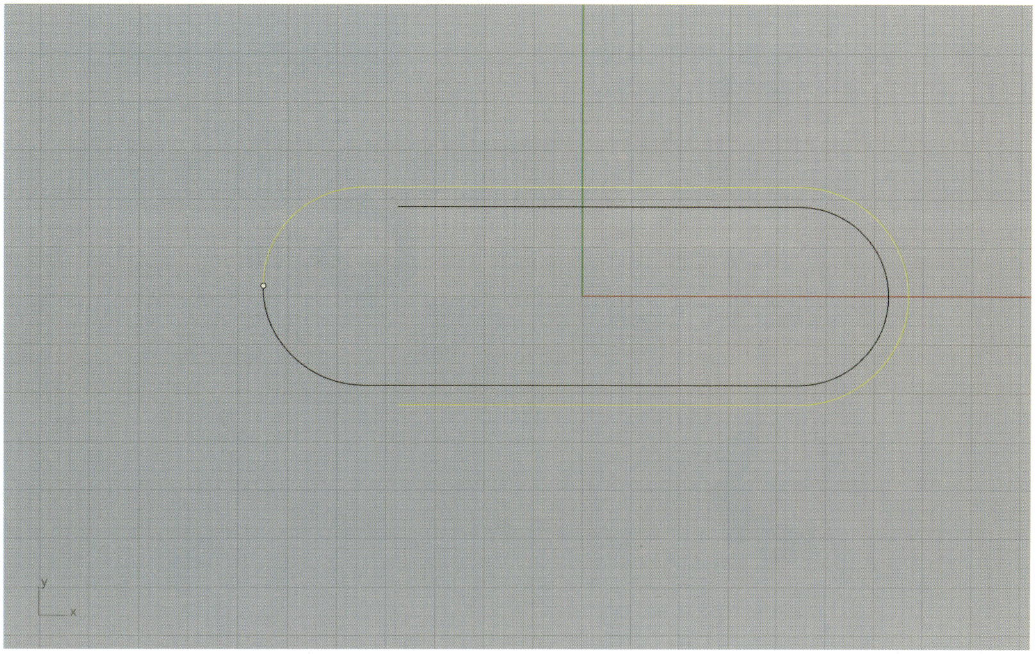

05 위의 그림과 같이 분할된 커브 중 2개의 커브를 선택한다.

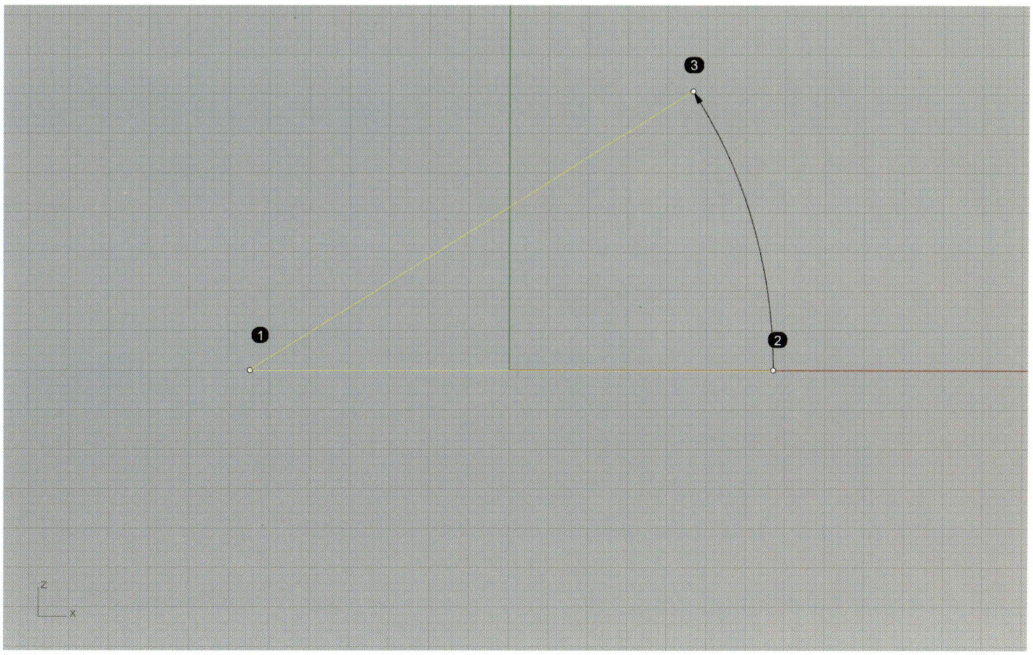

06 FrontView로 이동 후, Rotate 명령으로 선택된 커브를 회전시킨다.

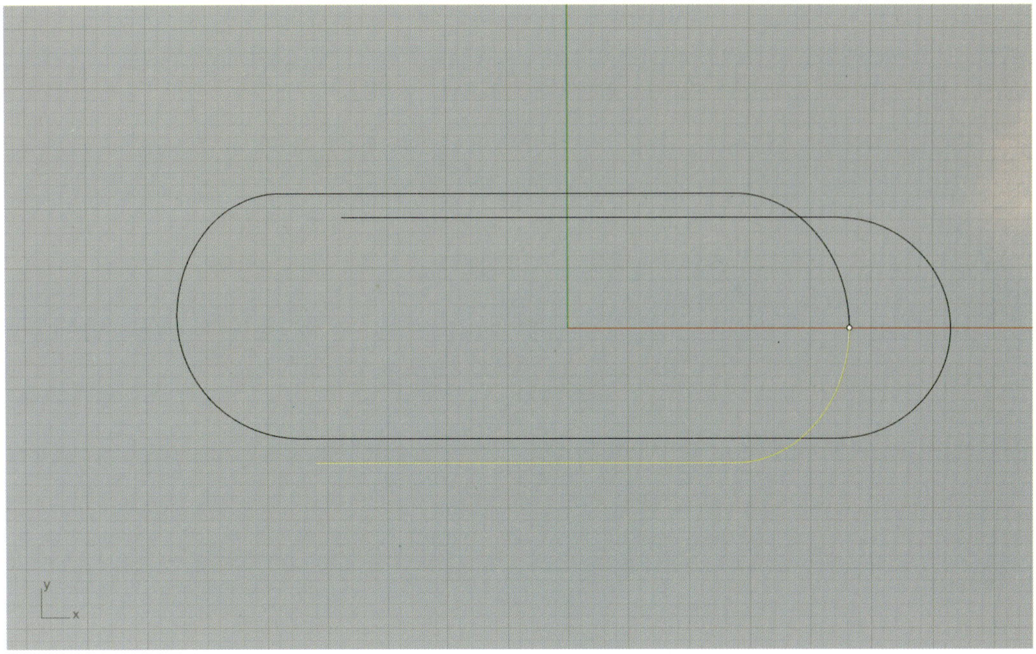

07 그림과 같이 커브를 선택하고, FrontView로 이동한다.

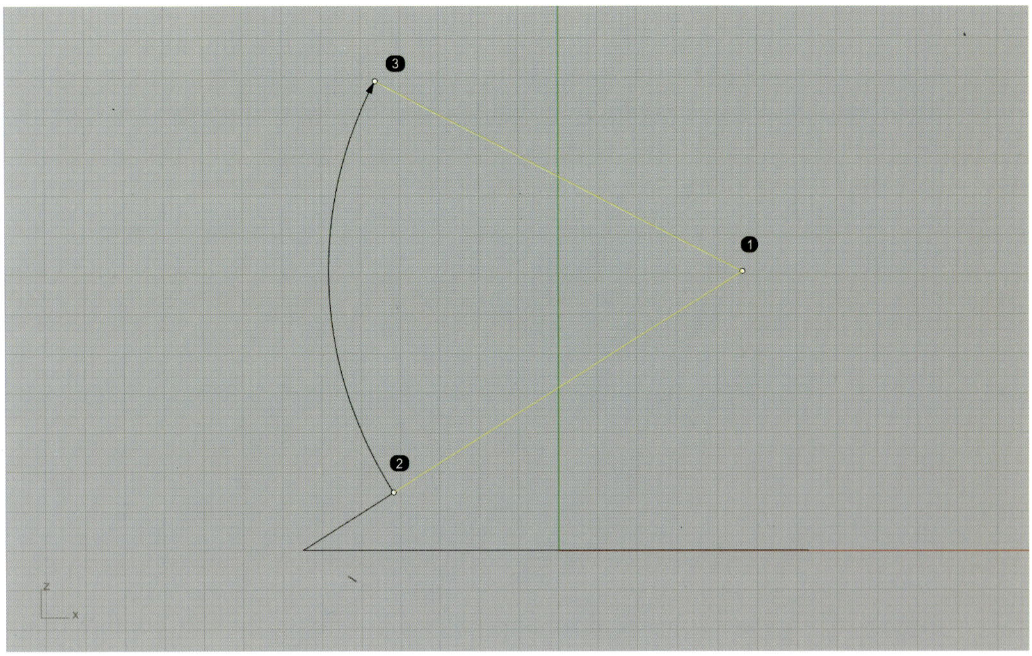

08 선택된 커브를 Rotate 명령을 이용해 회전시킨다. 모든 커브를 선택해 Join 명령으로 하나의 커브로 합친다.

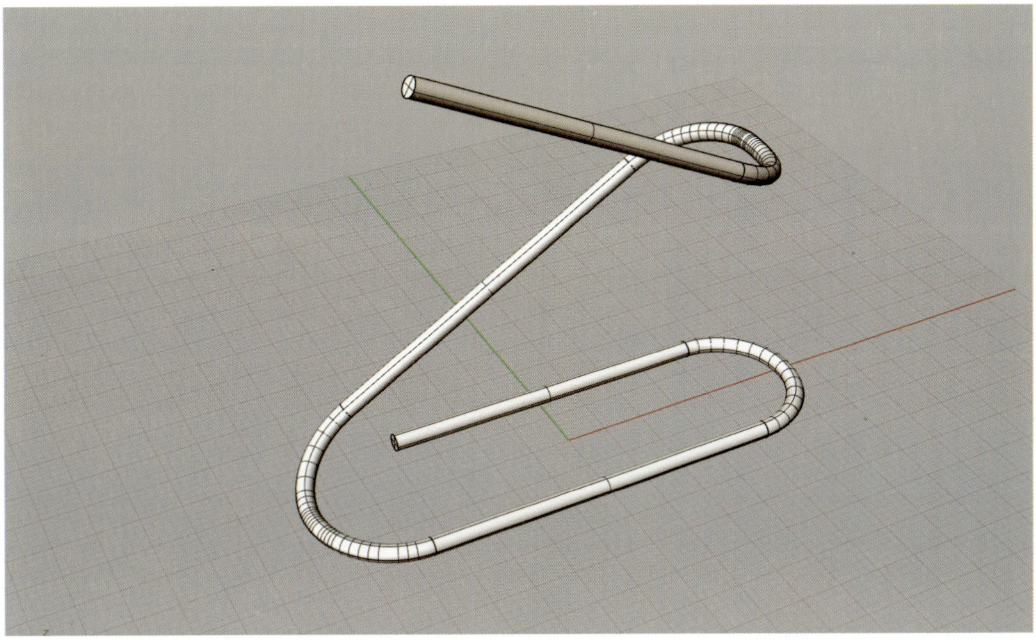

09 커브를 선택한 뒤 Pipe 명령으로 적당한 지름값을 입력해 원통을 생성한다.

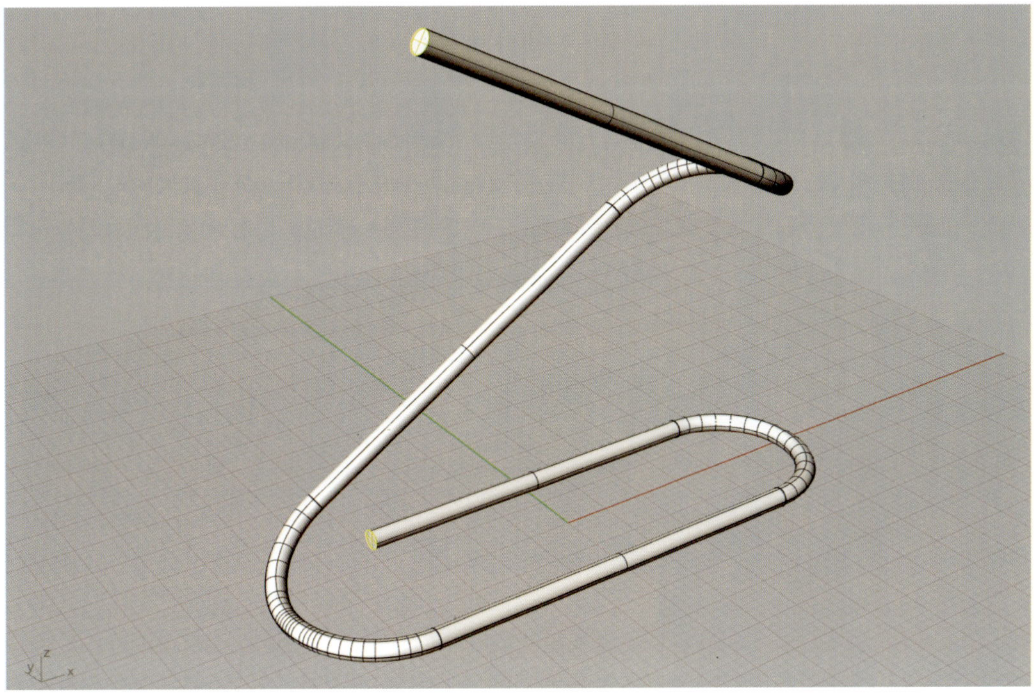

10 두께를 생성하기 위해 Shell 명령을 실행한 뒤 명령라인에서 Thickness를 눌러 적당한 두께값을 입력한다. 생성된 원통 개체의 양끝 면을 선택해 두께를 생성한다.

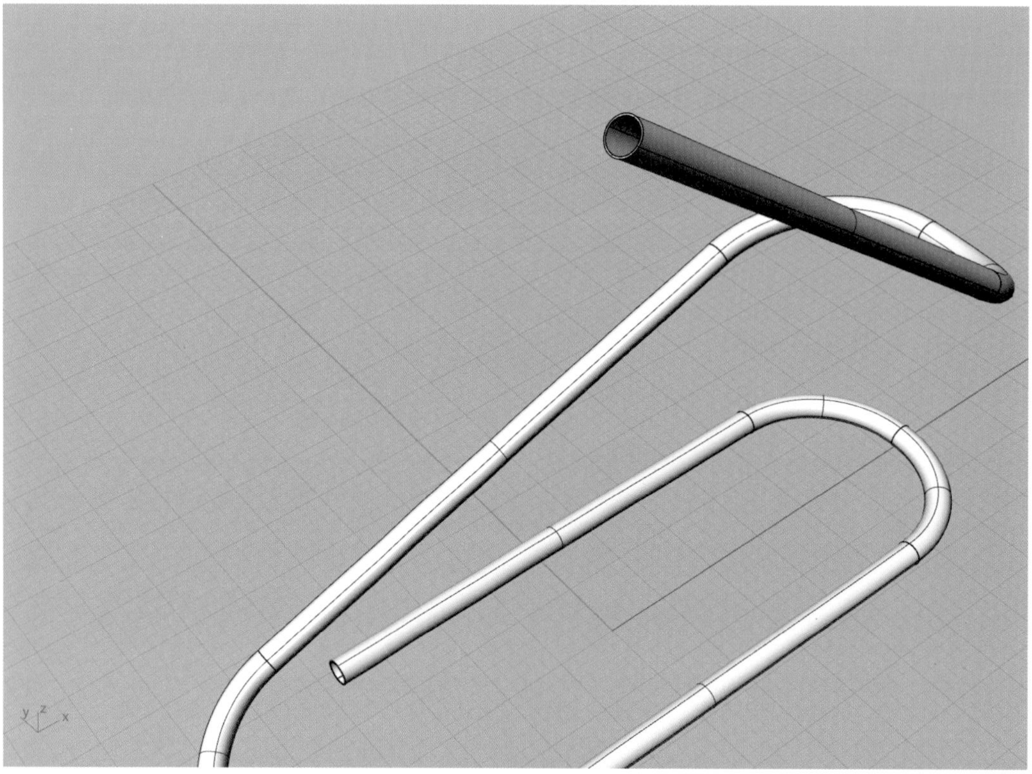

11 그림과 같이 적당한 두께로 생성되었으면 모델링을 마무리한다.

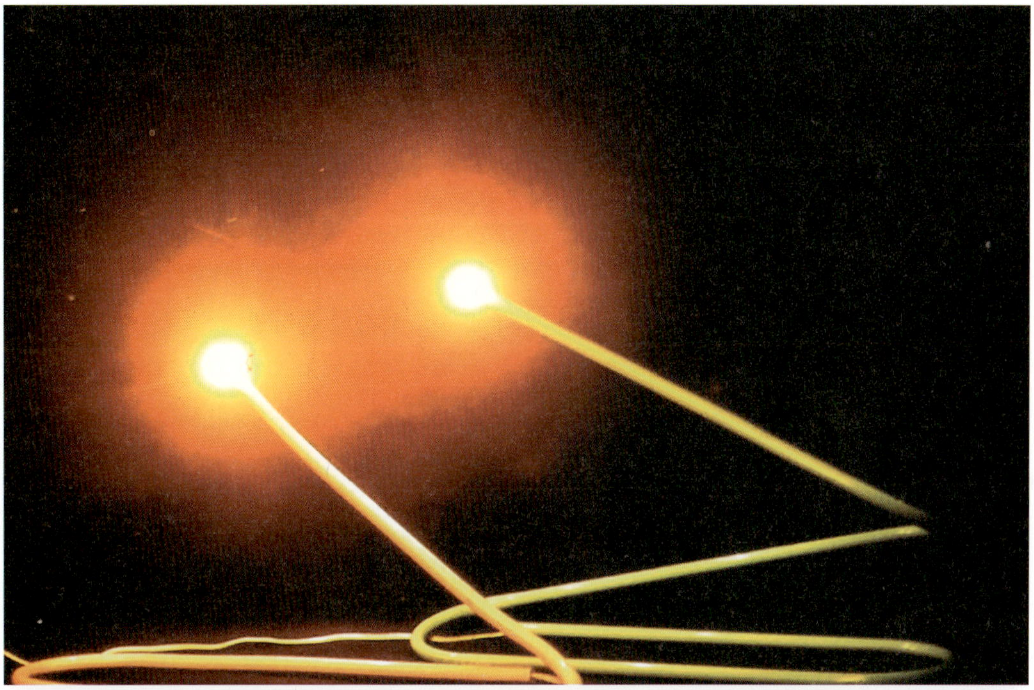

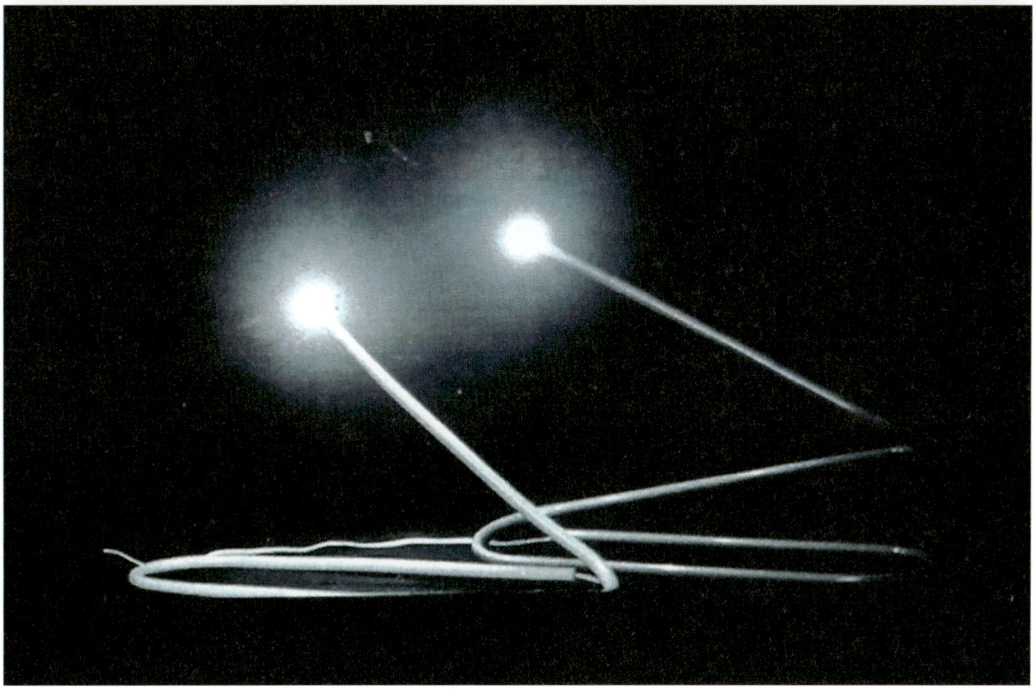

9. 작은 정글짐 small jungle gymnasium

본 장에서는 정삼각형으로 이뤄진 4면체를 만들고, 각 면에 다시 정삼각형으로 홀패턴의 모델링을 만드는 과정을 소개합니다.

3D모델링은 한 가지 방법이 아닌 여러 가지 방법으로 만들 수 있기 때문에 본 장에서 소개하는 한 가지 방법뿐만 아니라 다른 방법에 대해서도 생각해 본다면 좋을 것 같습니다

맨 뒷 장에서는 생성된 데이터를 이용하여 3D프린트로 출력하는 과정을 소개하여 3D프로그램과 3D프린트까지의 전반적인 과정을 이해하는 데 도움이 되고자 하였습니다.

[작은 정글짐 small jungle gymnasium]

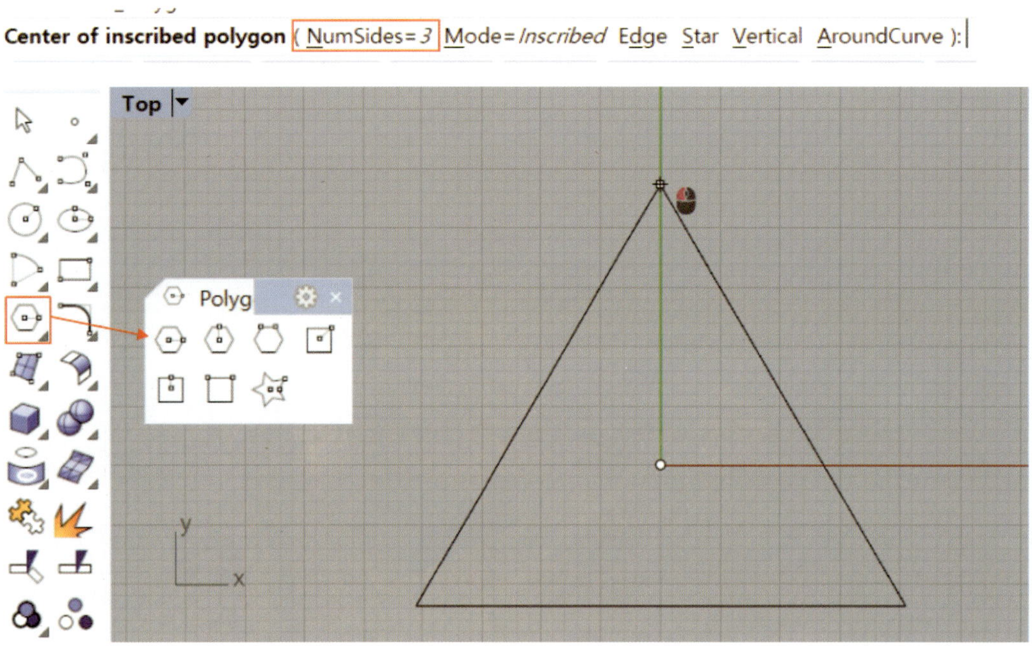

01 정삼각형 커브를 생성하기 위해 Polygon 명령을 실행한다. 명령 창에서 NumSides를 클릭해 변의 개수를 3으로 변경한다. 명령 창에 0,0,0 Enter를 입력해 삼각형의 중심을 지정한다. Viewport에 도형이 보이면 마우스를 움직여 적당한 크기에서 클릭해 삼각형을 생성한다.

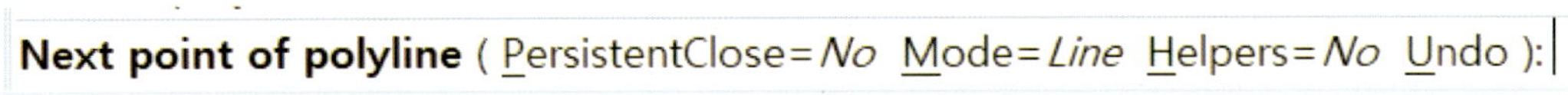

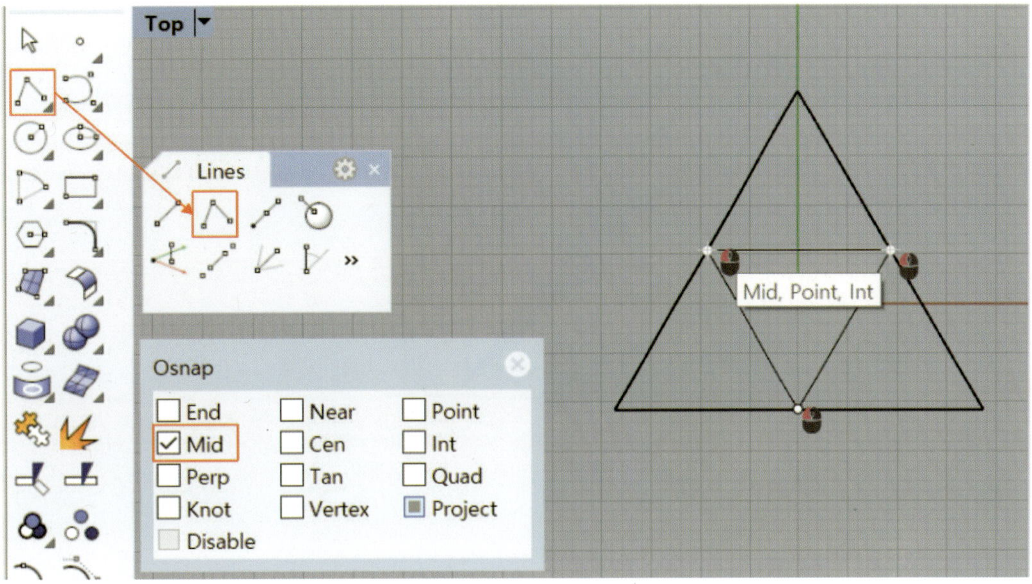

02 전단계에서 생성된 삼각형 세 변의 중간점을 기준으로 내접하는 삼각형을 만들기 위해, 우선 Osnap에서 중간점Mid을 체크한다. Polyline 명령을 실행 후 각 변의 중간점을 차례로 클릭해 삼각형을 생성한다.

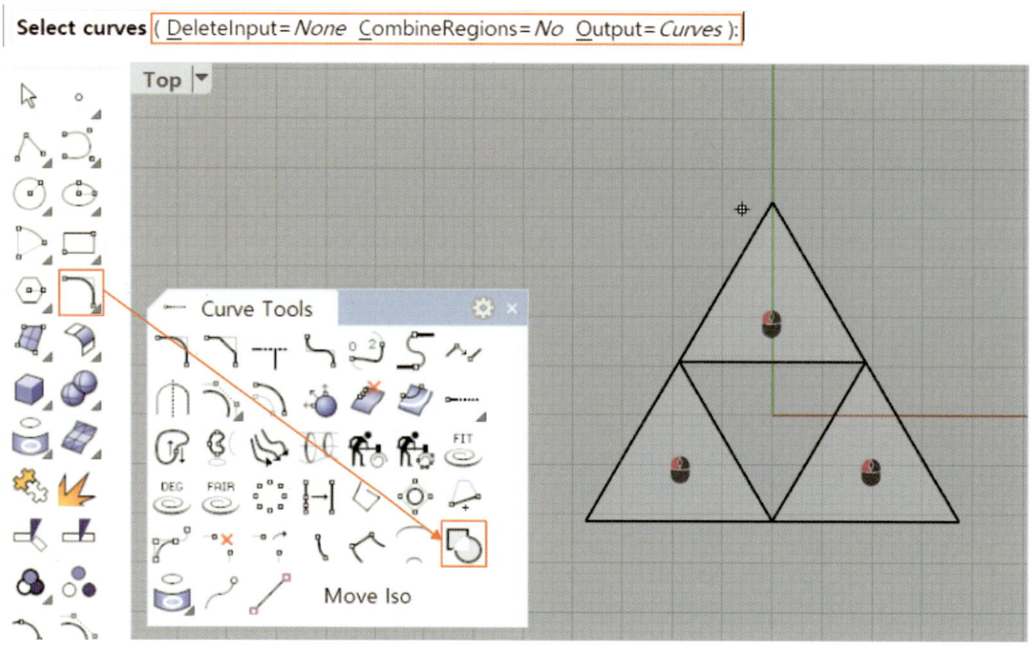

03 CurveBoolean 명령을 실행하고, 앞서 만든 커브 2개를 모두 선택 후 Enter 실행한다. 이때 명령 창에서 옵션 값은 DeleteInput=None, CombineRegions=No로 지정한다. 그림과 같이 삼각형 내부의 작은 삼각형 중심 3부분을 차례로 클릭하고 Enter 를 눌러 명령을 마치면 각각의 삼각형 커브 전단계에서 만든 삼각형을 포함해 동일한 크기의 삼각형 4개가 생성된다.

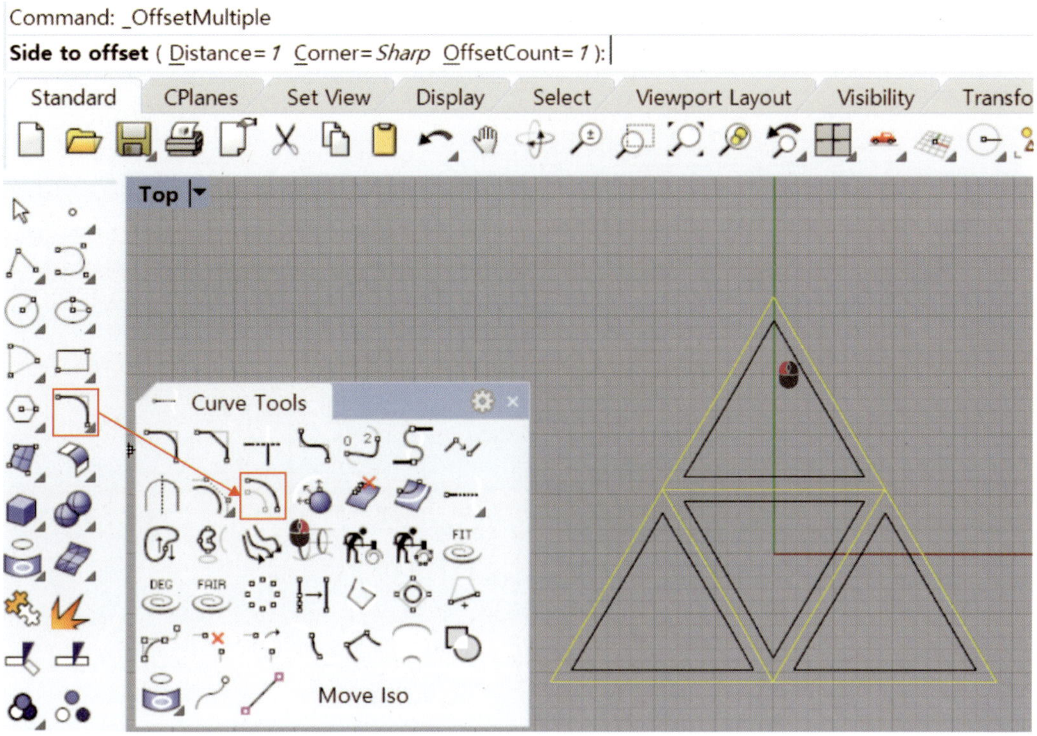

04 전단계에서 생성한 내부의 작은 삼각형 4개를 모두 선택한 후 OffsetMultiple 명령을 실행한다. 커브의 안쪽에서 클릭하여 명령을 마친다. Offset 명령으로 생성된 커브의 거리가 너무 멀거나 가까우면 명령 창의 옵션에서 Distance 값을 조정해 다시 생성한다. Offset 명령시 선택했던 커브를 Delete 키를 눌러 모두 지운다.

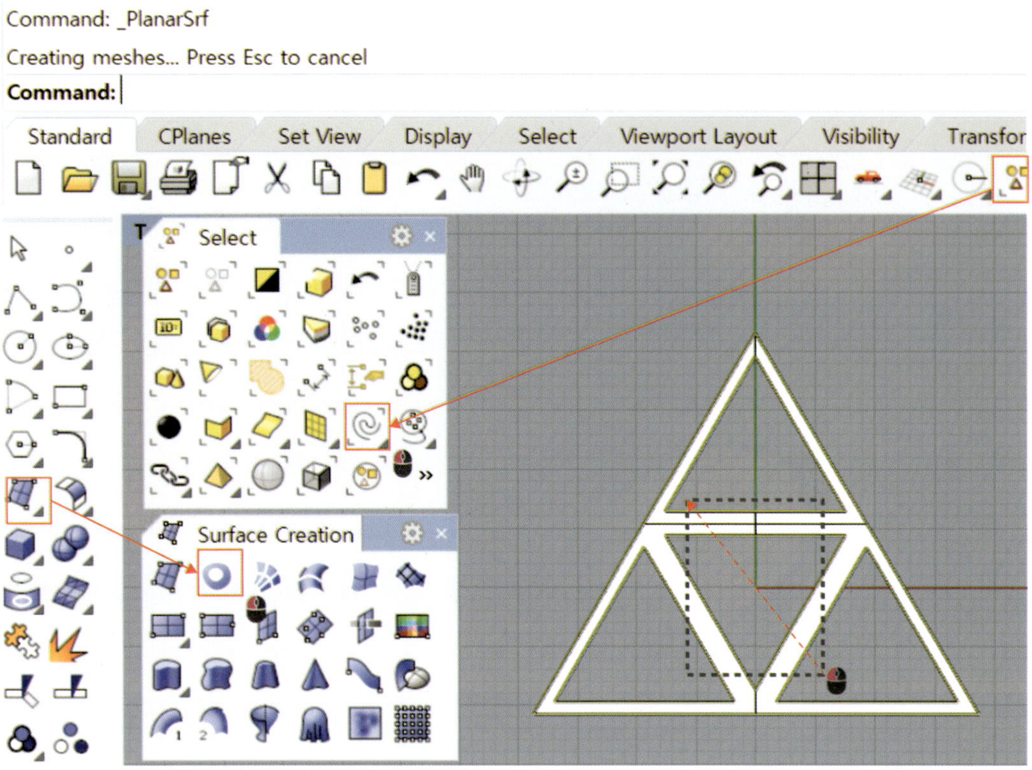

05 커브를 모두 선택한 뒤 PlanarSrf 명령을 실행해 평면 Surface를 생성한다. SelCrv 명령을 실행해 커브를 모두 선택한 뒤 Delete 키를 눌러 지운다.

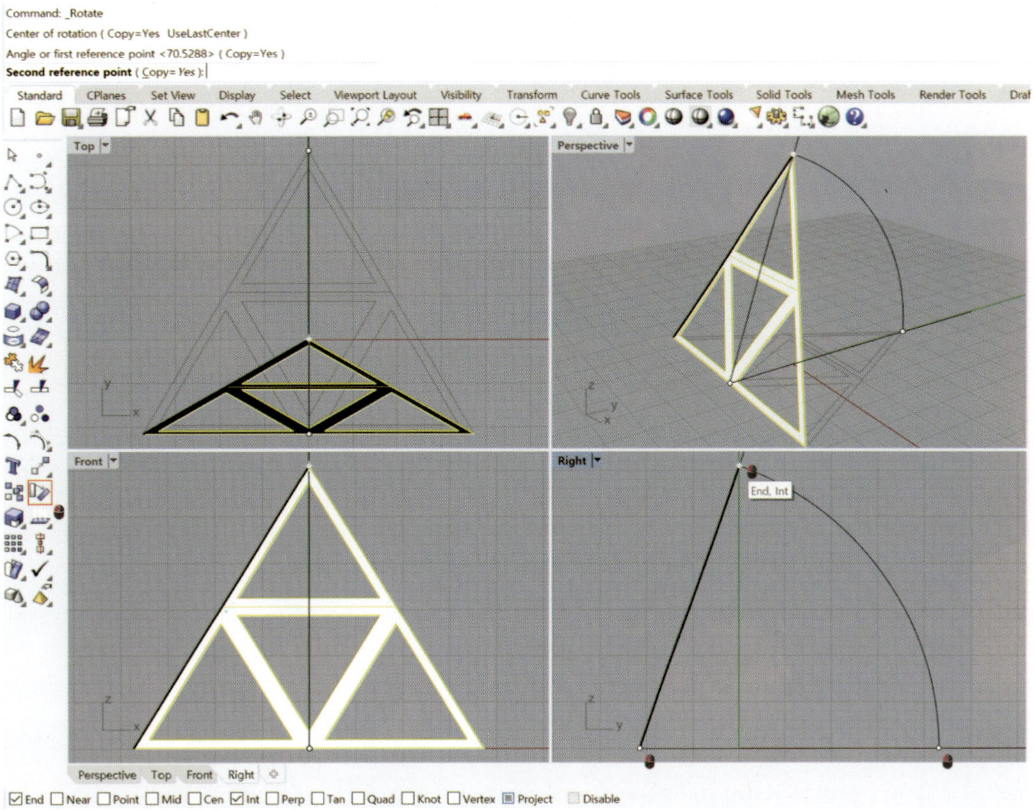

06 앞서 생성한 Surface를 선택하고, Rotate 2D 명령을 실행한다. 명령 창의 옵션에서 Copy=Yes로 설정한다. RightView로 이동하여 1번 지점과 2번 지점의 끝점을 클릭하고, 명령창에 회전값을 70.5288 입력한 후 Enter를 눌러 명령을 마친다.

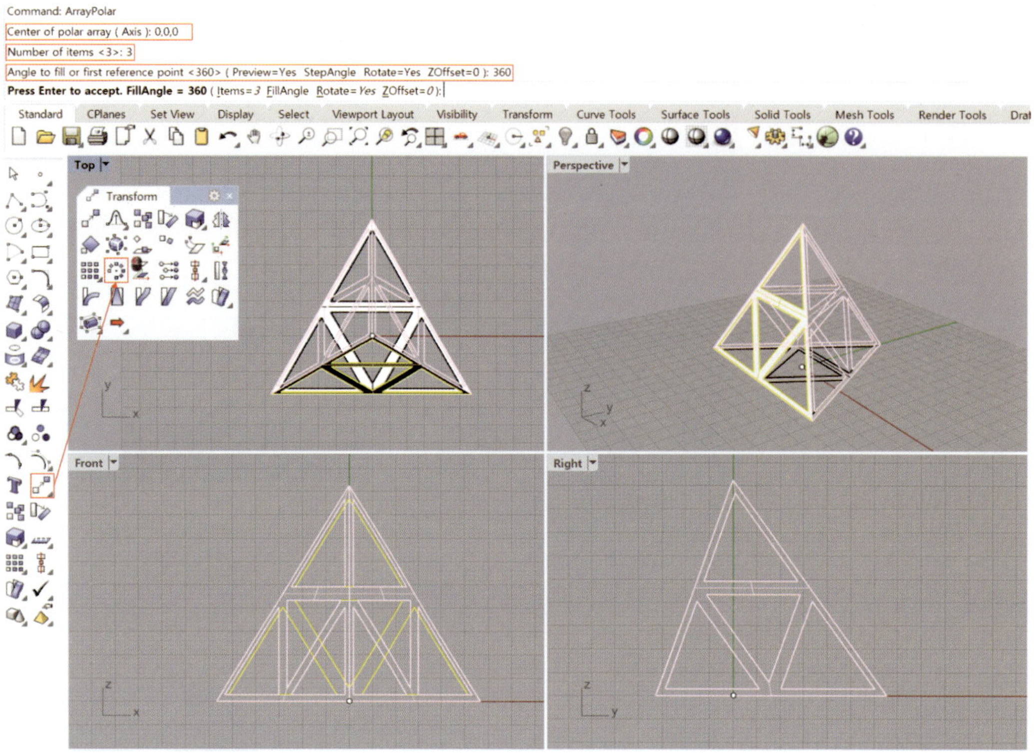

07 Rotate 2D 명령으로 생성한 Surface를 선택한 후 TopView로 이동한다. ArrayPolar 명령을 실행한 후 명령창에서 Cener of polar array=0,0,0 값을 입력하고 Enter키를 누른다. Number of item=3을 입력하고 Enter키를 누른다. Angle to fill=360을 입력하고 Enter키를 눌러 명령을 마친다. 모든 Surface를 선택하고 Join 명령으로 4개의 모든 Surface를 하나의 PolySurface로 합친다.

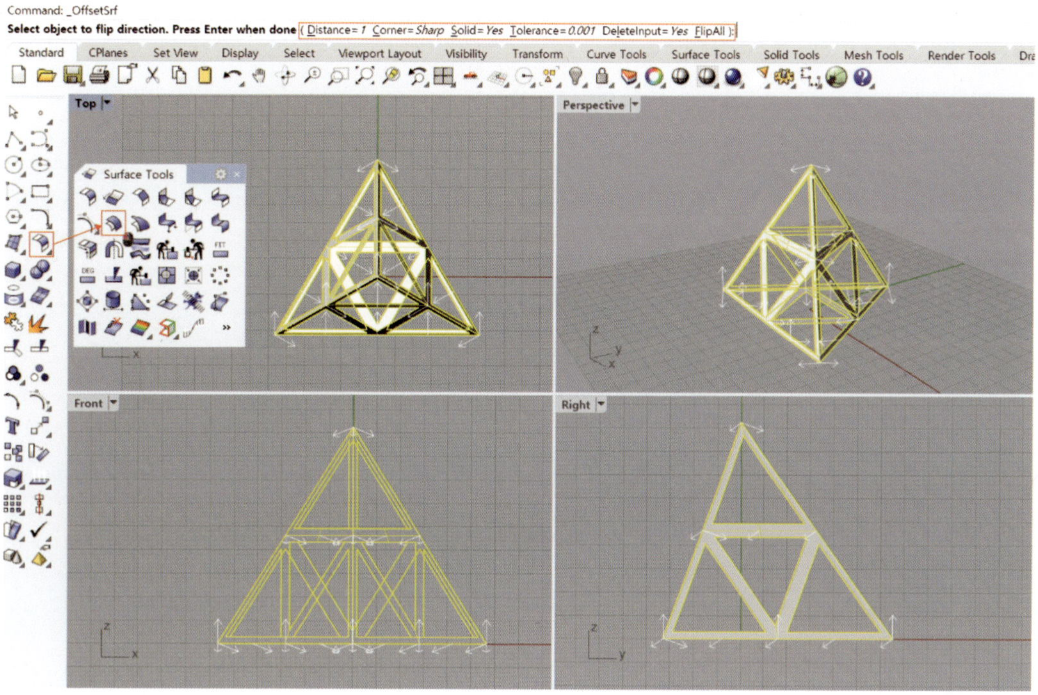

08 앞서 생성한 PolySrf를 선택한 뒤 OffsetSrf 명령을 실행한다. 이때 명령창에서 옵션값은 Distance=1, Corner=Sharp, Solid=Yes이며, 명령실행시 보이는 흰색 화살표가 안쪽으로 향하는지 확인한다. 흰색 화살표가 바깥쪽일 경우 명령창에서 FlipAll을 클릭해 방향을 변경한 뒤 Enter키를 눌러 명령을 완료한다. 이때 생성된 솔리드 개체의 두께가 너무 두껍거나 얇을 경우 명령을 재실행해 Distance 값을 조정한다.

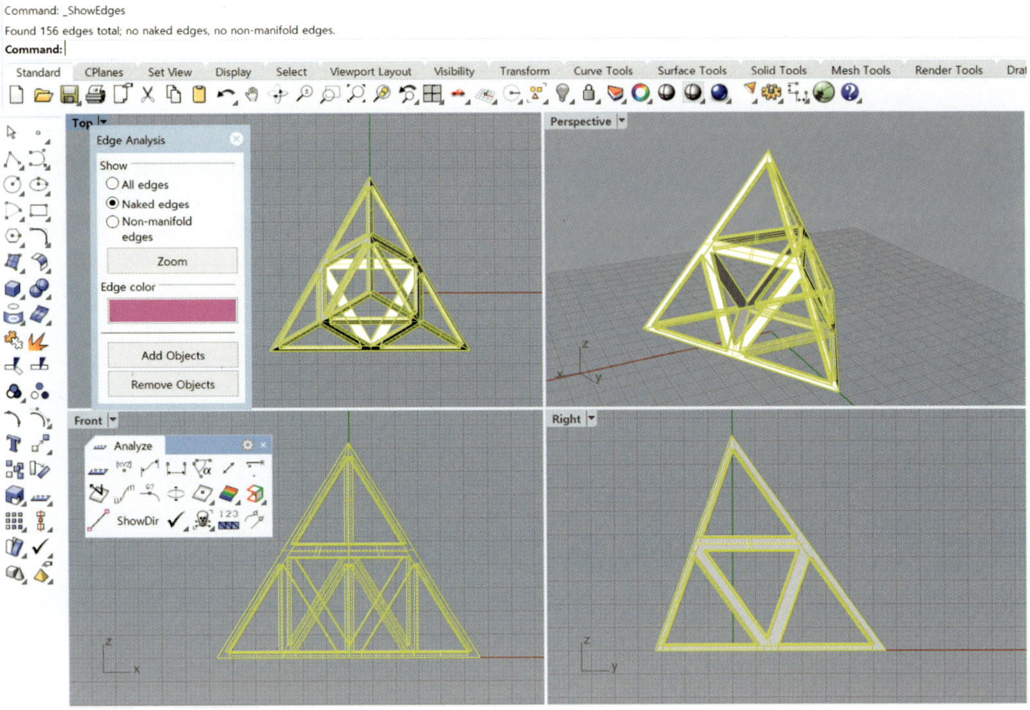

09 완성된 개체를 선택하고 Naked edge가 있는지 확인하기 위해 ShowEdge 명령을 실행해 확인한다. Naked edge가 없는 것을 확인하면 모델링이 완성된다.

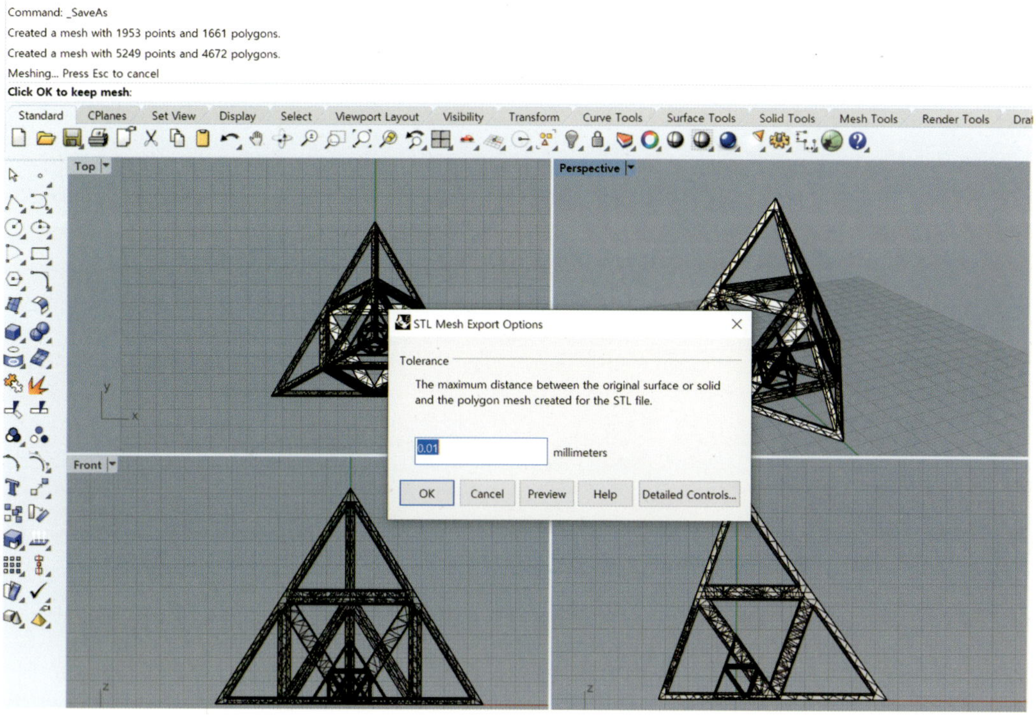

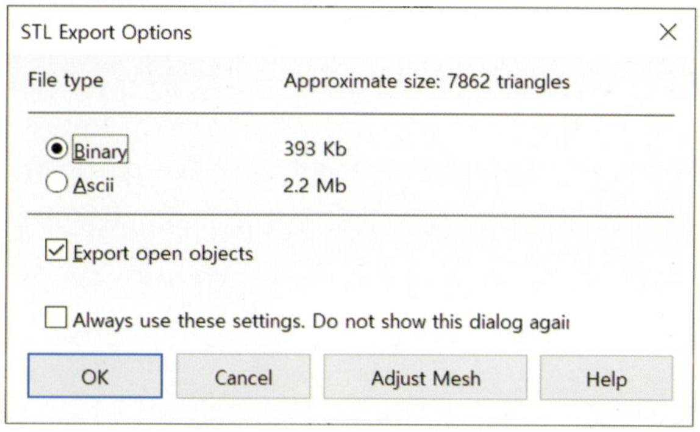

10 3D프린팅을 하기 위해 File > SaveAs를 누른 뒤 저장 파일형식을 STL 파일로 저장한다. STL Mesh Export Options 대화창에서 Preview를 눌러 Mesh가 모자라는지 미리보기한 후 OK버튼을 눌러 저장한다.

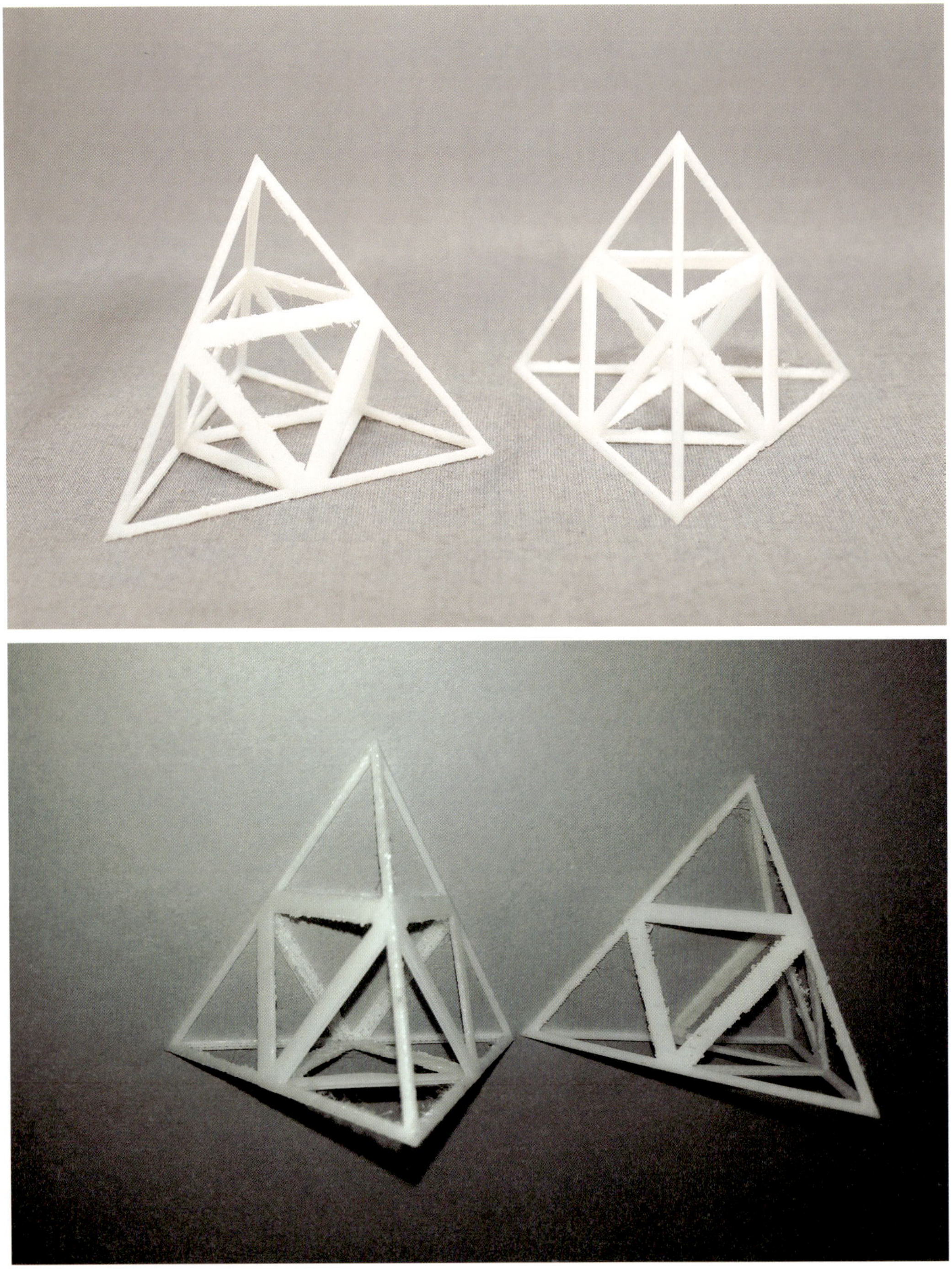

[3D프린팅 출력물 예시 1]

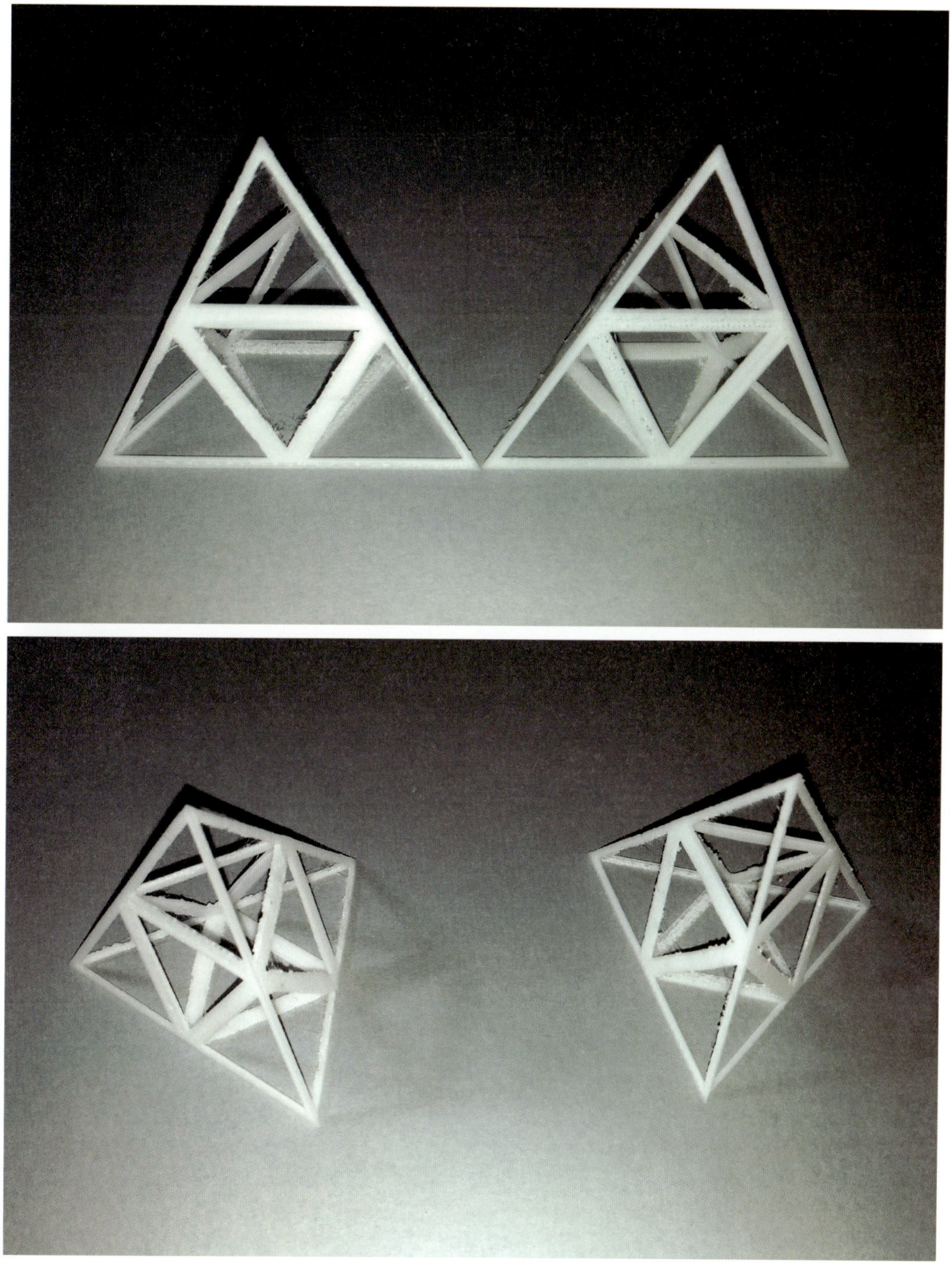

[3D프린팅 출력물 예시 2]

[3D프린팅 출력물 예시 3]

정다면체형 구조응용과 3차원 입체 자석 도구

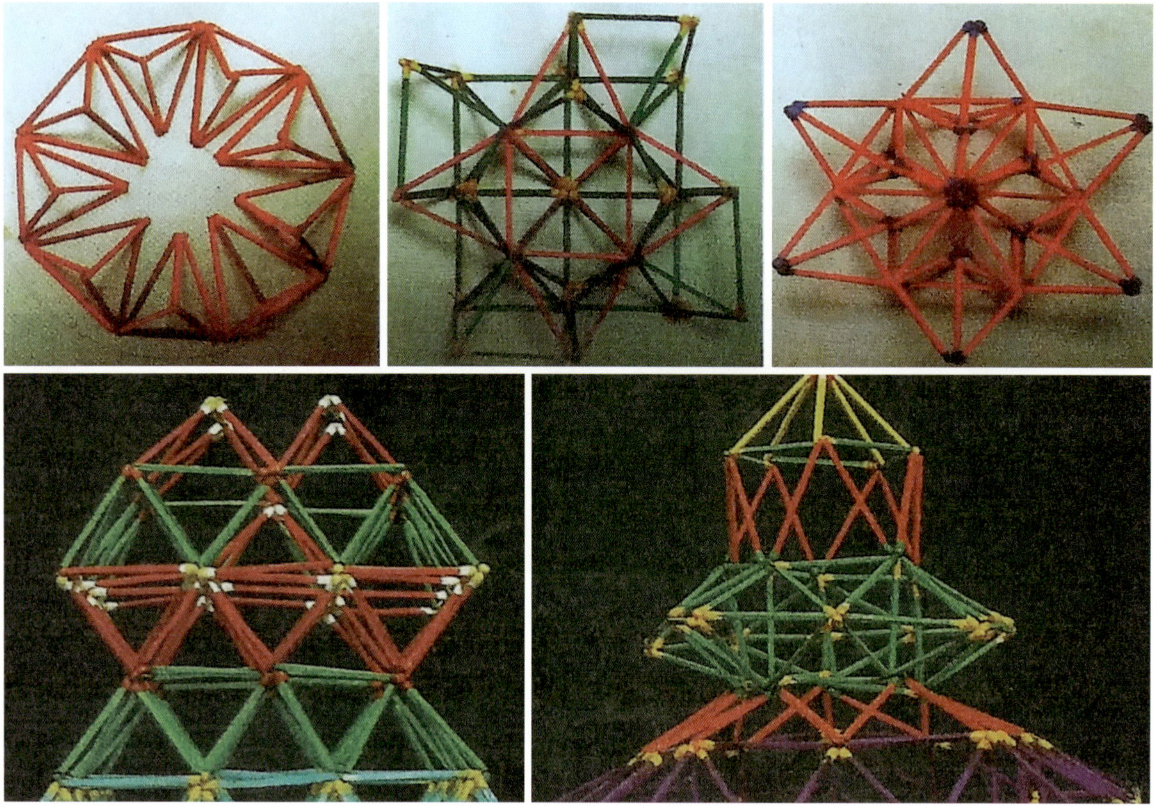

선재 프레임을 이용한 적층구조 응용작품 사례

10. 똑똑한 육면체 smart hexahedron

본 장에서는 육면체를 응용한 퍼즐을 모델링하는 과정을 진행합니다.

육면체를 기본으로 하는 퍼즐로 조각 전부가 끼워졌을 때 커다란 육면체를 이루는 퍼즐입니다.

모델링하기 전에 다음 페이지에 있는 도면을 참고해 모델링을 진행합니다. 도면은 참고용으로 치수만 참고해 진행하도록 합니다.

실습을 진행한 뒤에는 원하는 다른 모양의 퍼즐 조각으로 구성해 모델링을 진행하여 자신만의 퍼즐을 만들어 보도록 합니다.

똑똑한 육면체의 도면

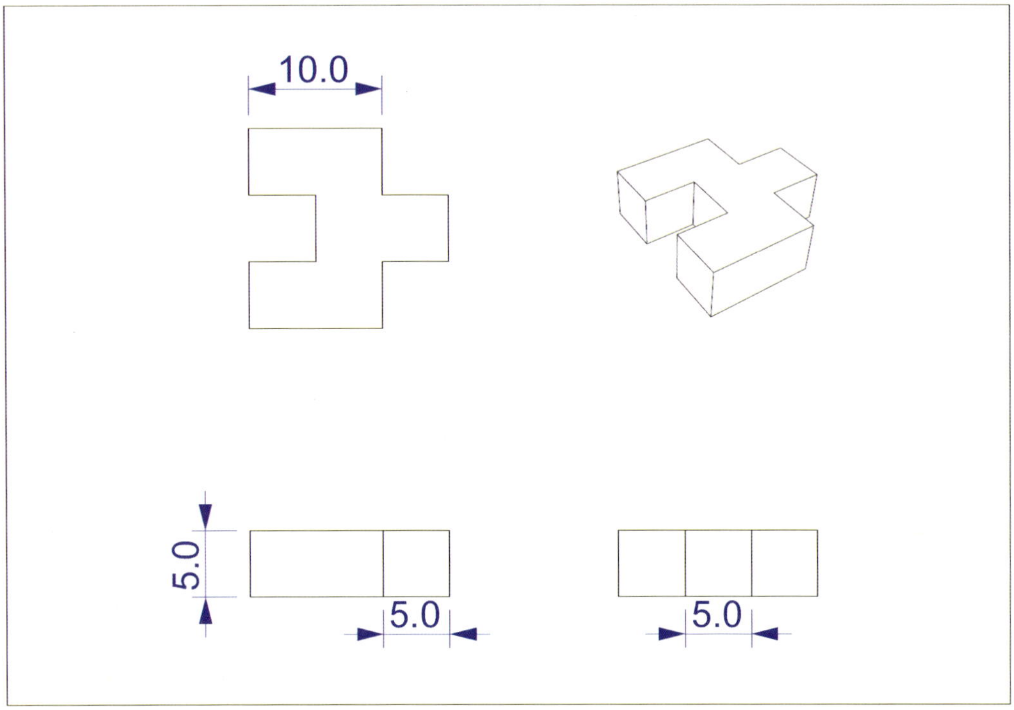

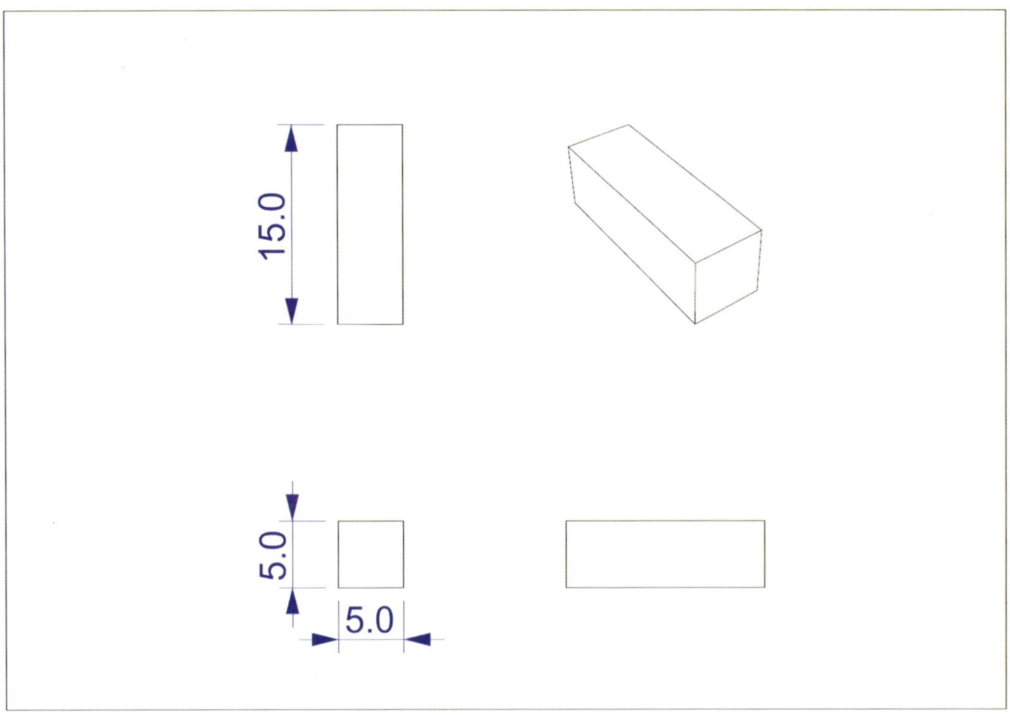

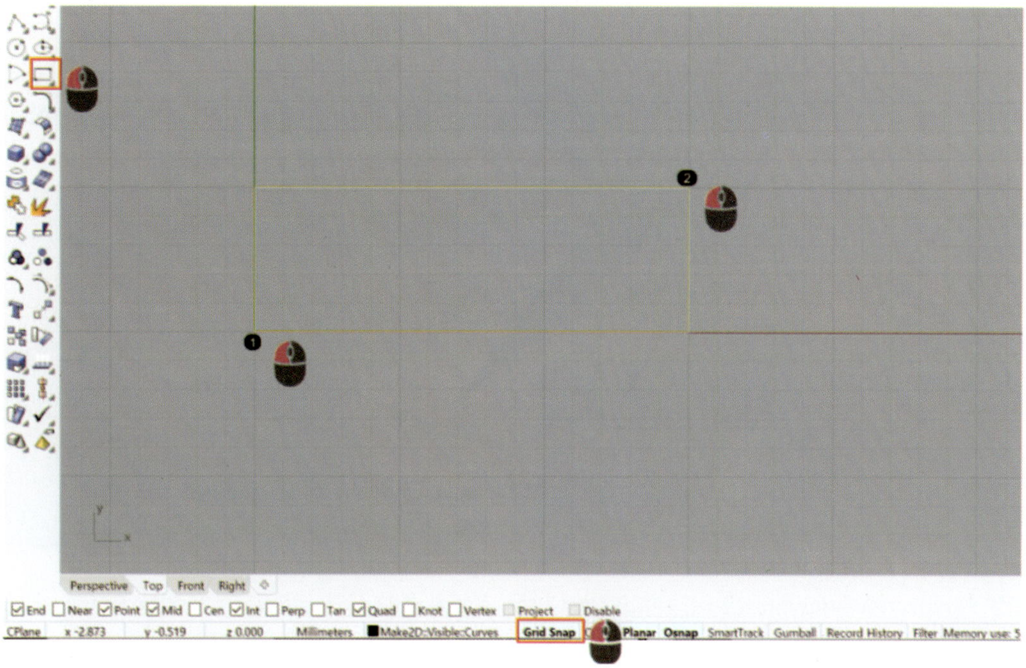

01 TopViewport에서 작업을 하기 위해 Viewport를 최대화한다. Grid Snap을 눌러 그리드 스냅을 활성화한다. 퍼즐 중심에 들어가는 사각형 커브를 그리기 위해 Rectangle 명령을 실행한다. 사각형의 시작점은 그림과 같이 1번좌표 0,0,0을 클릭하고 끝점은 그림과 같이 대각선의 2번 지점을 클릭해 사각형 커브를 생성한다.

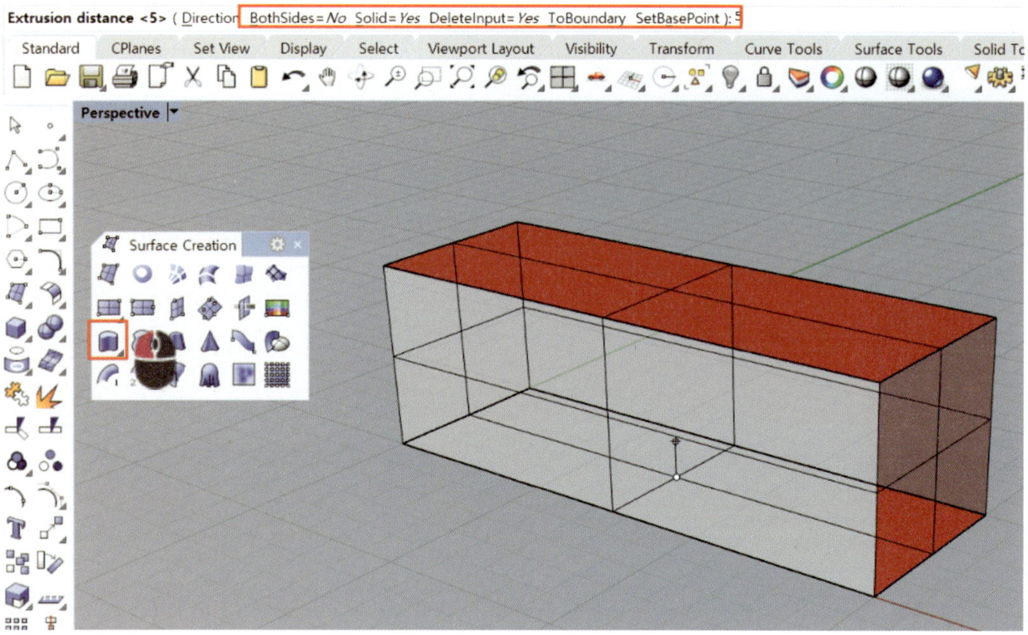

02 Perspective Viewport로 이동한다. 앞서 만든 커브를 돌출시켜 두께를 주기 위해 ExtrudeCrv 명령을 실행한다. 이때 명령창에서 옵션은 BothSides=No, Solid=Yes 로 설정하고 돌출되는 수치는 5로 지정한다.

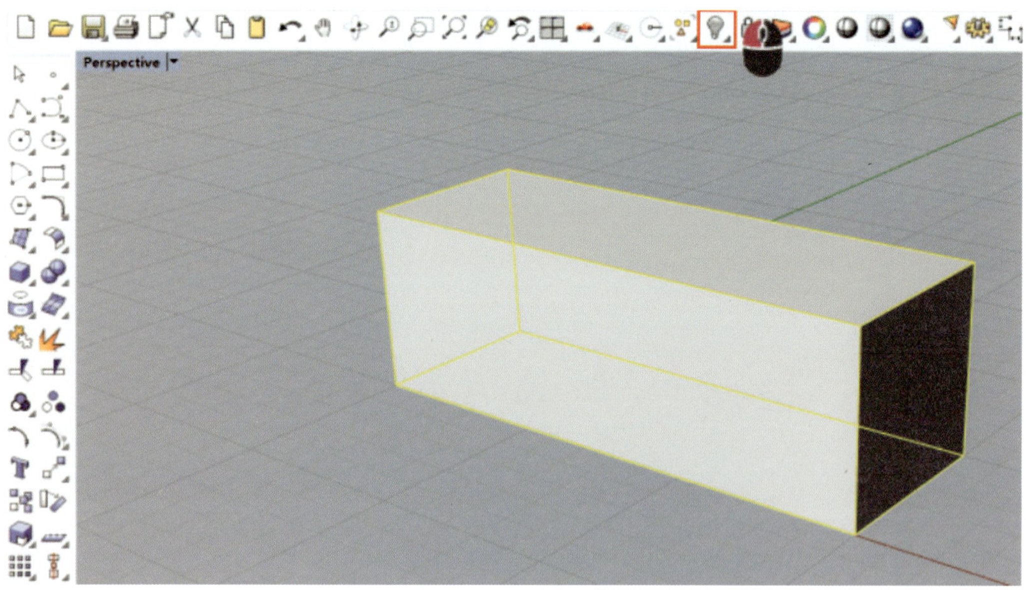

03 첫 번째 퍼즐 조각이 완성되었다. 다음 퍼즐을 만들기 위해 완성된 조각을 Hide 명령을 실행해 숨기고, TopView로 이동한다.

04 이제 두 번째 퍼즐 조각의 커브를 그린다. Polyline 명령을 실행한다. 그리드 스냅을 참조해 그림과 같이 커브를 그린다. 만약 커브를 그리는 도중 잘못 클릭한 경우 명령 창의 Undo를 눌러 취소한 후 다시 커브를 그린다.

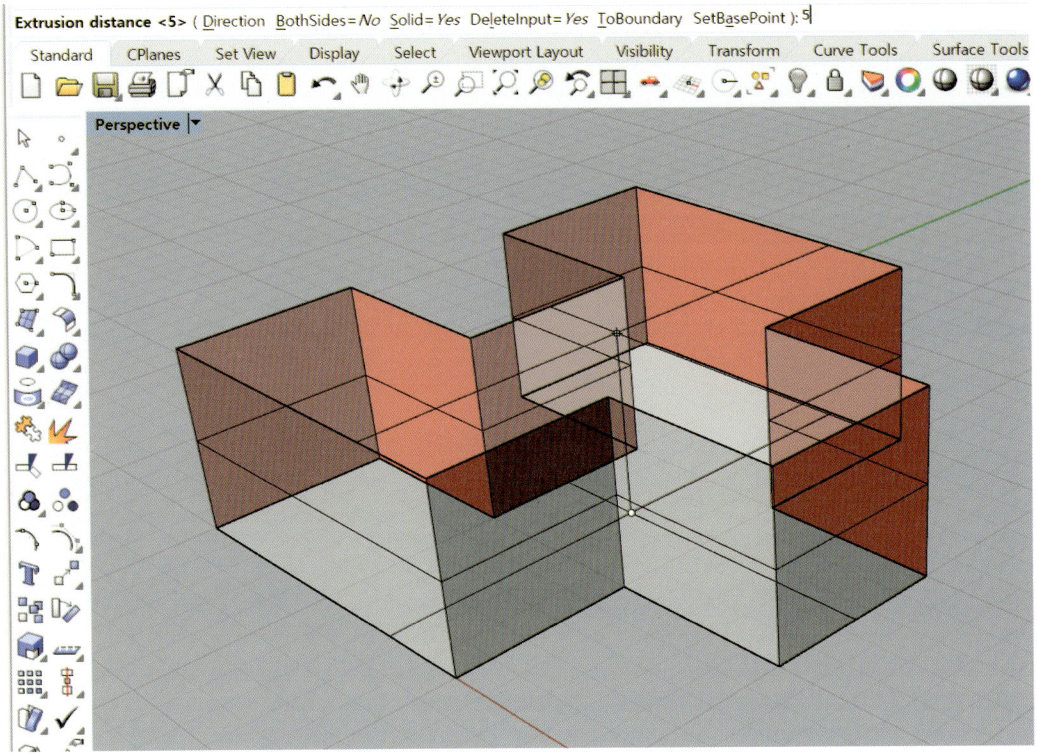

05 2번 단계에서처럼 완성된 커브를 이용해 ExtrudeCrv 명령으로 두께를 생성한다. 이제 두 번째 퍼즐 조각까지 완성되었다.

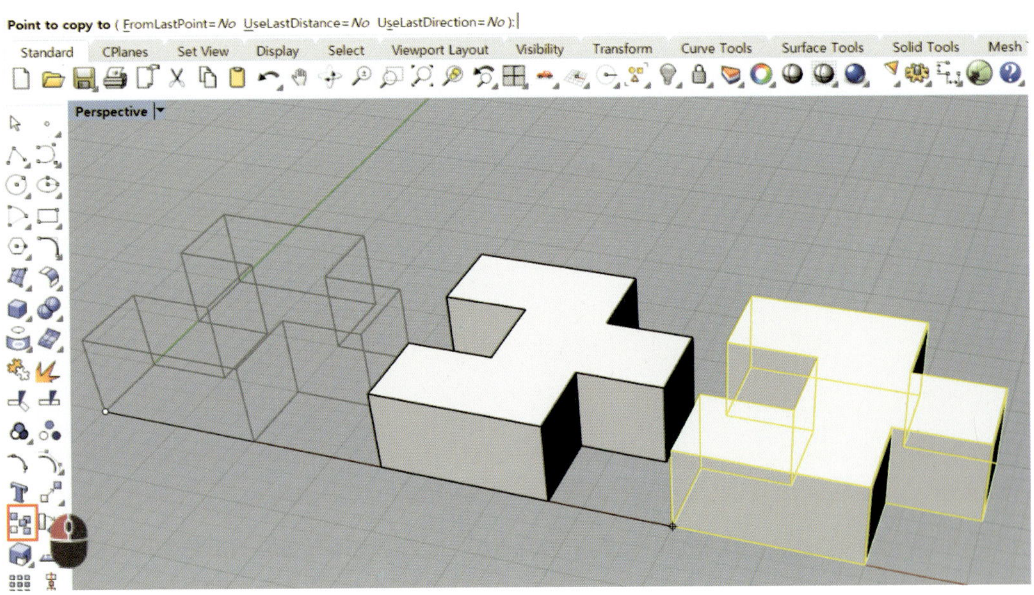

06 조각들을 끼워 하나의 육면체로 만들기 위해 두 번째 퍼즐 조각이 4개 필요하므로 Copy 명령을 실행하여 그림과 같이 조각이 4개가 되도록 복사한다.

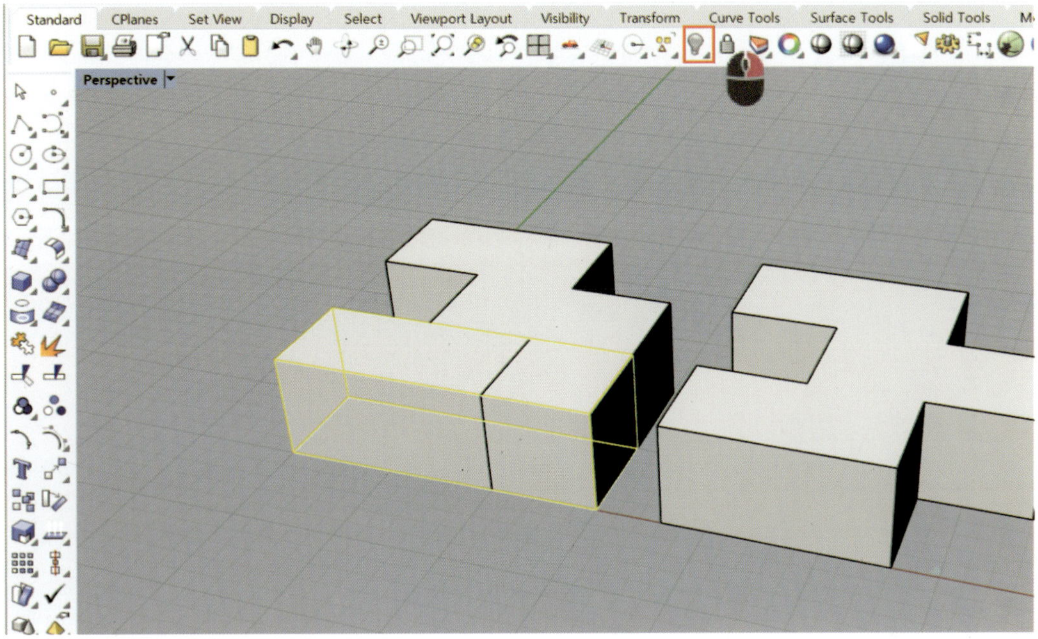

07 앞서 숨겨둔 첫 번째 퍼즐 조각을 Show 명령을 실행해 숨김을 해제한다.

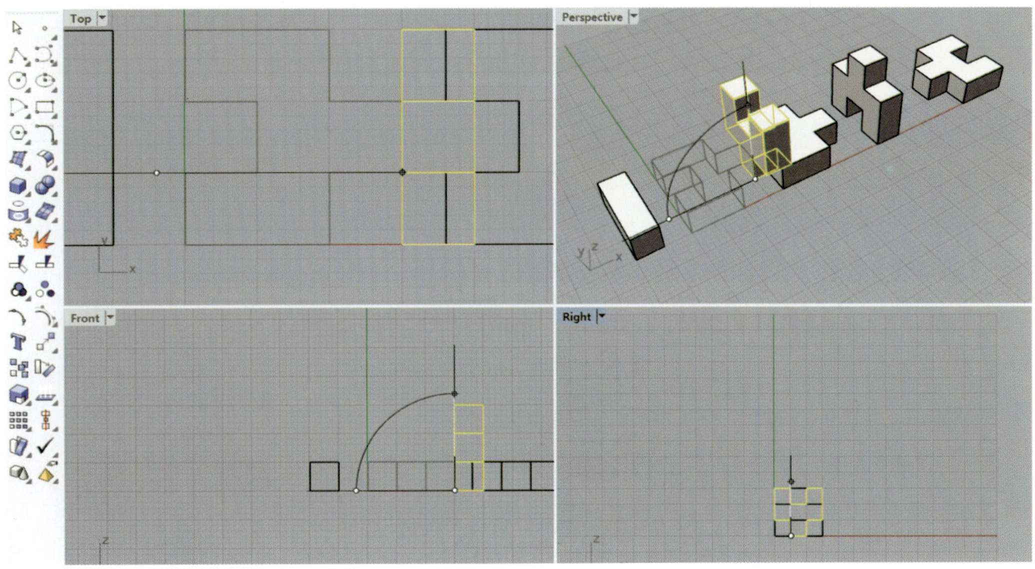

08 퍼즐 조각들을 하나의 육면체로 조립한다. Rotate 명령으로 조립 방향을 고려해 그림과 같이 회전한다. 회전시 Shift키를 누른채 마우스를 이동하면 90°로 회전 각도가 스냅된다.

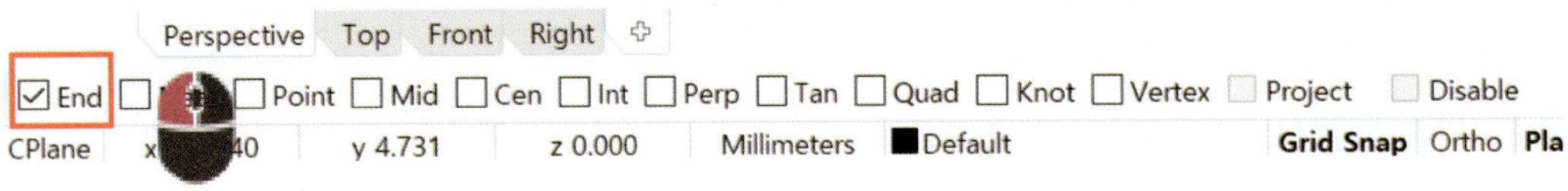

09 개체의 끝점을 기준으로 퍼즐들을 조립하기 위해 Rhino 하단의 Object Snap에서 끝점을 체크한다.

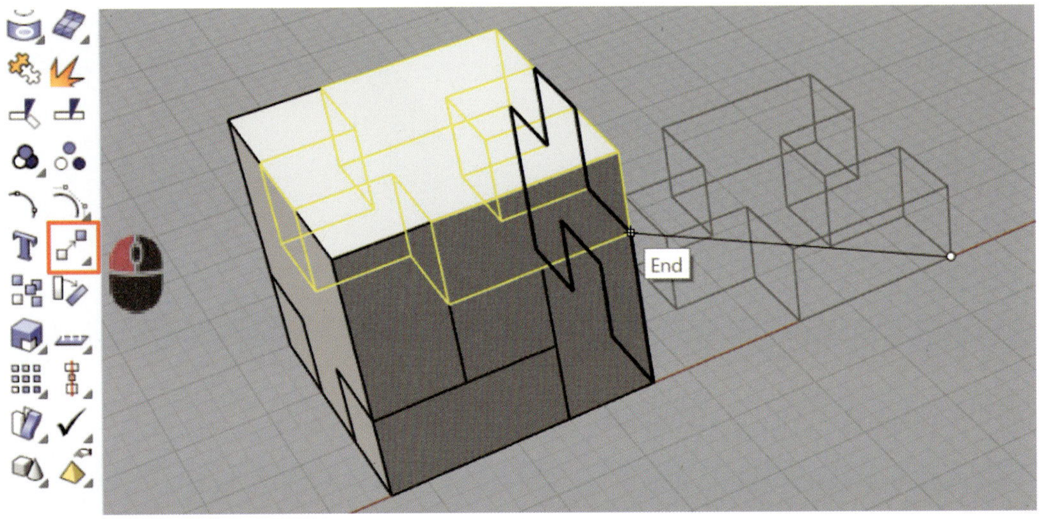

10 Move 명령을 실행해 퍼즐 조각들의 모서리 끝점과 끝점을 클릭해 각각의 퍼즐 조각들을 이동시켜 조립하고 모델링을 마무리한다.

[3D프린팅 출력물 예시 1]

[3D프린팅 출력물 예시 2]

[3D프린팅 출력물 예시 3]

11. 아르키메데스 입방팔면체 archimedean cuboctahedron

본 장에서는 아르키메데스의 다면체 중 하나인 입방팔면체를 모델링하는 과정을 진행합니다.

실습을 진행한 뒤에는 다른 아르키메데스 다면체도 모델링하는 연습을 해보도록 합니다.

모델링은 한 가지 방법이 아닌 여러 가지 방법으로 만들 수 있기 때문에 본 장에서 소개하는 한 가지 방법뿐만 아니라 다른 방법에 대해서도 생각해 본다면 좋을 것 같습니다.

아르키메데스 입방팔면체의 도면

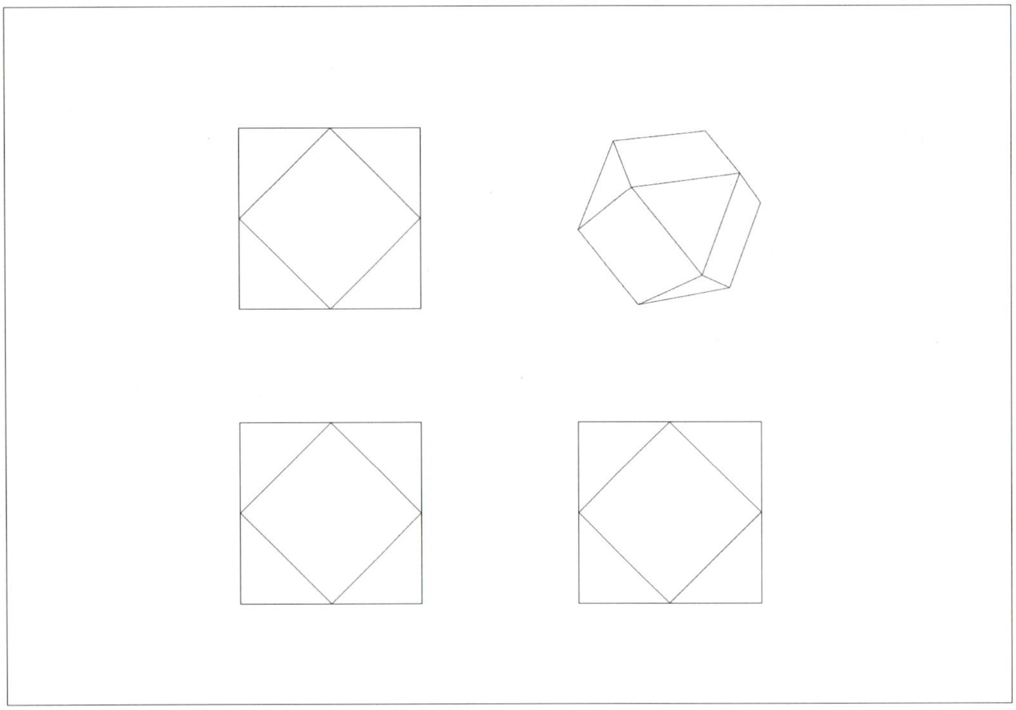

아르키메데스 입방팔면체 archimedean cuboctahedron

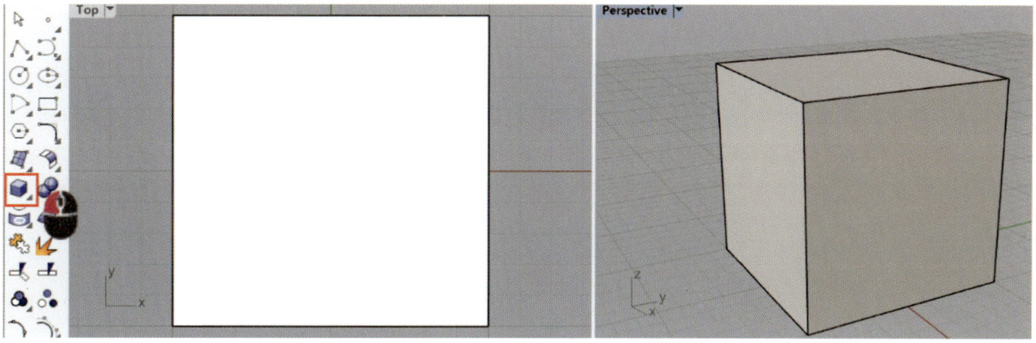

01 Box 명령으로 정육면체를 생성한다. 명령창에서 동일한 길이, 높이를 입력하면 정육면체를 생성할 수 있다.

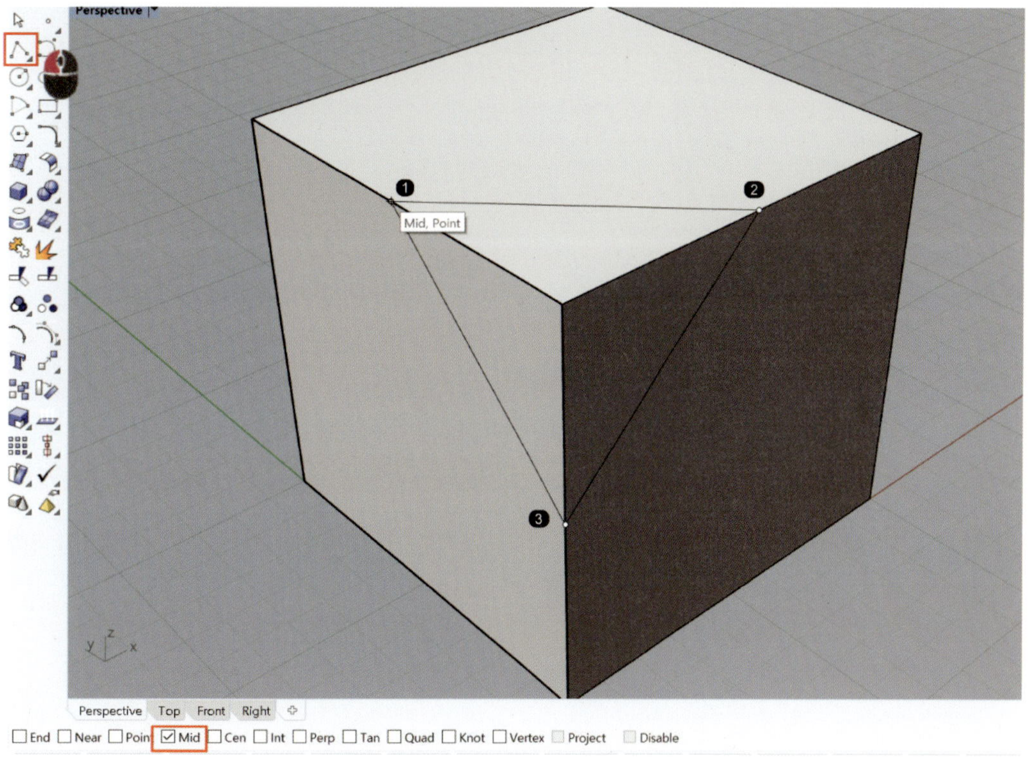

02 Polyline 명령으로 그림과 같이 한점으로 만나는 3개의 가장자리 중간점을 기준으로 삼각형을 생성한다.

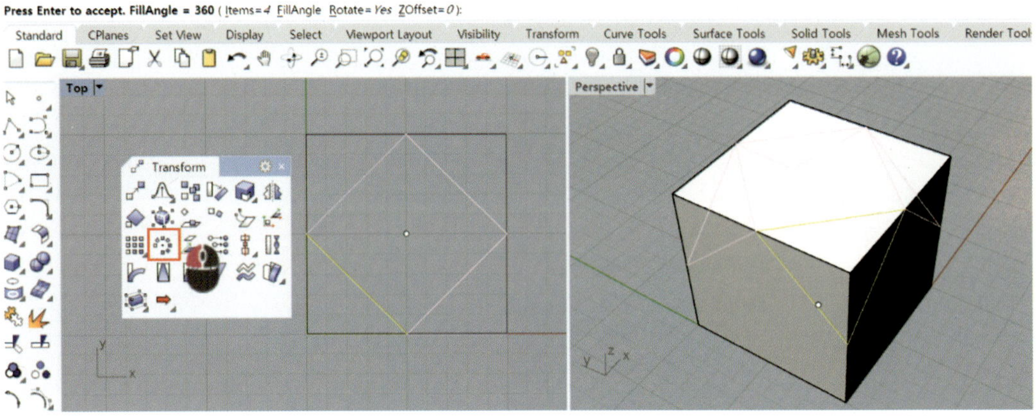

03 전단계에서 만든 삼각형 커브를 선택한다. 나머지 모서리에 커브를 배치하기 위해 ArrayPolar 명령을 실행한다. 이때 명령창에서 Item=4, FillAngle=360으로 설정하고 완료한다.

04 앞서 만든 삼각형 커브 4개를 모두 선택한다. 육면체의 하단 모서리 부분에 배치하기 위해 Mirror 명령으로 육면체의 중간점을 중심으로 복사한다.

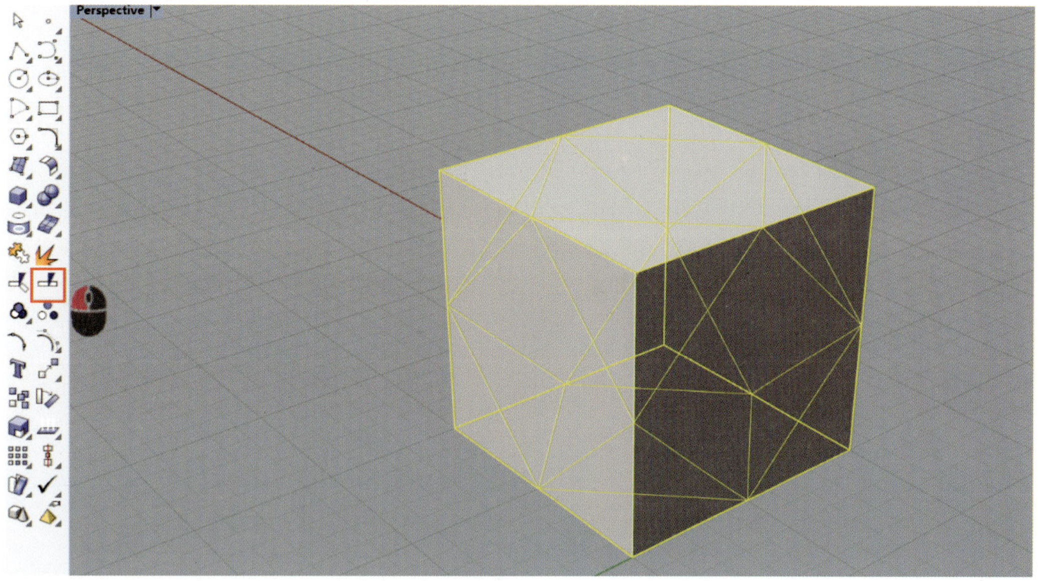

05 정육면체를 Split 명령으로 앞서 만든 삼각형 커브들로 잘라낸다.

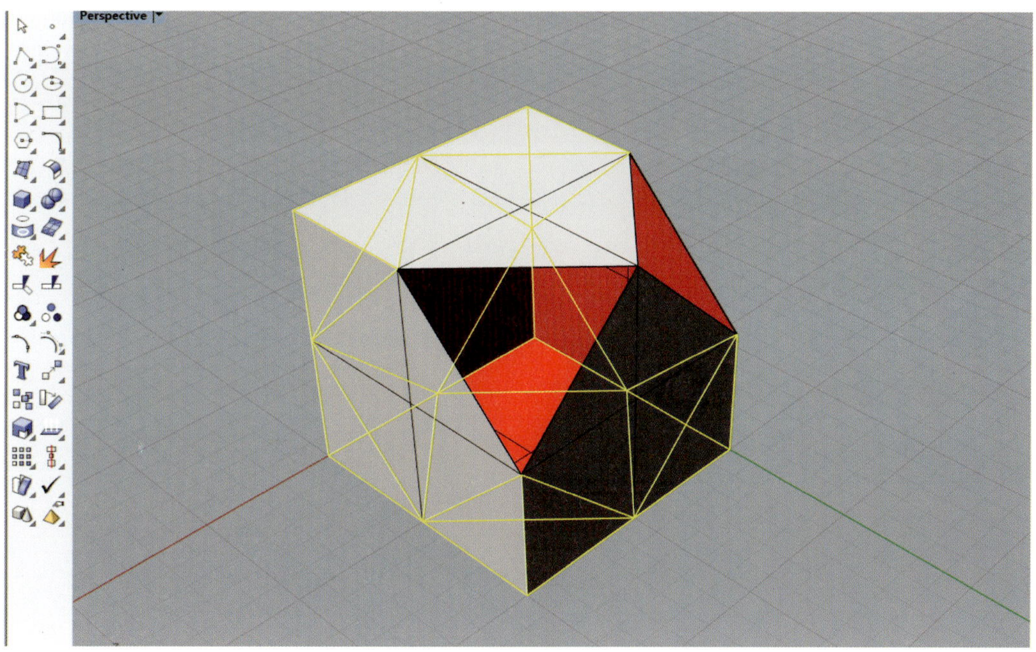

06 입방팔면체에 불필요한 부분들을 선택하여 삭제한다.

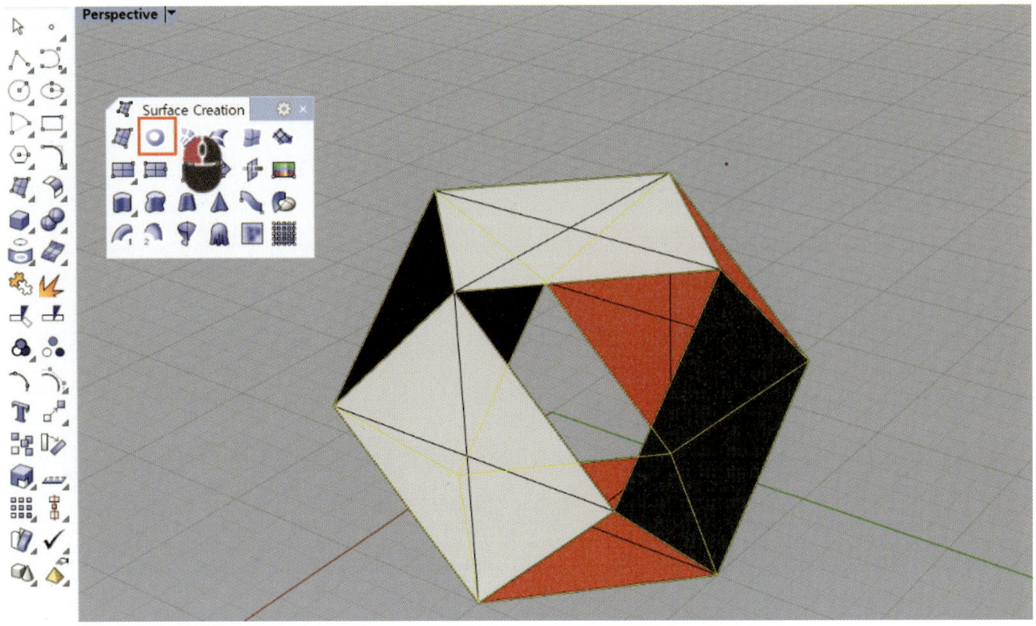

07 삼각형 커브를 모두 선택한다. PlanarSrf 명령으로 삼각평면을 생성한다.

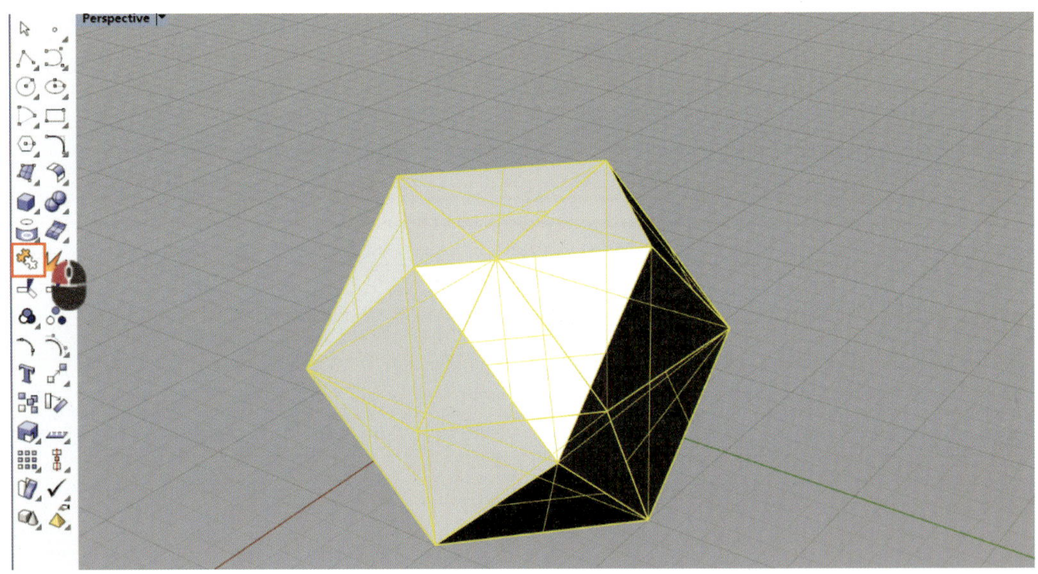

08 모든 개체를 선택한 뒤 Join 명령으로 하나의 개체로 합친다. 아르키메데스 입방팔면체의 모델링이 완성되었다.

[3D프린팅 출력물 예시 1]

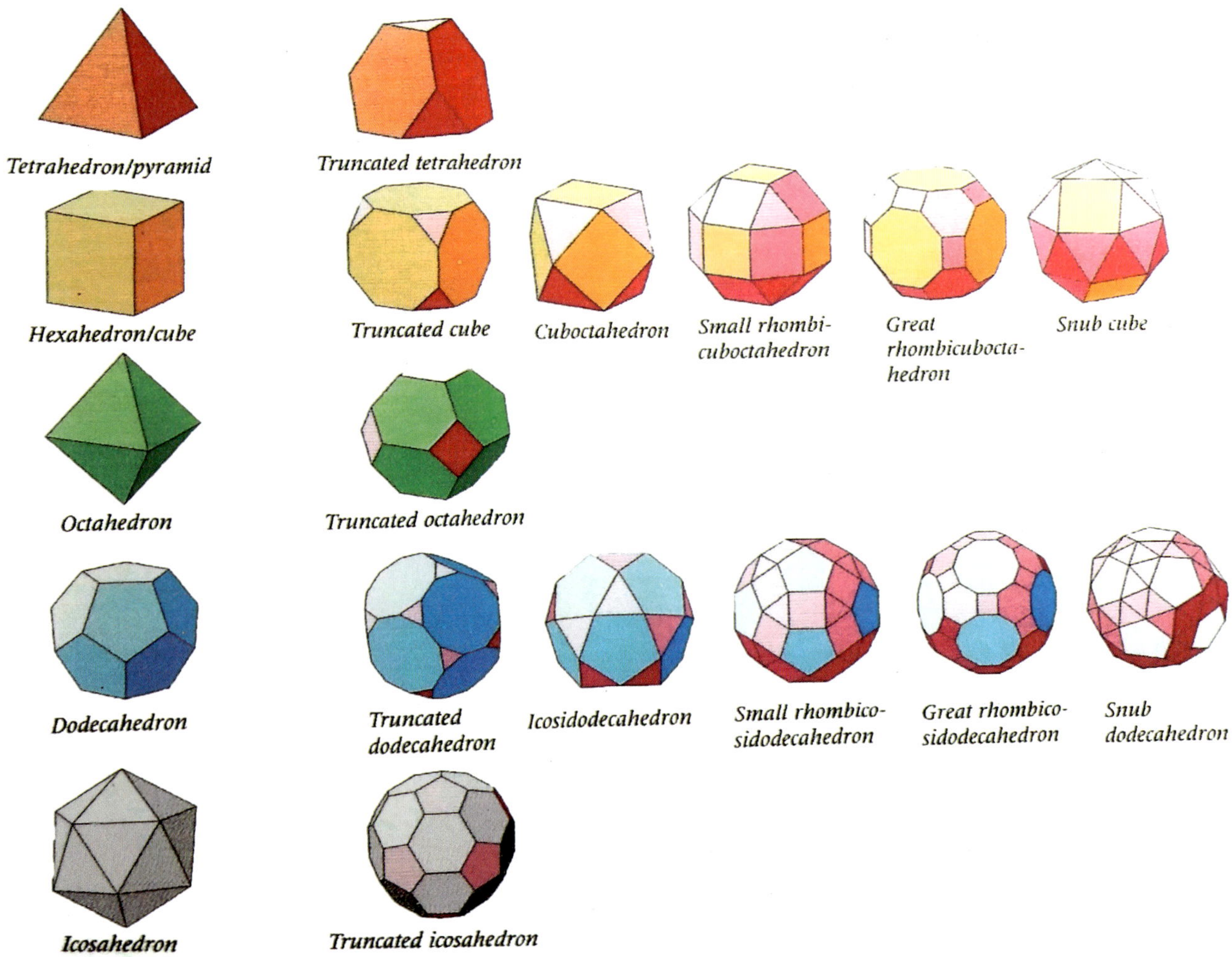

- 참다운 아름다움은 자와 컴퍼스에서 태어난다고 생각한 플라톤의 입체 platonic solid는 5개의 정다면체로 구성되었다.
- 2개 이상의 정다면체로 구성된 13개의 아르키메데스 입체archimedean solid는 기하학적 입체의 전형으로 응용 및 변형에 따른 다양한 입체 조형이 가능한 기본적 탐구대상이 된다.

• 정육면체hexahedron의 분할 및 재구성을 위해서는 먼저 규칙적인 분해도의 도면을 이해하고 실측한다. 이것을 통해 공간과 형태에 대한 모듈module 구조를 경험하고 응용 디자인의 조합성combination을 체득하게 된다.

• 다포체polytopes는 다면체를 임의의 차원으로 확장하거나 재조합시킨 라미네이션lamination 입방체형이다. 사례로 제시한 상단부의 사진은 6개의 정다포체의 응용디자인 형태이다. – Koji Miyazaki 디자인

플라톤의 입체(platonic solid)인 정육면체(hexahedron/cube)의 비정형적인 분할 재구성

[16]

아르키메데스 입체(archimedean solid)인 입방팔면체(cuboctahedron)의 정형적 분할 재구성

- 플라톤과 아르키메데스의 다면체를 응용한 비정형적인 분할 재구성의 응용작품사례로서 정육면체hexahedron와 입방팔면체cuboctahedron의 조건과 충족을 구현시킨 실체realization이다.

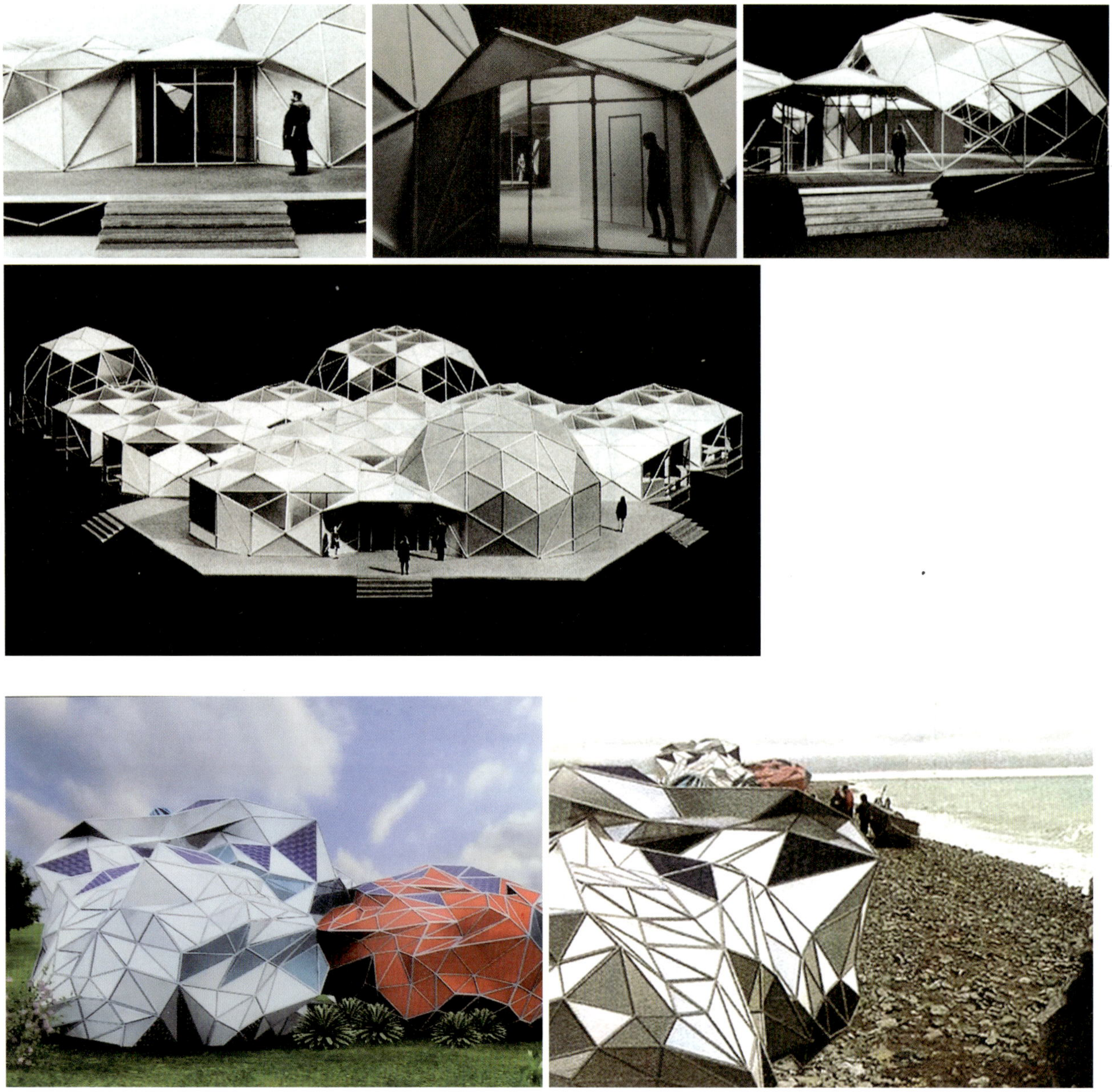

• 스케일 모델scale model인 'a min-a-max school building' 디자인과 1st advanced architecture contest1aac인 selfsufficient housing에 출품된 'living unit'이다. – Alberto Lara, Paula Veronica, Nogueron Madrid Design

12. 내 손에 꼭 in my hand

본 장에서는 화장품 용기를 만들어 보는 과정을 진행합니다.

용기 외관에 직선과 곡선이 혼합된 커브를 생성하고 두께를 주어 화장품 용기의 조형을 탐구합니다.

모델링하기 전에 다음 페이지에 있는 도면을 참고해 모델링을 진행합니다. 도면은 참고용으로 치수만 참고해 진행하도록 합니다.

실습을 진행한 뒤에는 원하는 다른 모양의 용기를 응용해 모델링해 보도록 합니다.

내 손에 꼭의 도면

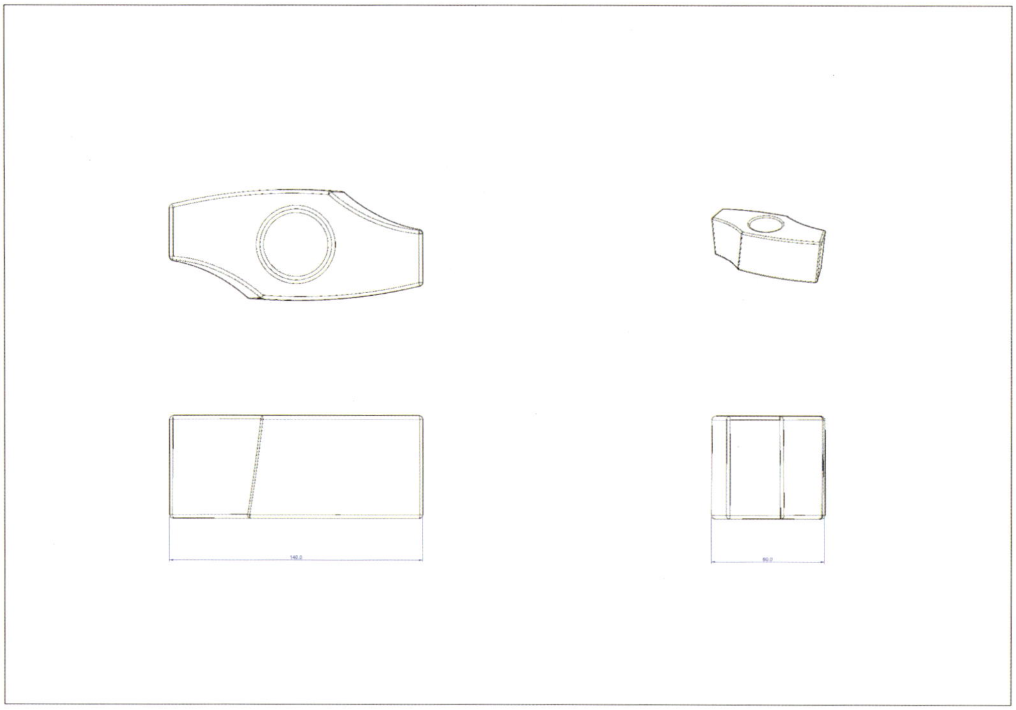

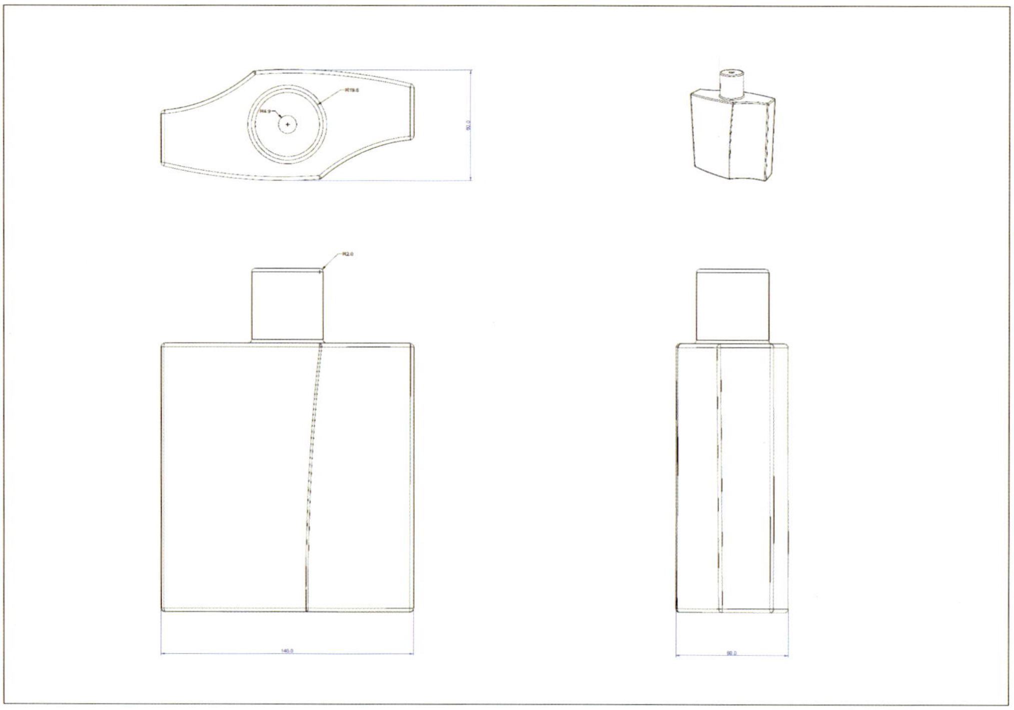

내 손에 꼭 in my hand

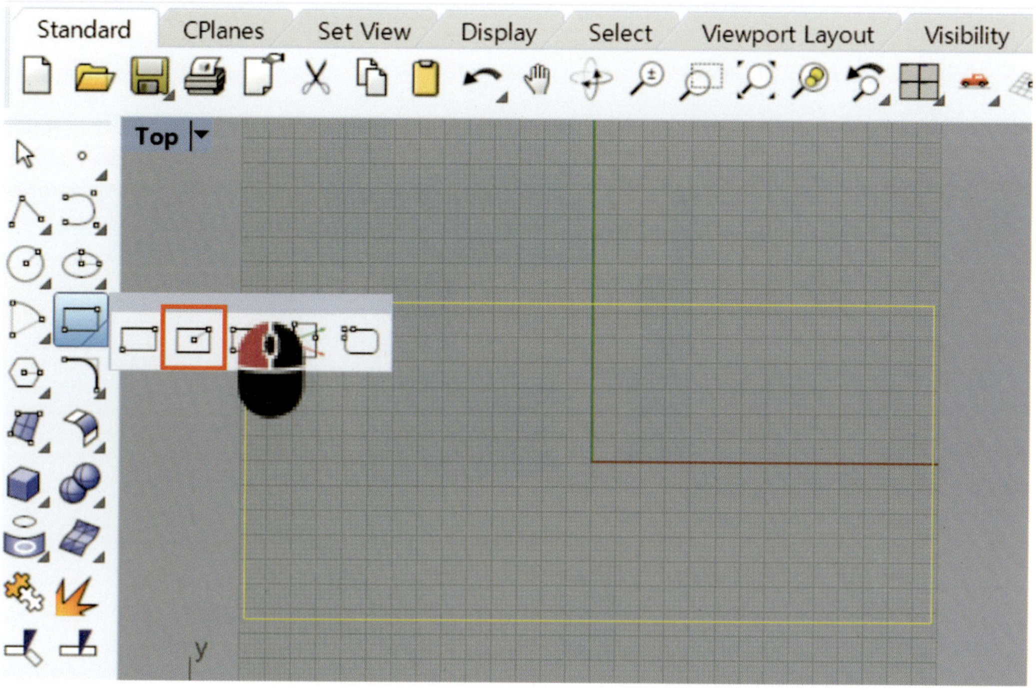

01 TopViewport에서 Rectangle 명령으로 그림과 같이 사각형 커브를 생성한다.

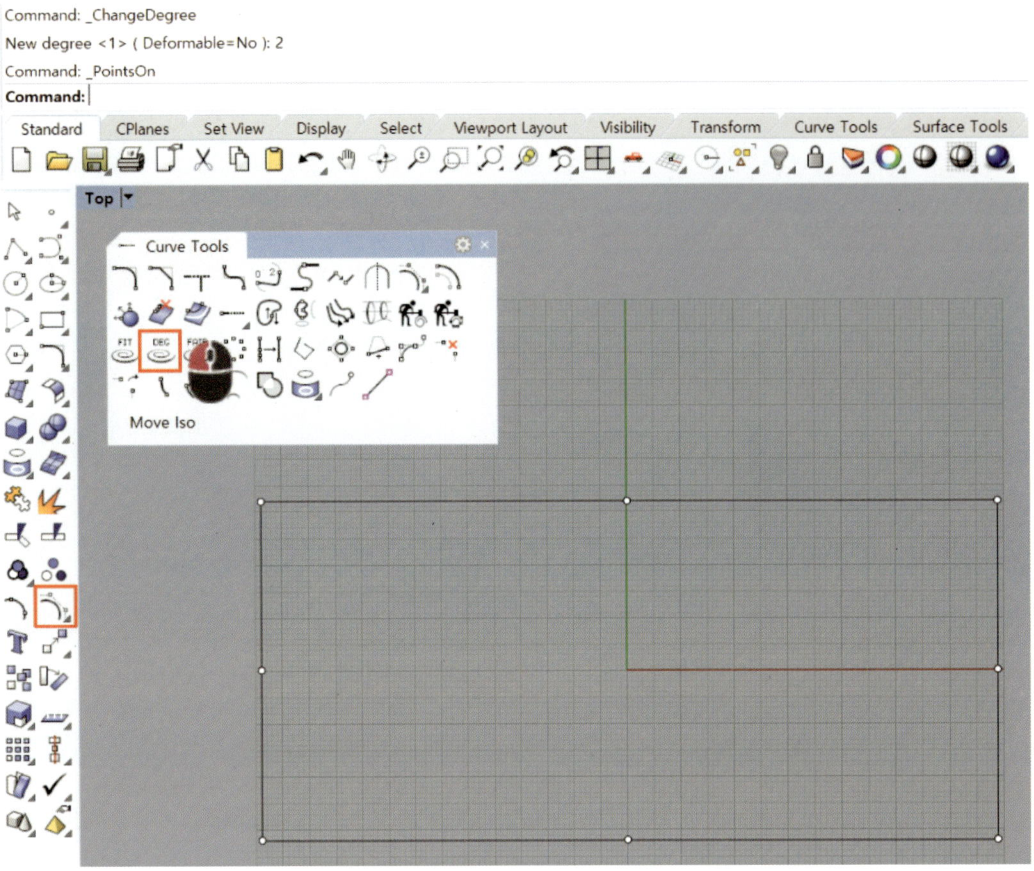

02 커브를 곡선으로 변형하기 위해 ChangeDegree 명령으로 차수를 2로 변경한다. 사각형 커브를 선택하고 PointsOn 명령단축키 : F10을 실행한다. 그림과 같이 커브를 구성하는 제어점들이 나타나게 된다. 이제 이 점들을 이동시켜 커브의 형태를 변형한다.

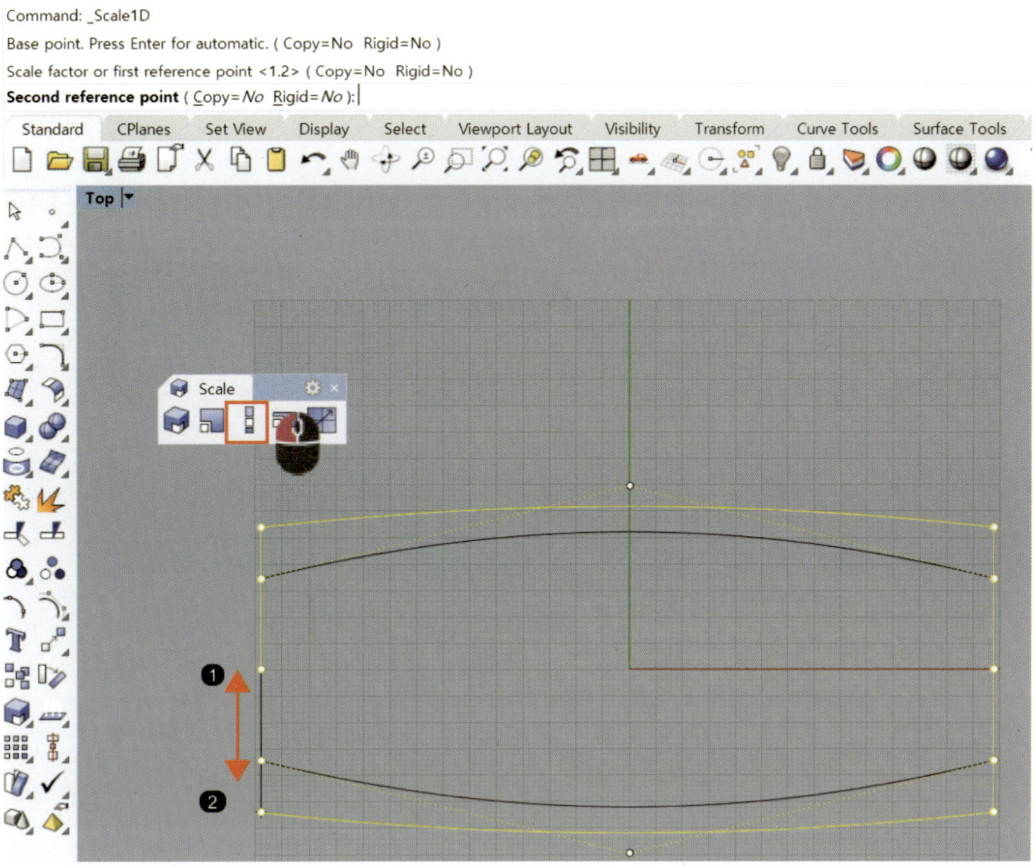

03 사각형 커브의 좌우 6개의 포인트를 복수 선택한다. 이 포인트를 상하로 이동시키기 위해 Scale 1D 명령을 실행한다. 측면 직선의 중간점과 끝점을 차례로 클릭해 마우스를 아래 위로 이동시켜 포인트를 움직여 곡선을 갖는 형태로 만든다.

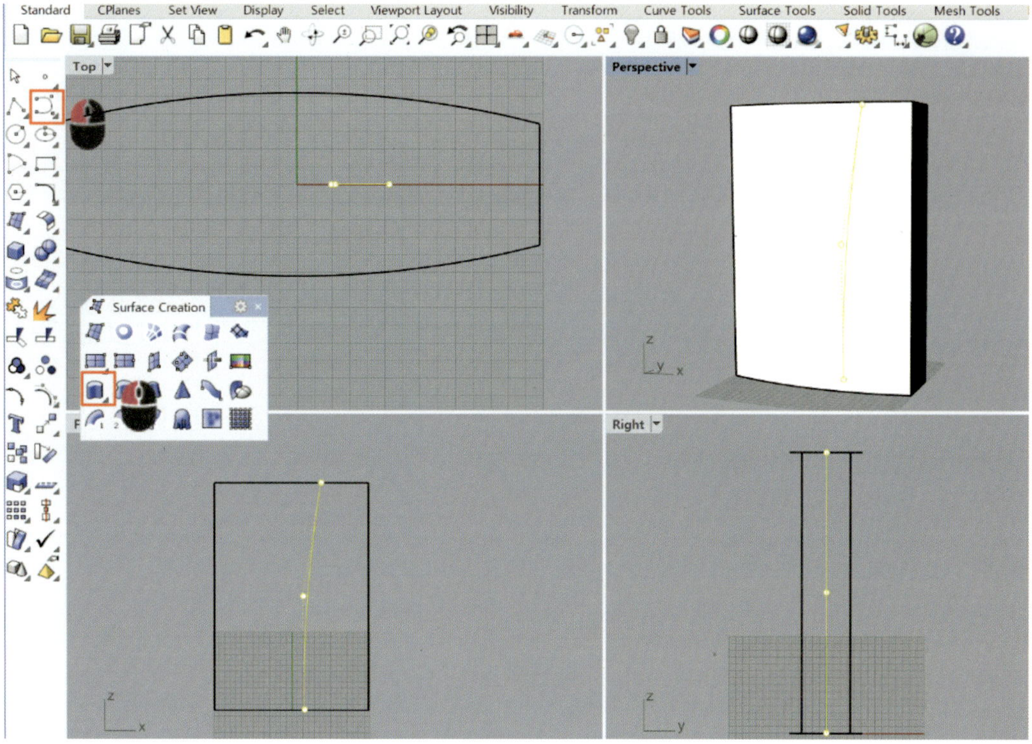

04 앞서 만든 커브를 ExtrudeCrv 명령을 이용해 그림과 같이 두께를 생성한다. Curve 명령으로 그림과 같이 FrontView에서 곡선 커브를 생성한다.

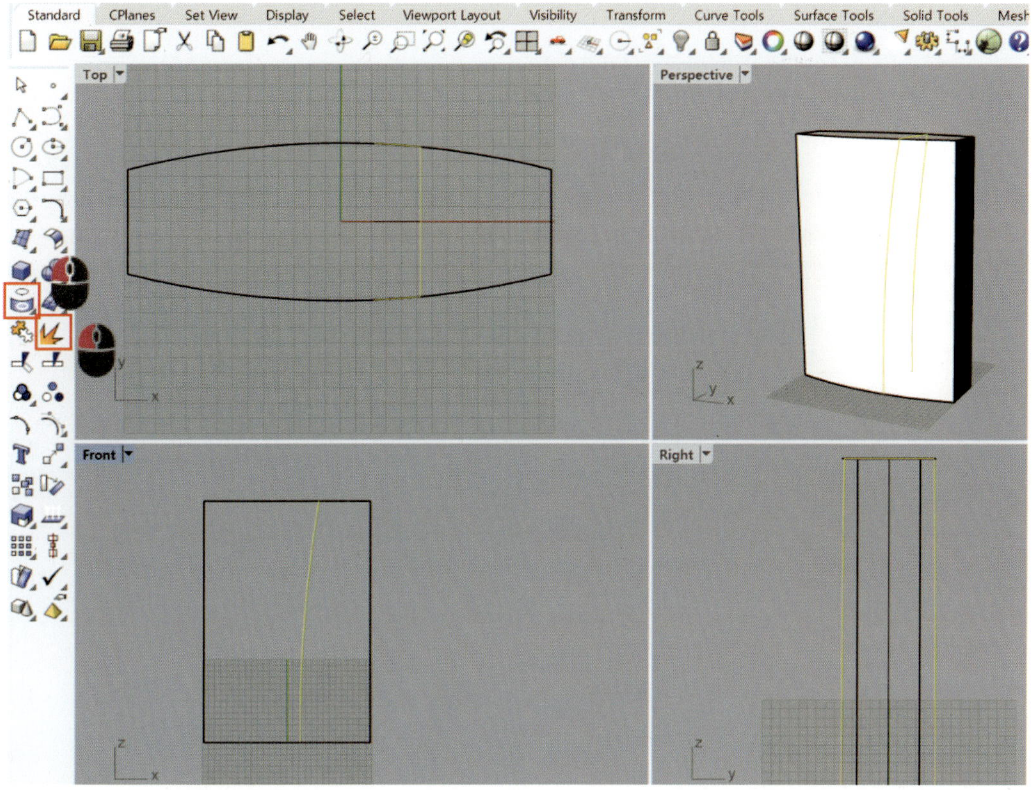

05 FrontView에서 전단계에서 만든 커브를 선택하고 Project 명령을 실행한다. 화장품 몸통을 선택해 커브를 몸통에 입혀 준다. 그림과 같이 커브가 몸통 부위에 달라붙은 것을 볼 수 있다. 이 커브의 몸통 부분에 붙은 부위만 필요하기에 Explode 명령을 실행해 커브를 분리한다.

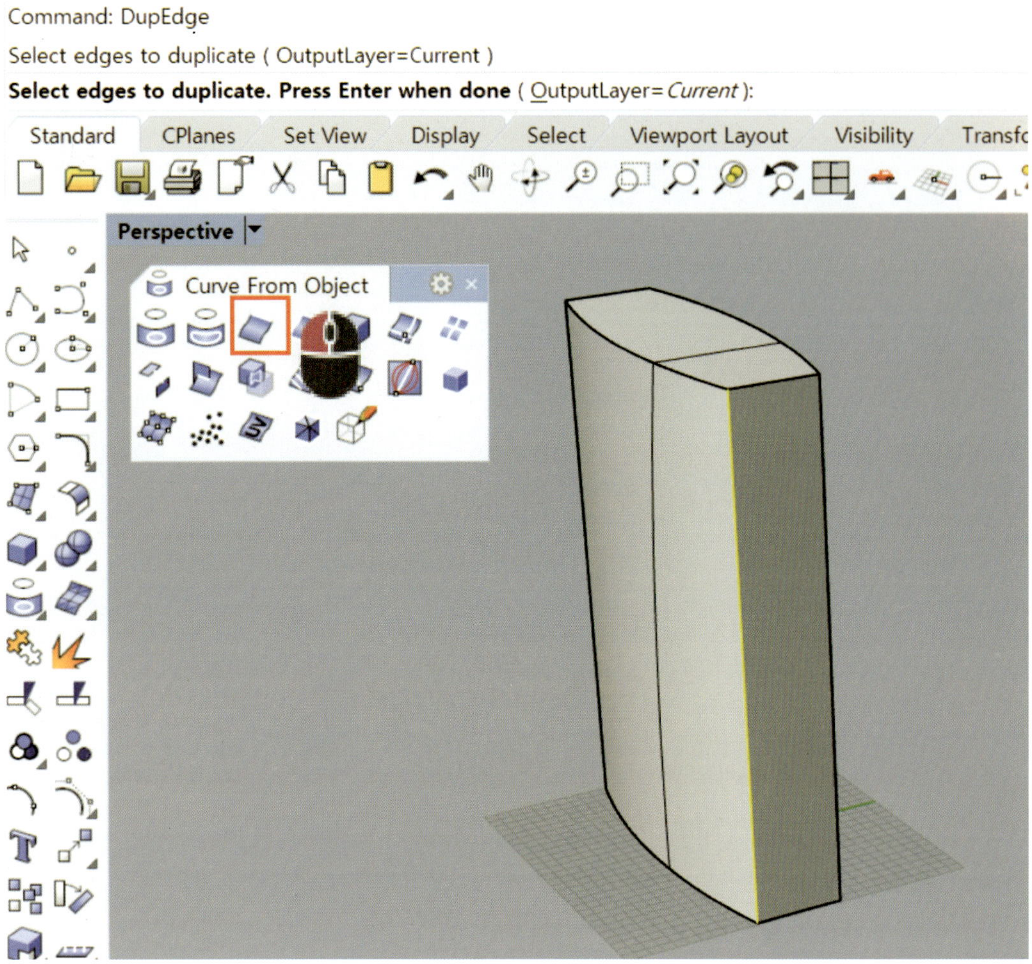

06 DupEdge 명령을 이용해 그림에 표시된 용기 측면의 직선을 추출한다.

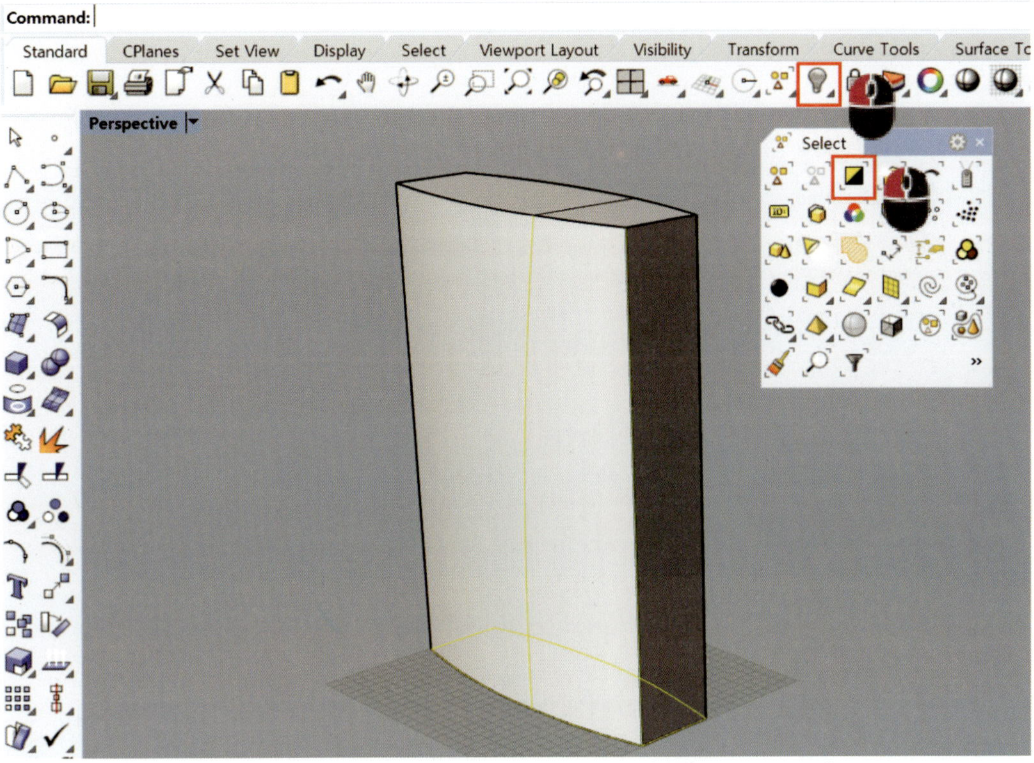

07 그림과 같이 3개의 커브를 선택한다. 선택이 안된 나머지 개체들을 숨기기 위해 Invert 명령을 실행하면 선택이 반전된다. 이제 Hide 명령으로 개체들을 숨긴다.

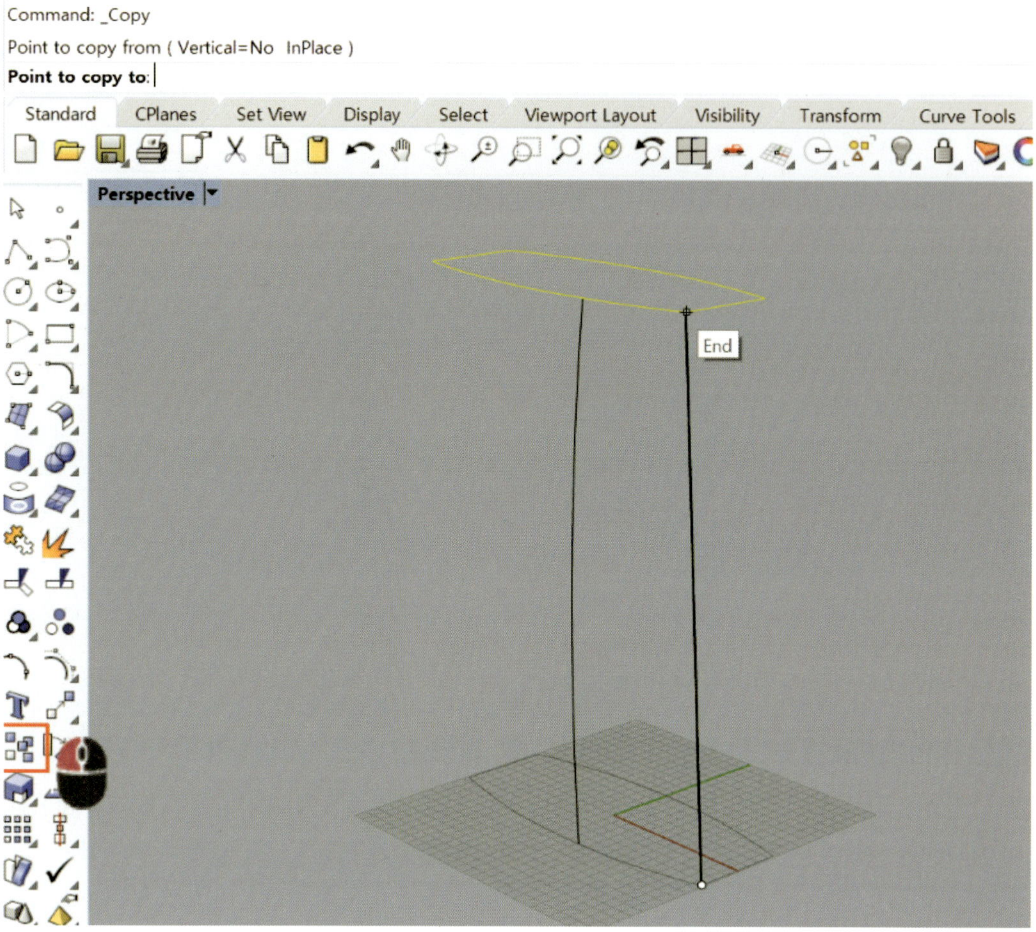

08 용기 바닥 커브를 선택하고 Copy 명령을 실행해 6단계에서 만든 커브의 끝점에서 끝점으로 복사를 실행한다.

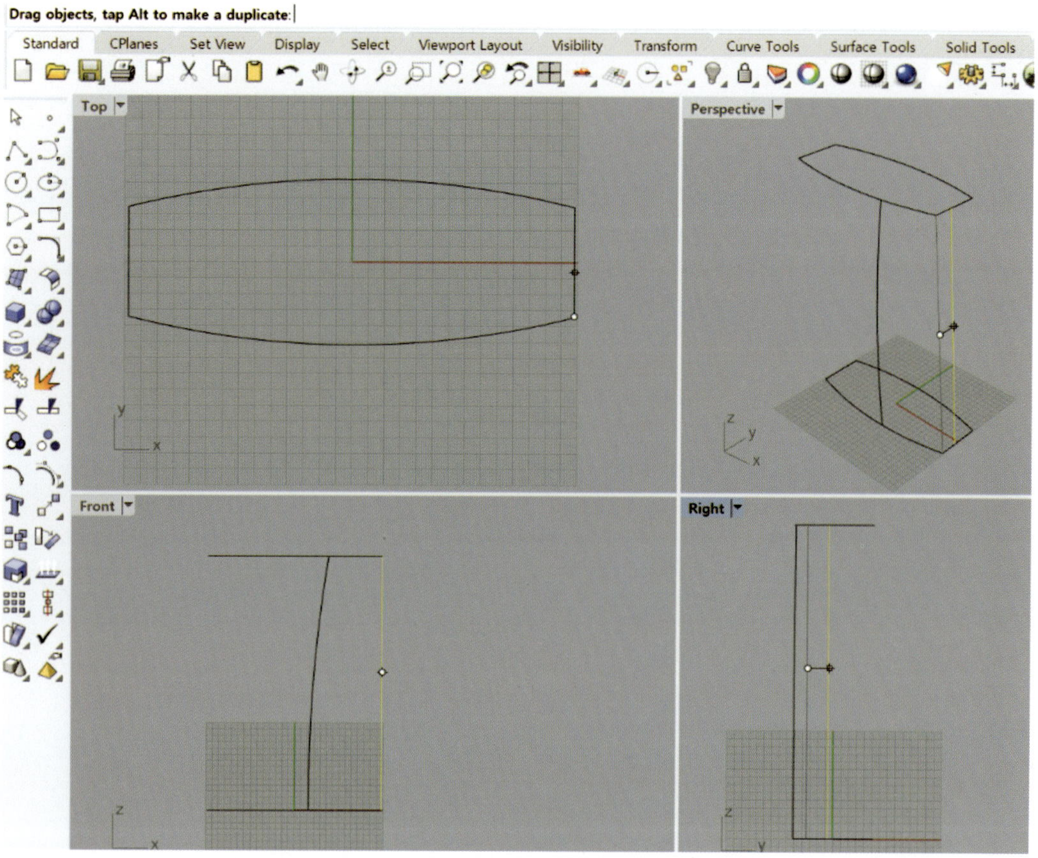

09 6단계에서 만든 커브를 RightView에서 수평 방향으로 드래그하여 그림과 같이 이동한다.

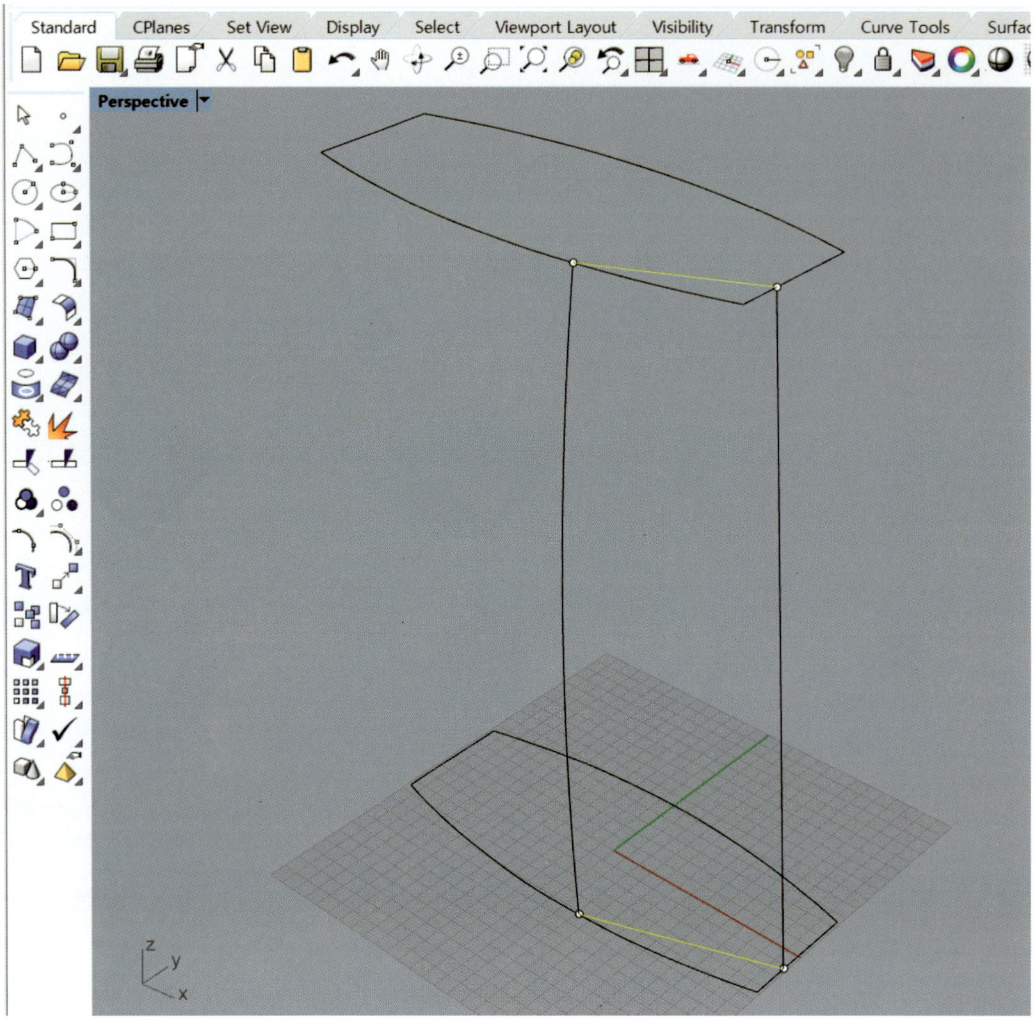

10 전면 곡선 커브와 전단계에서 이동한 직선 커브의 끝점을 기준으로 그림과 같이 2개의 직선을 만든다. 이 2개의 직선을 곡선으로 변형하기 위해 ChangeDegree 명령으로 차수를 2로 변경한 후 PointsOn 명령으로 제어점을 켠다.

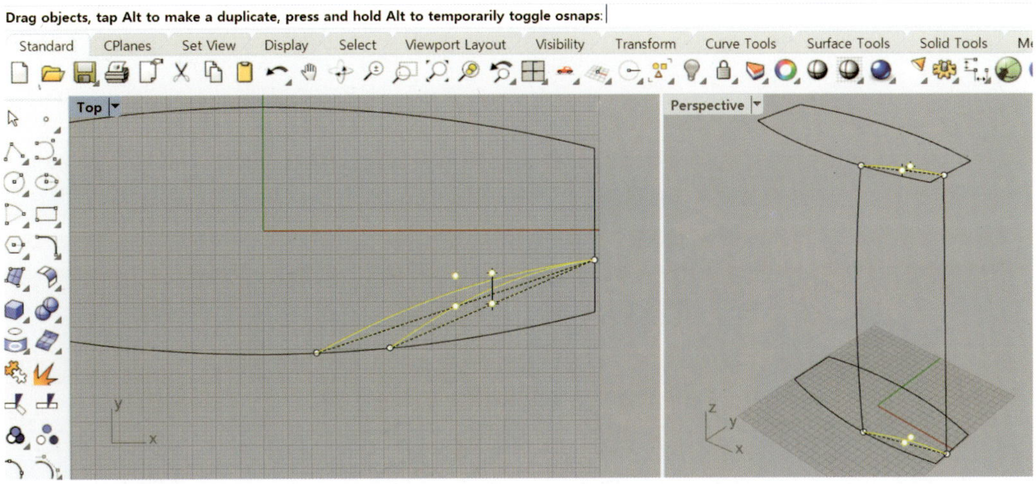

11 그림과 같이 아래 위 커브의 중간 제어점을 복수 선택하고 드래그하여 곡선으로 변형한다.

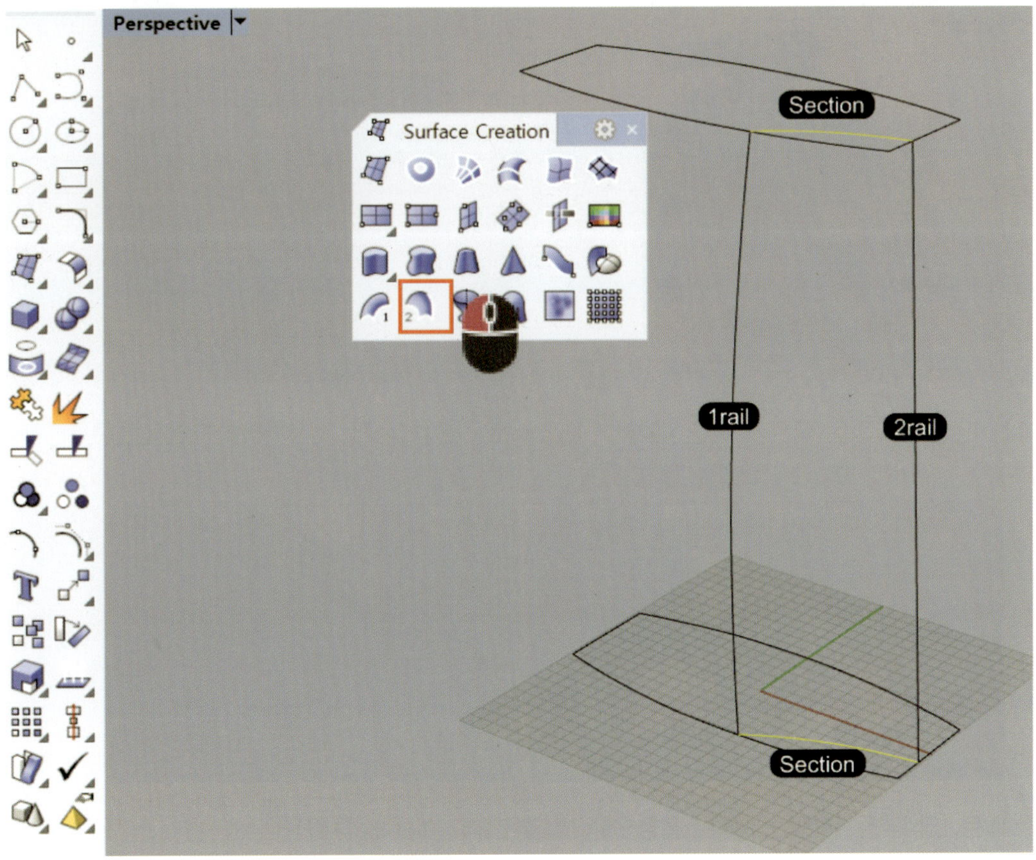

12 용기 전면에 곡면을 생성하기 위해 Sweep 2 명령을 실행하고 레일 커브와 단면 커브를 차례로 선택해 곡면을 생성한다.

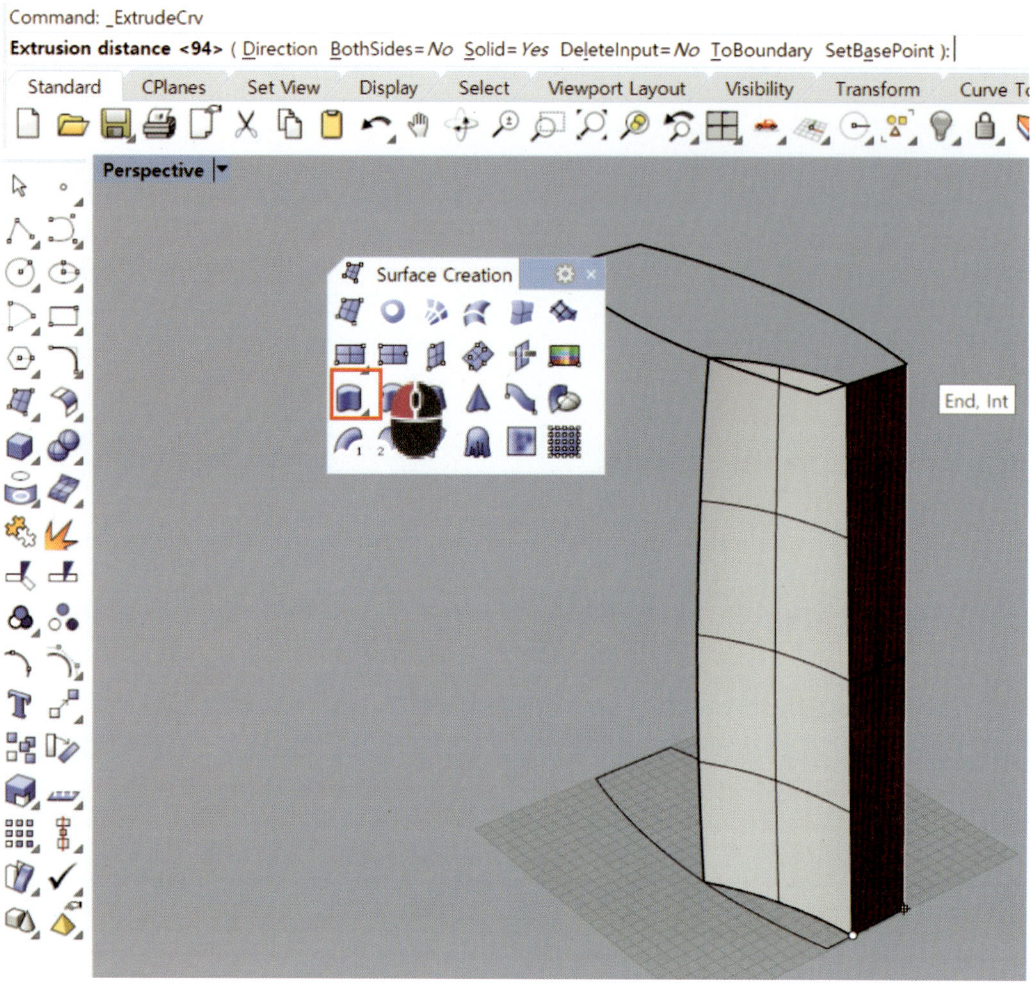

13 9단계에서 만든 직선 커브를 선택하고 ExtrudeCrv를 이용해 그림과 같이 면을 생성한다.

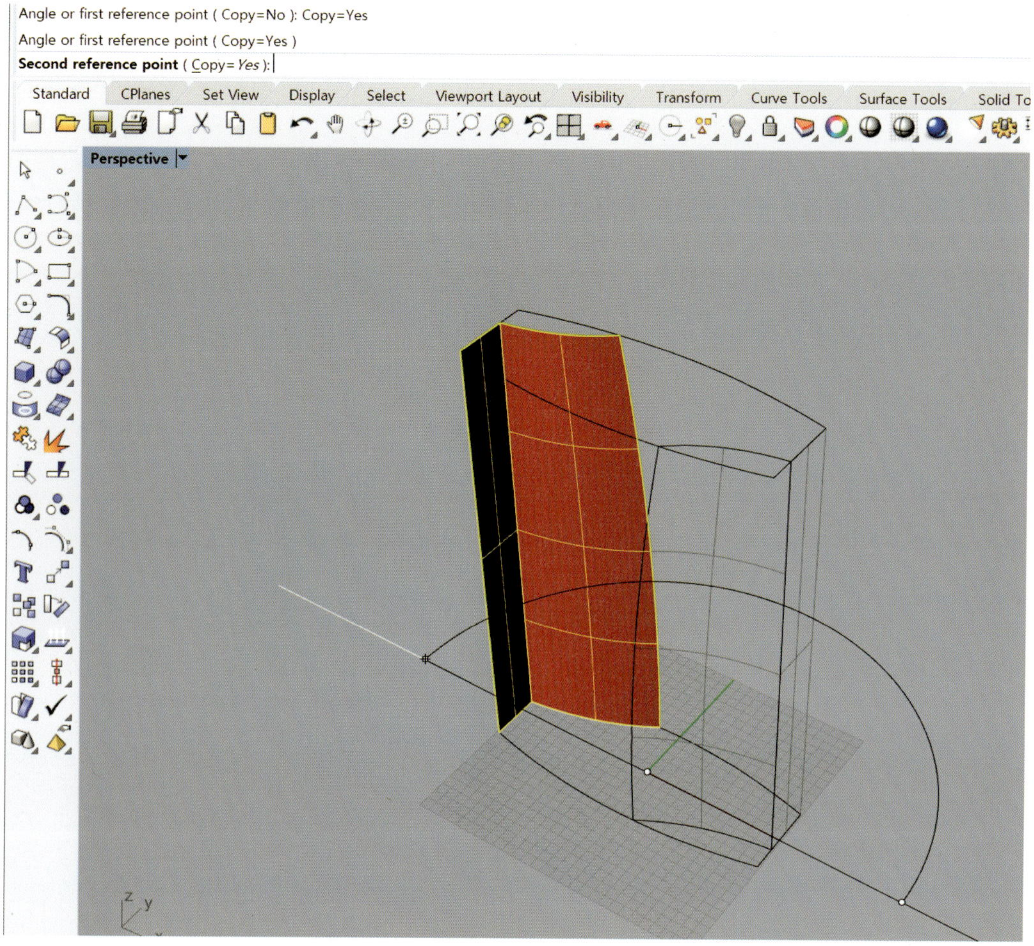

14 2개의 면을 복수 선택하고 Rotate 명령을 실행한다. 이때 명령창에서 Copy=Yes로 설정한다. 반대편에 면이 생성됨을 볼 수 있다.

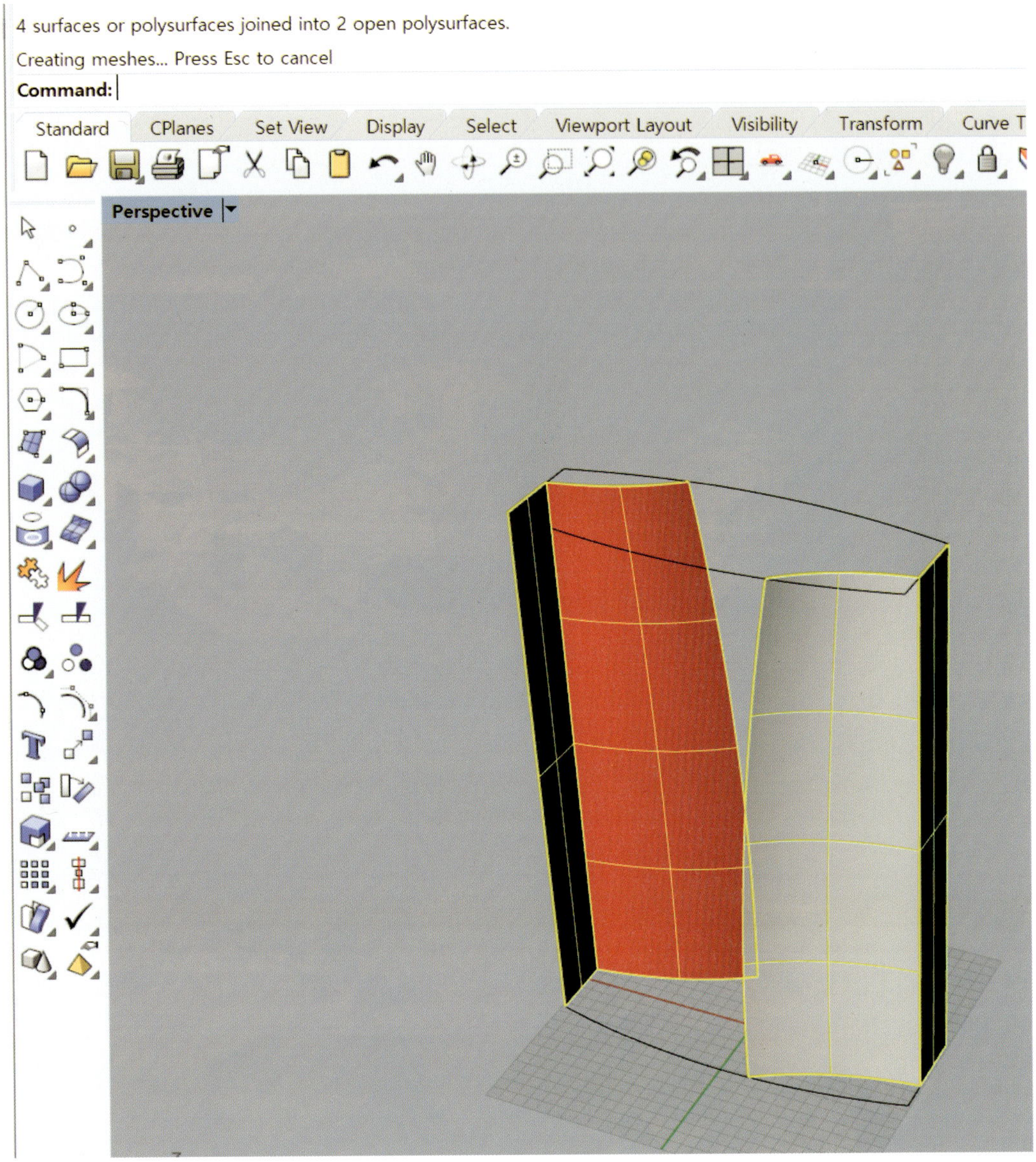

15 4개의 면을 복수 선택하고 Join 명령을 실행한다. 2개씩 붙어있는 면이 각각 하나로 합쳐진다.

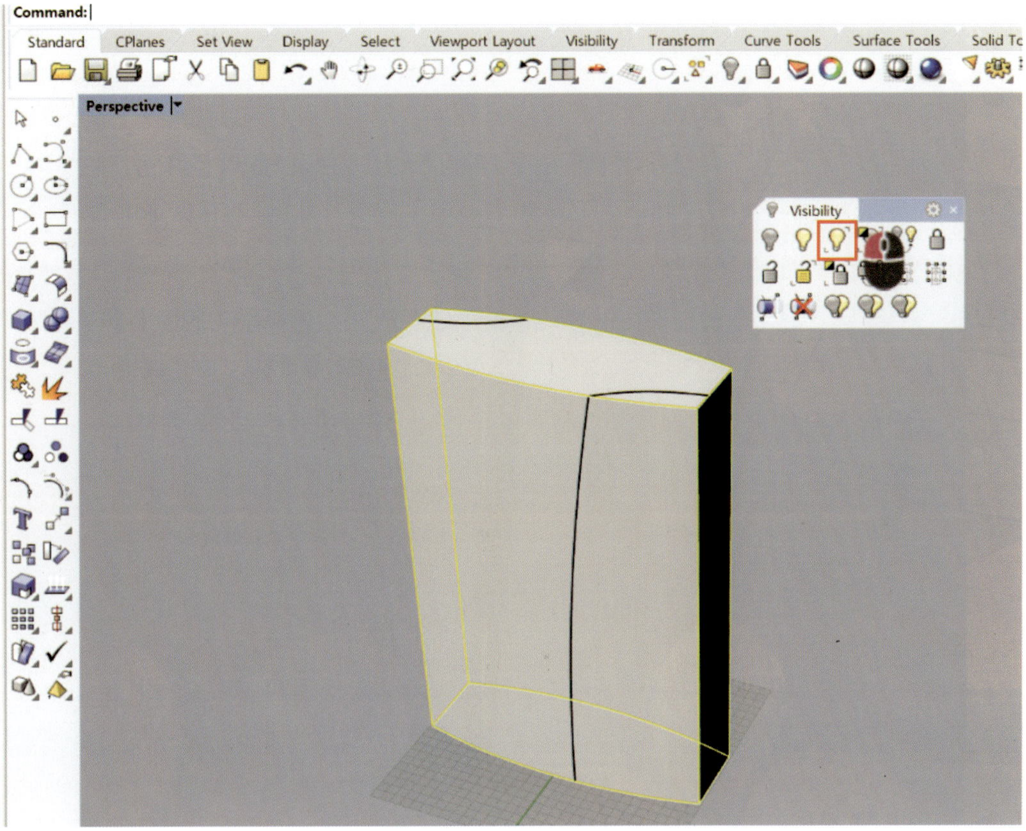

16 ShowSelected 명령으로 4단계에서 만든 용기의 몸통 부분을 나타낸다. Split 명령으로 용기 몸통 부분을 전단계에서 만든 개체로 자른다. 불필요한 부분은 Delete키를 눌러 지운다.

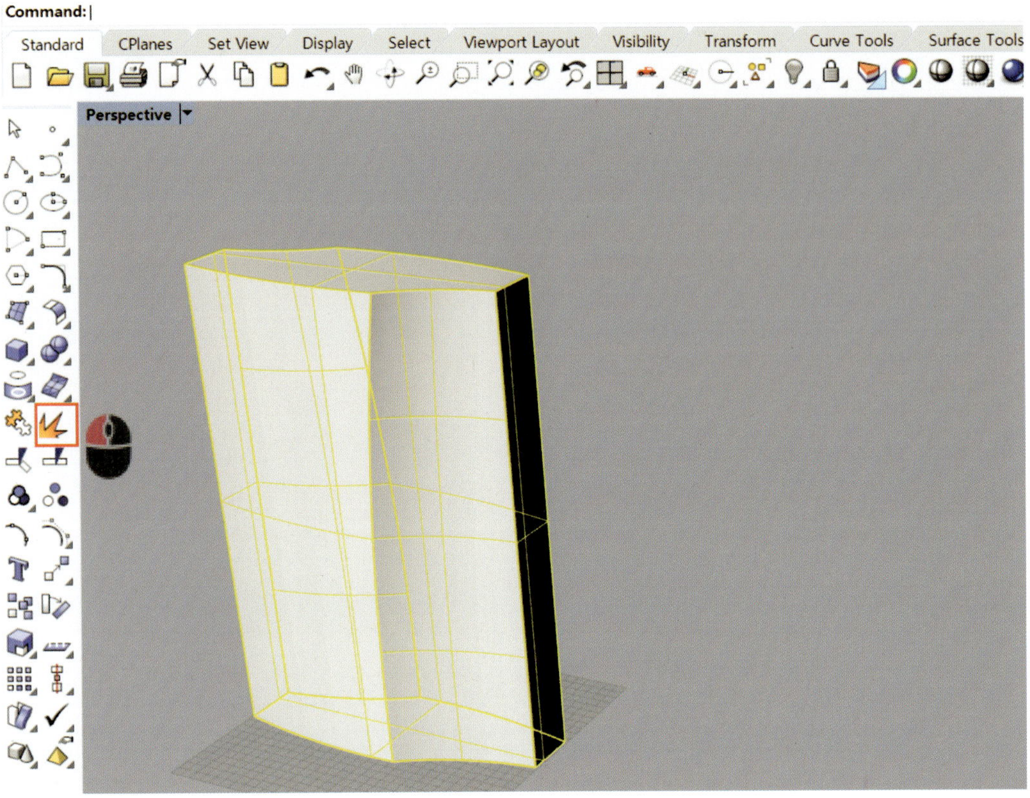

17 모든 개체를 선택하고 Join 명령으로 하나의 개체로 합친다. 화장품 용기의 큰 형태가 완성되었다.

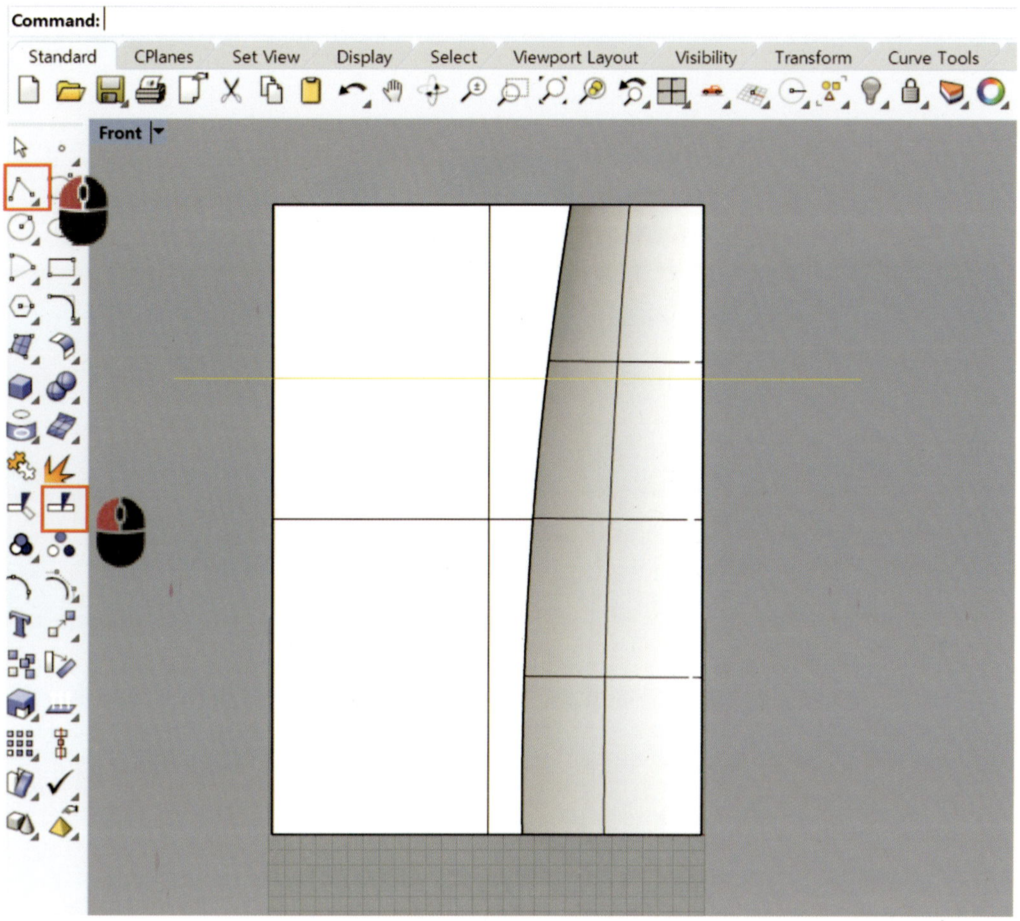

18 뚜껑과 몸체를 분리하기 위해 FrontView로 이동해 Line 명령으로 뚜껑과 몸통 경계에 그림과 같이 직선 커브를 생성한다. Split 명령을 실행해 용기를 생성된 직선으로 잘라낸다.

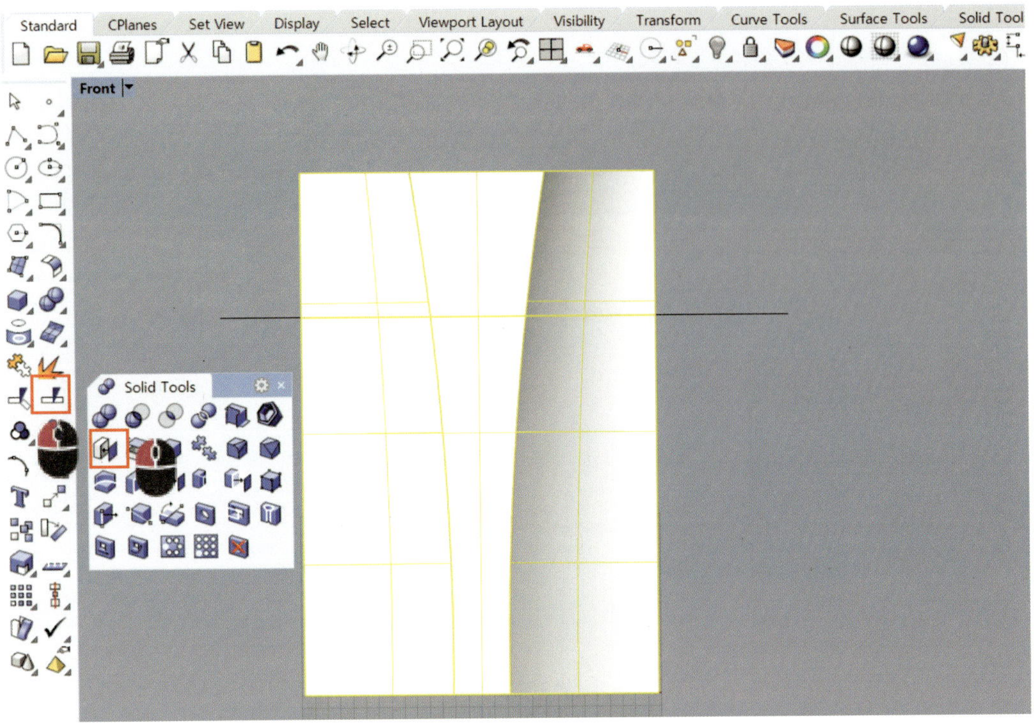

19 전단계에서 분리한 뚜껑과 몸통 부분을 선택하고 Cap 명령을 실행해 열린 부분을 닫는다.

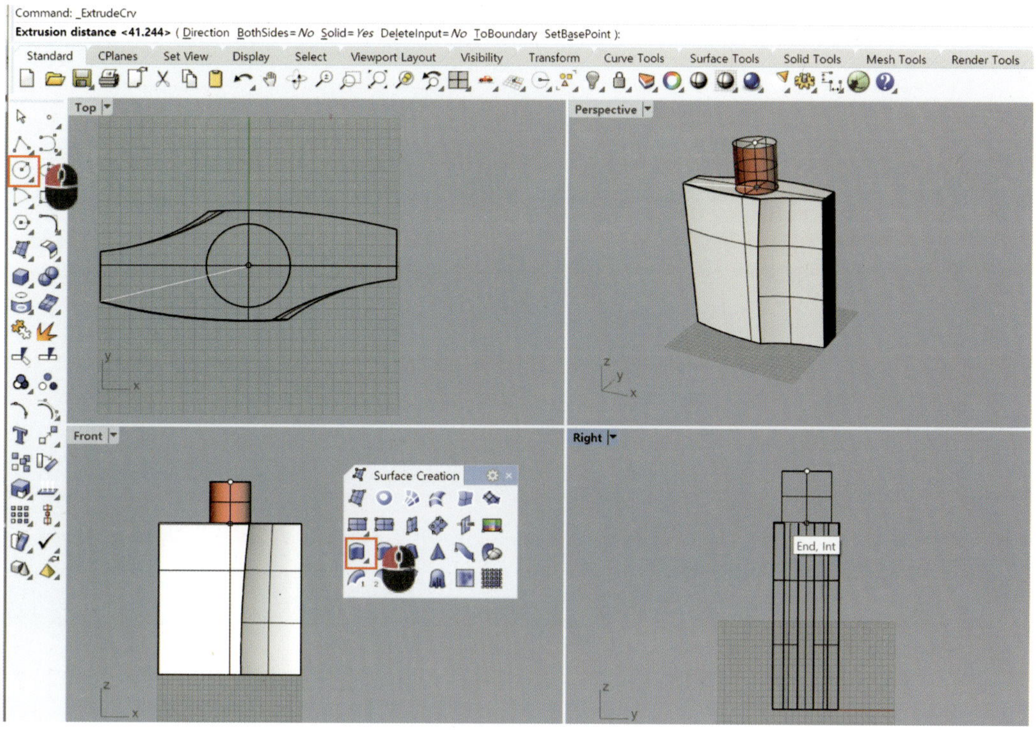

20 뚜껑 부분을 Hide 명령으로 숨긴다. 용기의 입구를 만들기 위해 Circle 명령으로 TopView에서 원형 커브를 생성한다. 생성된 커브를 ExtrudeCrv 명령으로 용기 몸통 부분까지 돌출시킨다.

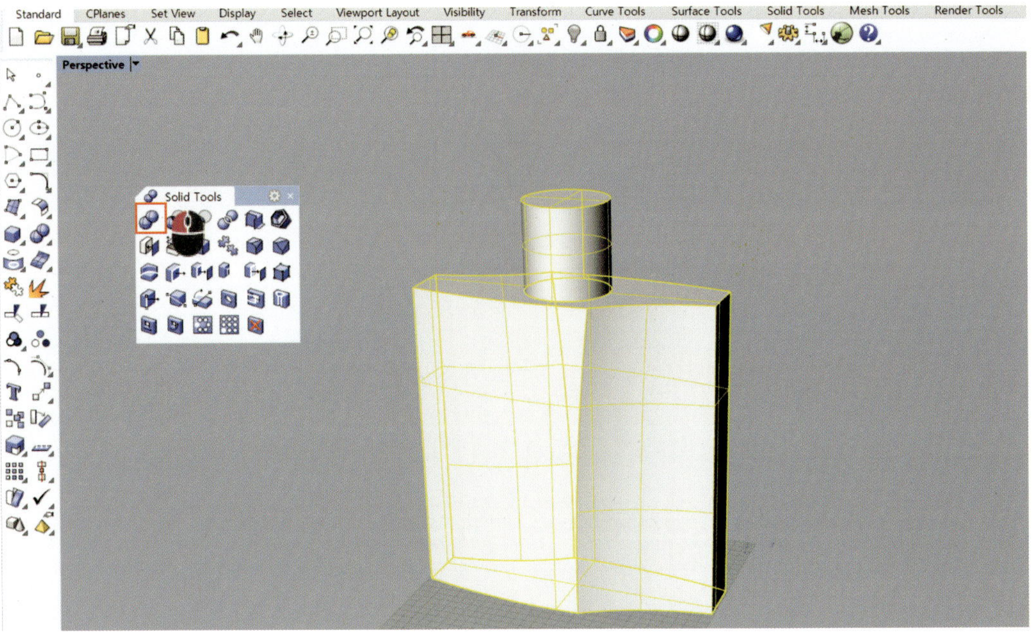

21 몸통 부분과 입구 부분 개체를 선택하고, BooleanUnion 명령으로 하나의 개체로 합친다. 합친 개체를 선택하고 키보드 Control + C를 눌러 클립보드에 복사한다.

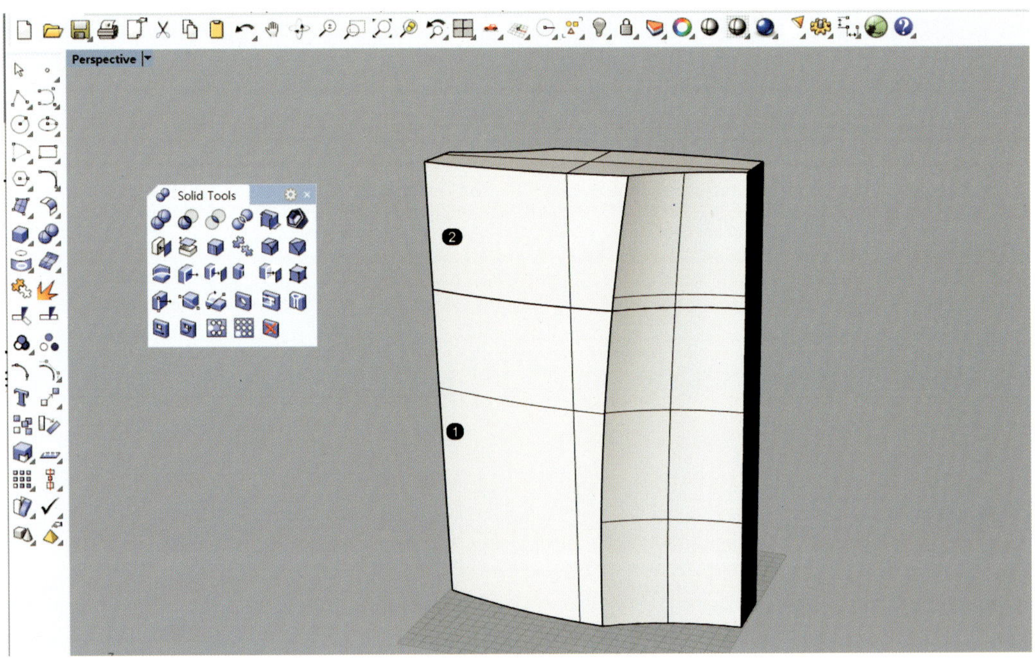

22 ShowSelected 명령으로 숨겨두었던 뚜껑 부분을 나타낸다. 뚜껑 부분에 용기 입구 부분의 공간을 만들기 위해 BooleanDifference 명령을 실행해 2번 개체를 1번 개체로 차집합 한다.

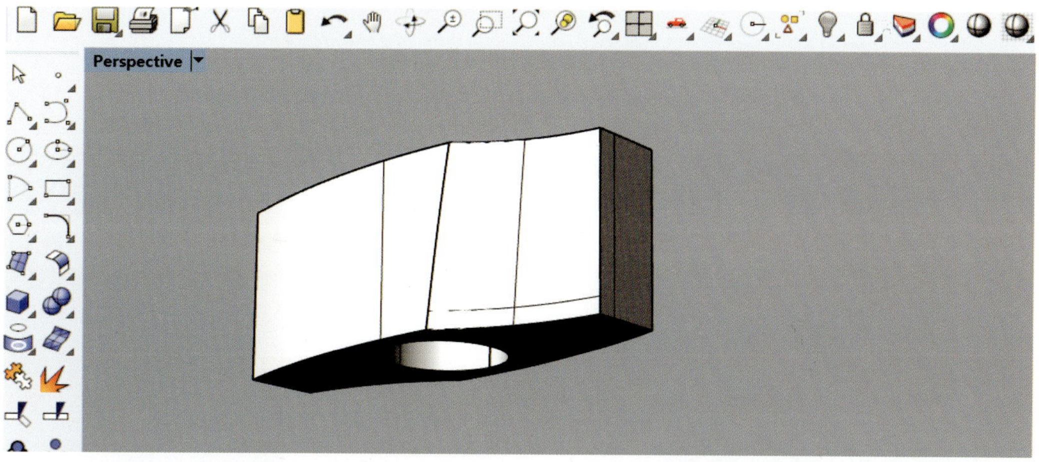

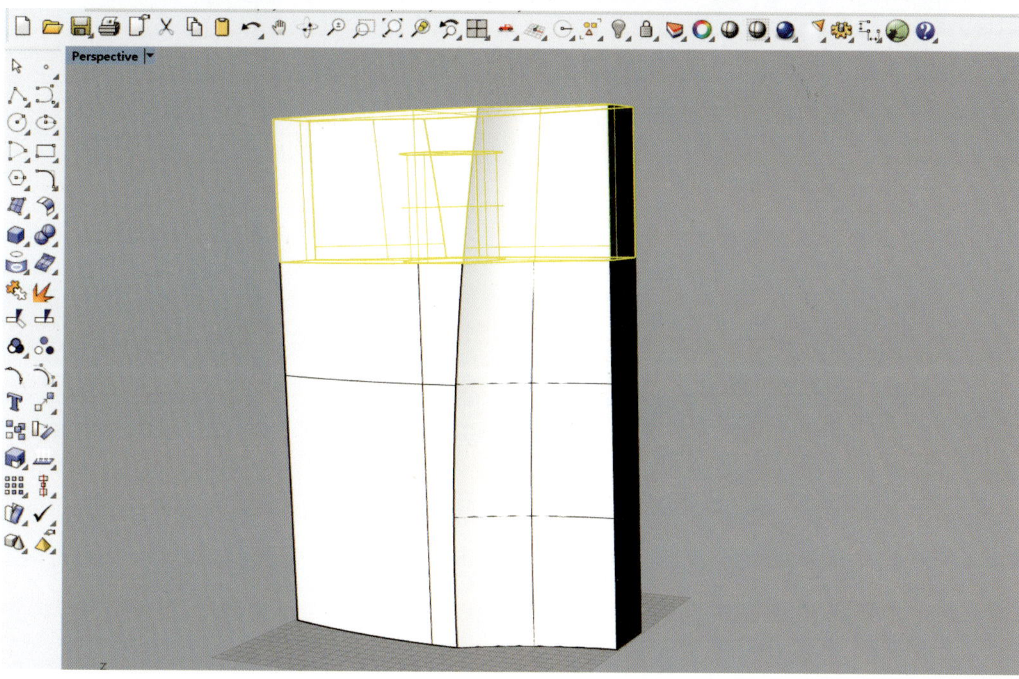

23 뚜껑 부분에 입구 공간이 생성되었다. 키보드 Control + V를 눌러 21단계에서 복사했던 용기 몸통 부분을 붙여넣기 한다.

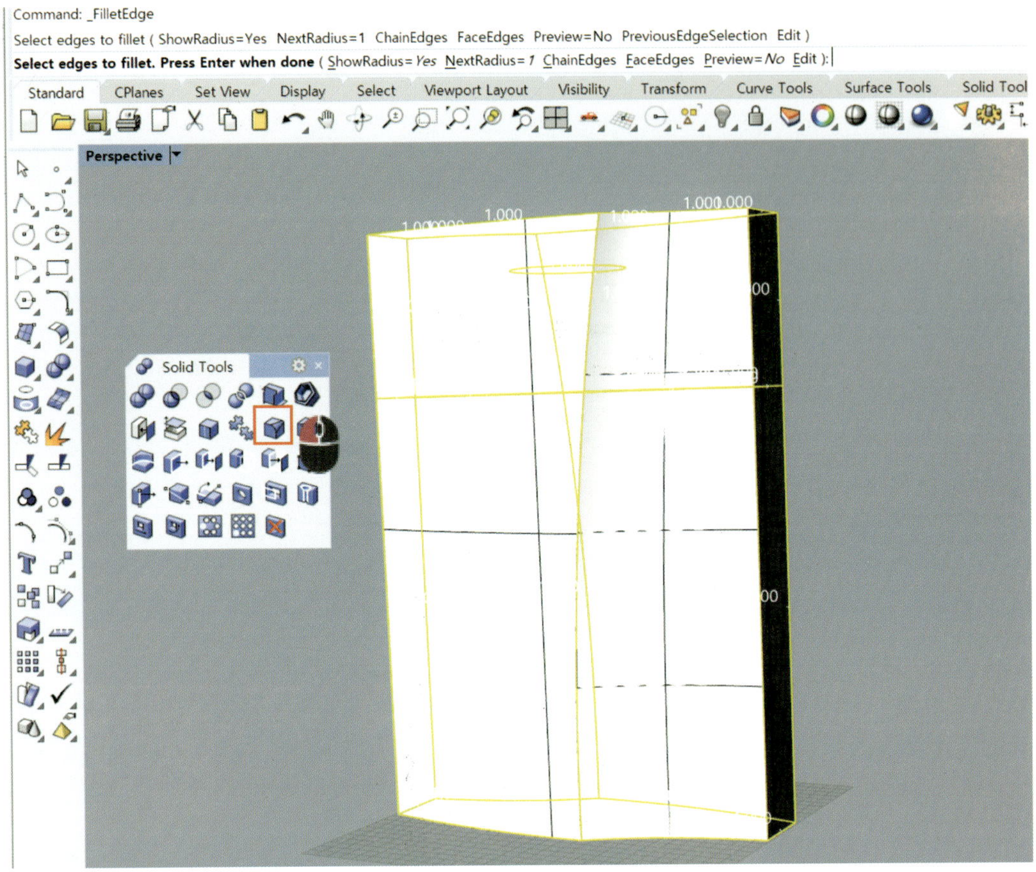

24 FilletEdge 명령을 실행해 마우스를 드래그하여 뚜껑과 몸통의 모든 모서리 부분에 라운드를 생성한다.

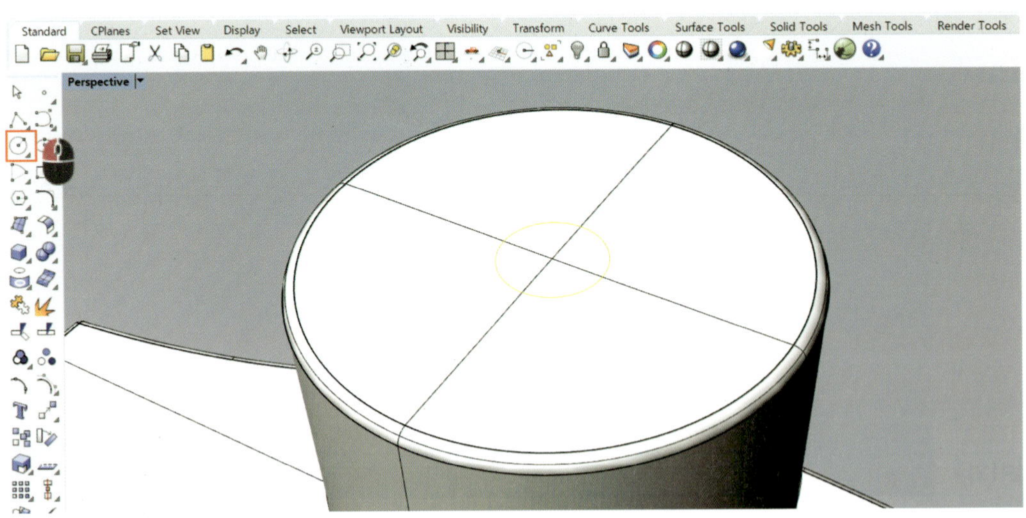

25 용기 부분에 두께를 만들기 위해 먼저 뚜껑 개체를 숨긴다. Circle 명령으로 용기 주입구에 작은 원형 커브를 생성한다.

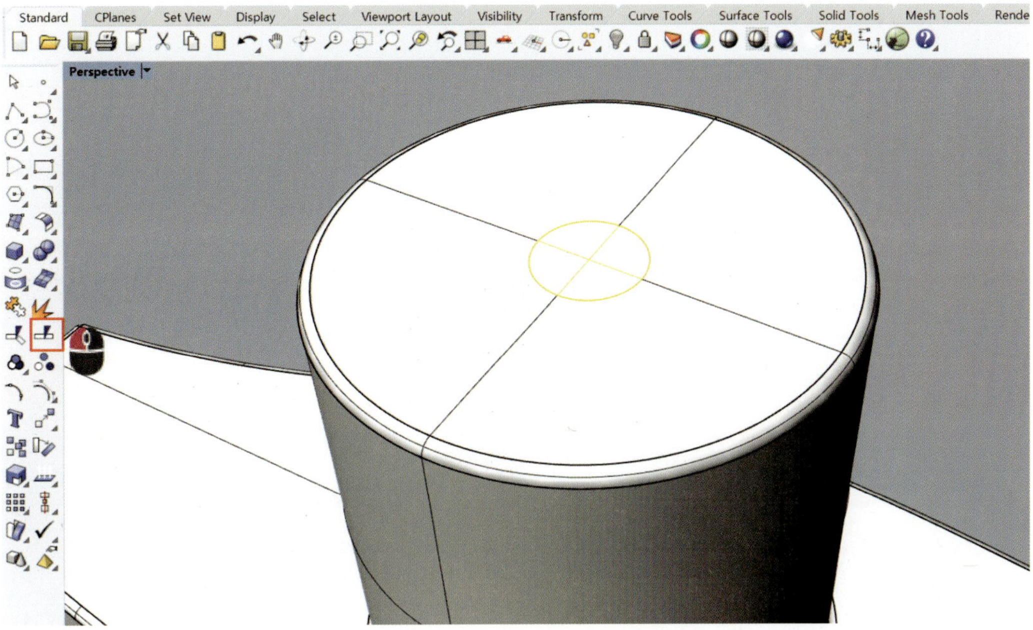

26 용기 개체를 원형 커브로 Split 명령을 사용해 자른다. 잘려진 부분과 몸통을 선택해 Join명령으로 합친다.

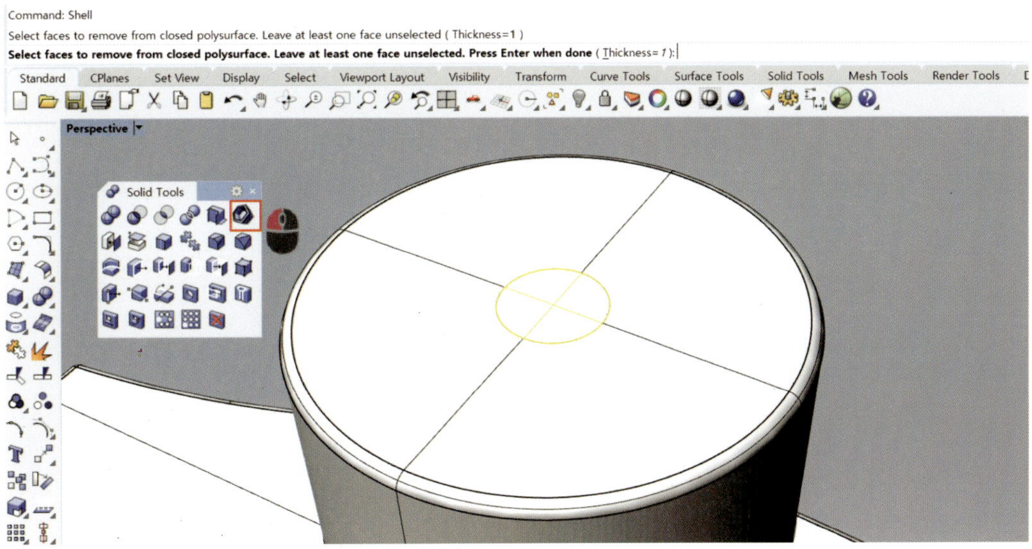

27 Shell 명령을 실행하고 그림과 같이 전단계에서 잘라낸 면을 선택하고 명령을 완료한다.

28 몸통 부분에 두께가 생성된 것을 확인할 수 있다. 숨겨두었던 뚜껑 부분을 나타내고 모델링을 완료한다.

[3D프린팅 출력물 예시 1]

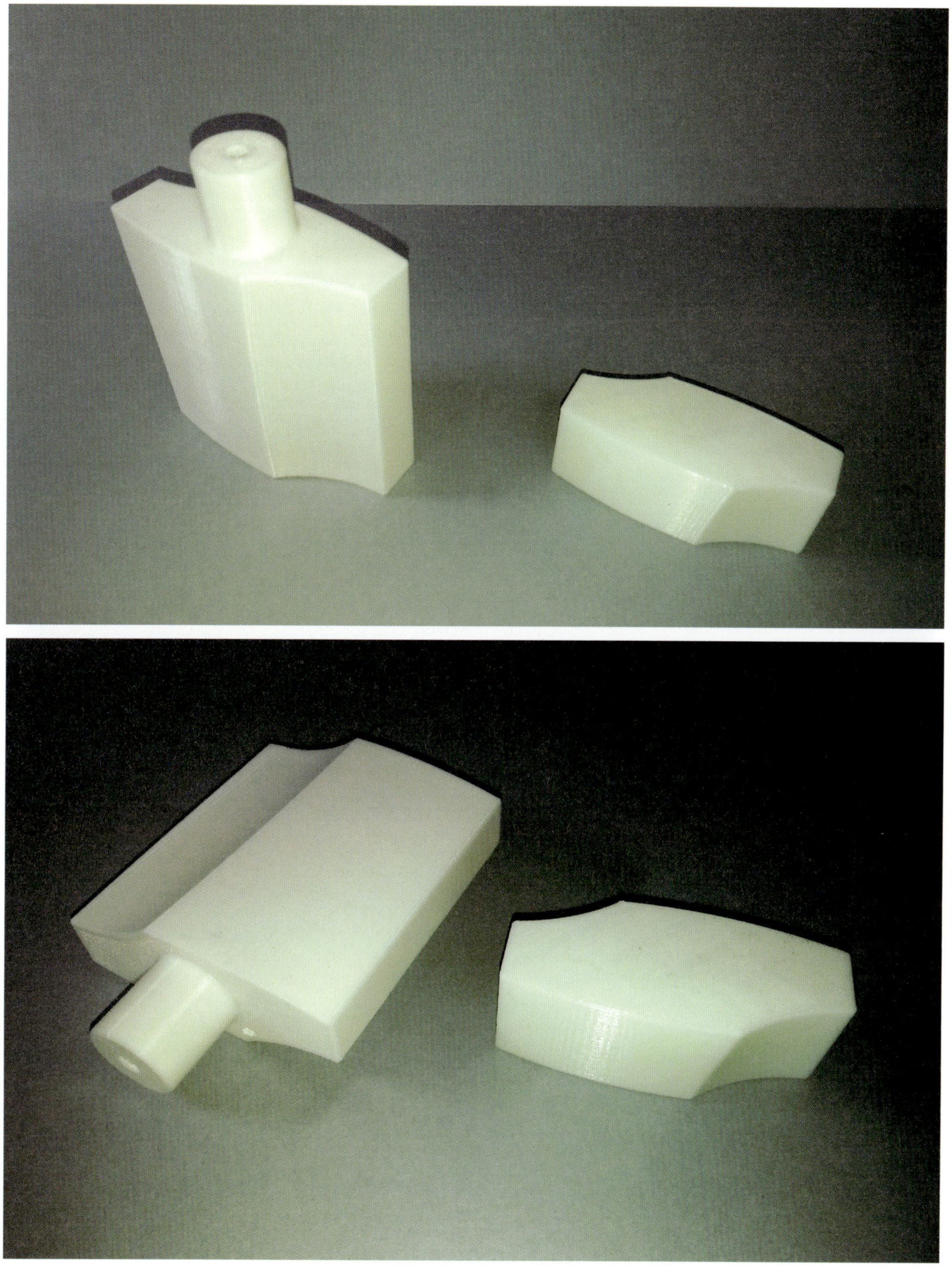

[3D프린팅 출력물 예시 2]

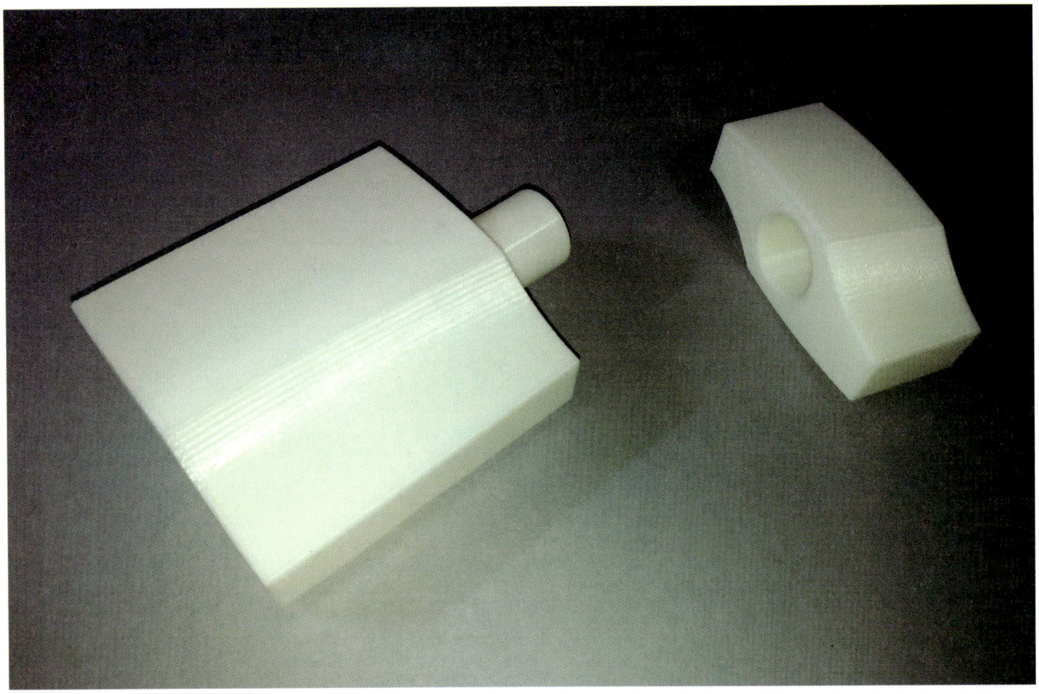

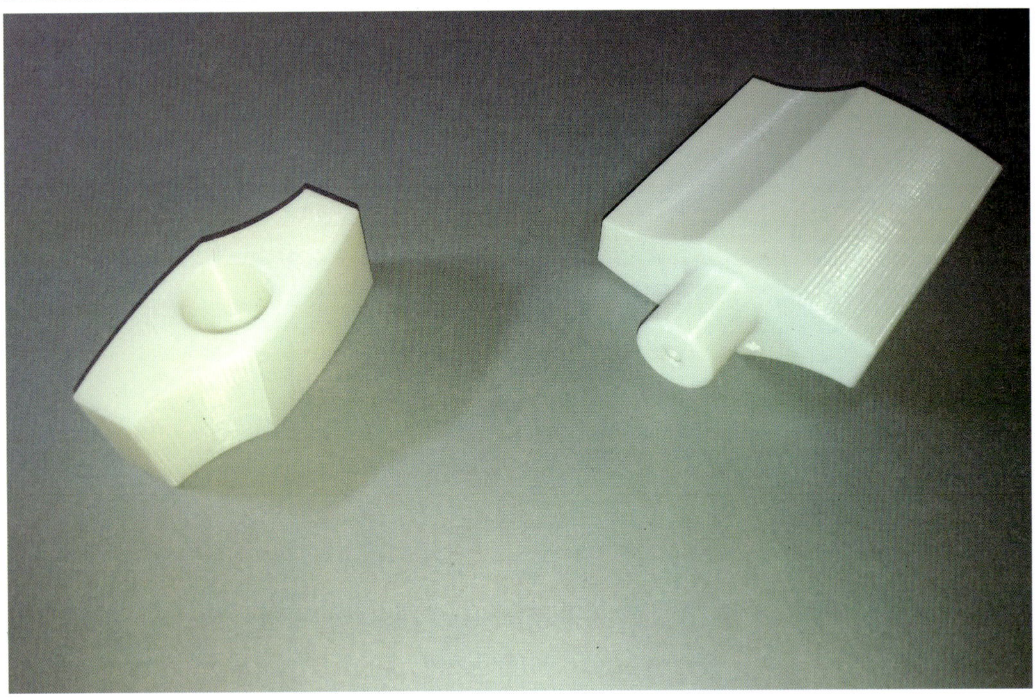

[3D프린팅 출력물 예시 3]

• 실제로 양산된 화장품 용기cosmetics container 디자인 사례로서 이러한 형체의 특성은 바디부분의 음영이 시각적, 촉각적으로 서로 명확하게 구별되어 나타나며 파지효과grip & gripping, 그립감를 지닌 인체공학 디자인ergonomic design이다. – Mans Cobalt For Evas·한석우 디자인

13. 거북선 geobukseon

본 장에서는 앞서 학습한 다양한 모델링을 툴들을 응용해 거북선을 모델링한 예시를 소개합니다.

거북선 geobukseon

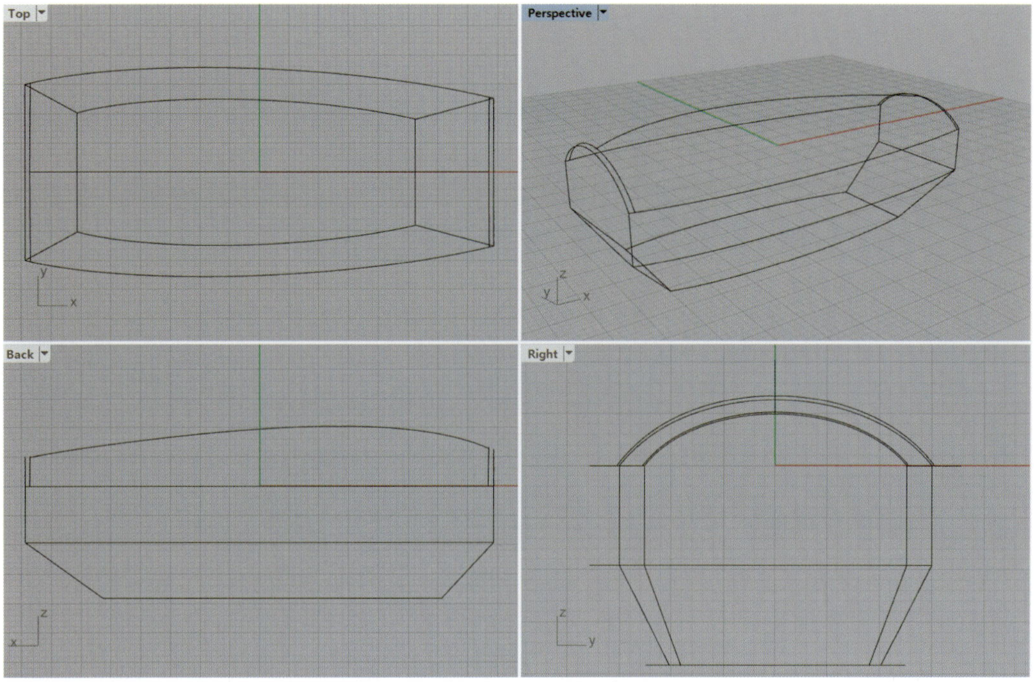

01 곡선, 직선 명령을 활용해 선체를 구성하는 기본 커브들을 생성한다.

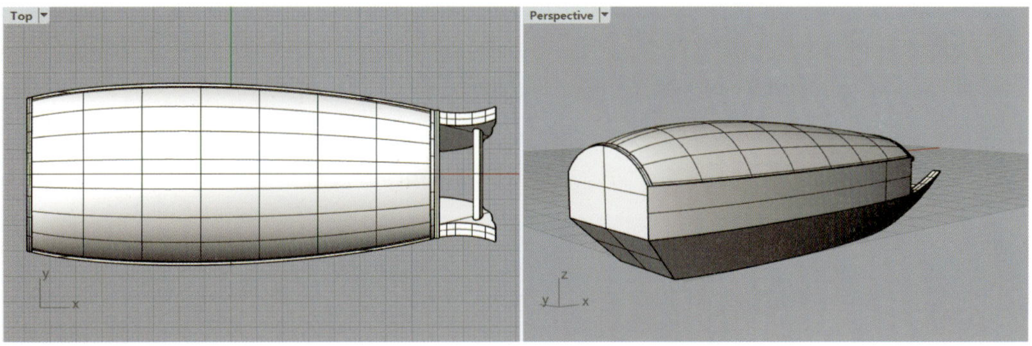

02 전단계에서 구성한 커브들을 기초로 면을 생성하는 명령들을 활용해 선체의 큼직한 면들을 생성한다.

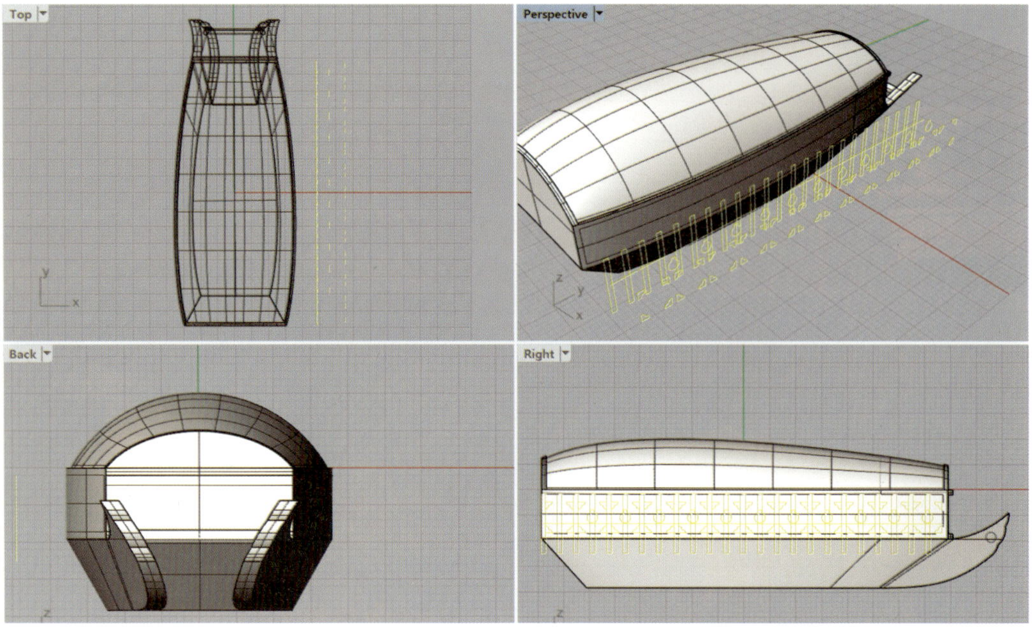

03 측면부의 세부 디테일을 구성하는 커브들을 생성한다.

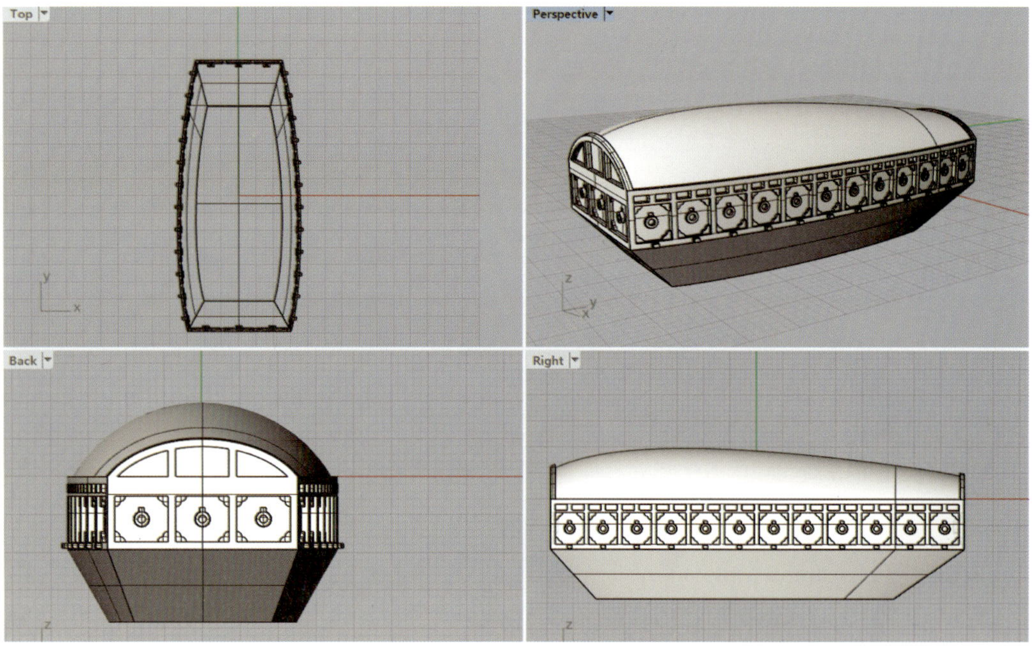

04 큰 덩어리에서 세부 묘사로 조금씩 모델링을 다듬어 나간다.

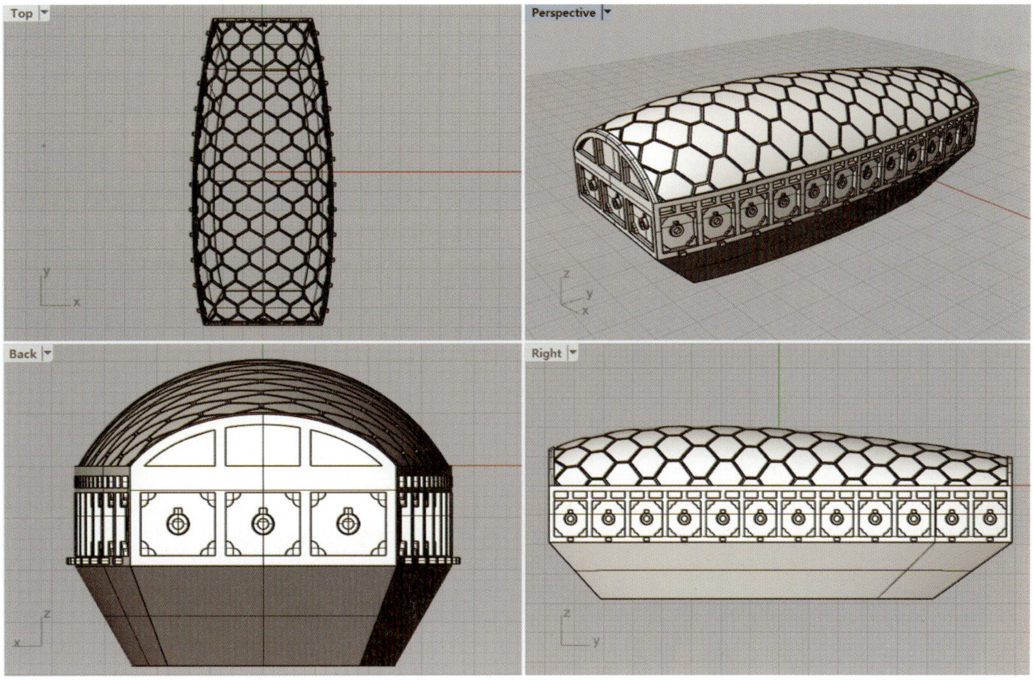

05 상단부에 패턴 커브를 생성한 뒤 패턴을 입체화 한다.

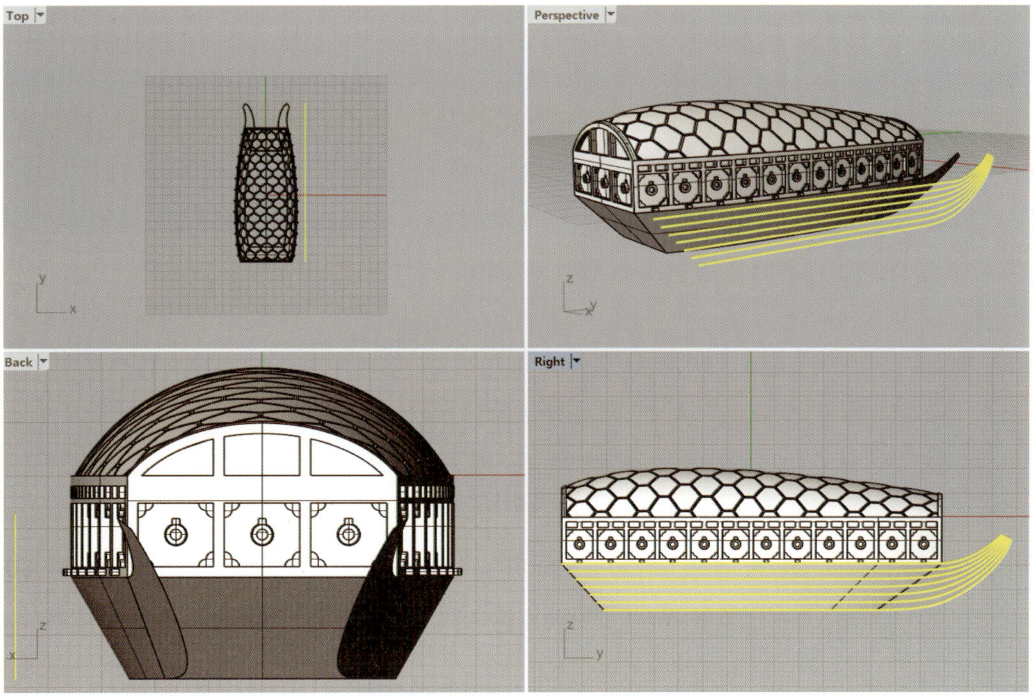

06 하단부에 패턴 커브를 생성한 뒤 패턴을 입체화 한다.

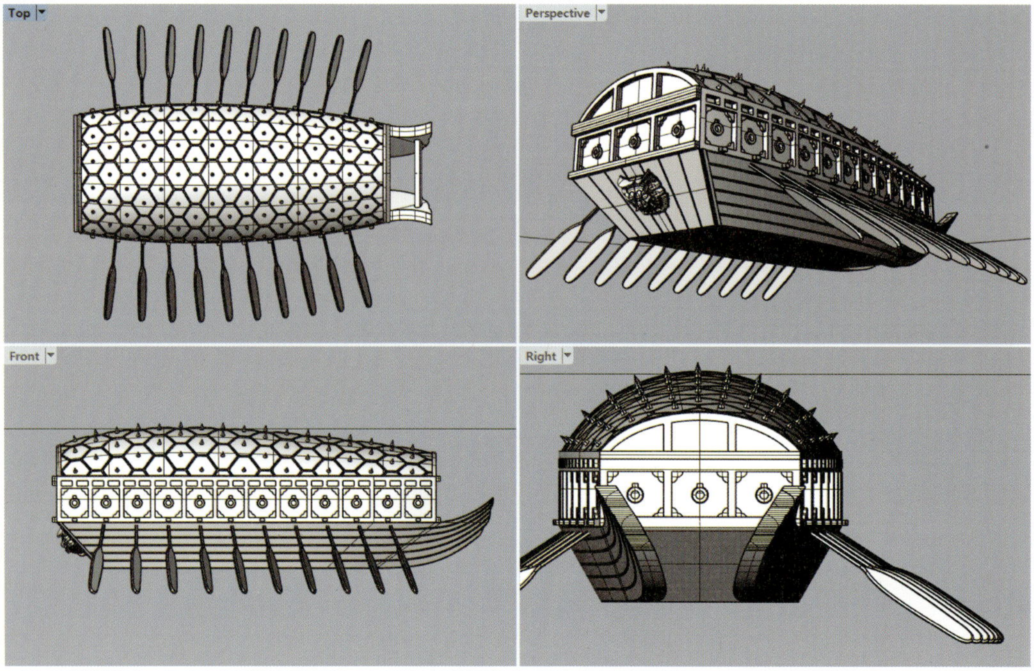

07 장식 등 세부적인 요소들을 추가하여 모델링을 진행한다.

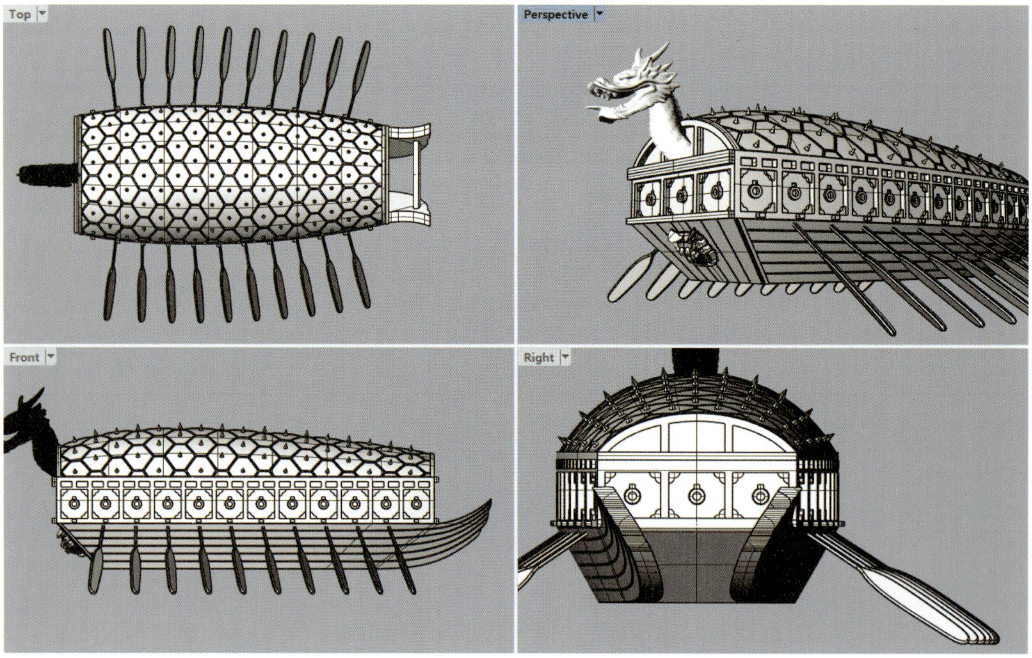

08 최종적으로 머리 부분 모델링을 불러와 조합하여 마무리한다.

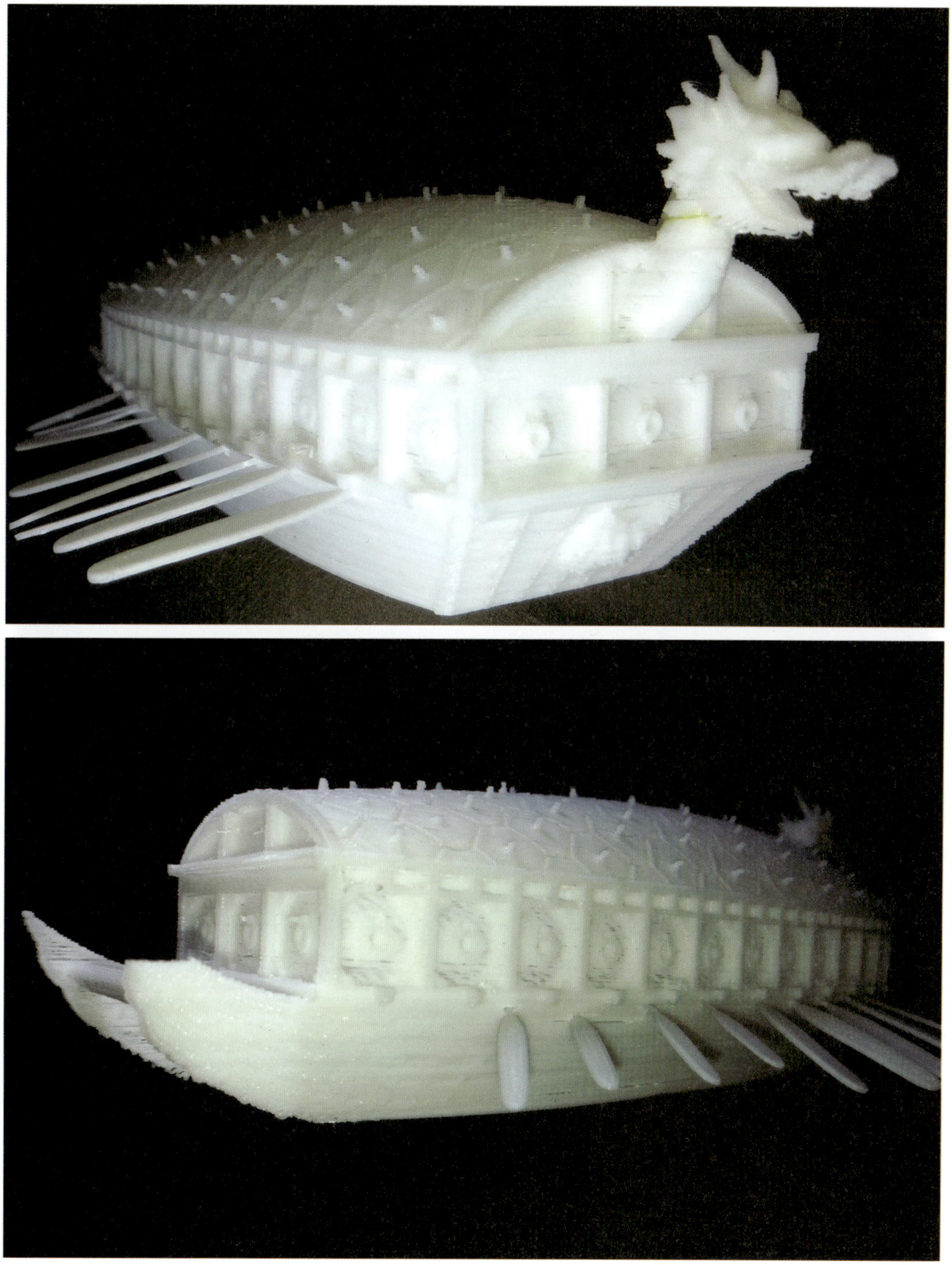

[3D프린팅 출력물 예시 1]

[3D프린팅 출력물 예시 2]

[3D프린팅 출력물 예시 3]

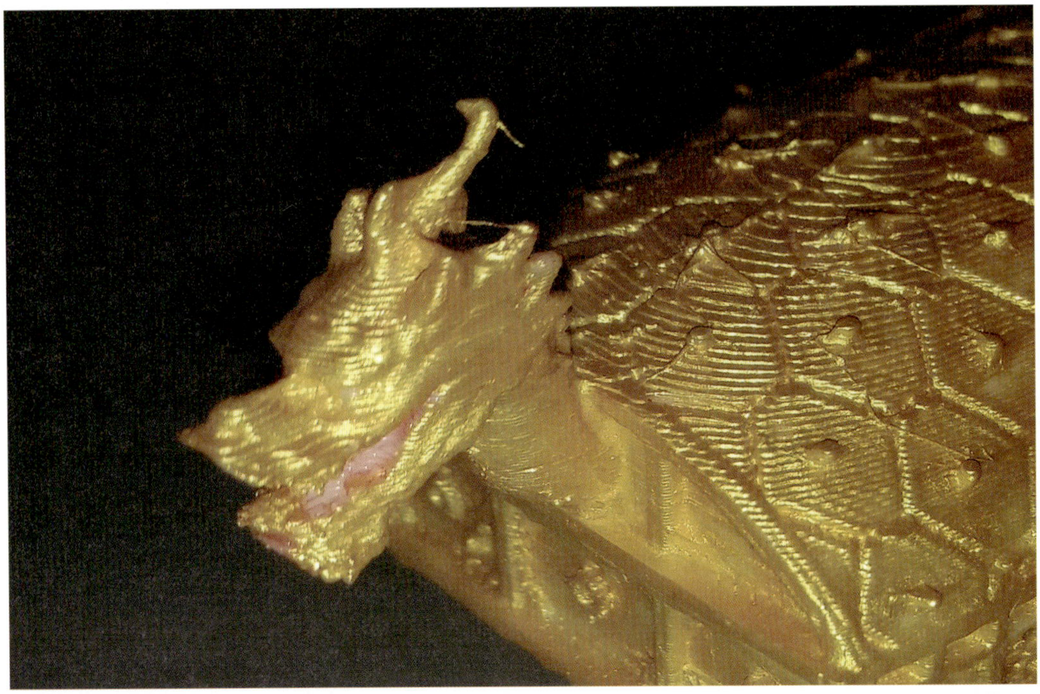

[3D프린팅 출력물 예시 4]

[3D렌더링 예시 1]

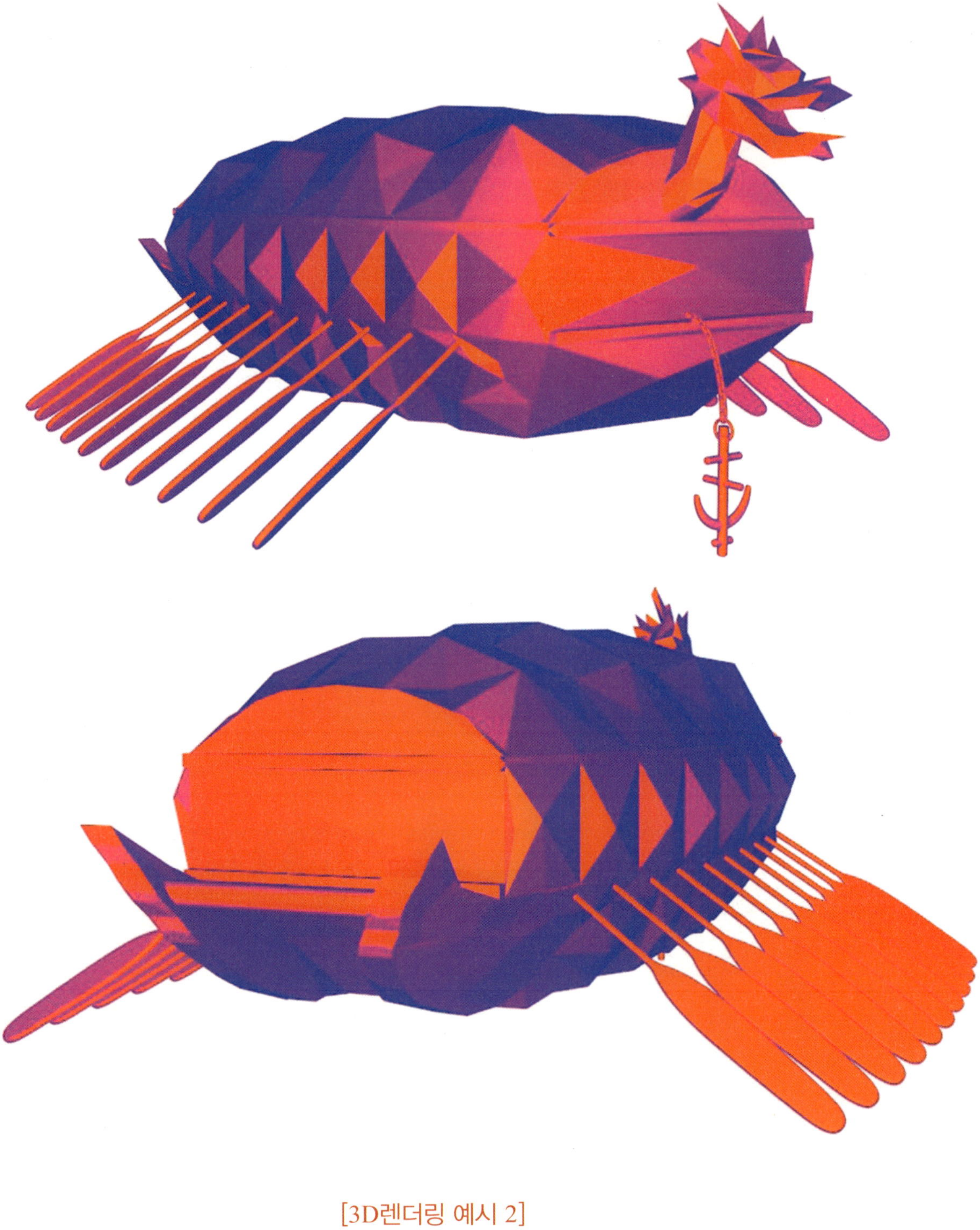

[3D렌더링 예시 2]

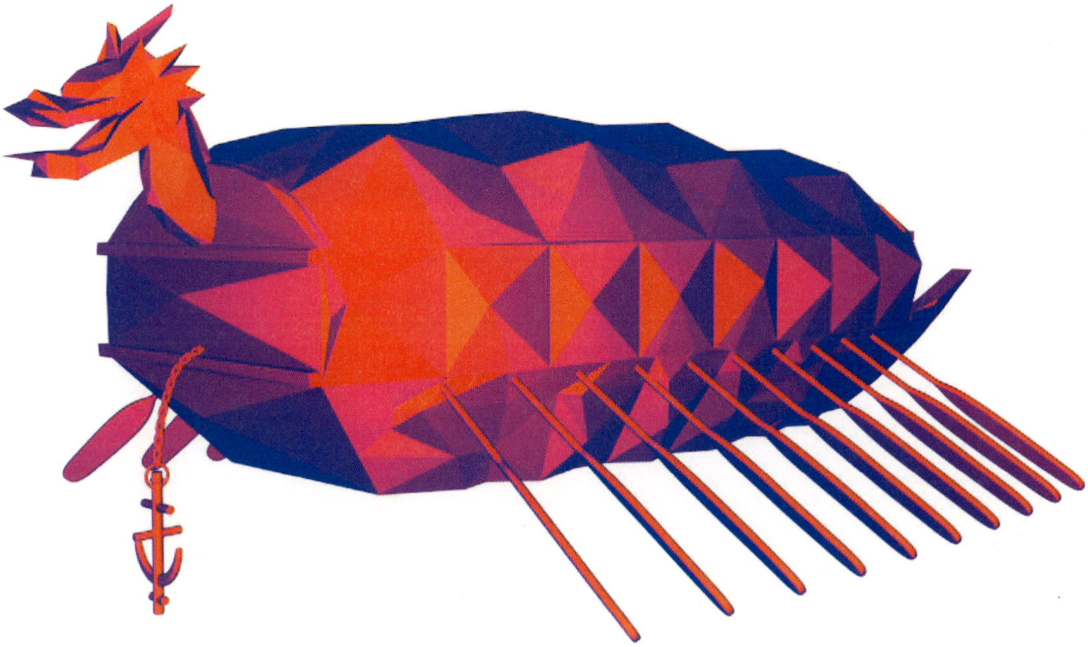

- 거북선 캐릭터, 콘텐츠 모델링 및 VR 디자인
- 신개념과 주체적인 전략적 목적으로 수행된 거북선 디자인 프로젝트는 성웅 이순신 장군의 위상제고를 목적으로 브랜드 디자인의 방향을 잡았으며, 이는 한국적 역사인식과 애국사상을 함양하고 정체성있는 국격실현을 위한 의의semantime를 지니기 위함이다. – 한석우 디자인

[3D렌더링 예시 3]

14. 주얼리 모델링의 이해 jewerly modeling

주얼리 3D모델링은 제품을 생산하기 위한 디자인 프로세스의 과정으로 작가가 자신의 아이디어를 표현하여 제품화하기 전에 불필요한 손실과 제작 공정을 미리 예상할 수 있도록 하는 것이다. 완성한 모델링은 주얼리를 제품화하기 위한 초급과정을 다루고 있으며 Rhino 버전은 5.0을 사용하였다.

작업자에 따라 모델링 방법에 차이가 있으며 여기서는 작가가 주로 많이 사용하는 툴을 기본으로 반복 사용하면서 툴의 기본 기능을 익히고 응용하도록 모델링 하였다.

주얼리를 제품화하기 위해서는 제품의 두께와 사이즈가 매우 중요하다. 모델링의 두께와 사이즈가 제품의 중량과 가격에 영향을 주며, 금으로 제작할 경우는 다듬는 과정에서 손실을 최소화하기 위해 제작 공정을 고려하여 모델링을 제작해야 한다.

대량생산의 공정은 원형 제작, 고무 주형 제작, 주조 과정을 거쳐 제품을 생산한다. 원형을 제작할 경우는 3D모델링으로 제작할 때 생산 공정을 고려하여 모델링에 5% 축소율을 적용하여 3D프린터로 출력해야 한다. 3D프린터의 종류와 고무 몰드의 재료에 따라 오차범위가 있으므로 확인 작업을 거쳐 출력하도록 한다.

1. 주얼리 디자인 프로세스

(1) 1차 아이디어 스케치

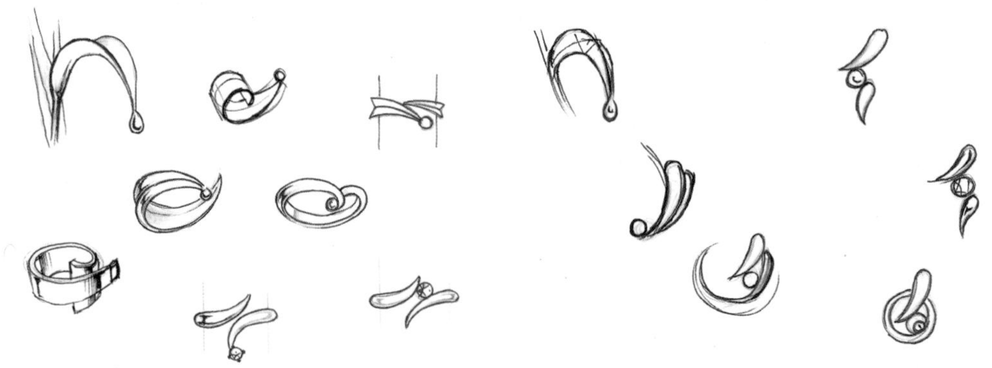

(2) 2차 2D 디자인 전개

일러스트레이터 프로그램을 이용하여 디자인 전개한다.

(3) 3차 3D모델링

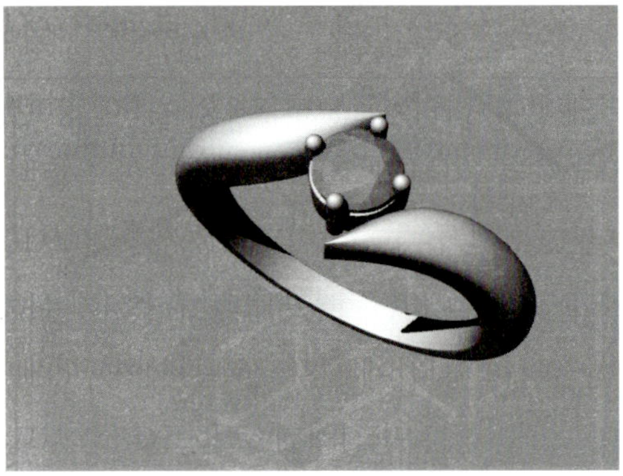

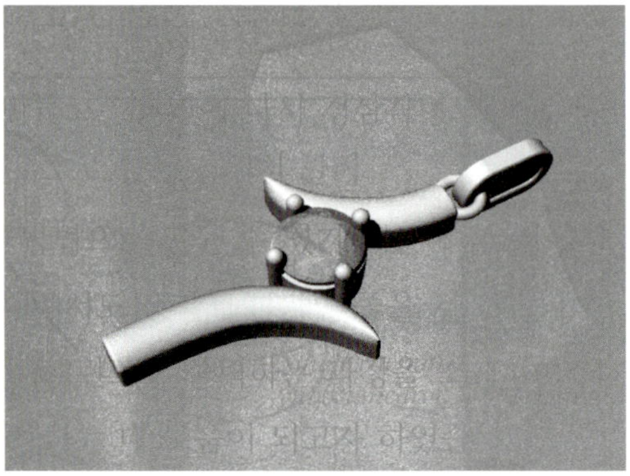

2. 주얼리 모델링 시작

(1) 마우스 사용방법

Zoom In / Zoom Out

팝업 창 오픈

1. 개체선택
2. 명령어 선택
3. 드래그
4. 명령어 그리기
5. 숨겨진 아이콘 보기

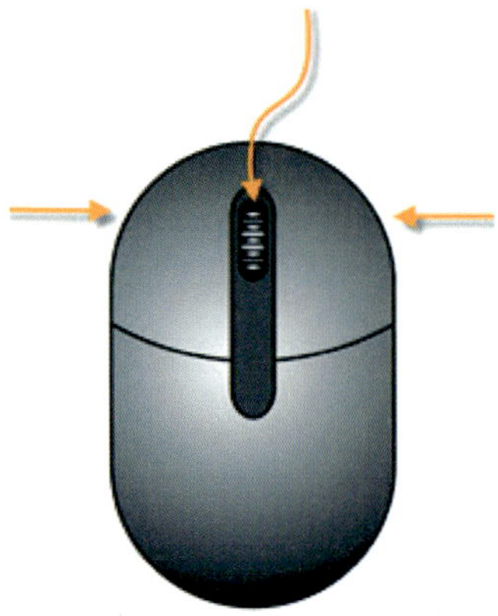

1. 명령어 선택
2. 명령어 마침/재실행
   (Enter, Space bar)
3. 화면이동

(2) 마우스 표기방법

Rhino 옵션을 설정하여 정확도를 높인다.

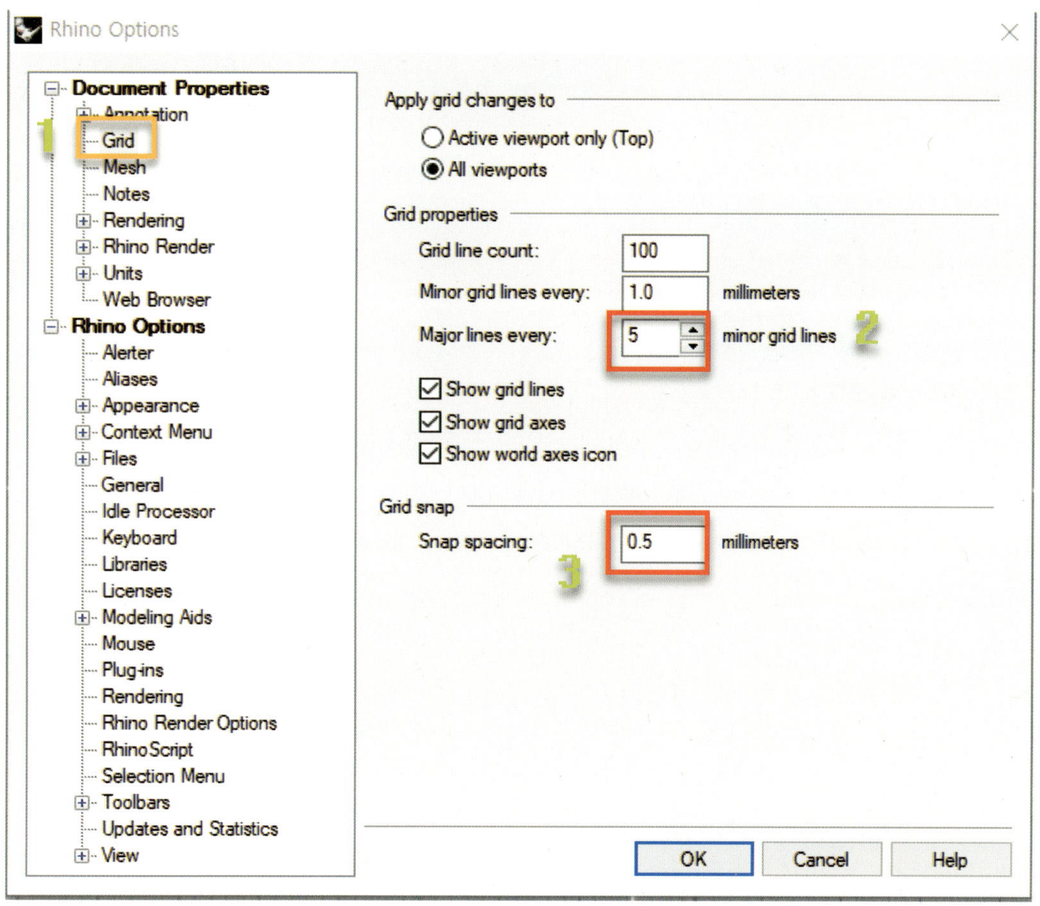

15. 평반지와 응용반지 ring

주얼리의 기본 모델링으로 평반지와 응용반지를 통해 주얼리 3D모델링을 습득하고 기본 툴을 응용하여 모델링을 한다.

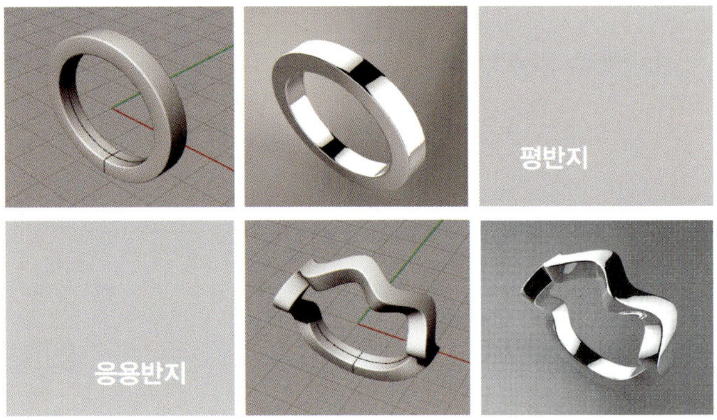

사용하는 기본 툴 – 줄이기

• Rhino option	• Rotate
• Circle	• Rebuild curve
• Rectangle: Corner to corner	• Set XYZ coordinates
• Circle: diameter	• Rail revolve
• Adjust closed curve seam	• point on

* 주얼리 모델링의 기본 단위는 mm로 한다.

1. 평반지

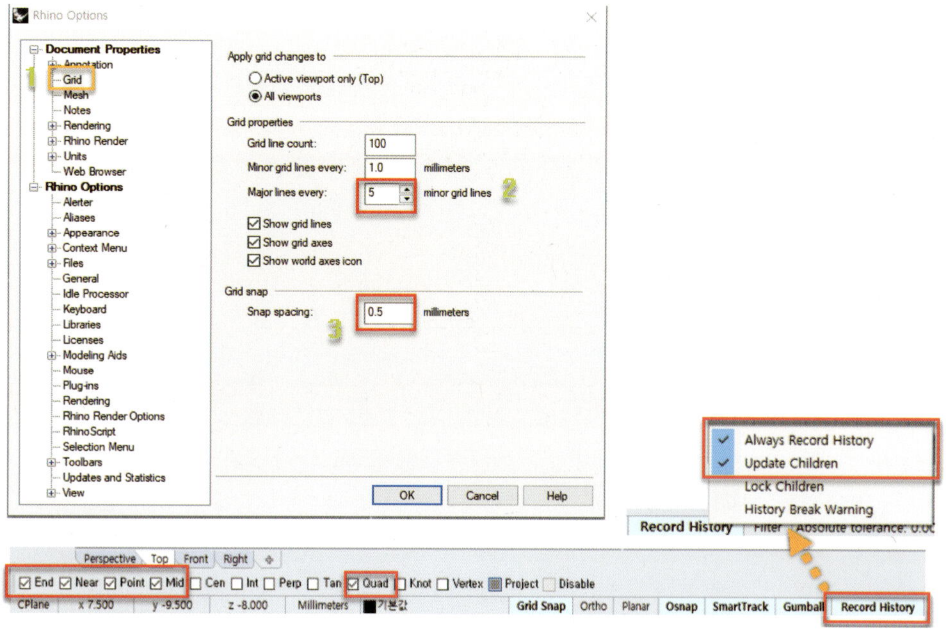

01 Rhino Options에서 **1** Grid > **2** Major Lines Every 5 / Grid Snap > **3** Snap spacing 0.5mm로 설정한다. 작업자에 따라 0.25mm로 설정한다.

화면 하단의 'Osnap Toolbar'에서 End, Mid, Quad를 체크하고 Project 체크, Record History > 클릭하여 ✓Always Record History, ✓Update Children로 체크한다.

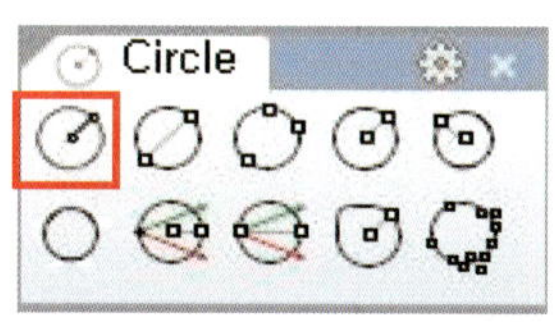

02 Main Toolbar에서 Circle: center, radius 키를 클릭하고 명령 창에 원점0 , Diameter 체크하고 16반지 10호 내경 사이즈으로 입력하고 Enter 키를 클릭한다.

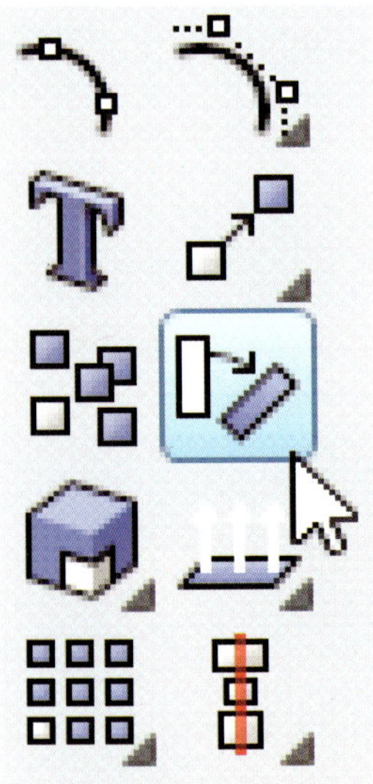

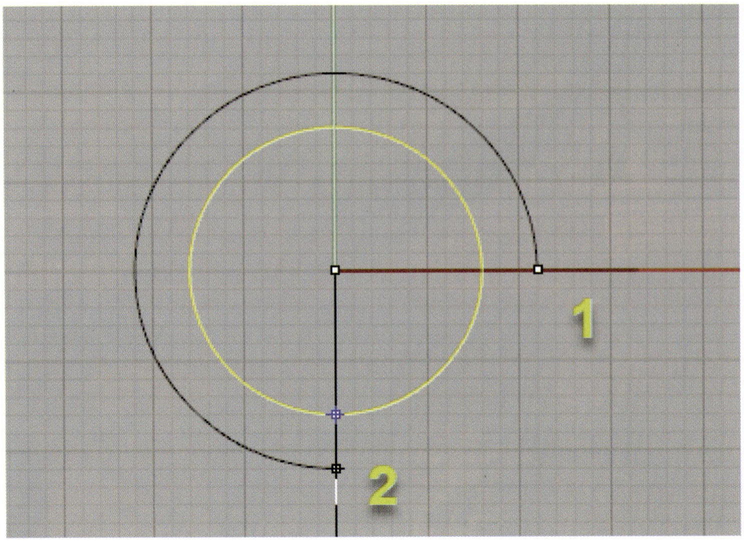

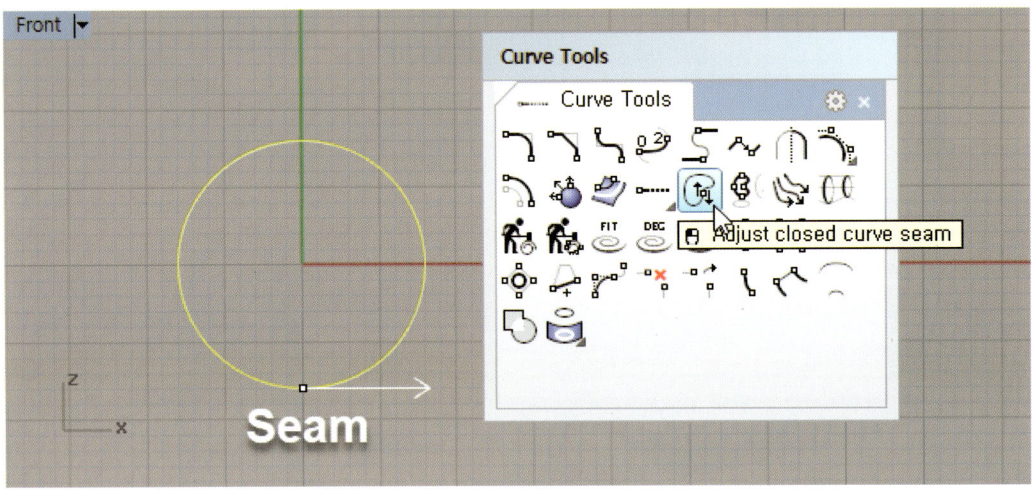

03 Circle을 선택하고 Rotate로 **1**클릭, **2**를 클릭하여 원의 Seam 위치를 이동시킨다. 아래 그림 처럼 이동시킨 Seam의 위치를 Curve Tools Adjust closed curve seam으로 확인한다.

Tip

seam은 선의 시작과 끝이 만나는 곳으로 반지를 그릴 경우 seam의 위치를 아래쪽으로 이동 시켜 작업한다.

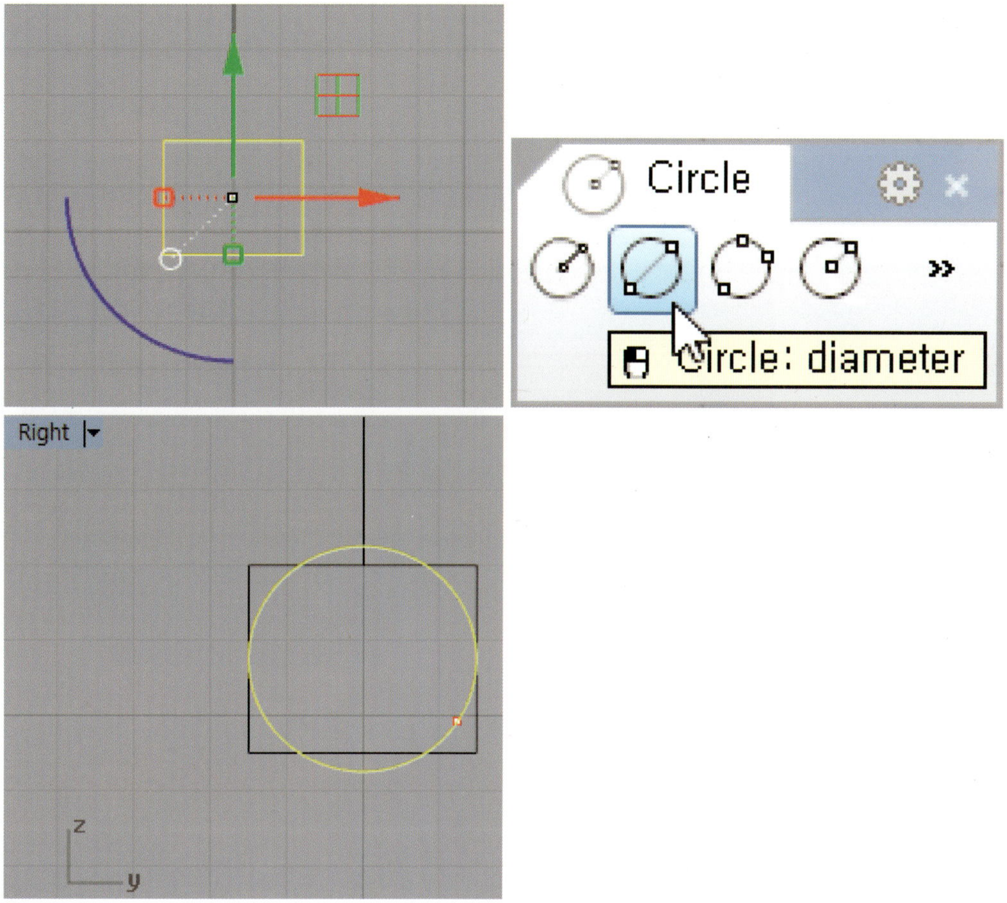

04 하단에 Grid Snap을 체크, RightView에서 Rectangle: Corner to corner 가로 3, 세로 2.5로 입력하고 직사각형을 그려 잠근다. 그림처럼 사각형에 Circle: diameter로 원을 그린다.

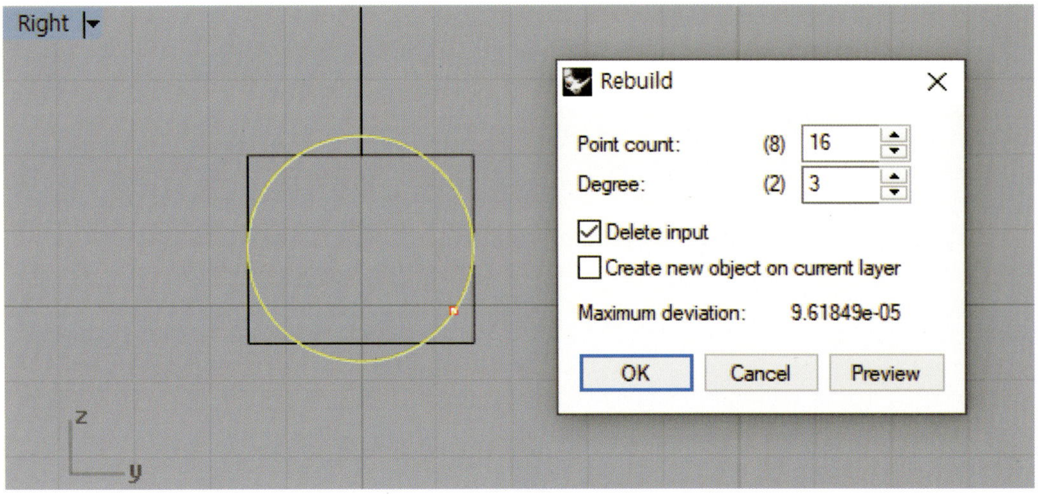

05 원을 선택하고 Curve Tools에서 Rebuild curve 클릭하고 Rebuild option을 Point 16, Degree 3으로 설정한다.

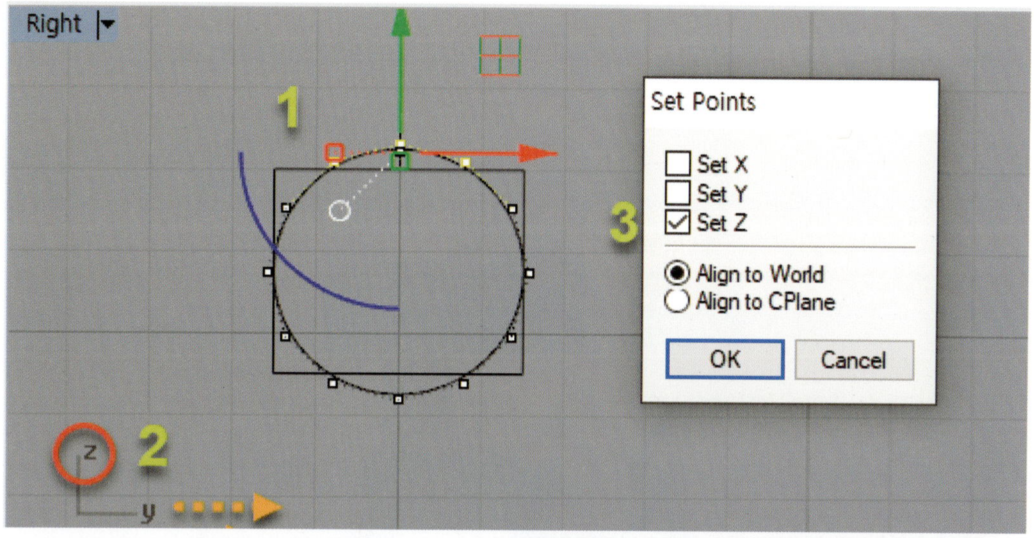

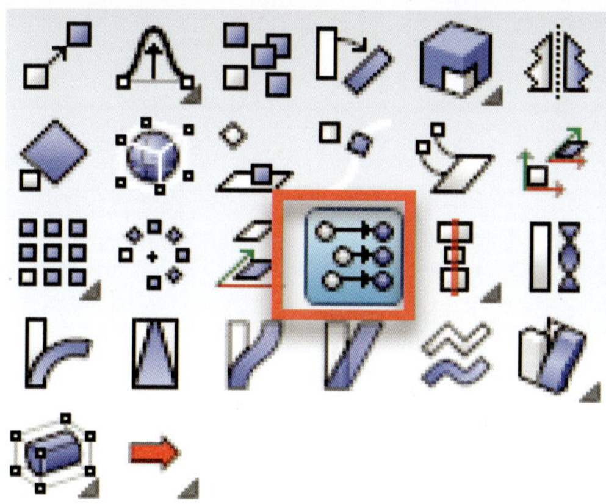

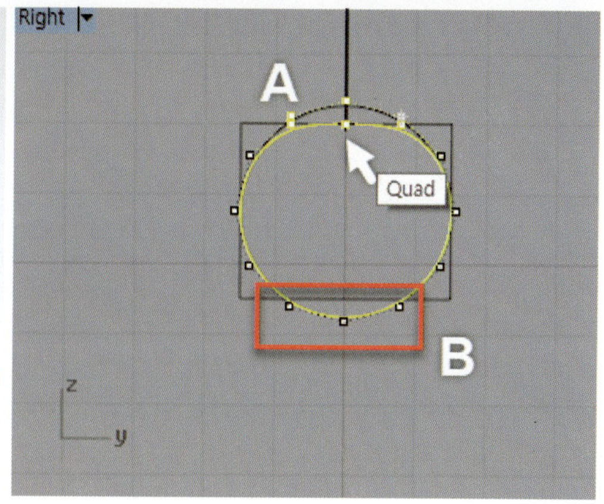

06 Point on F10 키를 눌러 Curve의 제어점을 활성화하고 **1**의 3점을 Drag하여 선택한 후 Transform Set XYZ coordinates 선택하고 View의 좌표를 확인한다. **2** RightView에서 좌표 방향을 확인하면 Set Y 축으로 제어점을 일렬로 정렬하려면 **3** Set Z 축을 체크하여 **1**의 제어점을 A처럼 정렬한다. 아래의 B의 제어점도 (Enter)를 눌러 같은 방법으로 정렬한다.

※ grip snap은 해지하고 'Osnap Toolbar'에서 End, Mid, Quad를 체크하였는지 확인하며 작업한다.

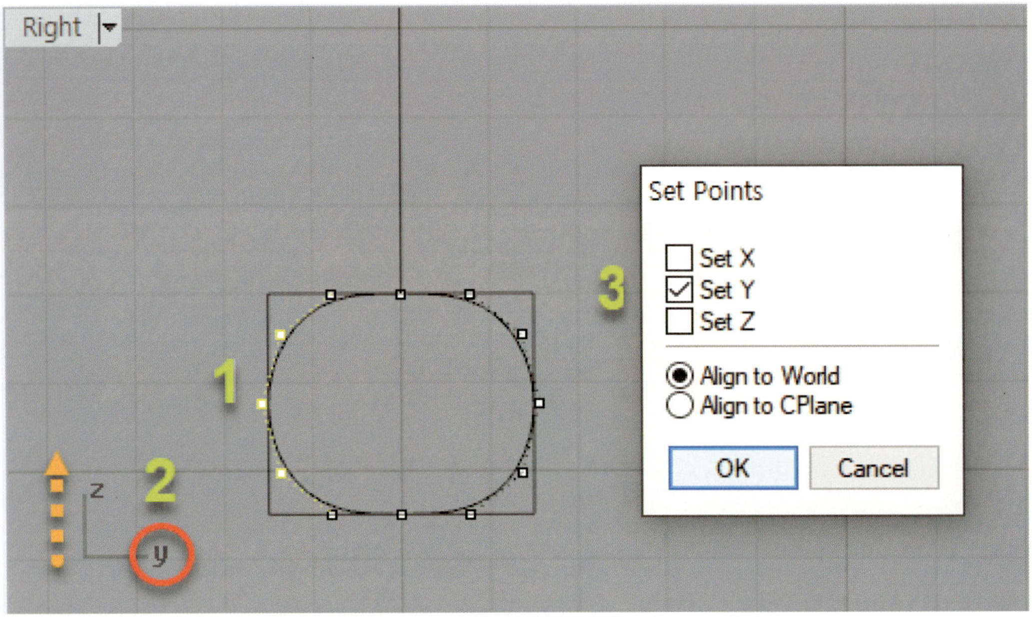

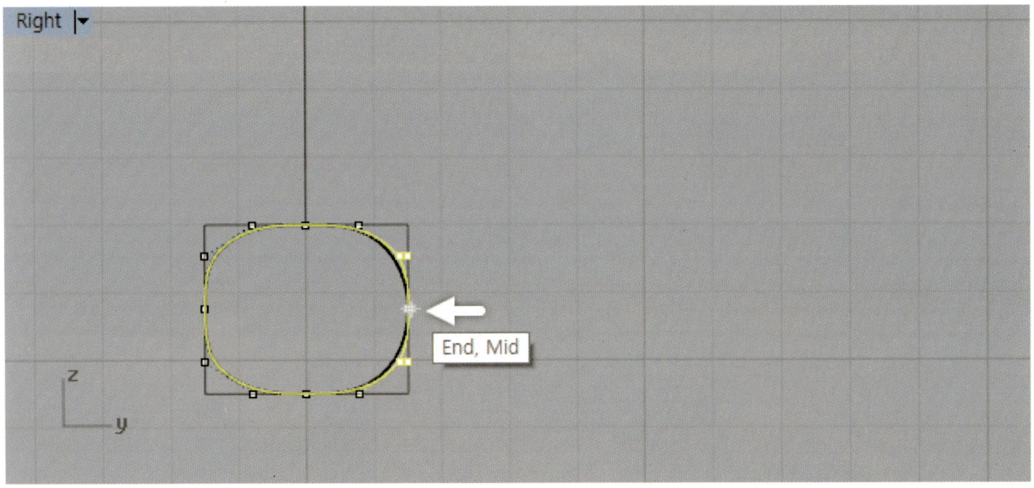

07 1 왼쪽 3개의 제어점을 Drag로 선택, 키를 클릭, 2 View의 좌표를 확인하고 3 Set points를 Y축을 선택하여 정렬한다. 아래의 그림처럼 눌러 같은 방법으로 정렬한다.

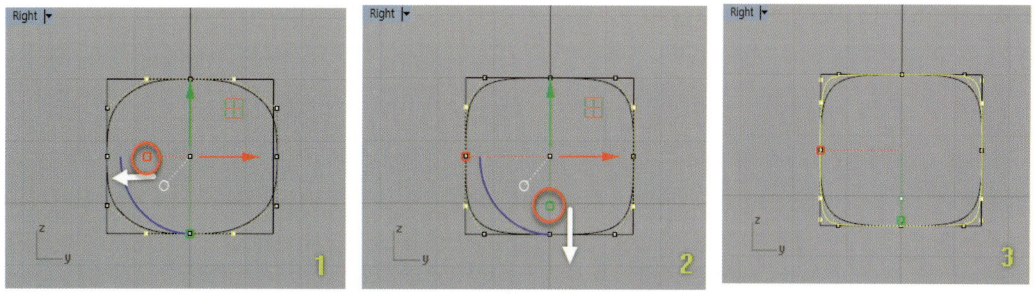

08 Shift를 눌러 제어점을 그림 **1**과 같이 선택하고 Gumball을 이용하여 흰색 화살표 방향으로 이동시킨다. 그림 **2**의 제어점을 선택하고 Gumball을 이용하여 흰색 화살표 방향으로 이동시켜 그림 **3**과 같이 제어점을 수정한다.

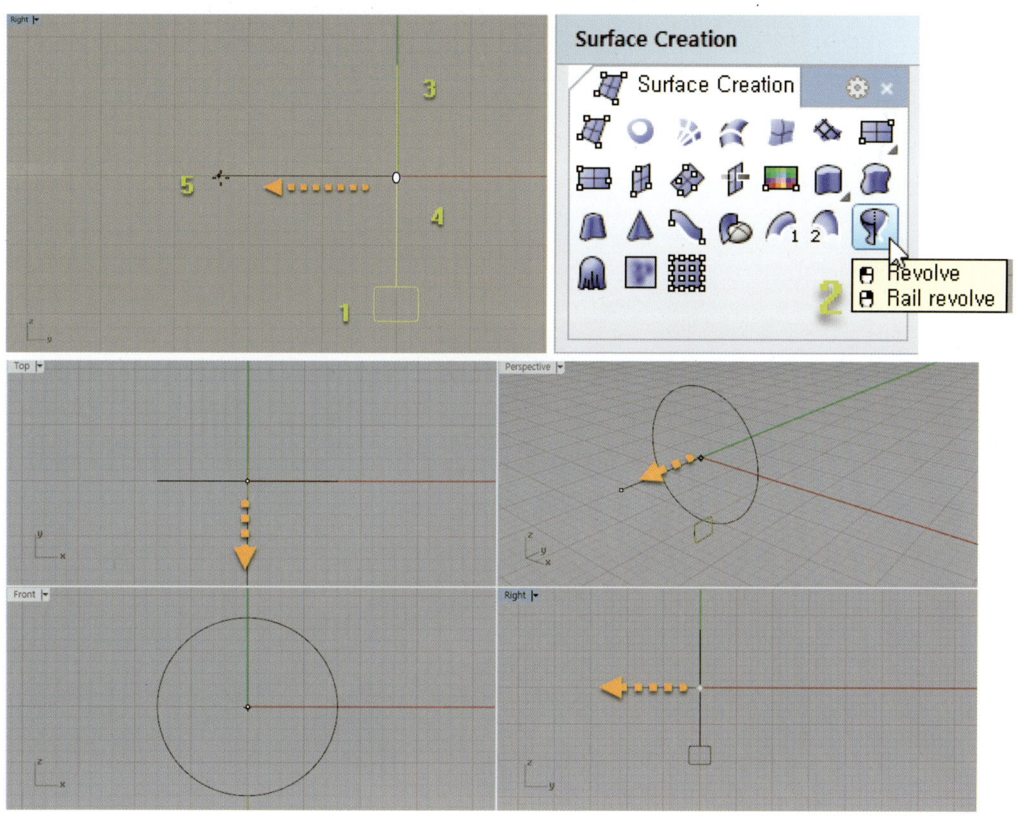

End of Rail Revolve axis View에 화살표 방향으로 설정하면 된다.

09 수정한 Curve **1**을 선택하고 **2** Rail revolve를 클릭하여 Select rail curve **3** 선택, Start of Rail Revolve axis: 0 Enter (**4**) 클릭하고 End of Rail Revolve axis는 RightView에서 Shift를 누르고 **5** 방향으로 그려서 명령어를 끝내고 평반지를 완성한다.

완성된 반지의 모델링화면

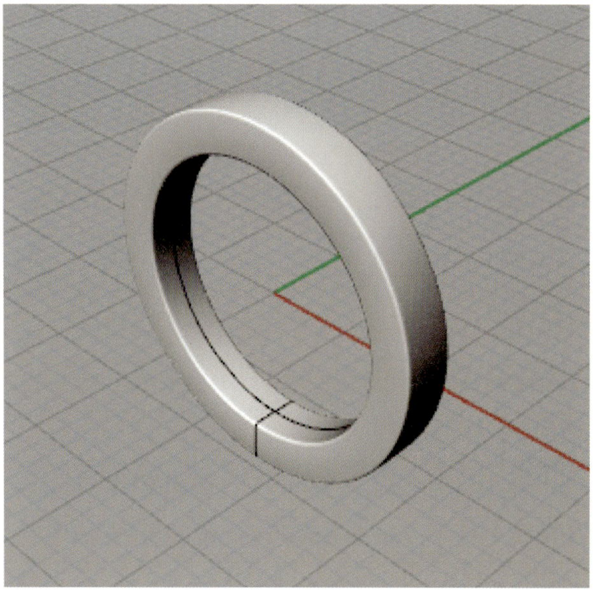

2. 응용반지

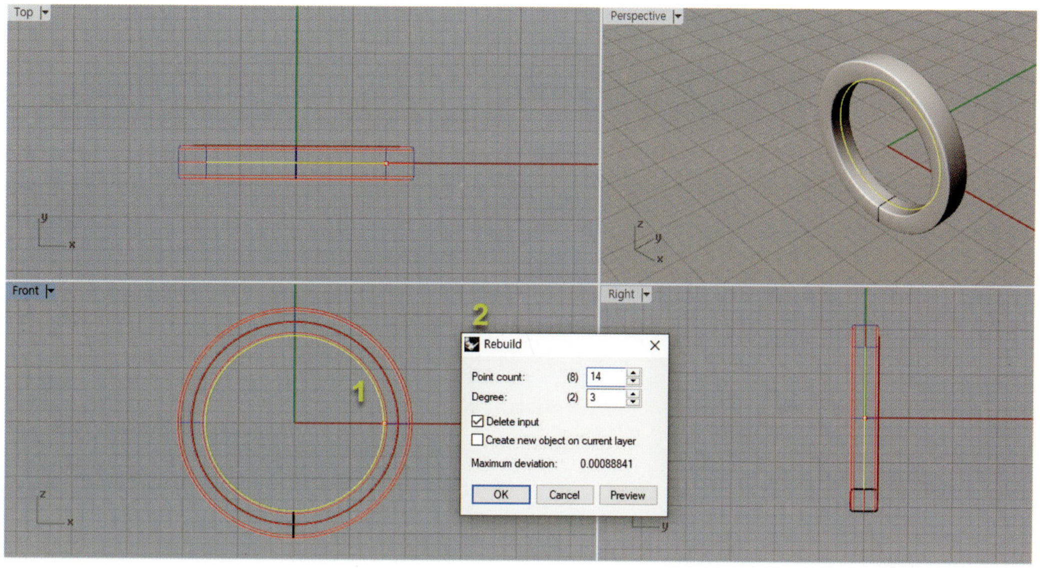

01 앞에서 그린 평반지 데이터에서 **1** Circle Diameter: 16mm을 선택하고 **2** Rebuild curve를 클릭해 Point 14, Degree 3으로 설정한다.

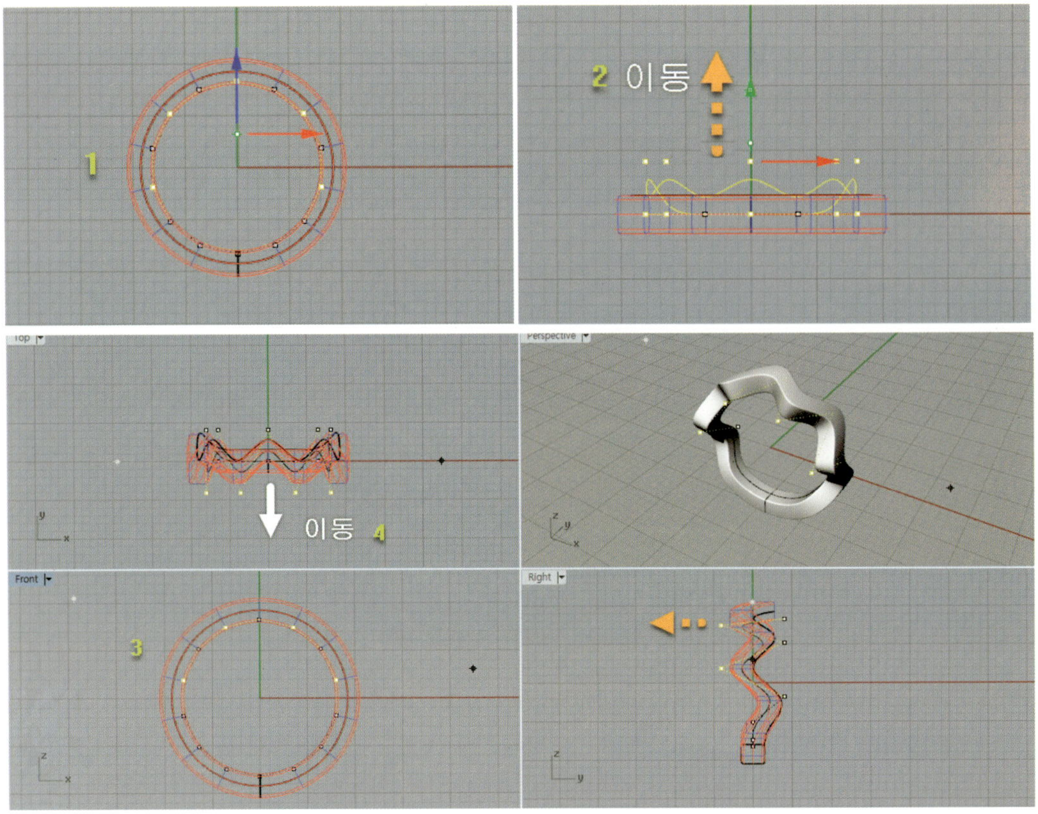

02 Rebuild curve를 선택하고 Point on으로 제어점을 활성화 한다. Shift키를 누르면서 **1**의 제어점을 선택하고 **2** Top View에서 녹색 Gumball로 이동시킨다. 같은 방법으로 Shift키를 누르고 **3**과 같이 제어점을 선택하고 **4**와 같이 흰색 화살표 방향으로 이동시켜 응용웨이브반지를 완성한다.

완성된 반지의 모델링화면

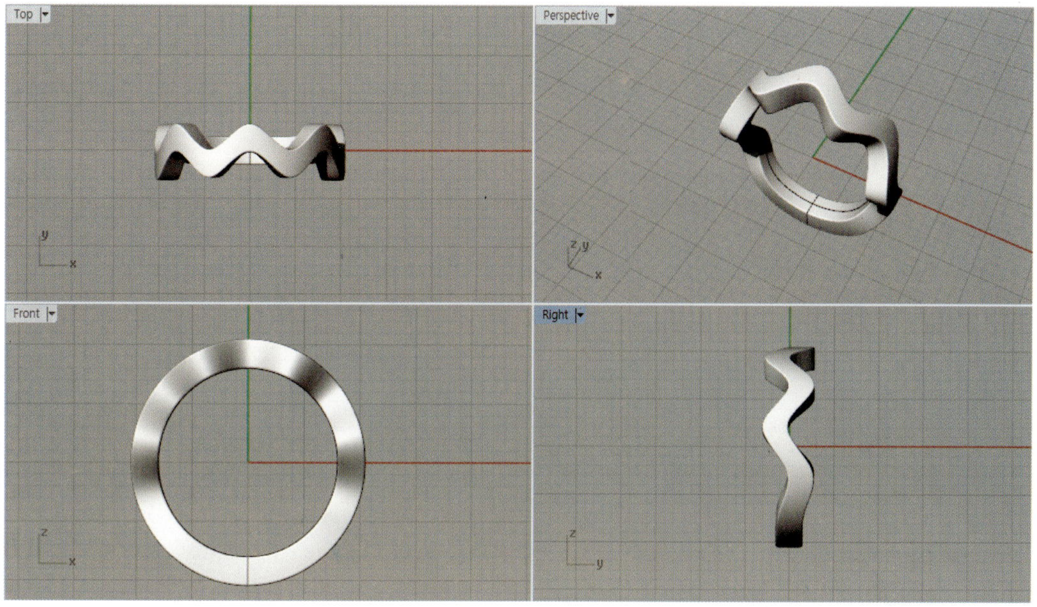

KeyShot Rendering

16. 난집과 반지 만들기 ring & jewerly

주얼리의 기본 난집 모델링을 만들고 응용반지에 적용해 주얼리 3D모델링을 완성한다.

사용하는 기본 툴

• Scale 3D • Rectangle: 3points • Curve Boolean • bend • revolve • Control point curve • Length • polyline • Polar array	• Sweep 2 Rail • flow along a curve • Cap planer holes • Extract surface • join • Pipe • Analyze direction • BooleanDifference • Extrusion closed planar curve

* 주얼리 모델링의 기본 단위는 mm로 한다.
* 라운드 스톤 1mm 데이터를 Scale 3D로 조절하여 다양한 사이즈로 보석을 만들어 사용한다.

1. 난집 만들기

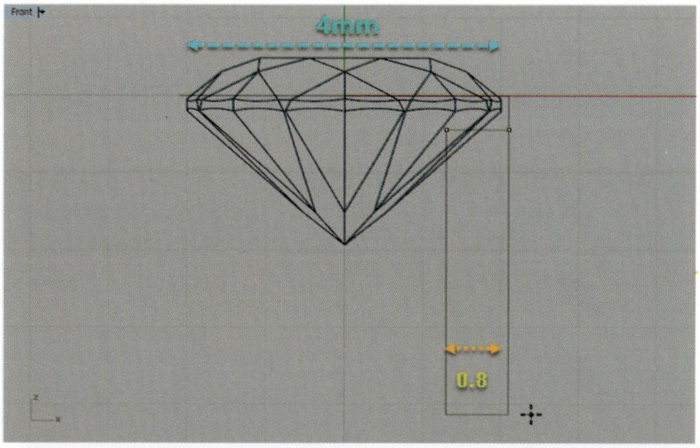

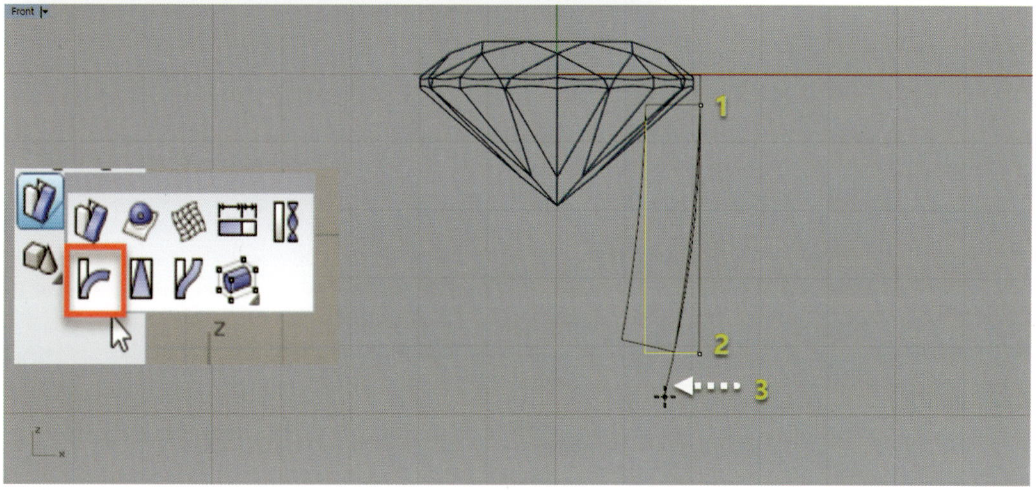

01 Import로 보석 데이터 1mm를 가져와 Scale 3D로 0 클릭, 4 를 입력해 4mm 스톤으로 확대한다. Rectangle: 3Points를 이용하여 폭이 0.8인 직사각형을 그림과 같이 그린다. 0.8 직사각형을 선택하고 Deformation Tools에서 bend로 **1** Start of spine **2** End of spine , **3** 순으로 클릭한다.

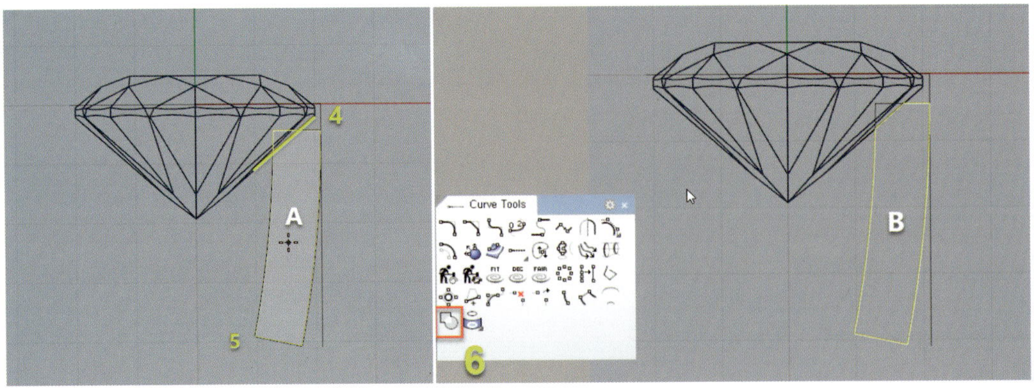

02 **4** 처럼 Line을 그린다. **4**와 **5**의 선을 선택한 다음 **6** Curve Boolean을 선택하여 **A**를 클릭해 **B**를 만든다.

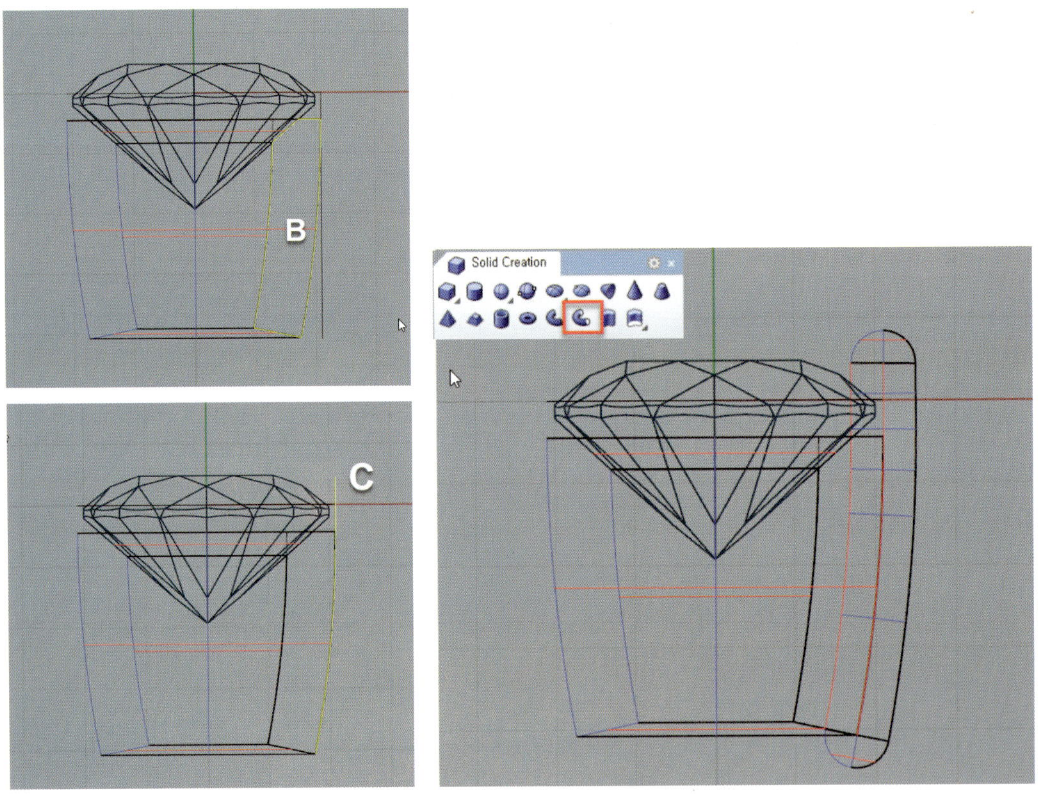

03 B의 Curve를 FrontView에서 Revolve를 클릭하고 0 Enter, Shift로 흰색 화살표 방향으로 클릭, 360 (enter)하여 난집을 만든다. Control point curve로 **C**처럼 곡선을 그리고 Solid Creation에서 Pipe를 클릭하고 Diameter 0.8을 입력하여 난발을 그린다.

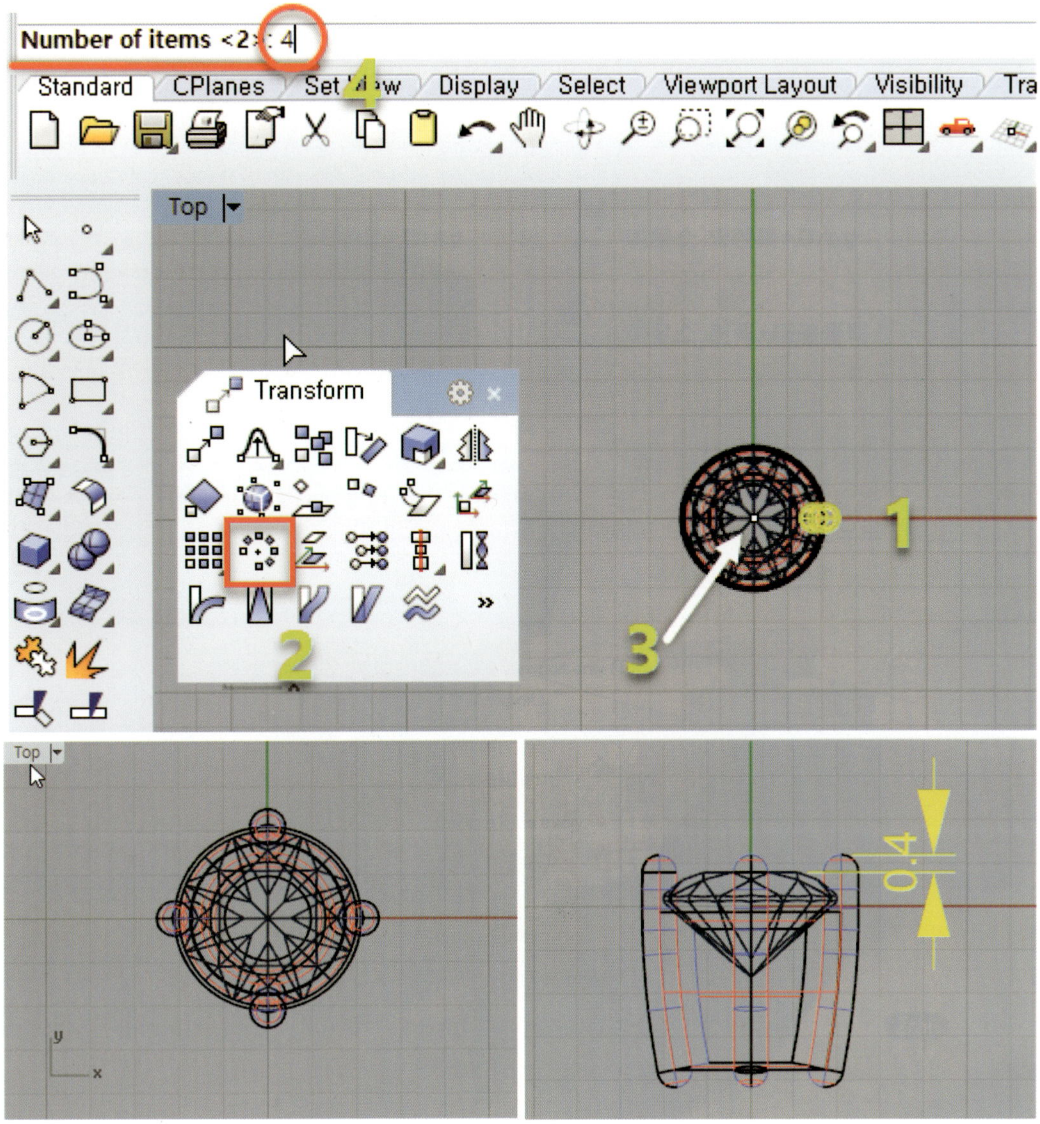

04 난발 **1**을 선택한 후 **2** Polar array 클릭, **3** Center of polar array을 0 Enter, **4** Number of item 4를 입력하고 Enter ()키를 클릭해서 난발 4개를 만든다.

Tip

난발의 높이는 보석의 테이블 면보다 0.4mm 길게 그린다.

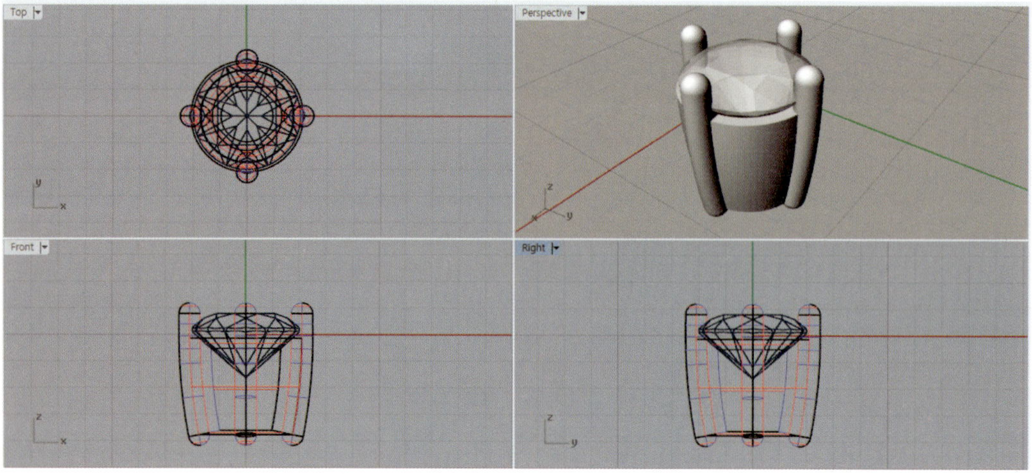

완성된 난집의 모델링 화면

Tip

- 보석 크기에 따라 난집 두께와 난발 사이즈를 조절한다.
- 출력할 경우 반드시 5%의 축소율을 적용해서 출력한다. 3D프린터의 종류와 재료, 고무주형의 재료에 따라 차이가 있음

2. 반지 만들기

평반지 만들기에 사용한 툴을 복습하며 반지를 그린다.

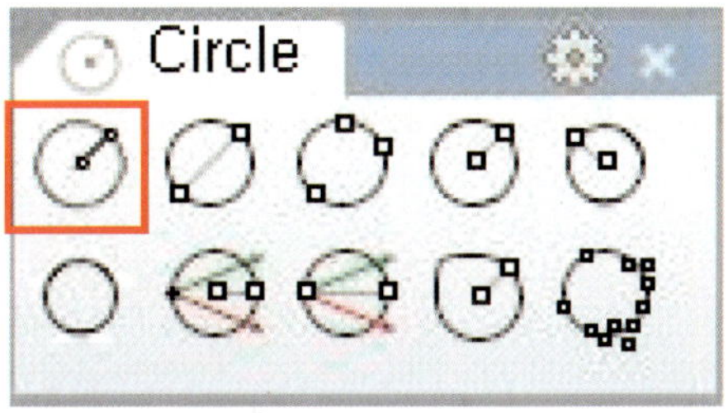

01 Circle: center, radius 버튼을 클릭하고 명령 창에 원점(0) , Diameter: 16mm(반지 10호 사이즈)를 입력하고 Enter를 클릭한다.

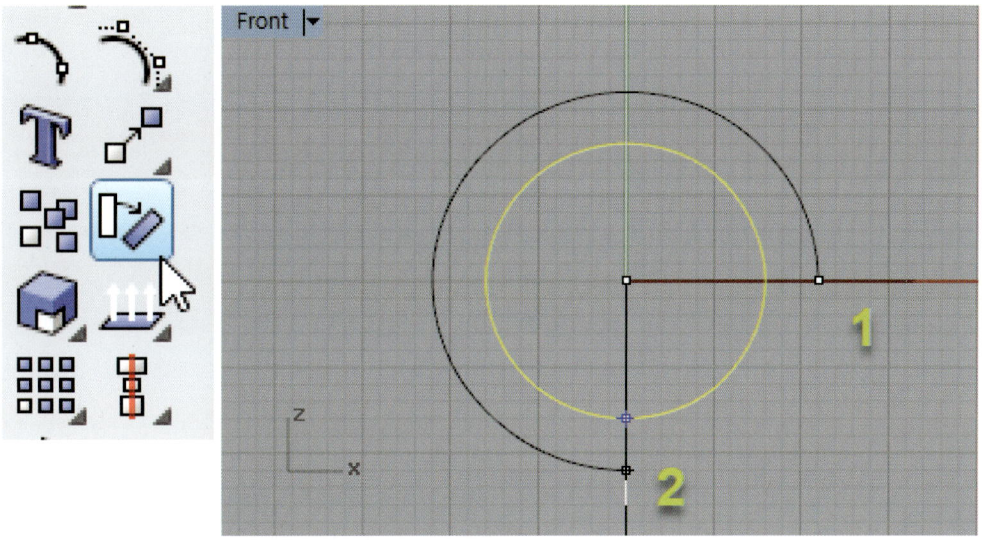

02 Rotate 2D를 선택하고 0(원점) Enter 1 클릭, 2를 클릭하여 원의 Seam의 위치를 이동시킨다.(반지에 Seam의 위치가 중요하므로 이동시킨 Seam의 위치를 Curve Tools에서 Adjust closed curve seam으로 확인한다.)

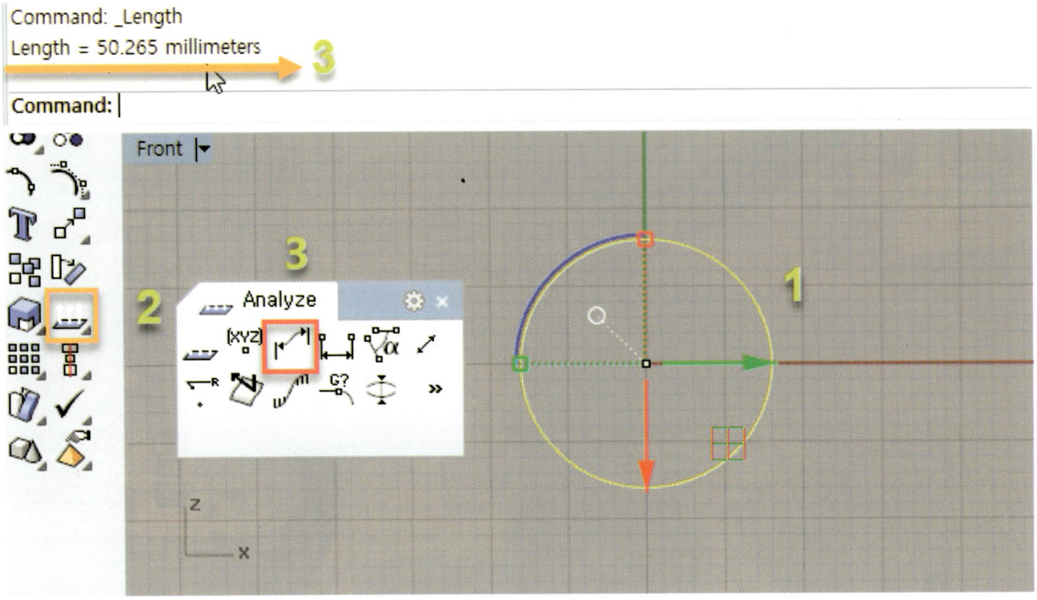

03 그림처럼 1 Circle Curve를 선택하고 2 Analyze 눌러 3 Length로 길이를 측정하고 4 명령 창에서 길이를 확인한다.

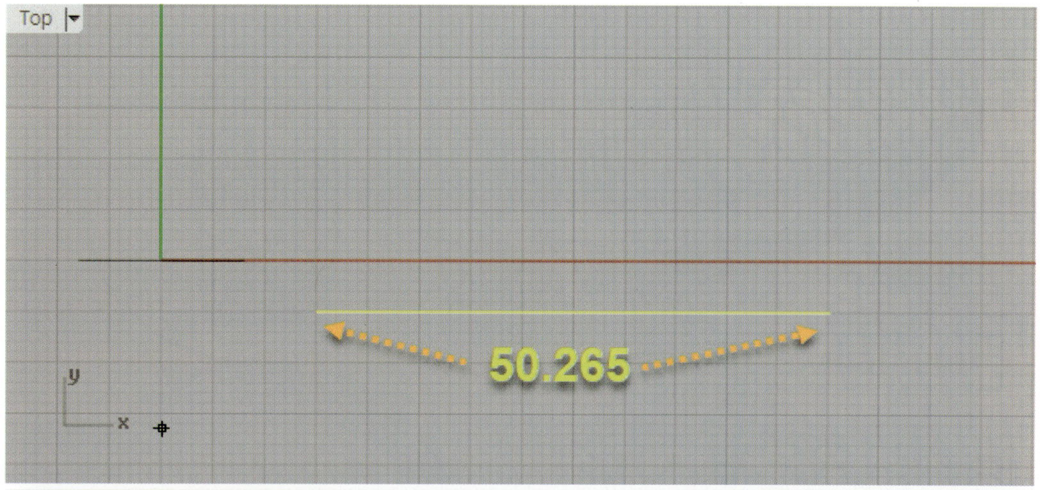

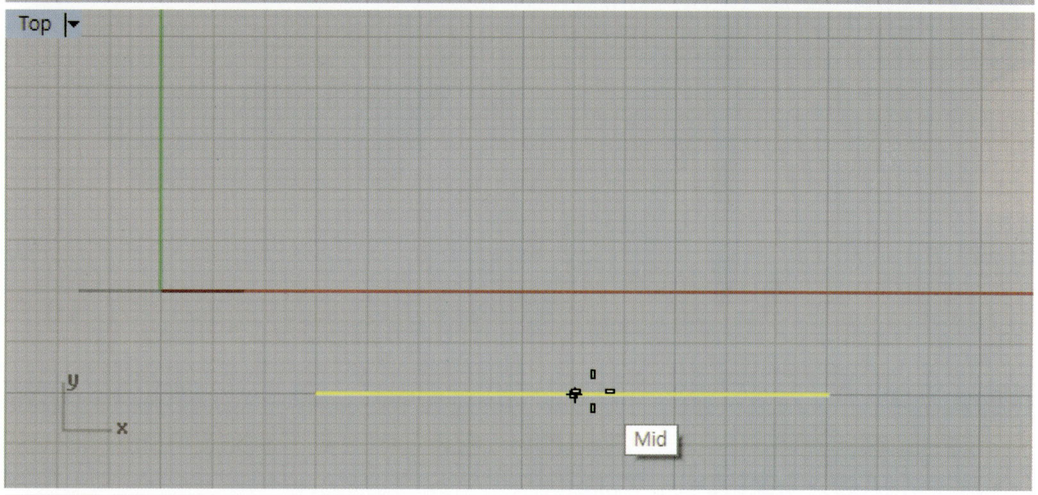

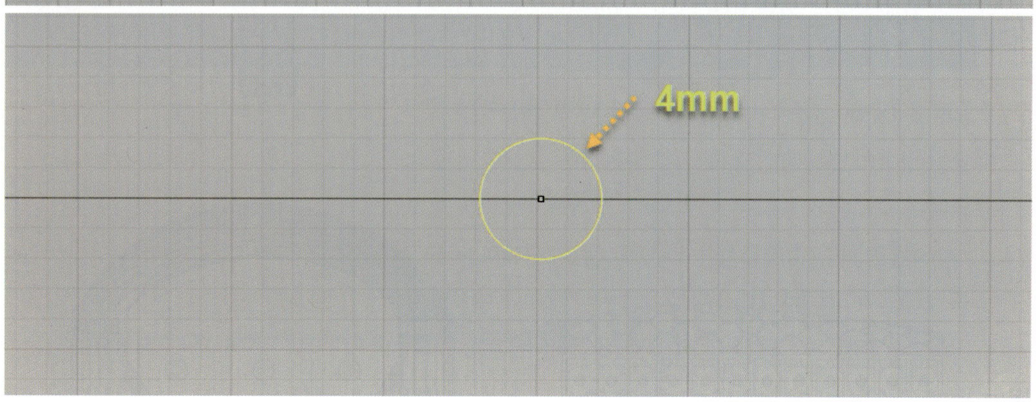

04 TopView에서 Polyline으로 길이 50.265mm를 입력한다. Line에 Point를 중간점에 표시하고 Circle: center, radius키를 클릭하고 Diameter 4를 입력하여 원을 그린다.

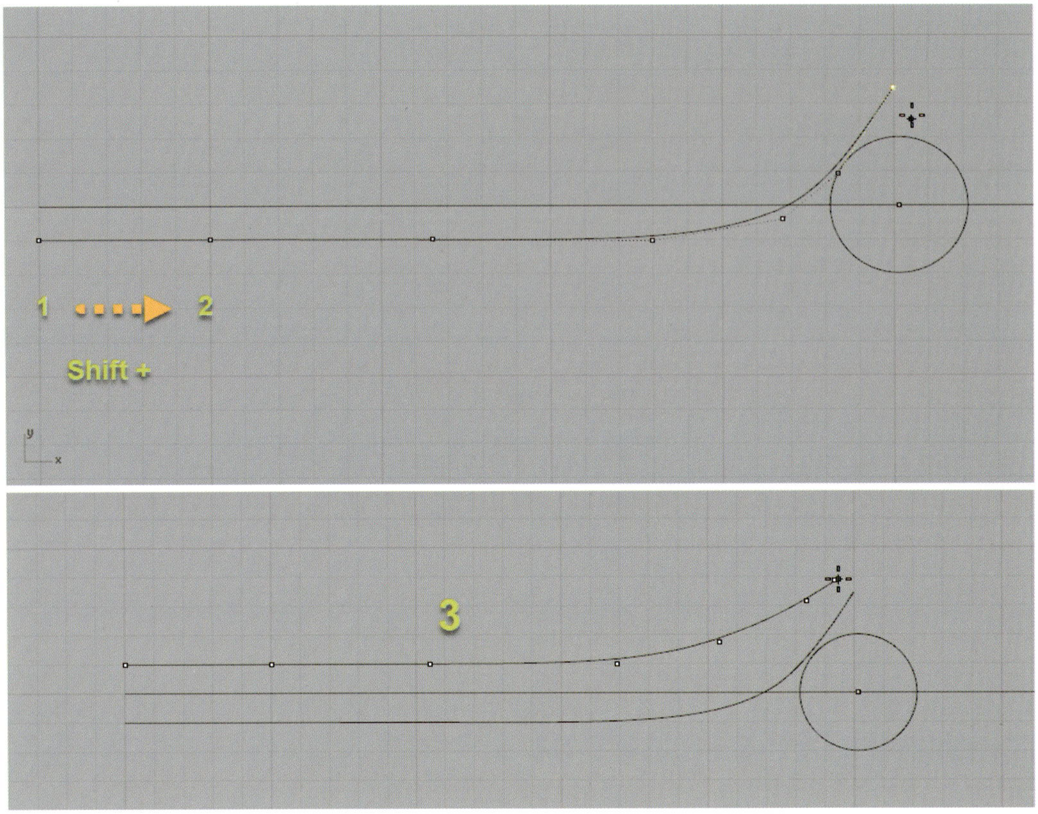

05 TopView에 Grid Snap을 활성화하고 Control point Curve를 Shift 눌려 **1**, **2** 점을 클릭하고 나머지는 커브는 Grid Snap을 해제하여 그림과 같이 그려 명령을 마친다. 아래 그림에서 **3**의 커브도 같은 방법으로 그린다.

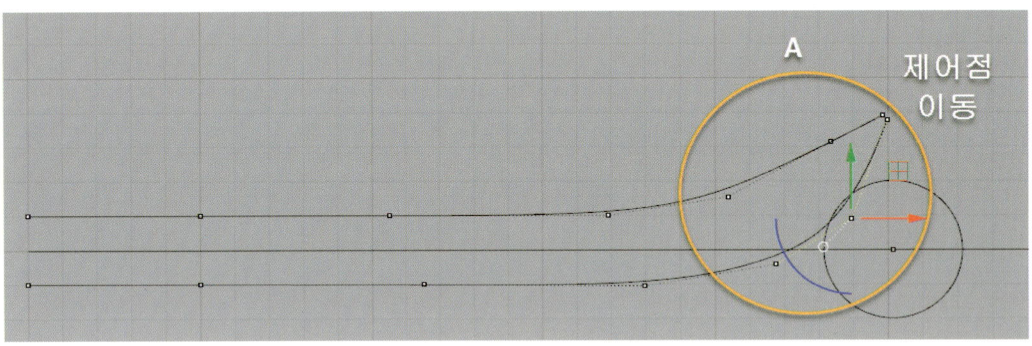

06 Curve에 Point on(F10)을 활성화하고, 그림처럼 **A**안에 있는 제어점을 이동시켜 매끄럽게 수정한다.

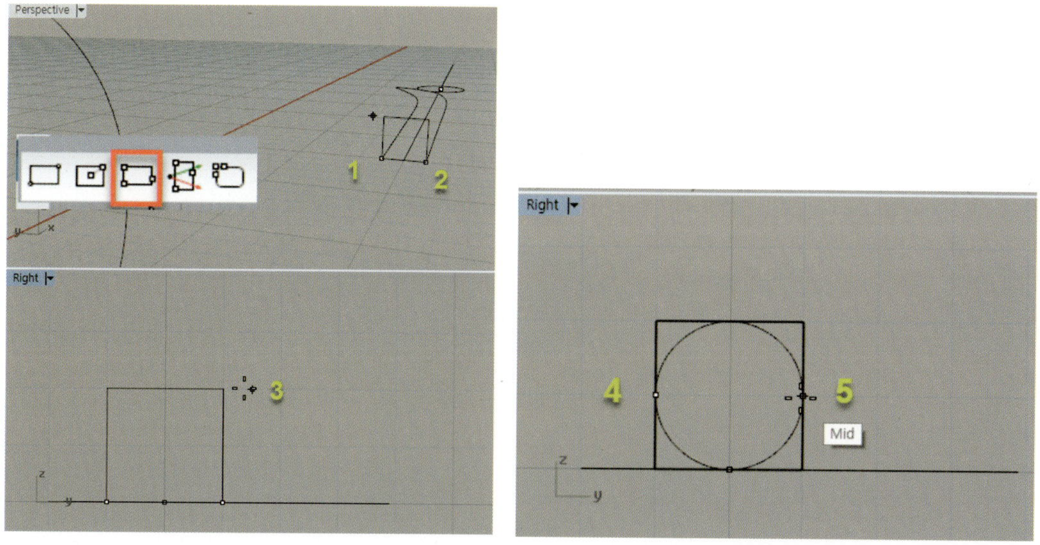

07 'Osnap Toolbar' ✓End를 체크, Project 해지하고 Grid snap을 설정한다. Rectangle: 3points 키를 클릭하여 그림 1, 2, Right View에서 3을 클릭하여 사각형을 그린다. Circle: diameter로 중간점 4, 5를 클릭하여 원을 그린다.

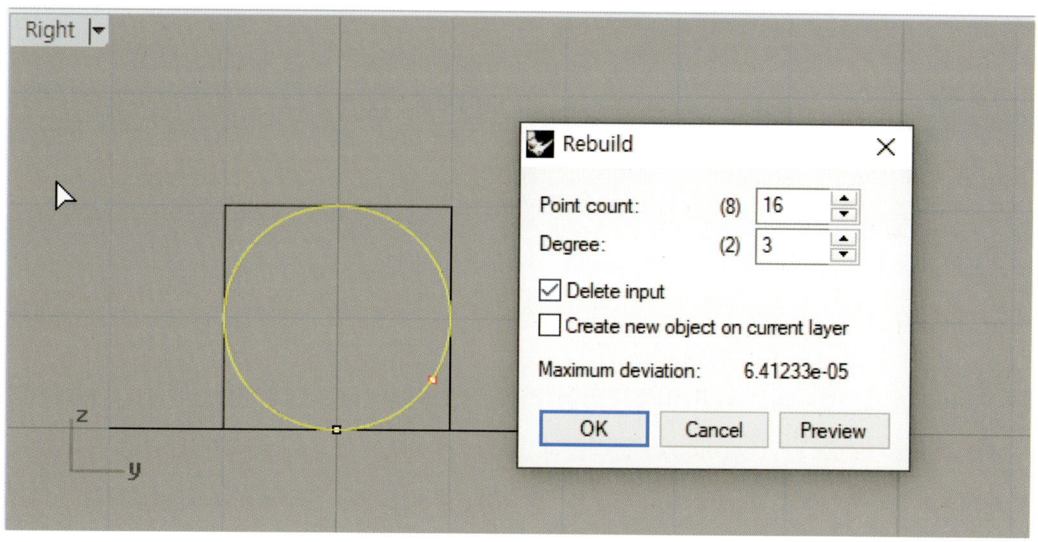

08 원을 Rebuild curve > Point 16, Degree 3으로 커브를 재생성 한다.

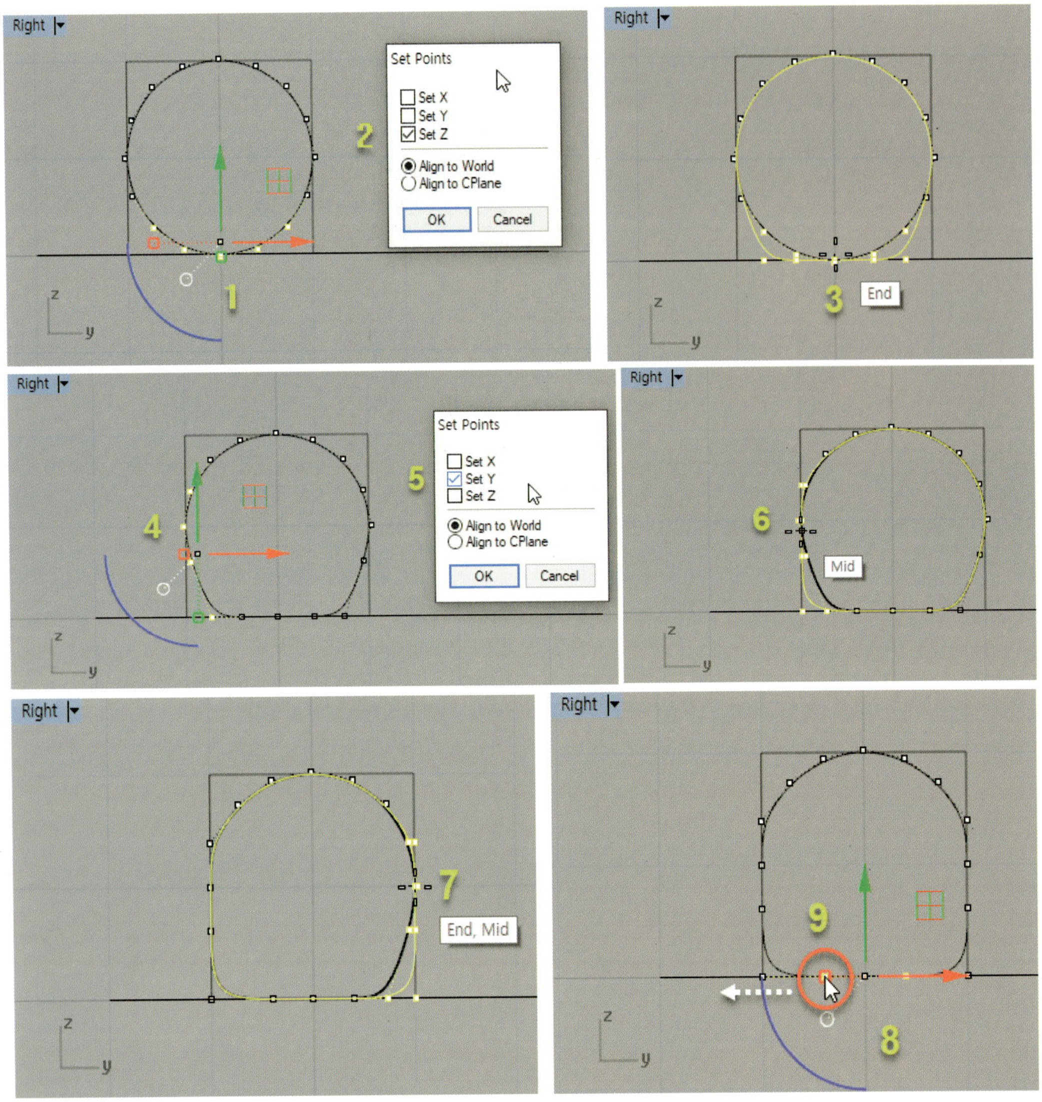

09 Rebuild curve를 Point on(F10)하여 활성화하고 RightView에서 **1**의 5점을 Drag로 선택한 후 Set XYZ coordinates 클릭한다. **2** Set Z 선택하고 **3**을 클릭한다. 그림 **4**처럼 제어점 4개를 Drag로 선택하고 Set point를 **5** Set Y를 체크하고 **6**을 클릭한다. **7**의 순서대로 제어점을 수정한다. **8**의 제어점 2개를 선택하고 빨강색 Gumball로 **9**의 흰색 화살표 방향으로 이동시킨다.

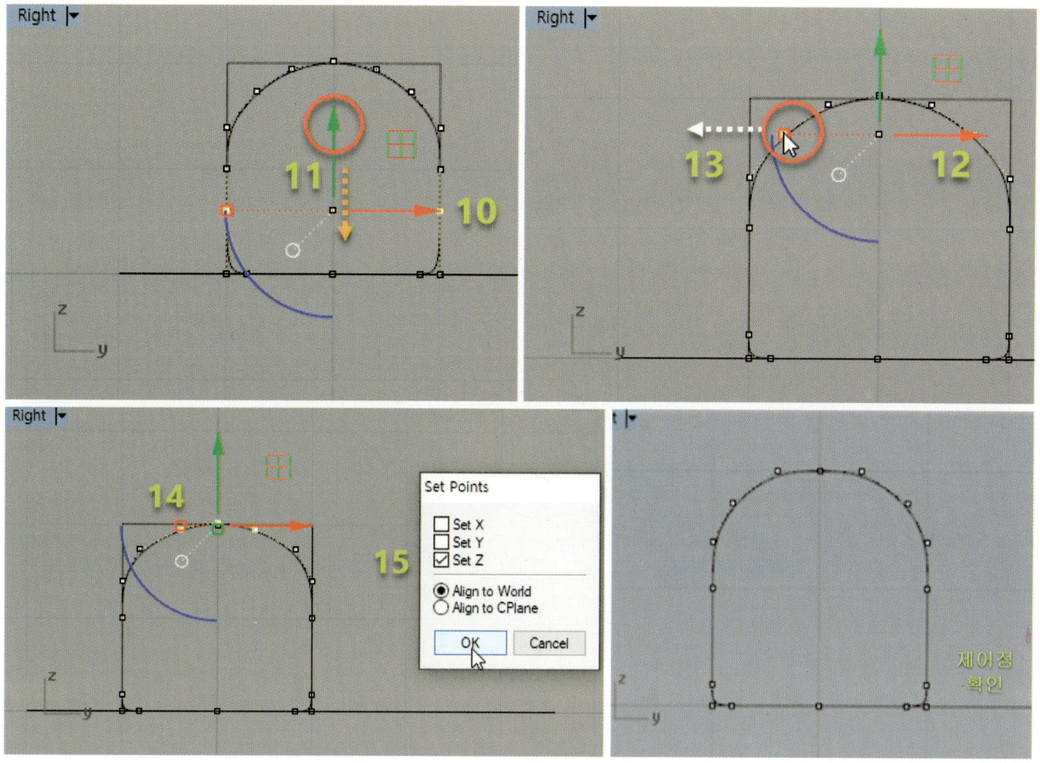

10 그림 **10**의 제어점 두개를 선택하고 녹색 Gumball를 이용하여 **11** 화살표(주황색) 방향으로 제어점을 이동시킨다. 같은 방법으로 **12**의 제어점 두 개를 선택하고 **13** 방향으로 빨강색 Gumball로 이동시킨다. **14**의 3개의 점을 선택하고 Set XYZ Coordinates 클릭하고 **15** Set Z 체크해 정렬한다. 네 번째 그림처럼 제어점의 위치를 확인하고 그림과 비슷하게 수정한다.

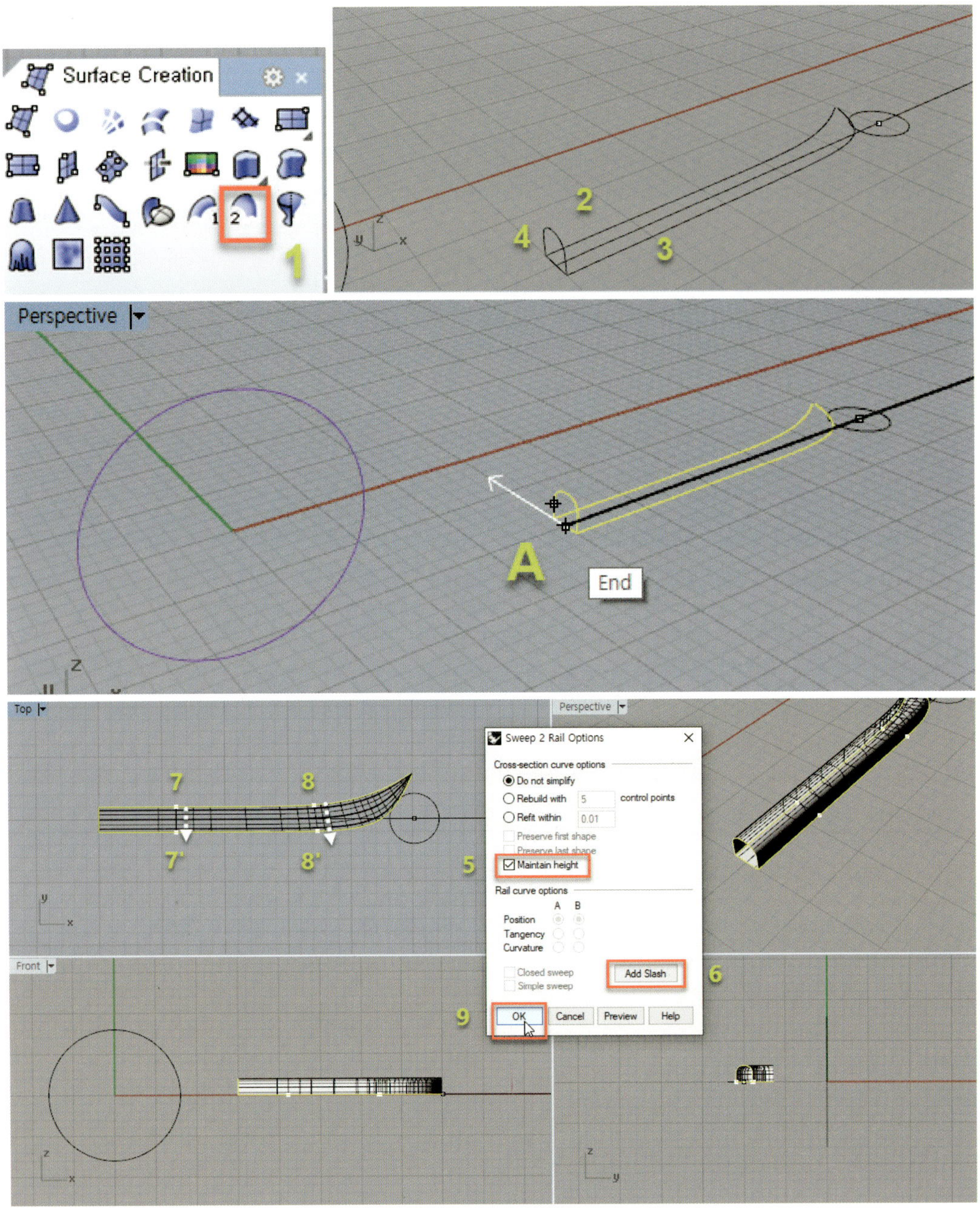

11 그림처럼 **1**의 Sweep 2 Rail 클릭하고 명령창에 Select first rail **2**번 Curve 클릭, Select second rail **3**번 Curve 클릭, Select cross section curves **4**번 클릭하고 Enter로 명령한다. Seam의 위치를 A로 클릭하고 Enter하면 Sweep 2 Rail options이 나타난다. **5**번 ✓Maintain height(높이를 유지)를 체크하고, **6** Add Slash 클릭, **7** 클릭 **7′** 클릭, **8** 클릭 **8′**클릭하고, **9**번 OK하여 Surface를 만든다.

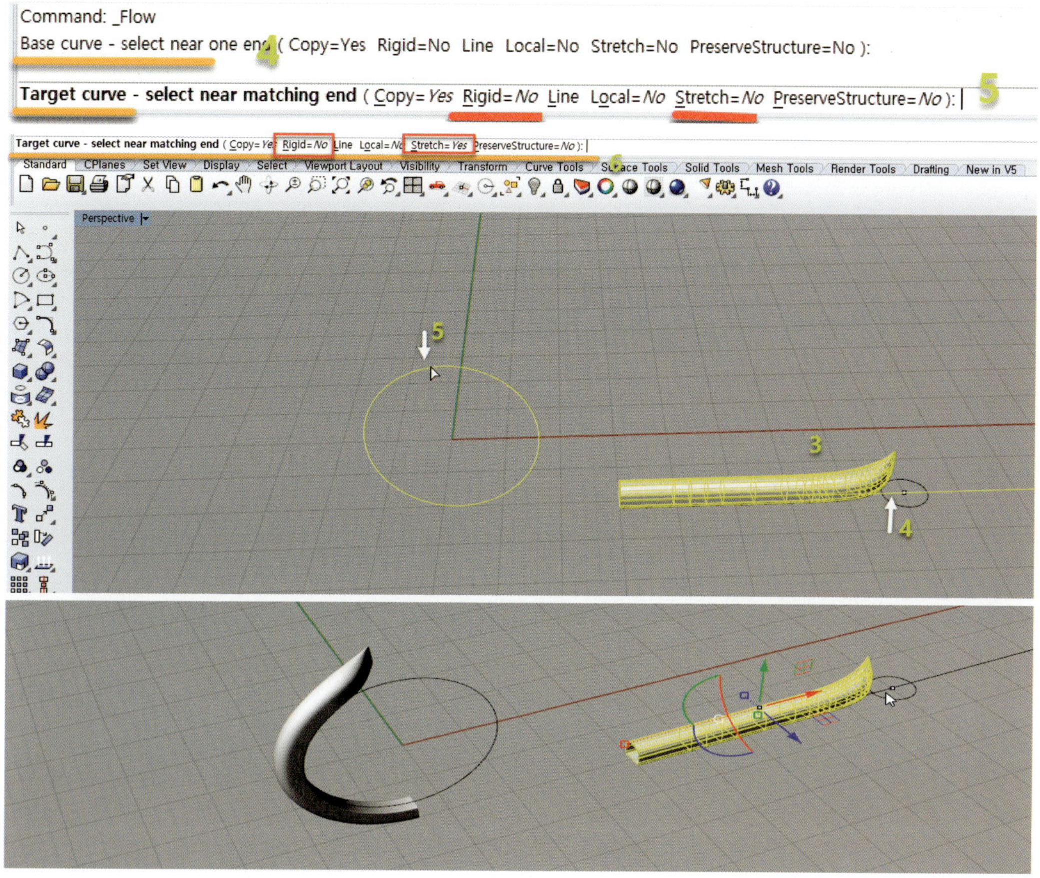

12 **1** 누르고 **2** Flow along a curve 클릭하고 명령 창에 Select objects to flow along a curve는 **3**에 대상 Surface를 선택하고 Enter를 누르고 **4** Basic curve는 흰색 화살표 위치(위치 중요)를 클릭하고 Target Curve 옵션에 Rigid=No, stretch=No로 설정하고 **5** Target Curve(위치 중요)를 클릭하여 명령을 끝낸다. 아래의 그림과 같이 Circle에 적용된 Surface를 볼 수 있다.

Tip

Flow along a curve option

- Rigid 원래형태유지 = No_ 곡선으로 휘어짐
  = Yes_직선으로 변형되지 않음
- Stretch 스트레치 = No_ 늘어나지 않음
  = Yes_대상커브 길이에 맞게 늘어남

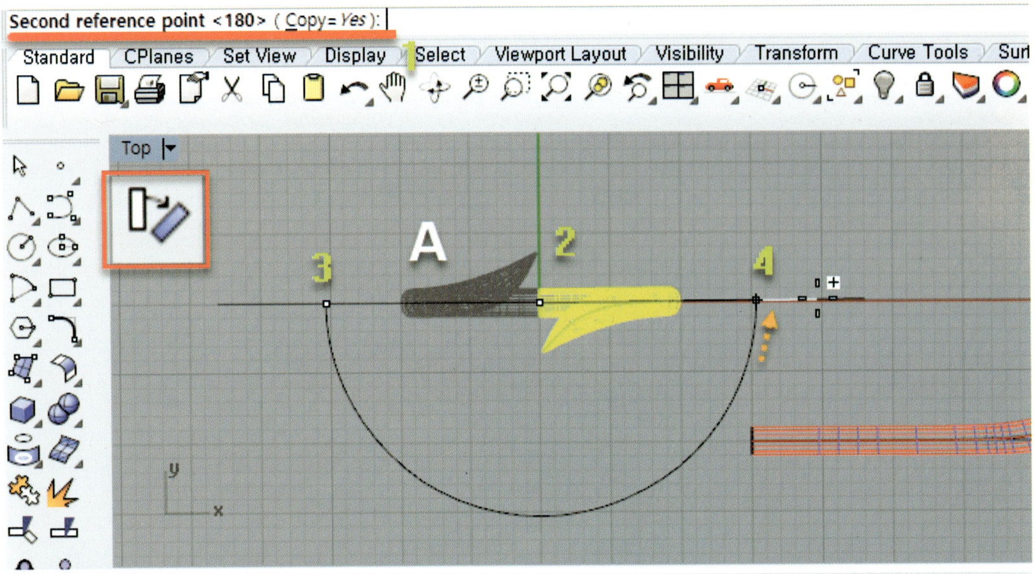

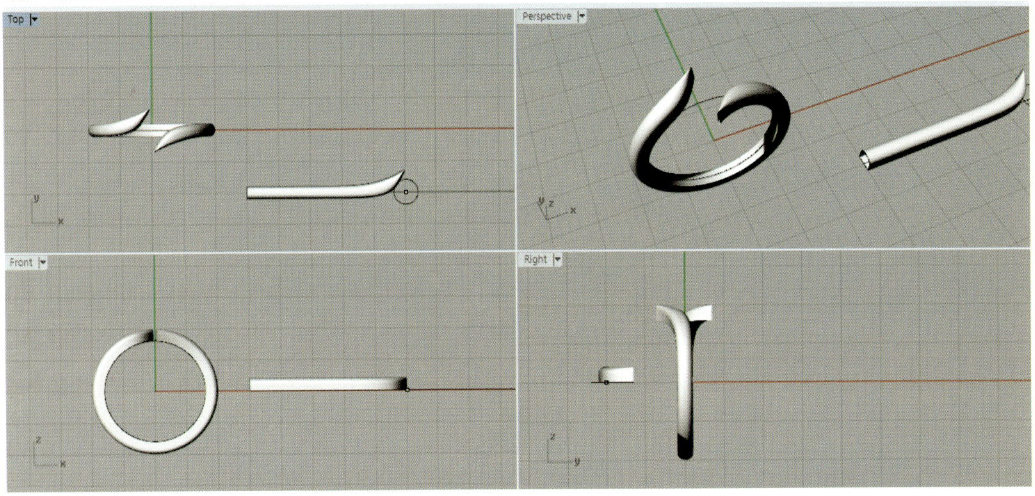

13 A를 선택하고 Rotate 클릭 후 명령 창에 1 Copy=Yes로 체크하고, 0 Enter, Shift 누르면서 3 클릭, 4 클릭 후 Enter 키를 클릭하여 명령을 끝낸다.

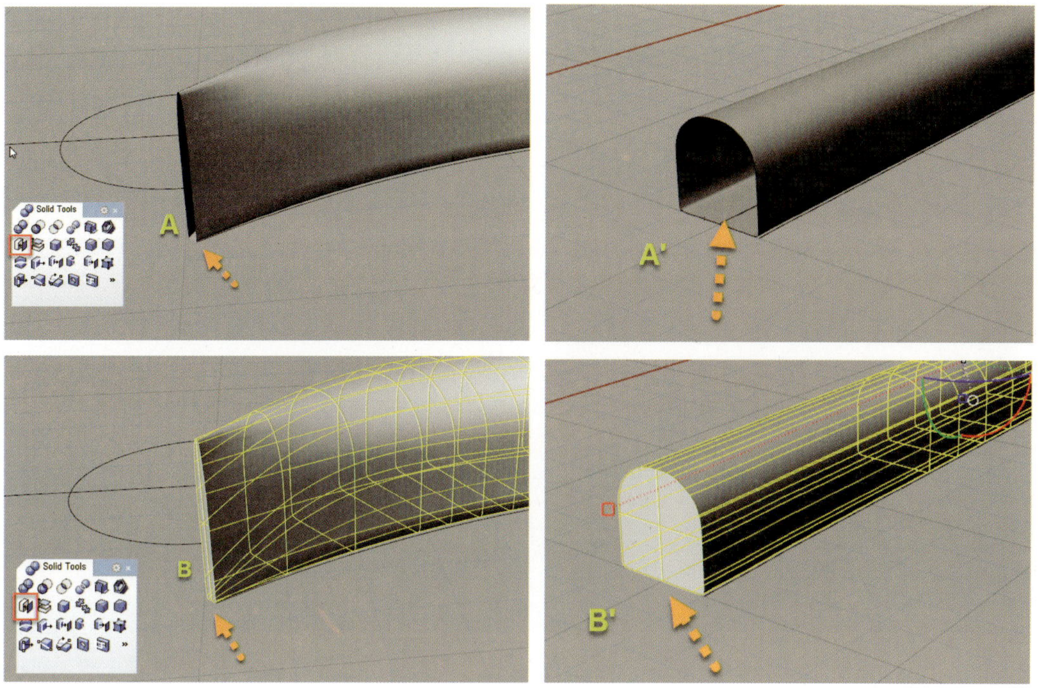

14 열려있는 대상 Surface를 선택하고 Cap planer holes를 클릭해서 면을 닫아 Polysurface로 만든다. (**A**, **A′**의 열려 있는 면을 Cap planer holes을 클릭하면 **B**, **B′**처럼 닫혀 있는 Polysurface로 되어 있는 것을 확인할 수 있다.)

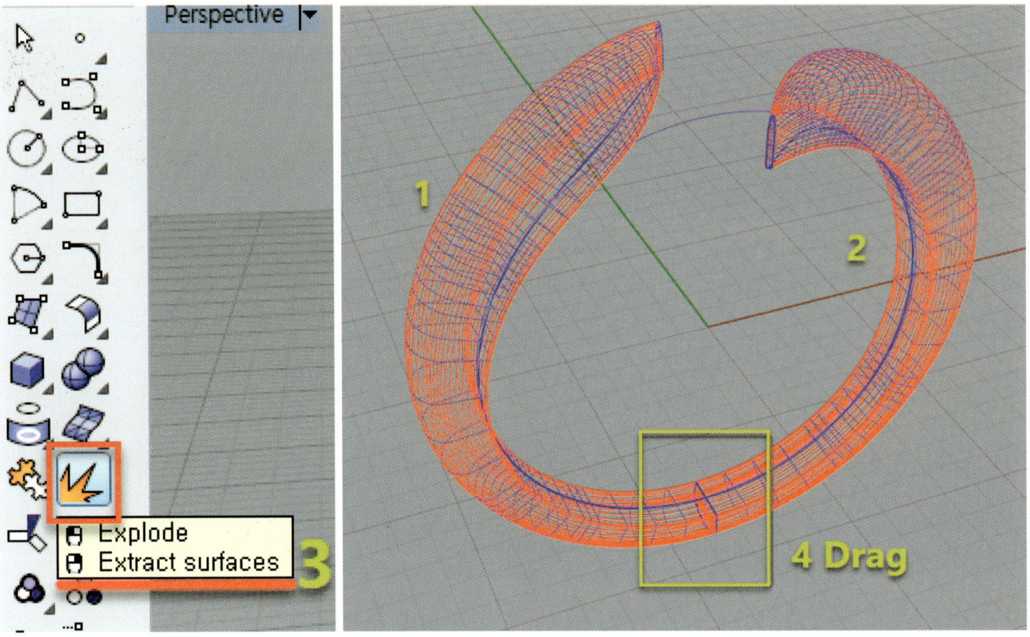

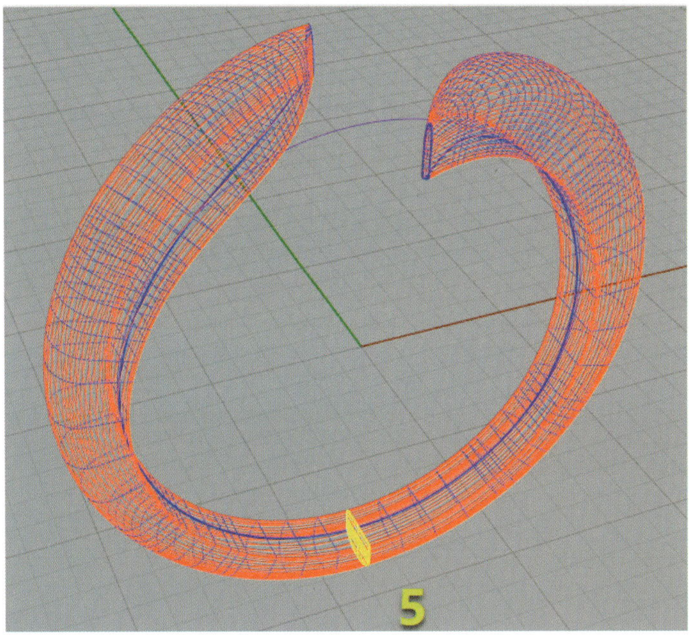

15 Polysurface **1**, **2**를 선택하고 **3** Extract surface 클릭한다. **4** 부분을 왼쪽에서 오른쪽으로 Drag하고 Enter 하면 **5**번처럼 Surface가 추출된다. 추출한 Surface **5**를 키보드에 Delete를 눌러 삭제한다.

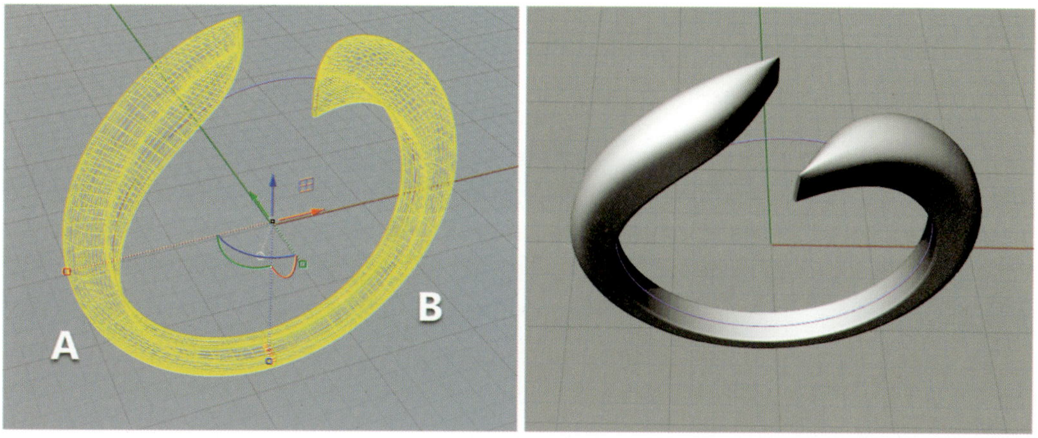

16 **1** 반지를 선택하고 떨어진 가장자리가 있는지 알아보기 위해 **2** 눌러 **3** Show edge 클릭한다. 명령 창에 **4** 떨어진 가장자리가 있는지 확인한다.(떨어진 가장자리가 없어야 함)

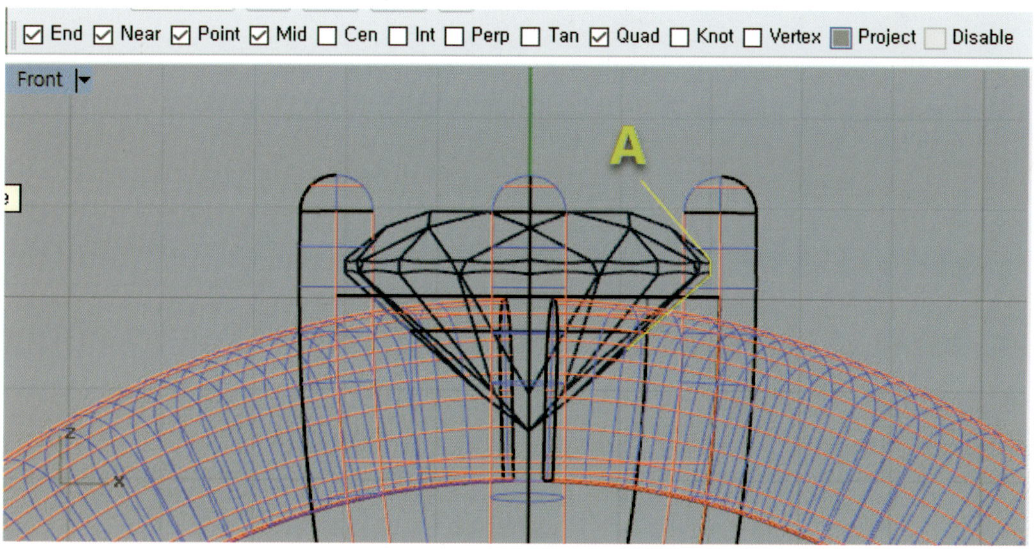

17 난집 만들기에서 완성한 보석 및 난집, 난발을 그림과 같이 Gumball을 이용하여 반지 위쪽으로 이동시킨다. 'Osnap Toolbar'를 확인하고 FrontView에서 **A**처럼 Polyline을 그릴 때 보석보다 살짝 여유 있게 그린다.

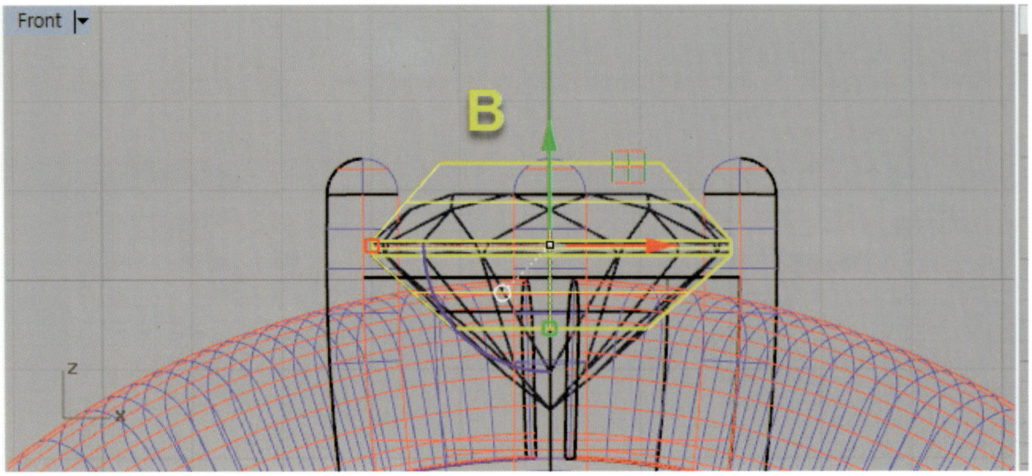

18 커브를 선택하고 Revolve 클릭하고 그림 **B**처럼 만든다.

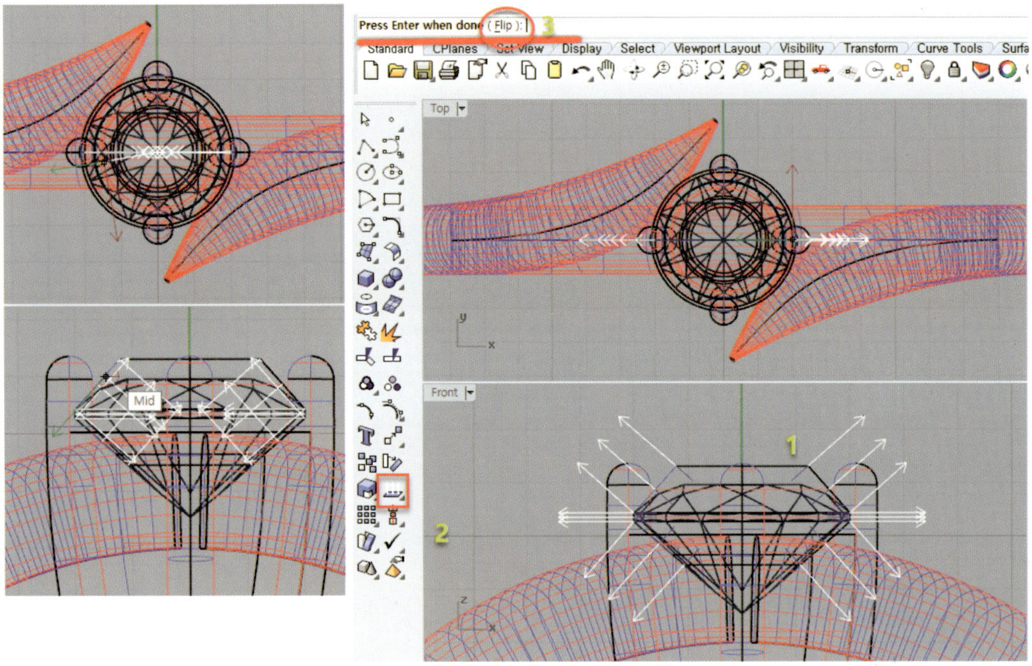

19 Revolve한 **1** Surface를 **2** Analyze direction 클릭하고 왼쪽 그림처럼 흰색 화살표 방향이 안쪽으로 향하게 되면 오른쪽 그림의 **3**번을 통해 Flip을 클릭하여 방향을 바꾼다.

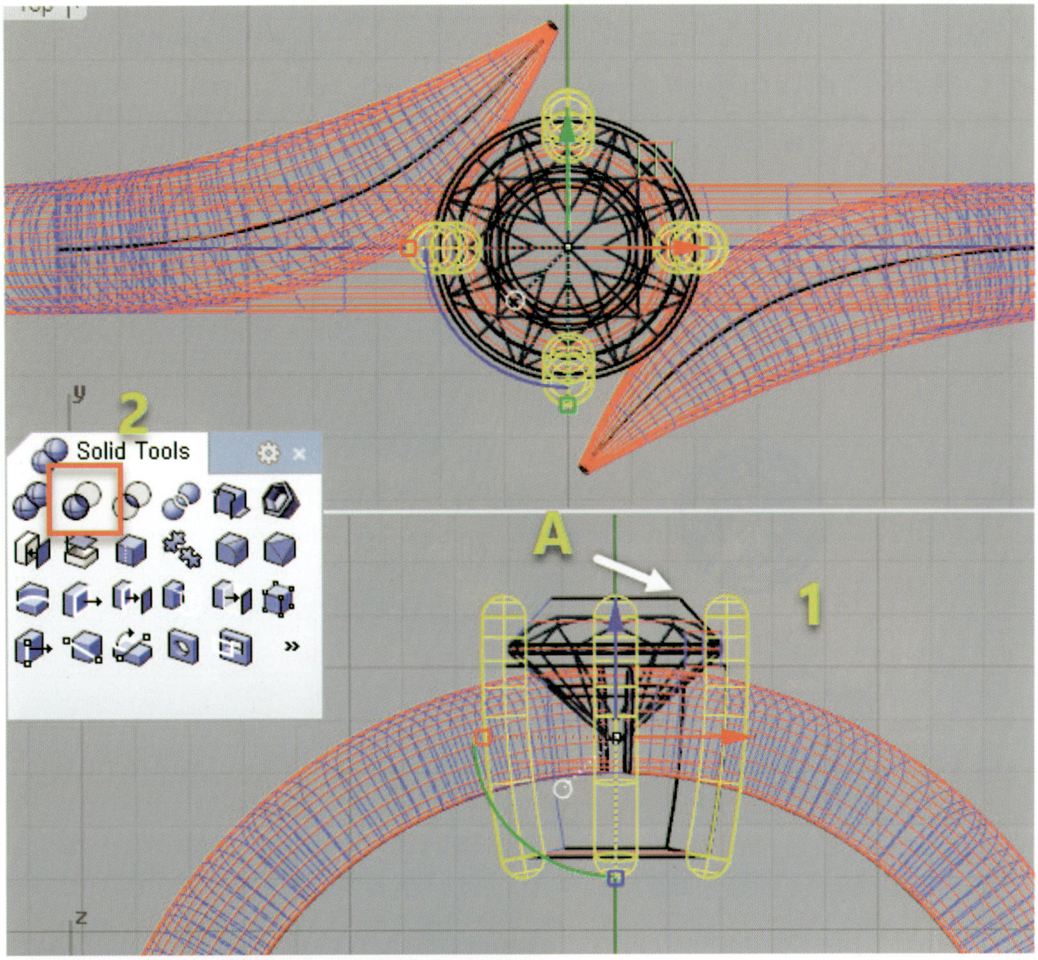

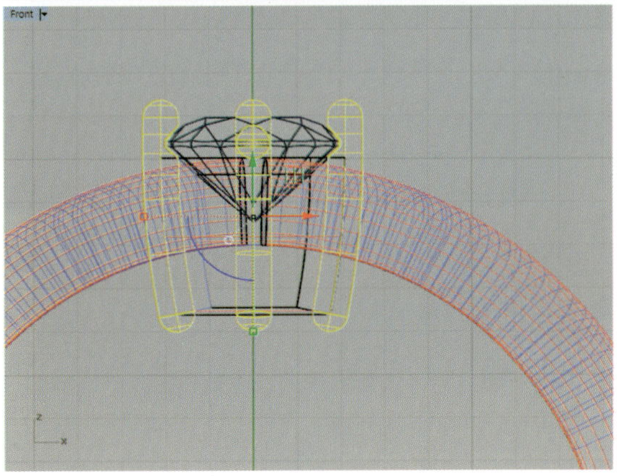

20 TopView에서 Shift를 눌러 **1**의 4개 난발을 선택하고 **2** BooleanDifference를 클릭한 후 **A**를 선택하고 클릭해서 보석자리를 만든다.

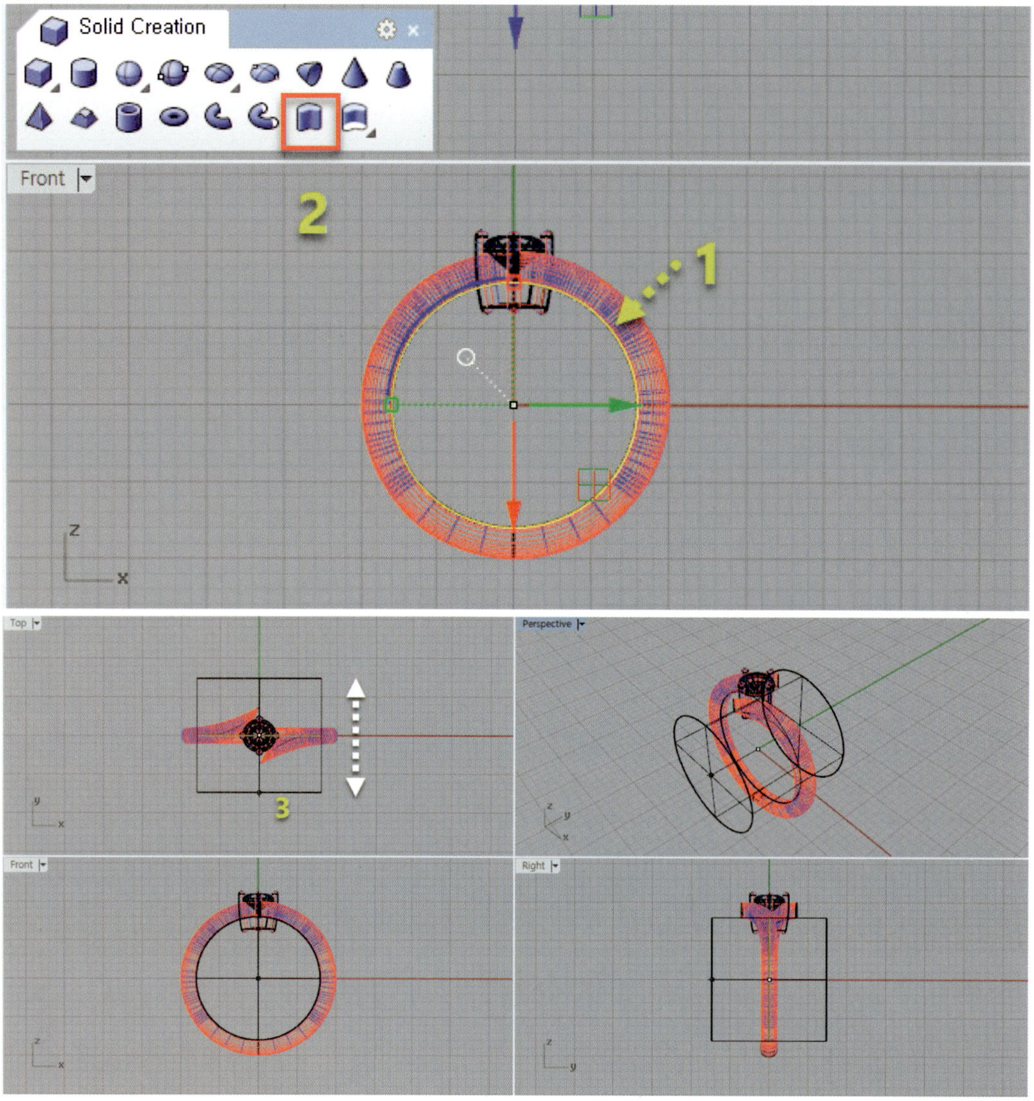

21 처음에 그린 **1** 16mm 원을 선택하고 **2** Extrusion distance 클릭한 후 옵션 Bothside=Yes를 체크하고 난집보다 크게 3의 원기둥을 만든다.

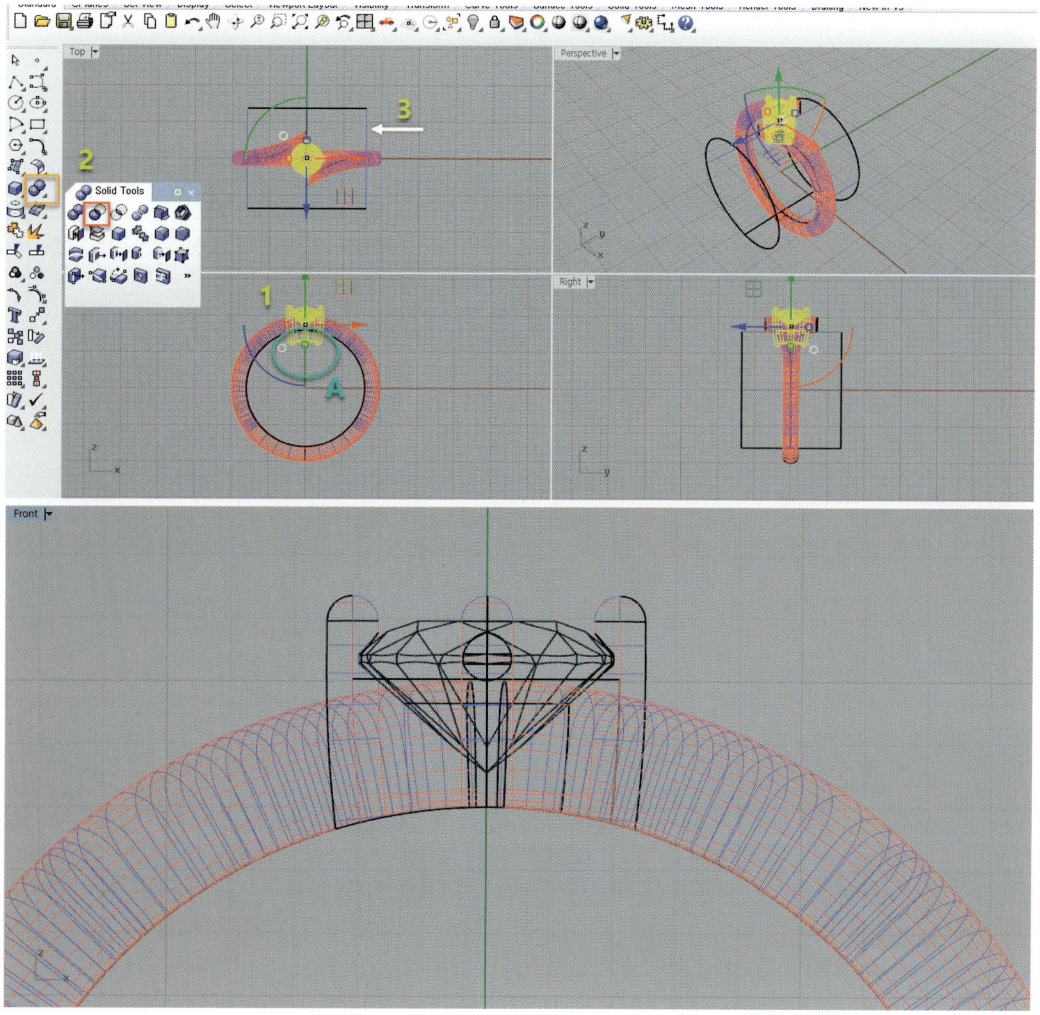

22 16mm 안쪽에 **A**처럼 난집과 난발이 튀어나온 부분을 없앤다. **1** 난집과 난발을 선택하고 **2** BooleanDifference를 클릭한다. **3**번의 원기둥을 선택하고 Enter 키를 클릭해서 명령을 끝내 아래 그림처럼 완성한다. (BooleanDifference가 안될 경우 떨어진 가장자리가 있는지 확인한다.)

완성된 반지 모델링

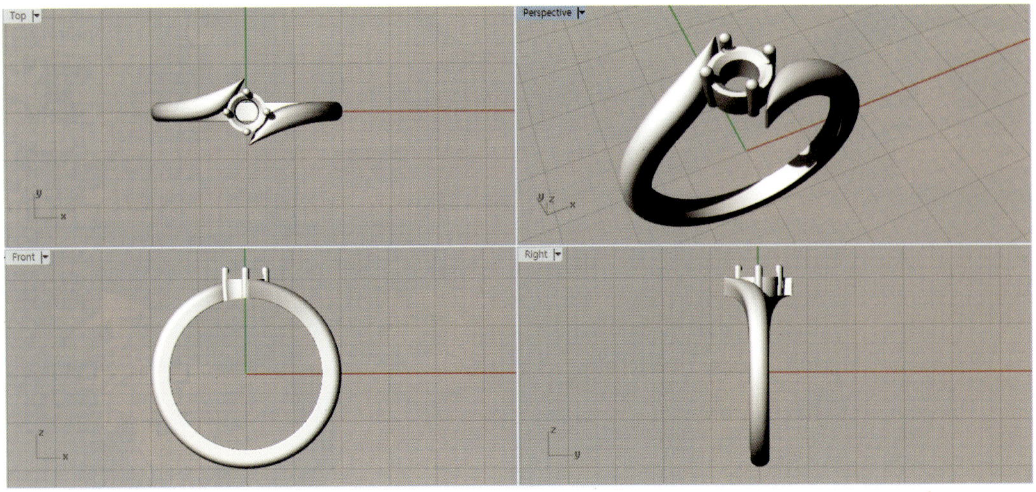

KeyShot Rendering

18K White Gold / Aquamrine

18K Yellow Gold / Diamond

3. 반지 응용

추가 사용하는 기본 툴: Cage edit

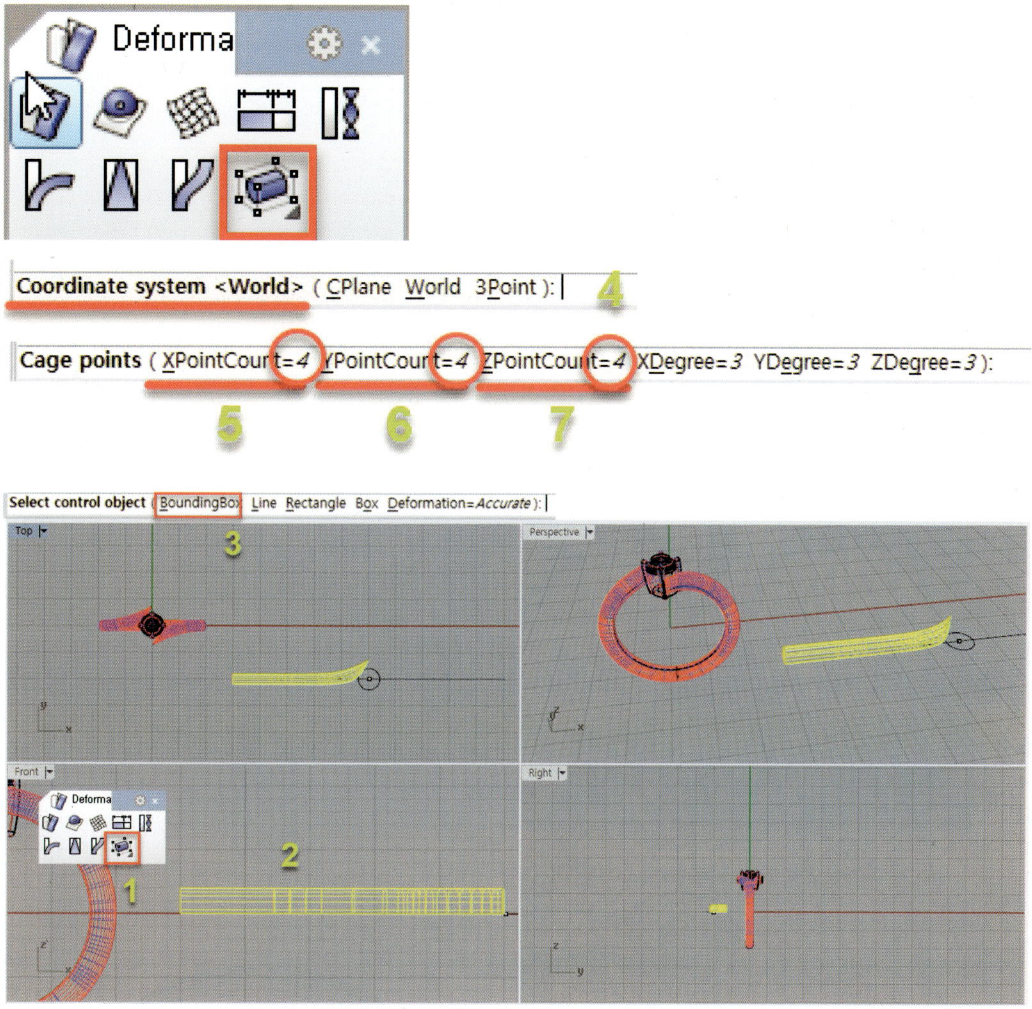

01 반지 만들기에서 **16** 을 참고하여 Flow along a curve가 적용된 데이터에 **1** 의 Cage edit 클릭하고 **2** Polysurface를 선택 Enter 한다. **3** 명령 창에 BoundingBox 클릭하고 **4** Coordinatesystem〈World〉 한다. Cage points에서 **5** XPointCount=4를 클릭 6으로 입력하고 , **6** YPointCount=4를 클릭 6 입력 , **7** ZPointCount=4를 클릭 6 입력하고 두 번 Enter 한다. Region to edit〈Global〉 로 명령을 끝낸다.

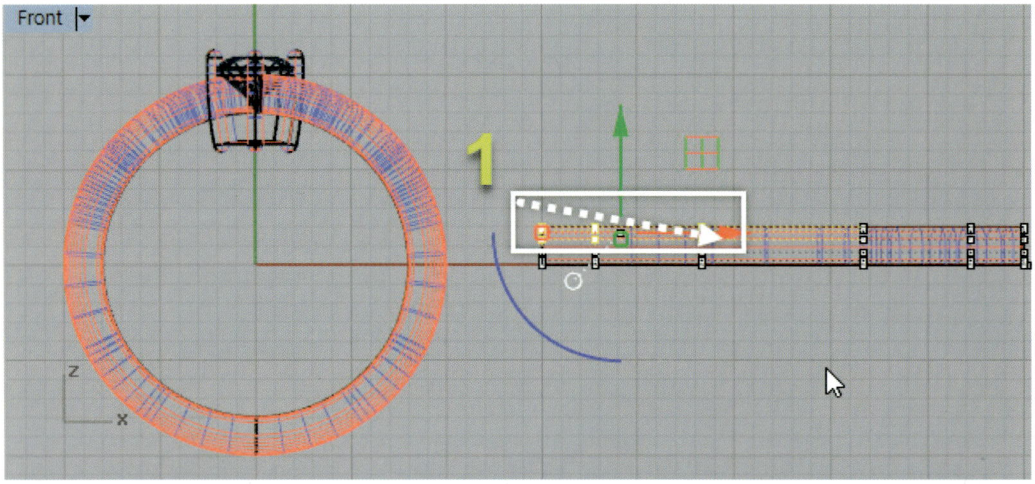

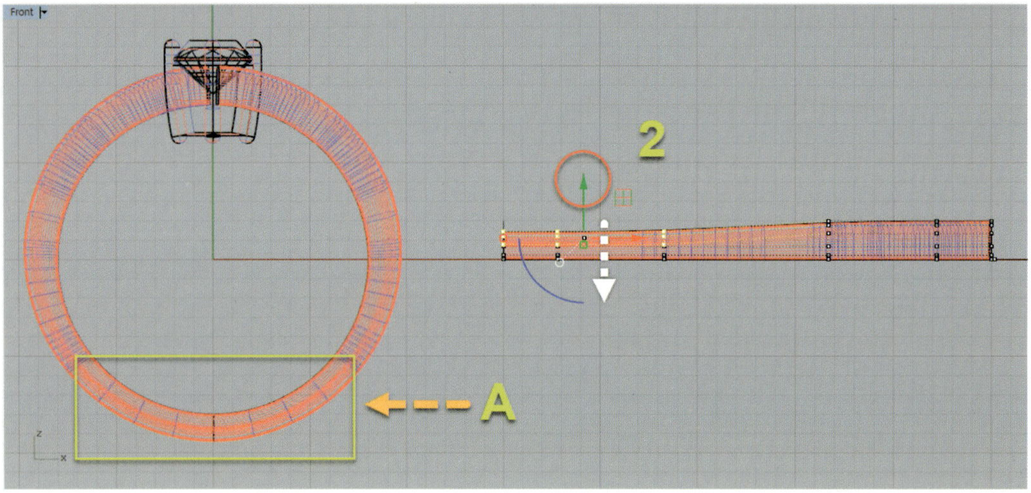

(Drag해서 제어점을 선택할 때 전체를 선택했는지 확인하기 위해 부분을 선택해서 확인하고 형태의 변화를 확인하면서 이동시킨다.)

02 제어점을 **1**번처럼 Drag하여 선택한다. **2** 녹색 Gumball을 이용하여 흰색 화살표 아래 방향으로 이동시키면 위쪽 두 번째 그림의 **A**부분처럼 반지의 두께가 같이 변화하는 것을 볼 수 있다.(히스토리 기능이 적용되어 있을 때 나타남)

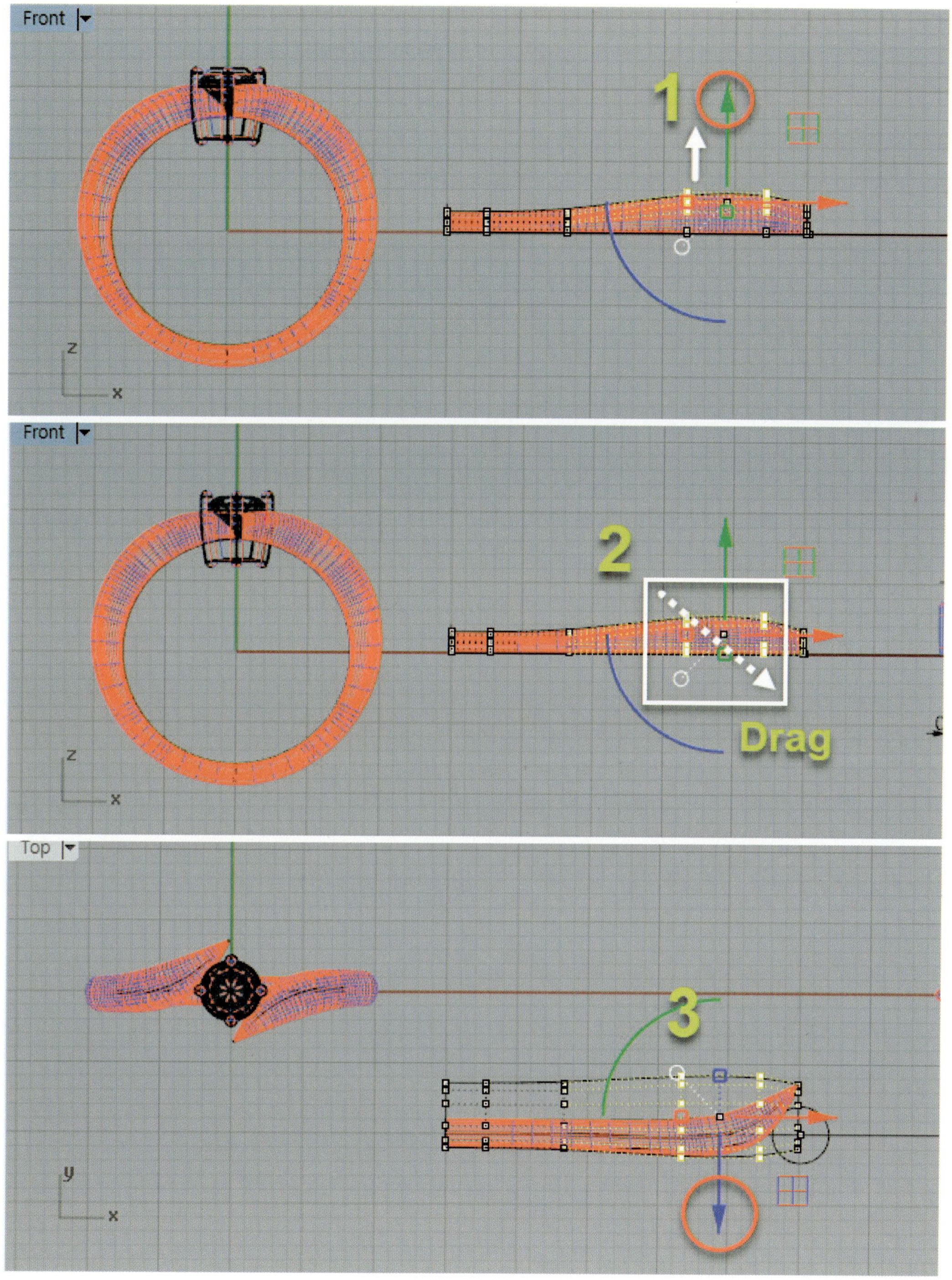

03 그림처럼 제어점을 Drag하여 선택하고 **1** 녹색 Gumball을 이용하여 흰색 화살표 방향으로 이동시킨다. **2** Drag하여 제어점을 선택하고 TopView에서 **3** Gumball을 사용해서 크기를 살짝 키운다.

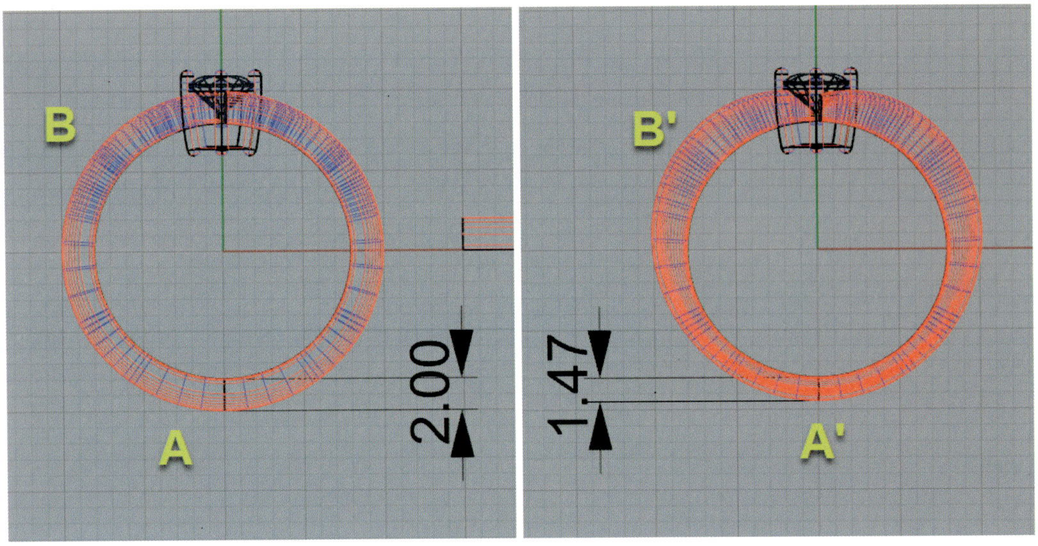

04 왼쪽 그림 **A**부분과 오른쪽 그림 **A′**부분을 비교하고, **B**와 **B′**를 비교해서 보면 Cage edit를 이용한 두께 변화를 볼 수 있다.

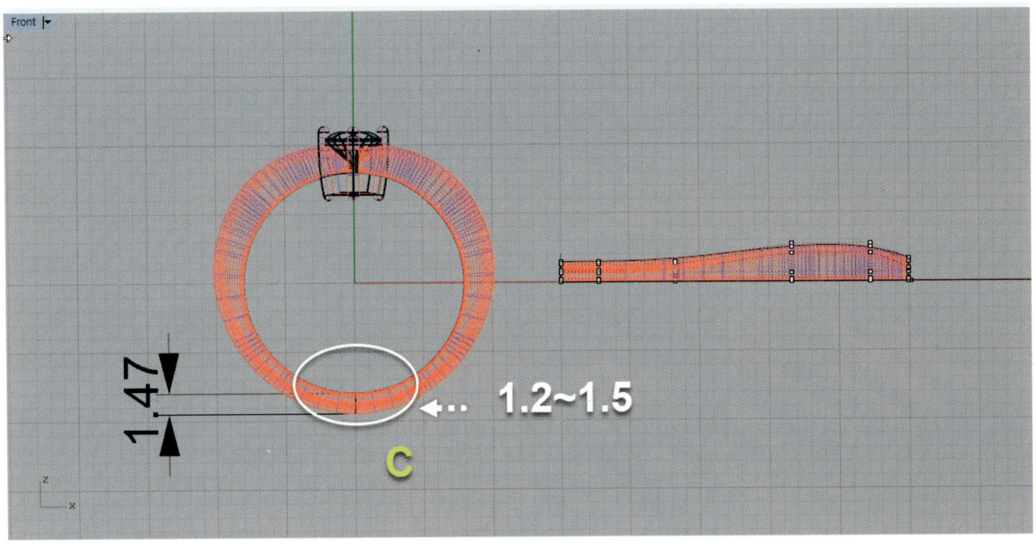

05 그림에서 **C**의 두께는 1.2 ~ 1.5mm로 작업한다.

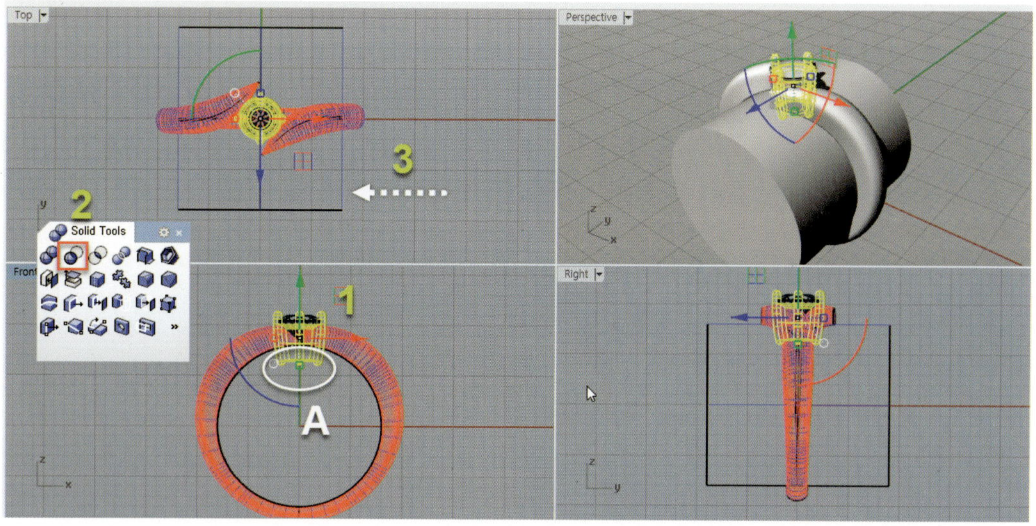

06 A 부분 난집과 난발을 없애기 위해 1을 선택하고 2 BooleanDifference를 클릭, 3 원기둥을 선택, 하여 완성한다.

완성된 모델링 화면

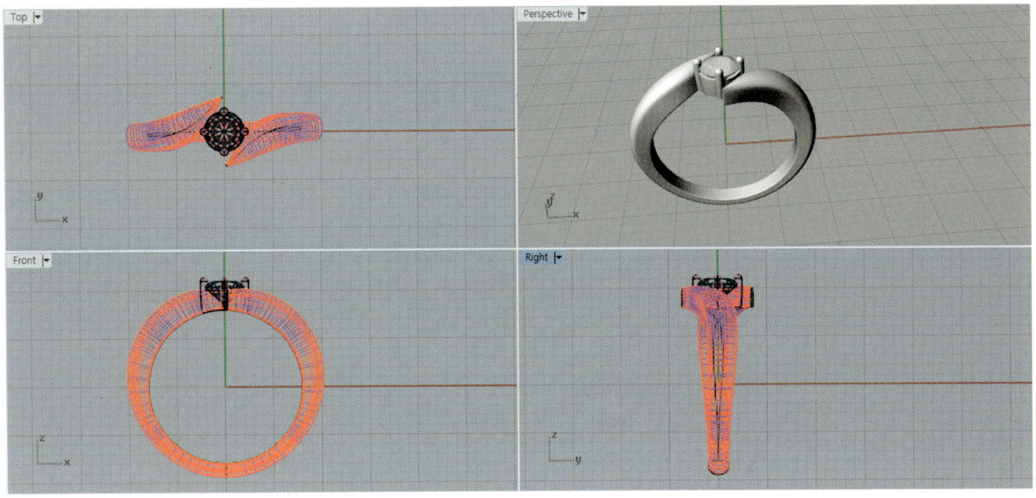

KeyShot Rendering

18K White Gold / Aquamarine

Cage edit 사용 전

Cage edit 사용 후

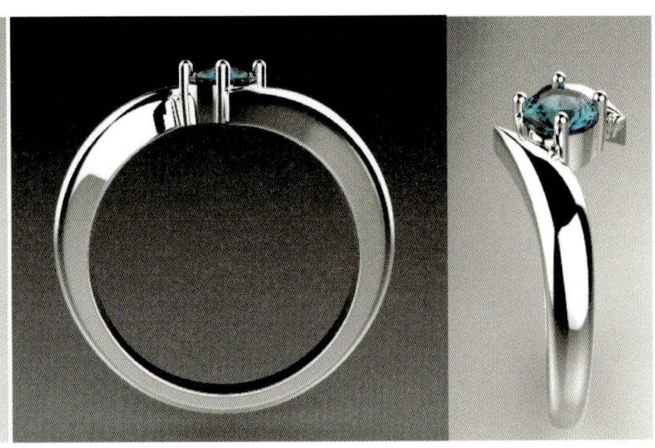

17. 펜던트 만들기 pendent

반지 만들기의 기본 툴을 복습하고 반지 디자인과 어울리는 디자인으로 펜던트를 3D모델링 한다.

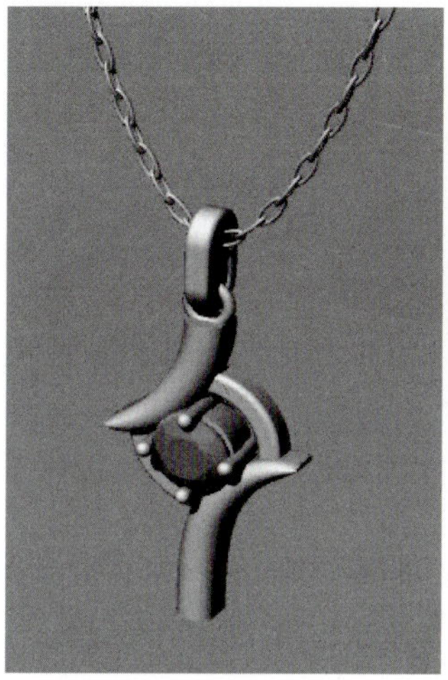

사용하는 기본 툴

• Circle	• Torus
• Set XYZ coordinates	• Rounded rectangle
• polyline	• offset curve
• Loft	• Variable radius fillet
• change surface degree	• Box
• Control point Curve	• Boolean Difference
• flow along a curve	• Curve Boolean
• Cap planar holes	• Extrusion closed planar curve

* 주얼리 모델링의 기본 단위는 mm로 한다.

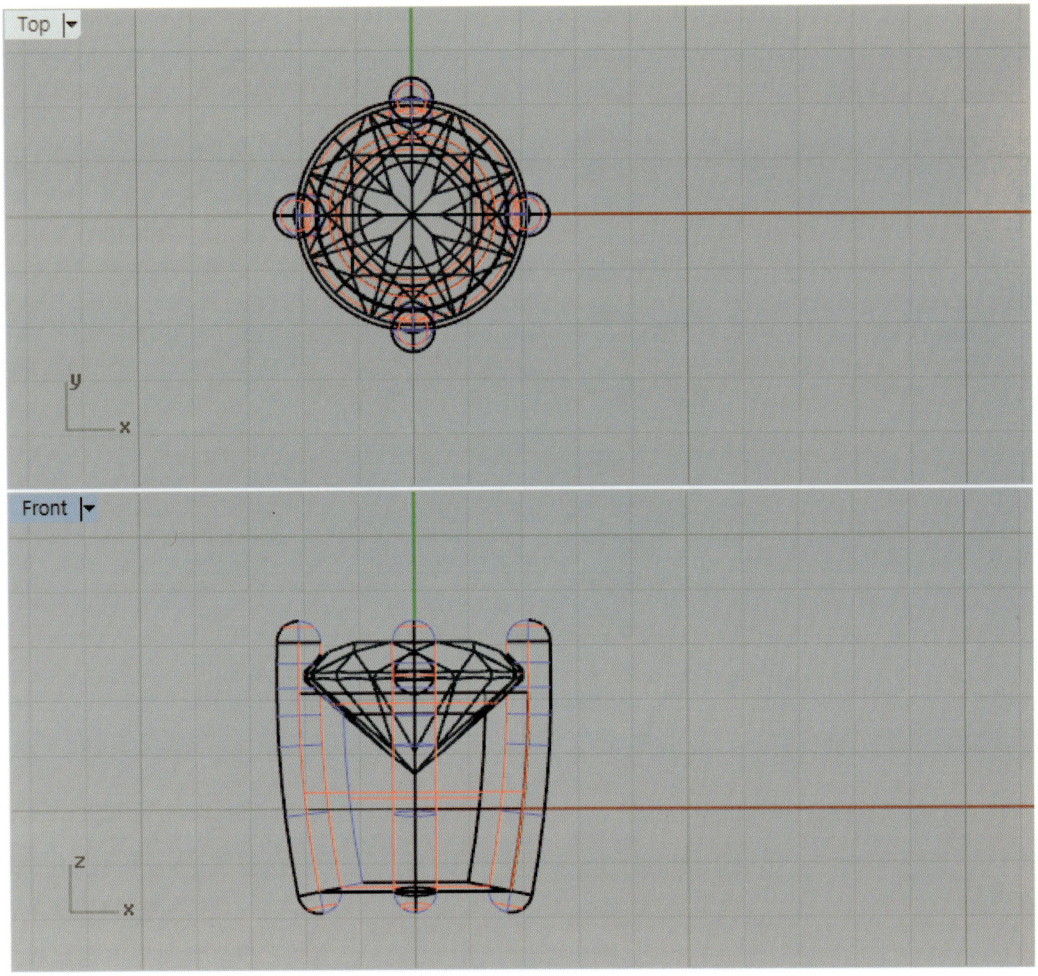

01 16. 난집과 반지 만들기에서 만든 난집과 난발을 참고하여 4mm 난집을 그린다.

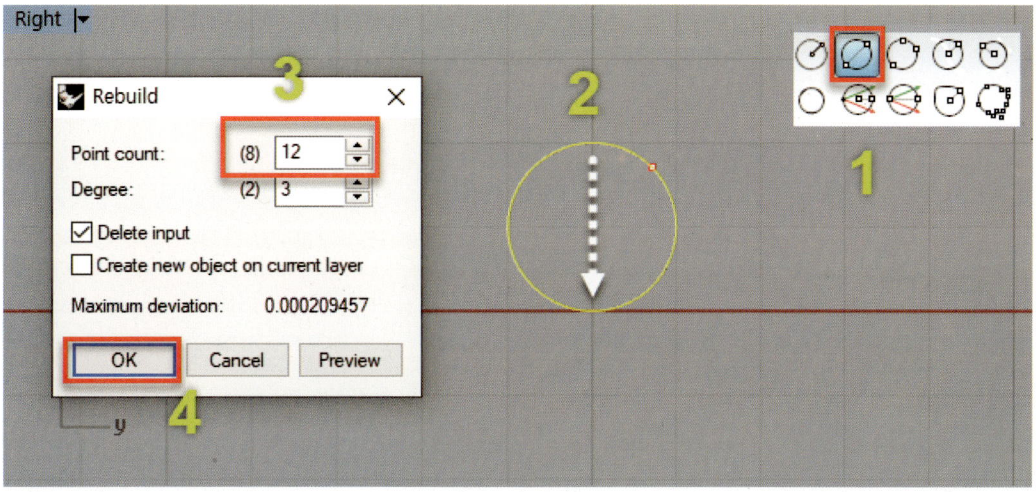

02 Grid snap을 활성화하고 **1** Circle: diameter로 **2** 화살표 방향으로 클릭해서 2mm 원을 그린다. 원을 선택하고 **3** Rebuild curve를 클릭하여 Point count 12, Degree 3으로 **4** 설정한다.

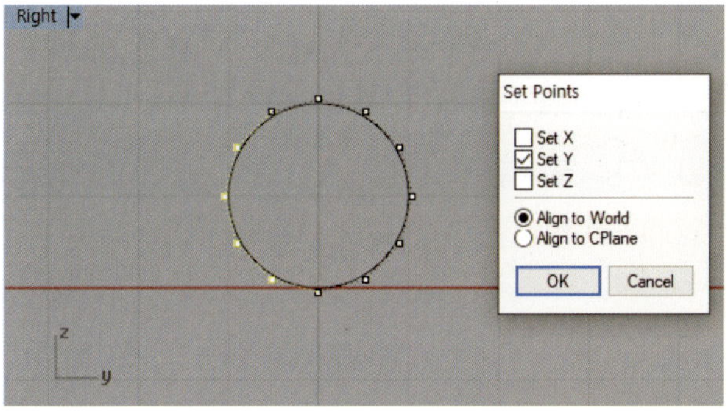

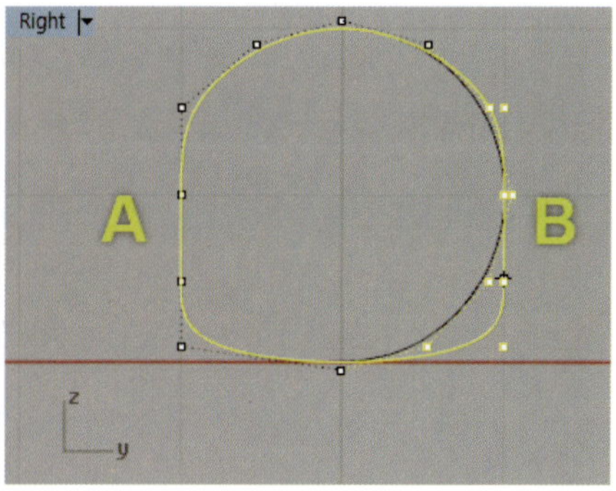

03 Circle을 선택하고 Point on(F10)을 활성화한 후 4개의 점을 선택한다. Set XYZ Coordinates: Set Y 선택하고 View의 구성 좌표를 확인하고 **A**로 정렬하고 **B** 순서대로 Curve의 제어점을 수정한다.

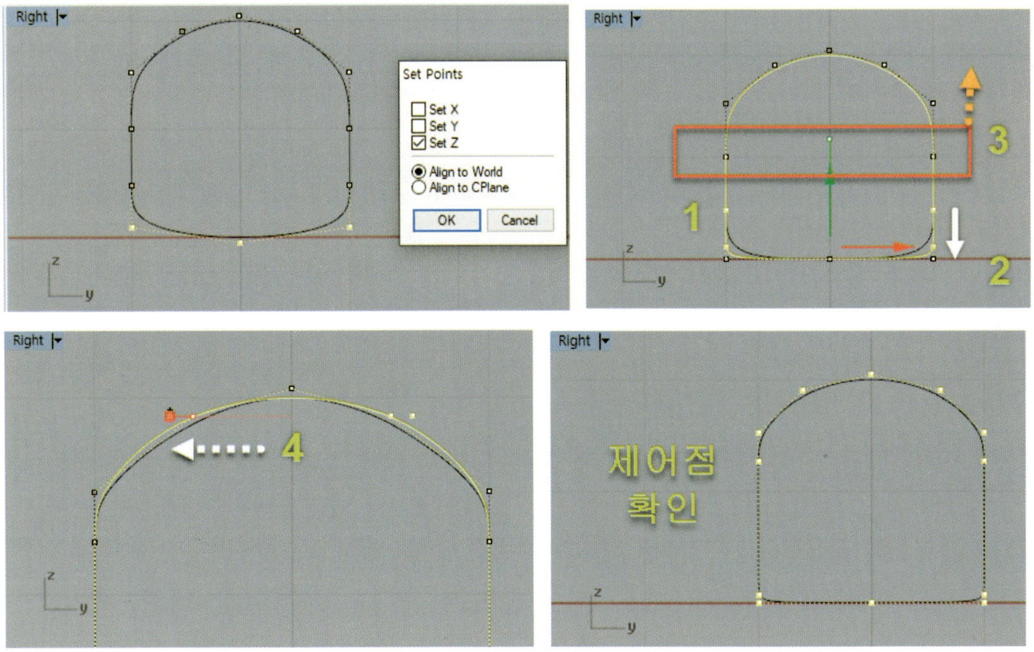

04 Set Z 선택하고 Y 축으로 일렬로 정렬한다. 그림 **1**의 제어점을 선택하고 **2**번 방향으로 Gumball을 사용하여 이동시킨다. **3**의 제어점을 선택하고 주황 점선의 화살표 방향으로 Gumball을 사용하여 이동시킨다. **4**의 제어점 2개를 선택하고 Gumball로 흰 화살표 방향으로 이동시킨다. 제어점의 위치를 확인하여 커브를 매끄럽게 한다.

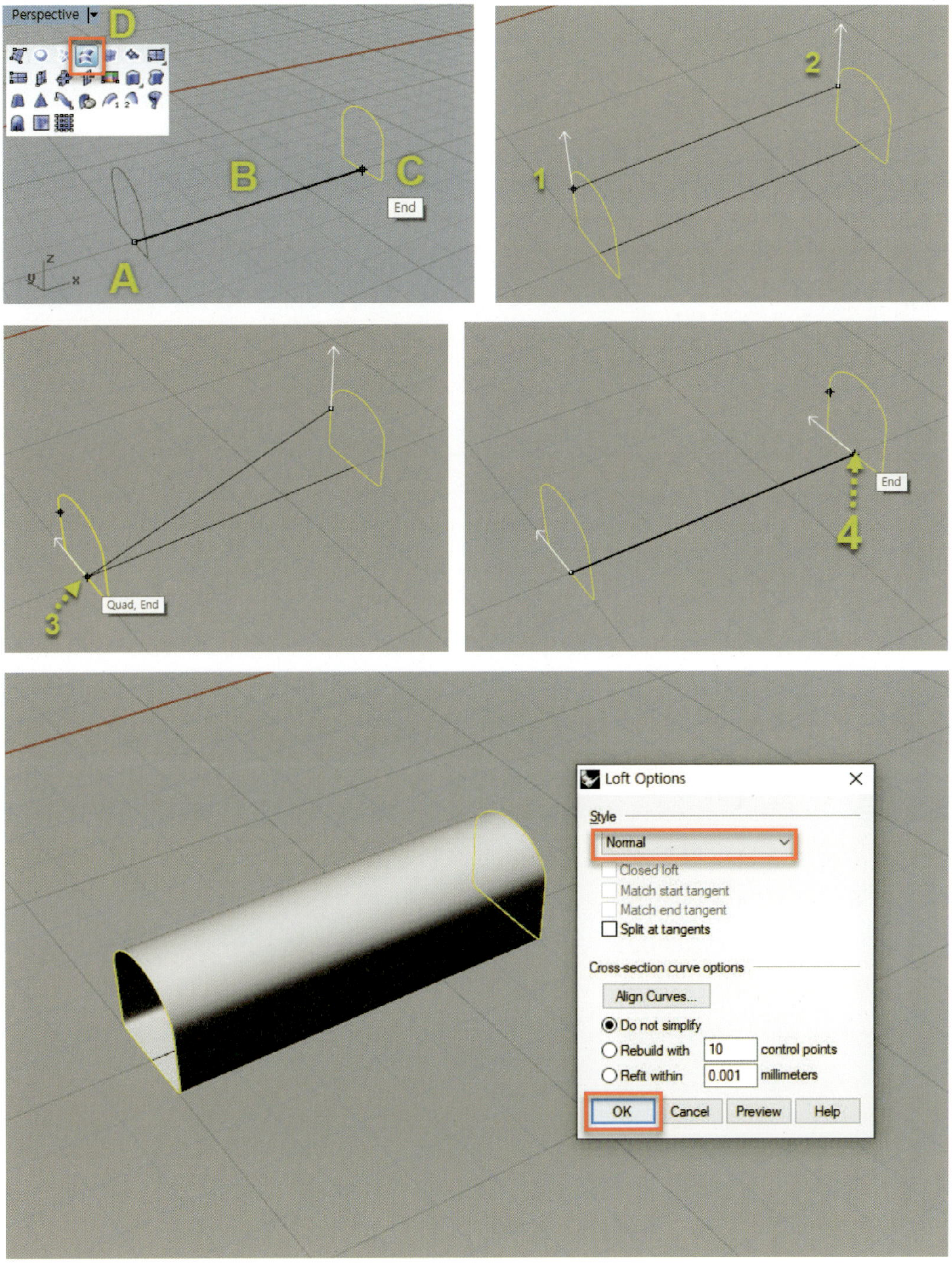

05 Grid snap을 해지하고 **B** 길이 12mm를 Polyline으로 그린다. **A**를 이동 복사하여 **C**를 만든다. **D** Loft로 **A** **C** 를 순서대로 클릭하면 1과 2로 흰 화살표의 Flip 방향이 나타난다. **1**을 클릭해서 **3**위치를 클릭하고 다시 **2**를 클릭하여 **4**를 클릭한다. Loft option을 체크하고 명령을 끝낸다.

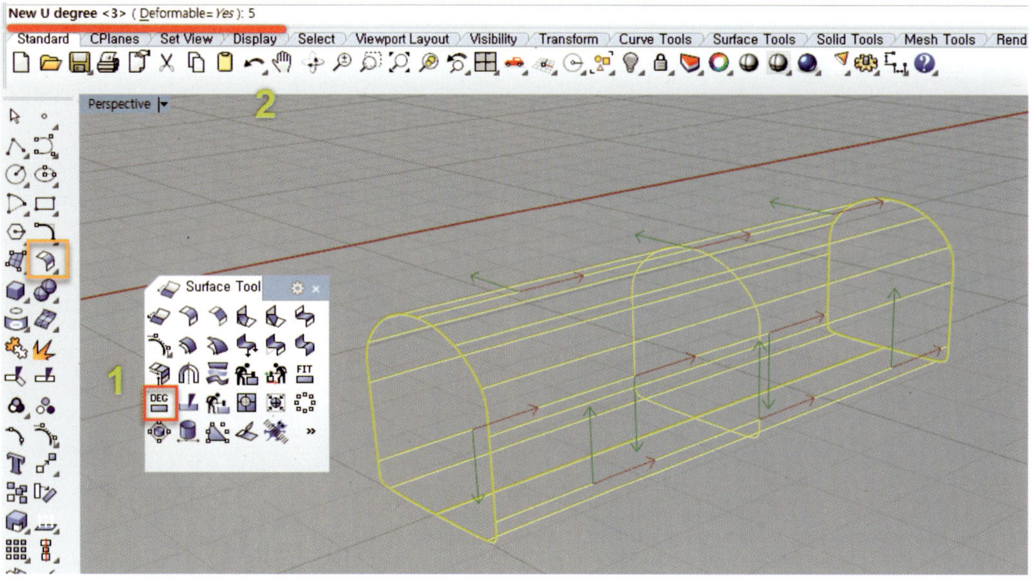

06 Surface를 선택하고 **1** DEC Change surface degree 클릭하고 **2**의 Udegree를 5로 입력하고 Vdegree를 5로 입력하고 Enter 한다.

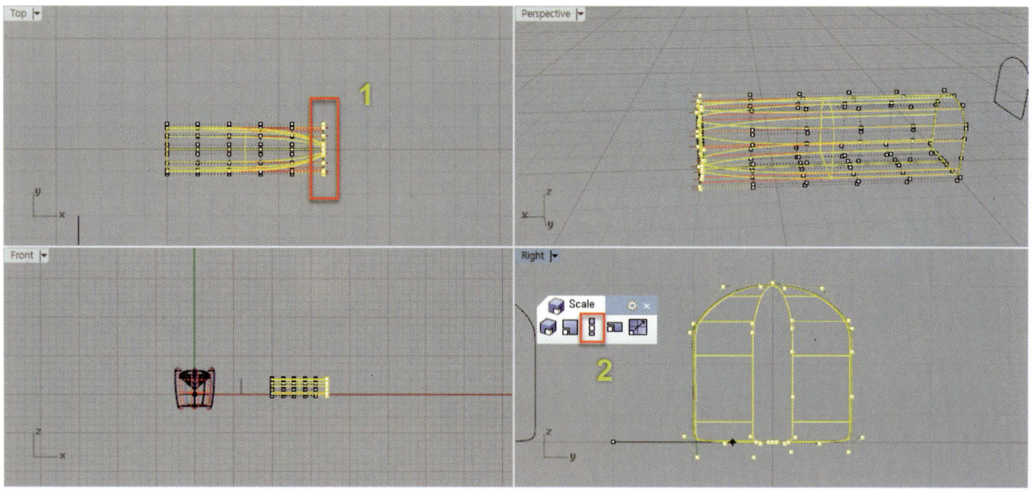

07 Surface에서 제어점(F10)을 활성화하고 Top View에서 그림 **1** 처럼 제어점을 D 해서 선택한 다음 RightView에서 **2** Scale 1D 또는 Gumball을 이용해서 수정한다.

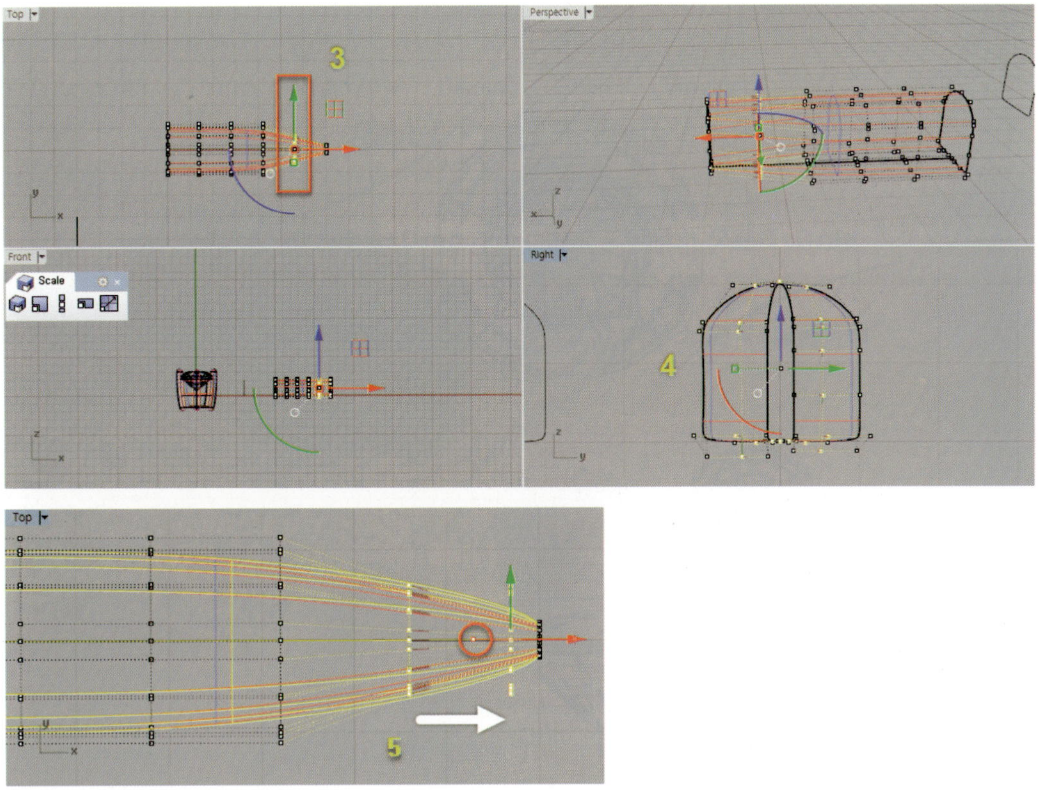

08 **3**의 제어점을 선택, **4**처럼 제어점을 이동시켜 수정한다. 마지막으로 **5**처럼 Gumball 이동시켜 Surface의 제어점을 수정한다.

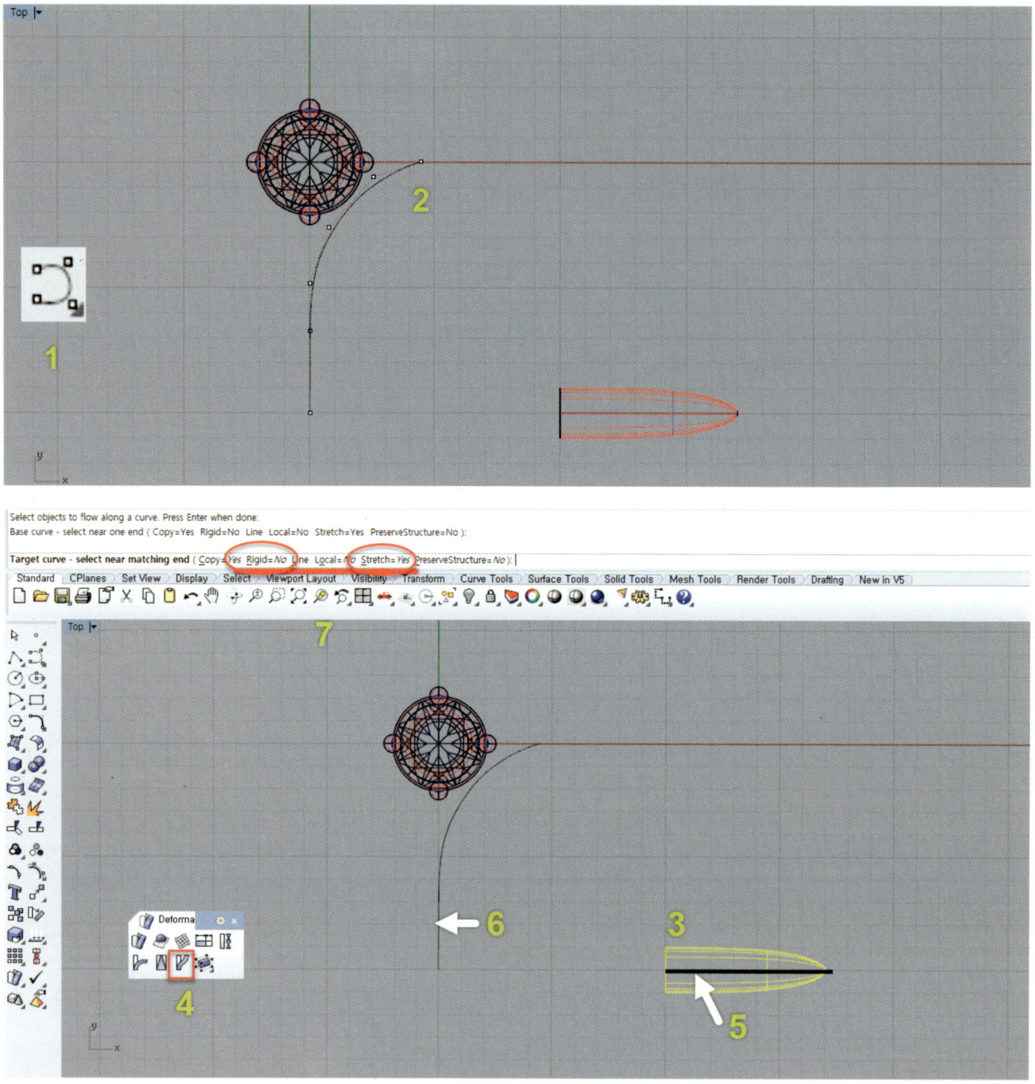

09 Grid Snap을 활성화하고, TopView에서 **1** Control point Curve로 **2**의 곡선을 그리고 Enter 한다. **3**의 Surface를 선택하고 **4**의 Flow along a curve클릭 **5**의 Basic curve(위치중요)클릭, Target Curve **7**의 Rigid=No, Stretch=Yes 옵션을 설정 **6** Target Curve(위치중요)를 클릭하여 명령을 끝낸다.

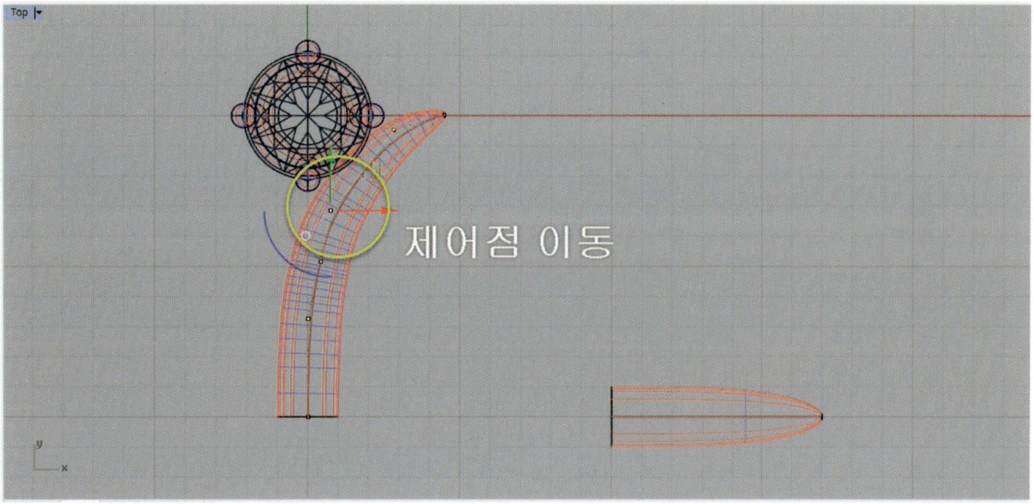

10 커브의 제어점을 이동시켜 곡선을 자연스럽게 한다.

(Record History에 [마우스 오른쪽] 클릭하고 ✓Always Record History와 ✓Update Children의 체크를 확인한다.)

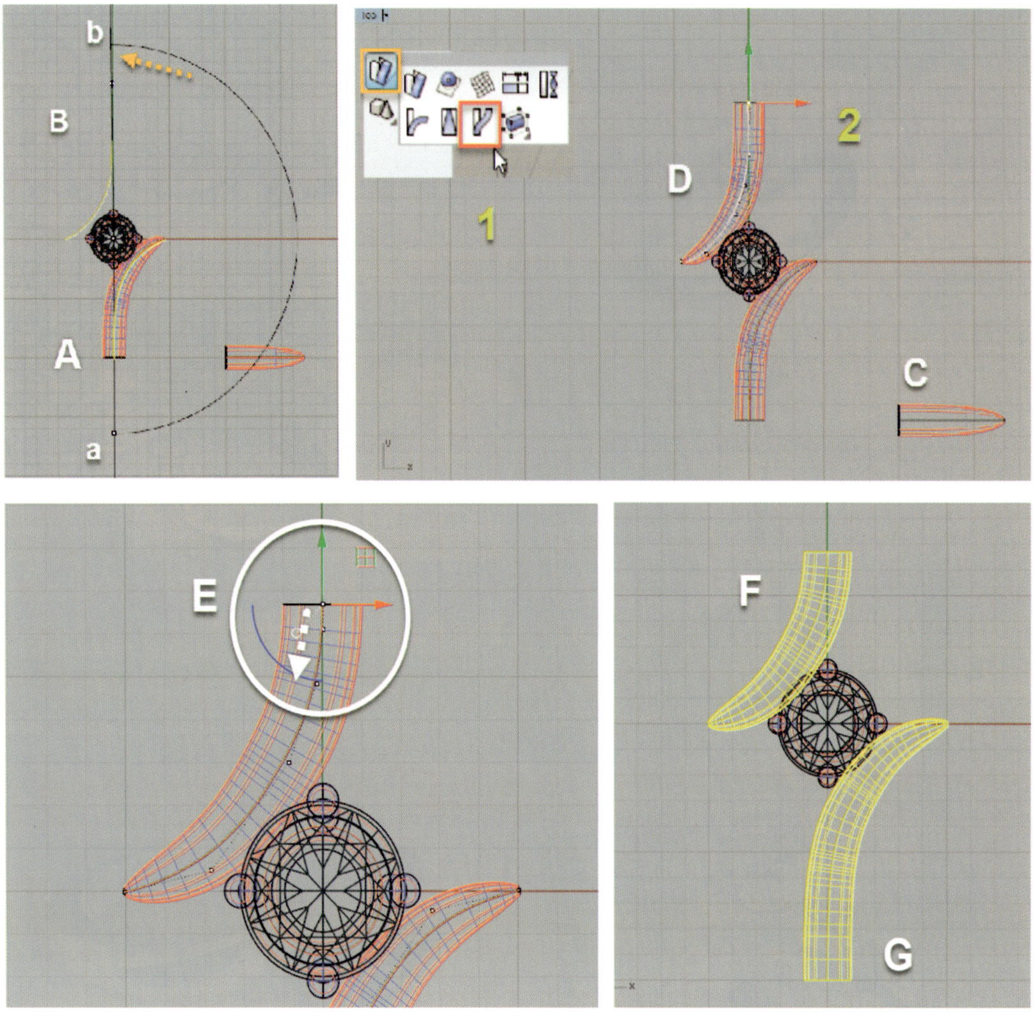

11 **A**커브 선택은 Rotate 2D를 선택하고 copy=Yes, Enter 를 클릭한다. **a** 클릭, **b**를 클릭하고 로 명령을 끝낸다. **C**를 선택하고 **1** Flow along a curve로 **D**처럼 Surface를 만들어 준다. **B**의 커브 제어점을 활성화하고 **2**의 제어점을 **E**의 화살표 방향으로 이동시킨다. **E**의 흰 원안에 있는 제어점을 이동시켜 **F**와 **G**처럼 서로 길이를 다르게 한다. **F**와 **G**는 Cap planar holes로 면을 닫아 Polysurface로 만든다.

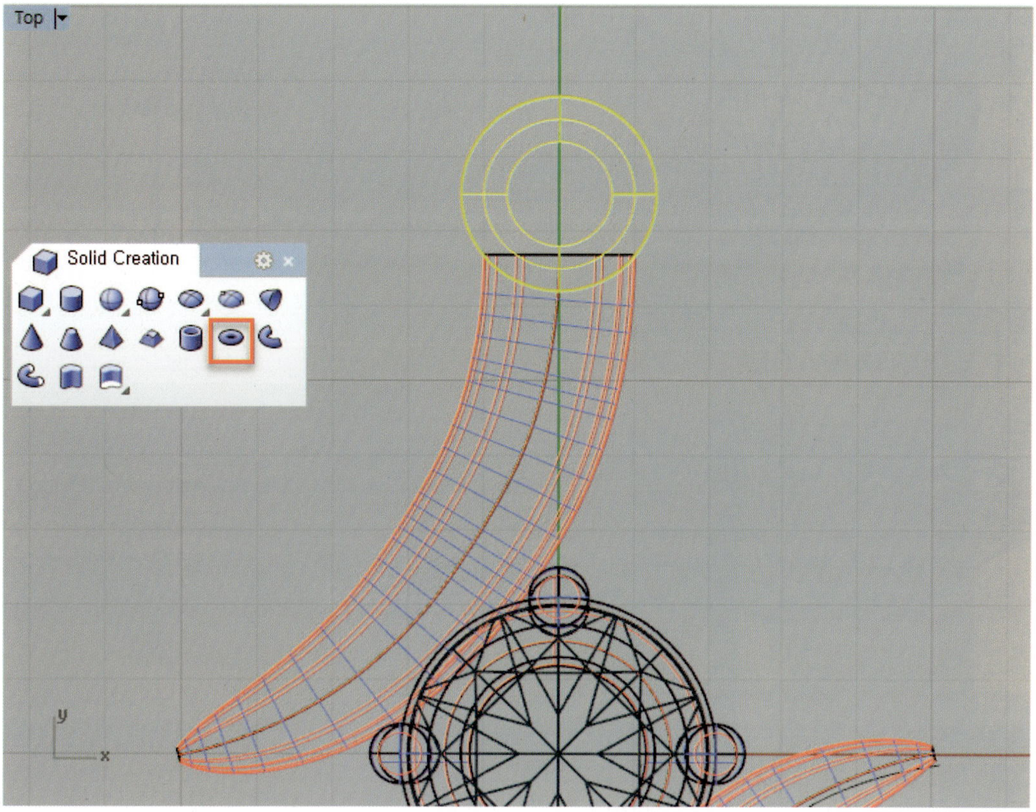

12 Torus을 클릭하고 Diameter 0.6을 입력하고 Enter 를 눌러 오링을 그린다.

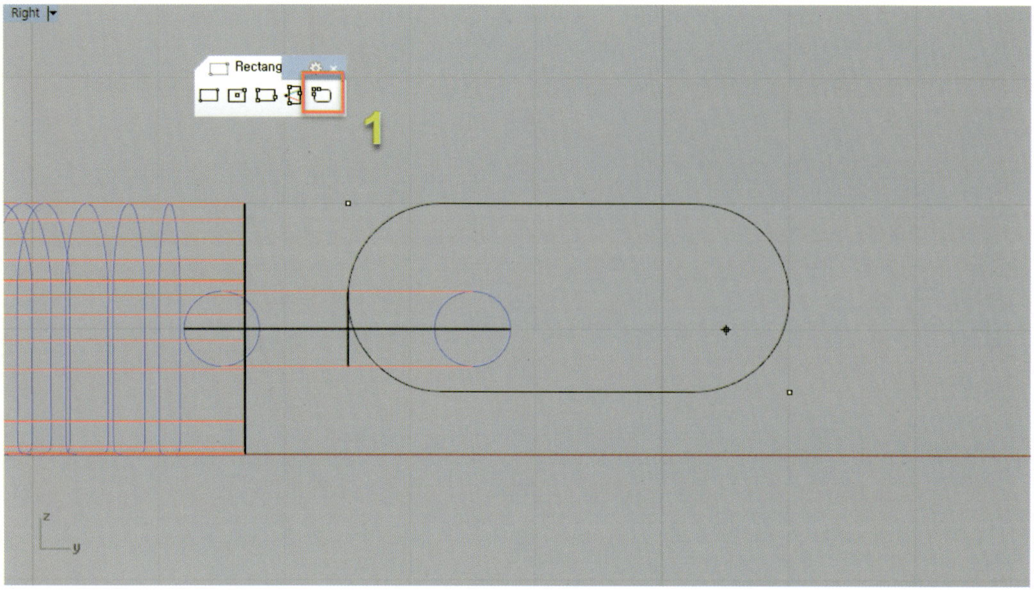

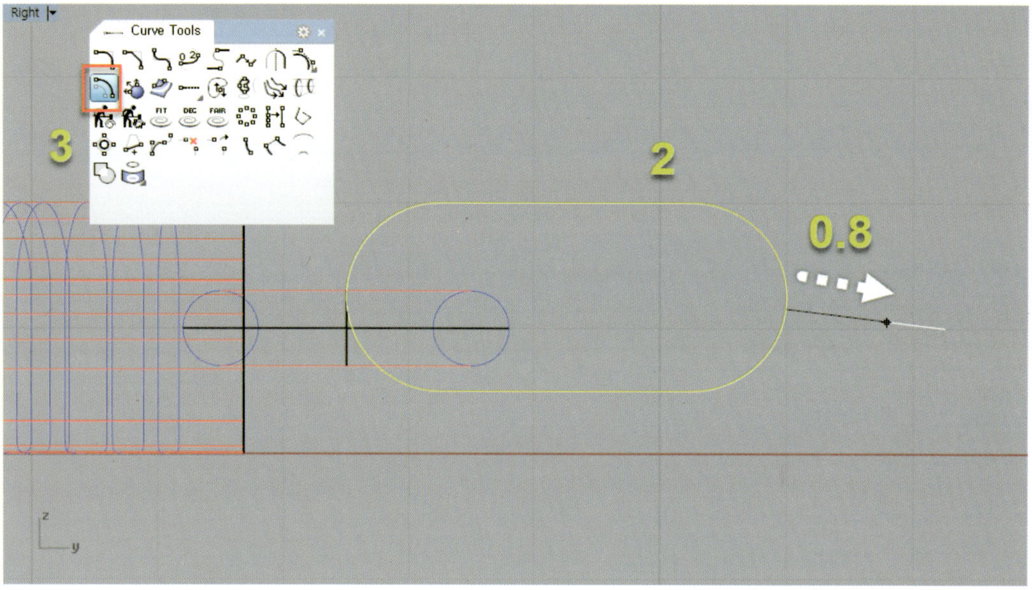

13 Grid snap을 활성화하고 **1** Rounded rectangle로 그린다. **2**를 **3** Offset curve로 0.8을 입력하여 간격을 띄운다.

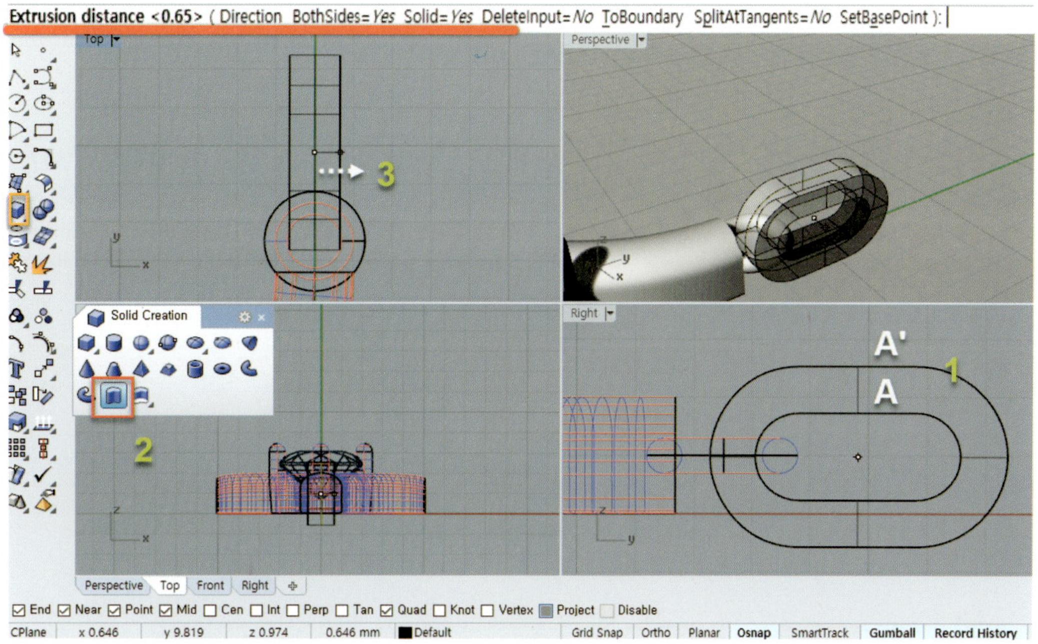

14 1에 A, A′의 curve를 선택하고 2 Extrude closed planar curve 클릭한다. 3 Extrusion distance 0.65을 입력하고 Bothsides=yes, solid=yes로 설정하고 클릭한다.

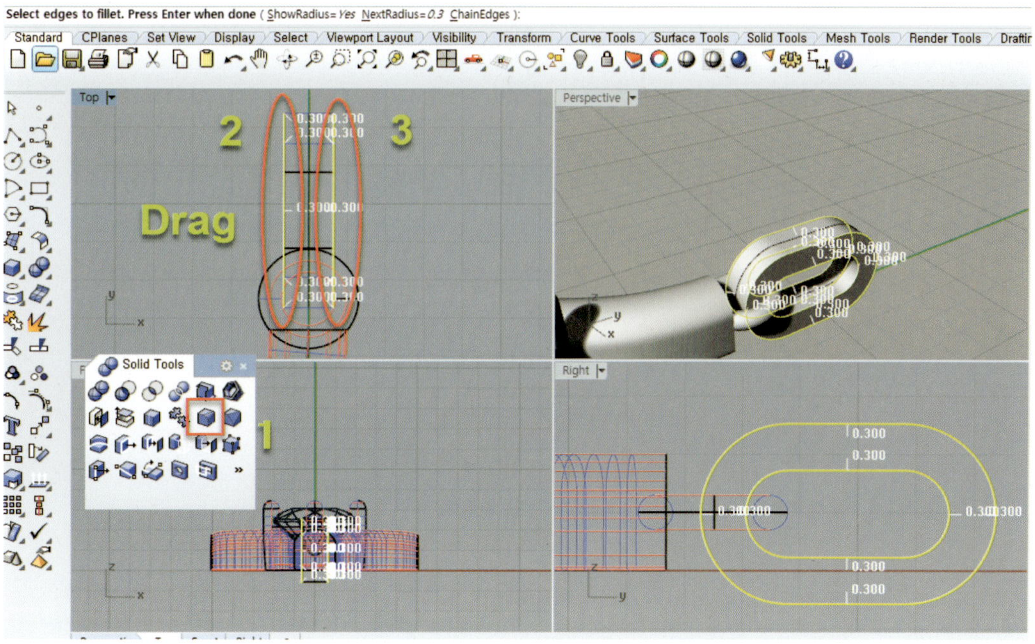

15 1 Variable radius fillet: NextRadius=0.3을 입력하고 한다. Shift를 누르면서 2를 Drag, 3을 Drag하고 두 번 로 명령을 끝낸다.

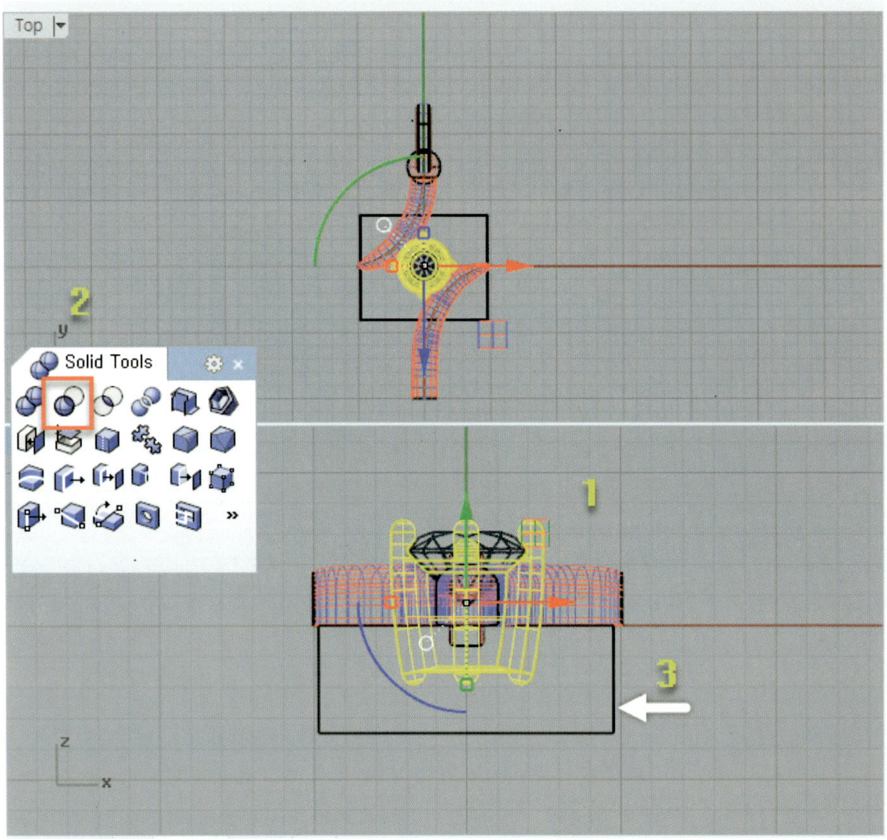

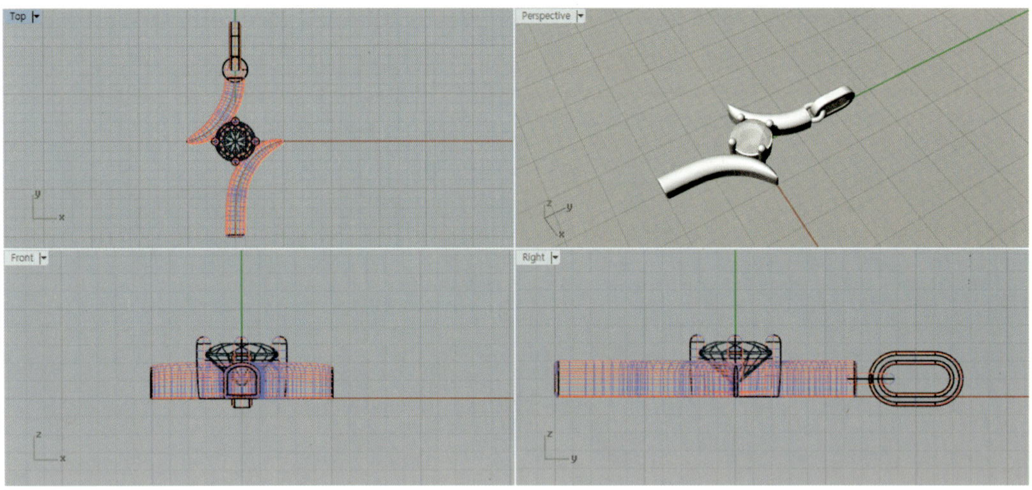

16 Box 선택하고 3의 박스를 그린다. 1의 난집과 난발을 선택한다. 2 BooleanDifference를 클릭하고 3을 클릭해서 불필요한 난집과 난발 밑 부분을 없앤다.

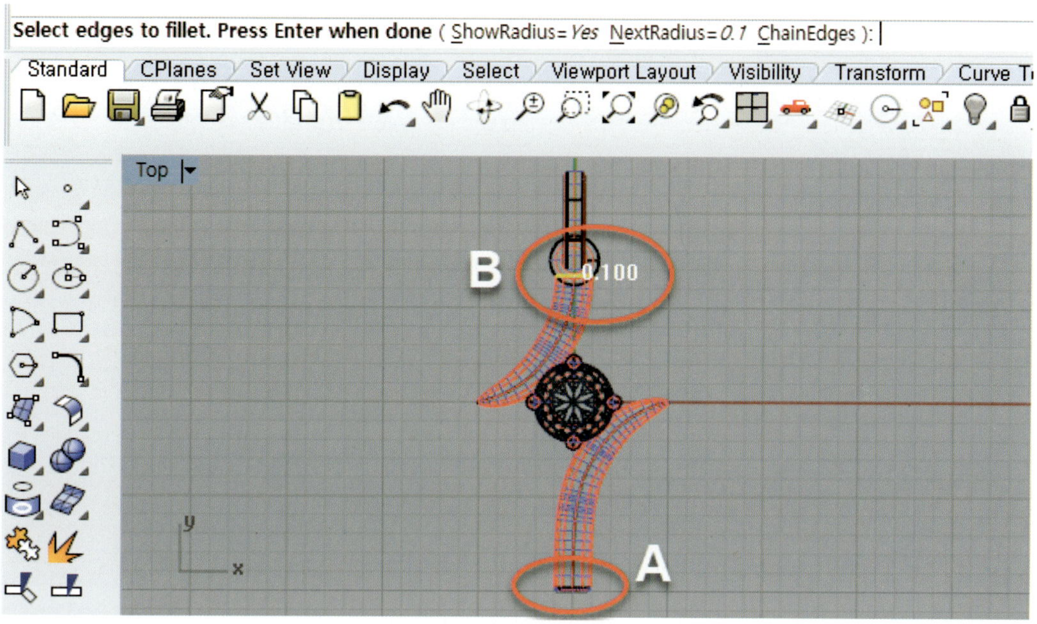

17 Polysurface를 선택하고 Variable radius fillet을 클릭하여 NextRadius=0.1로 입력하고 **A** Drag, shift **B** Drag하고 Enter 키를 누른다.

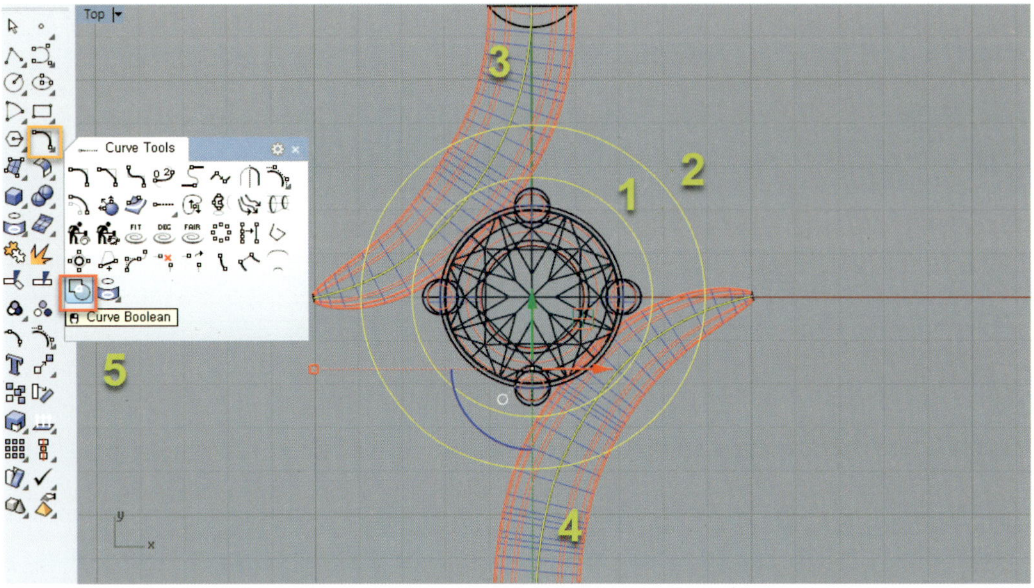

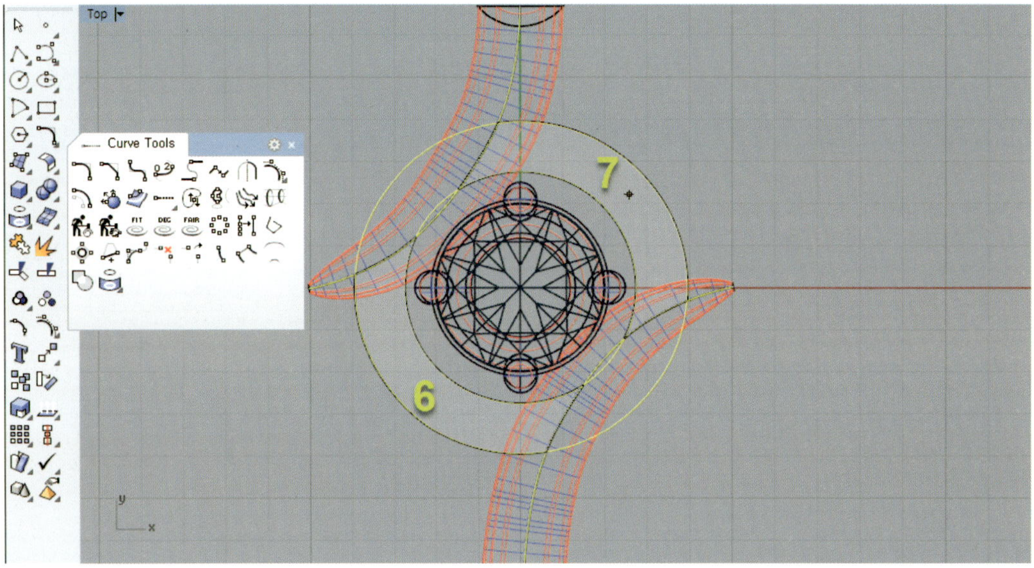

18 **1** Circle 클릭하고 Diameter 0 , 5.5를 입력하고 한다. 2 Offset curve 1.2mm 입력하고 클릭하여 **1**과 **2**를 그린다. Shift를 누르고 **1**, **2**, **3**과 **4**의 Curve를 선택한다. **5** Curve Boolean 클릭하고 **6**과 **7**을 클릭하고 Enter 키를 누른다.

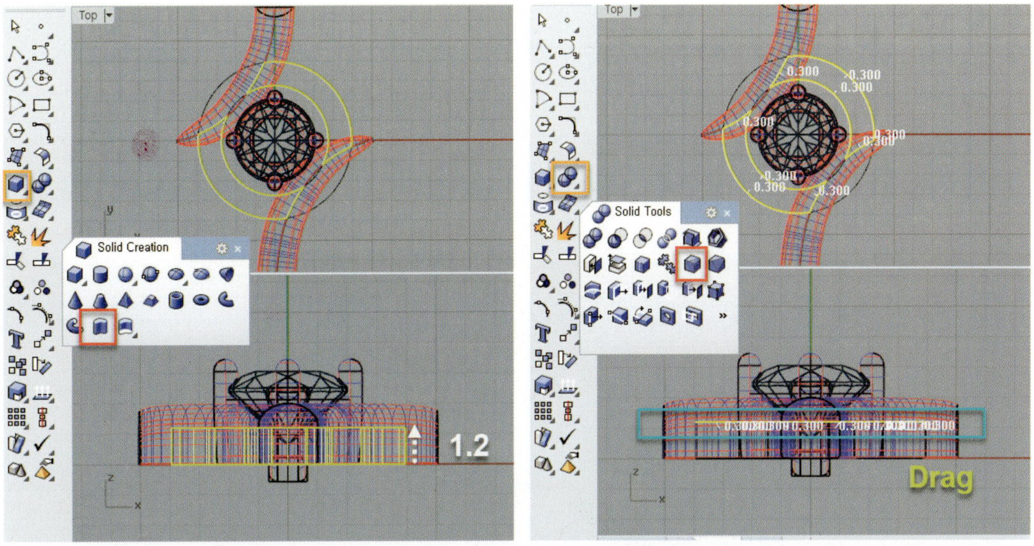

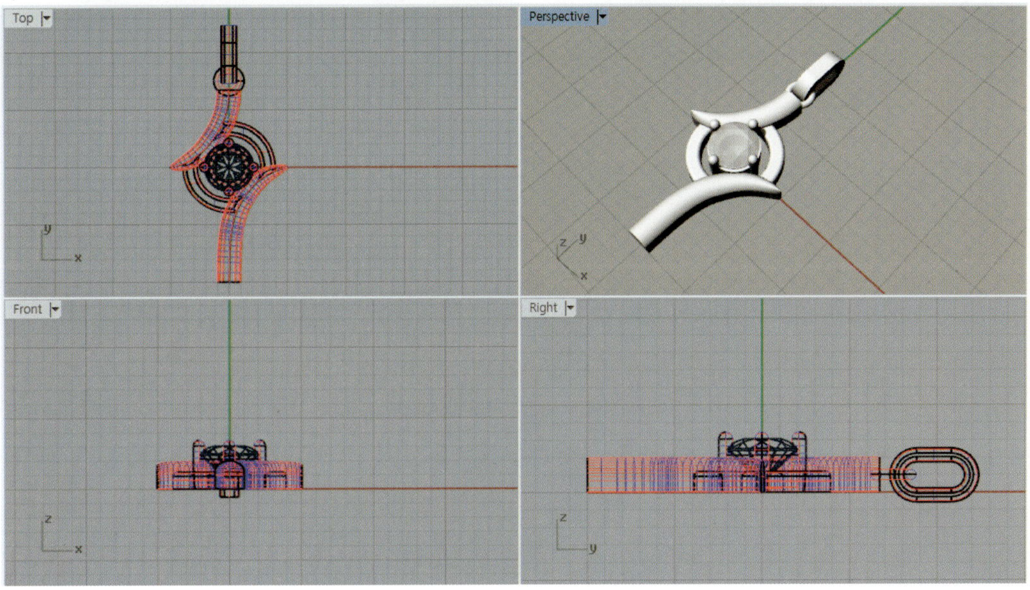

19 6과 7을 Extrusion distance 클릭하고 Bothside=No, Solid=Yes 선택하고 1.2를 입력한다. 오른쪽 그림처럼 Variable radius fillet: NextRadius=0.3으로 입력하고 Drag 하여 두 번 Enter 키를 누른다.

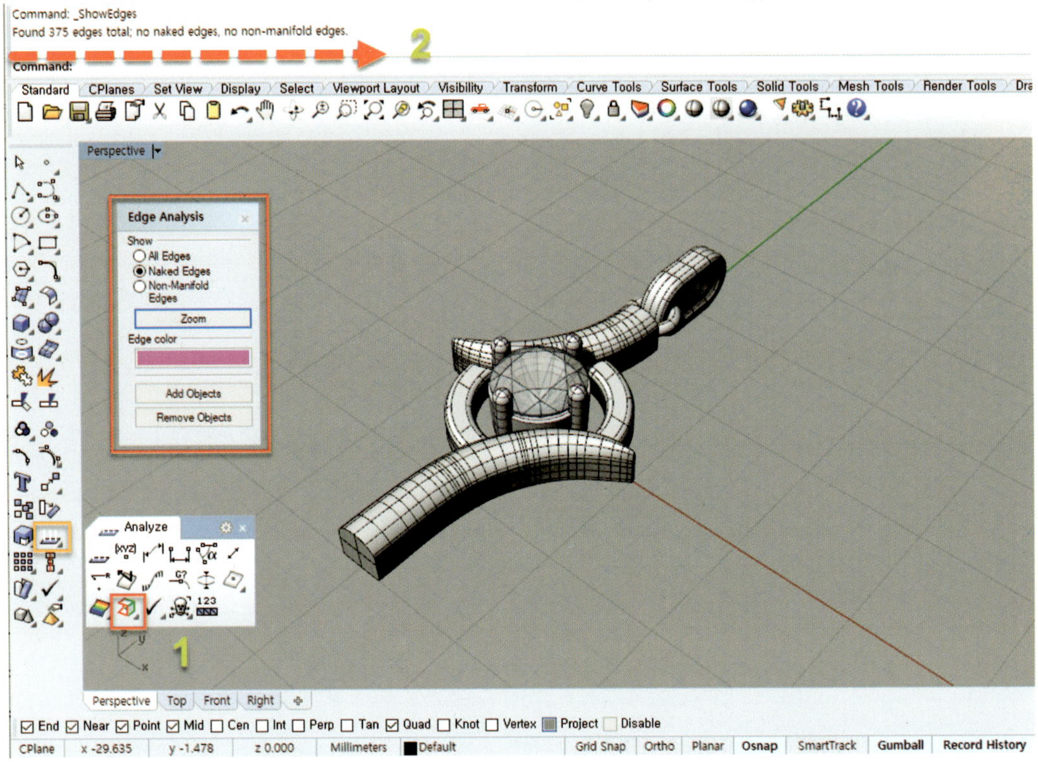

20 완성한 펜던트를 선택하고 **1** 떨어진 가장자리가 있는지 **2** 확인한다.

완성된 펜던트 모델링

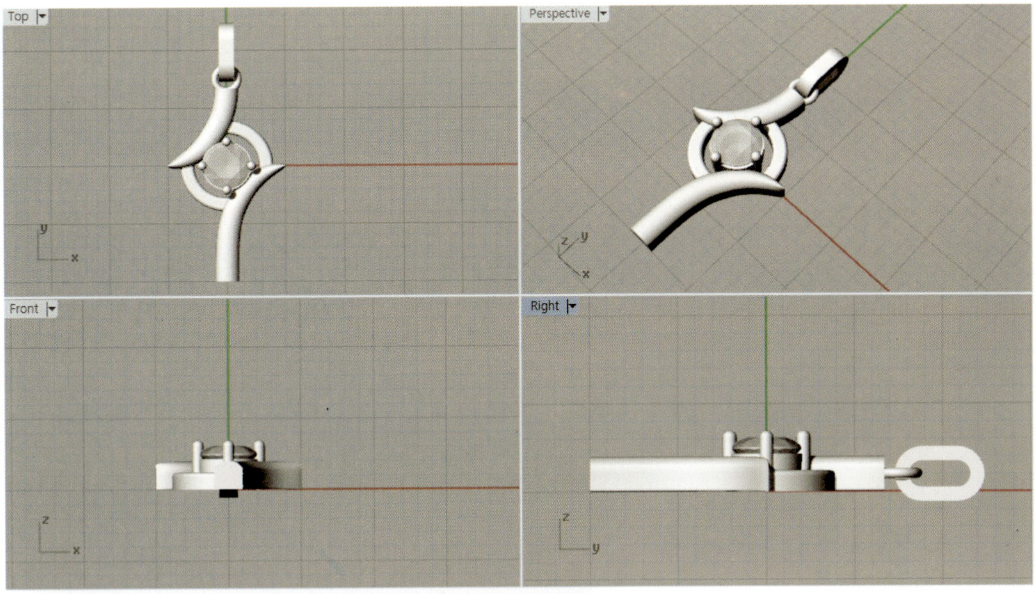

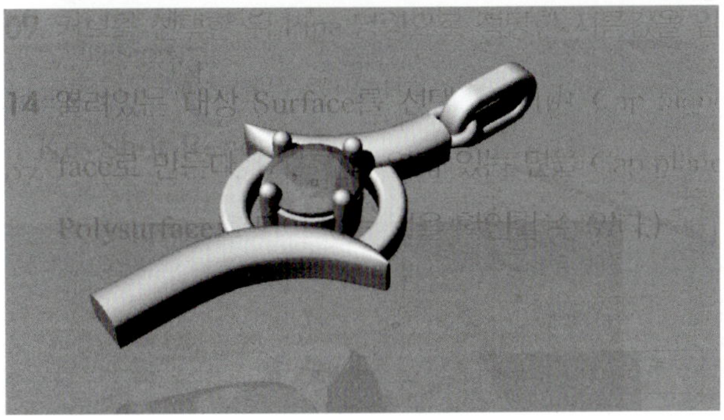

KeyShot Rendering

18. 작품 모델링 및 제품사진 designer collection

1. 작가 작품 모델링 및 제품 1

Rhino Modeling

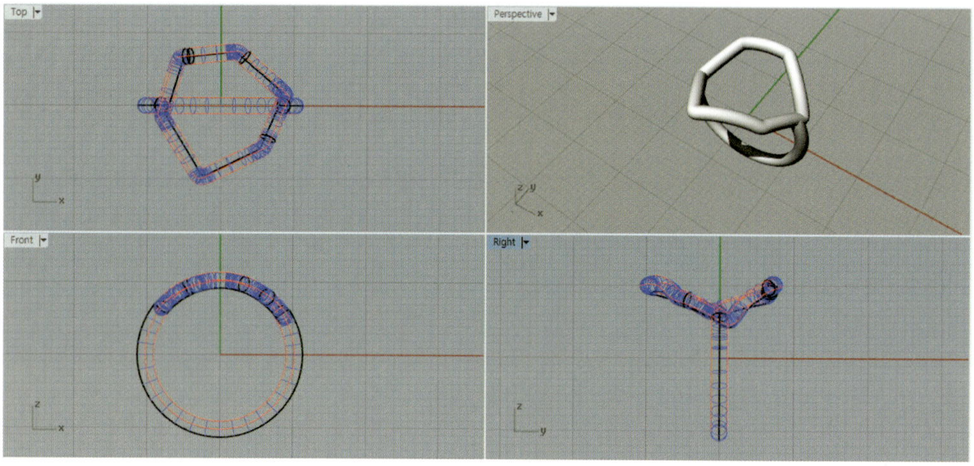

Rhino Render/shading

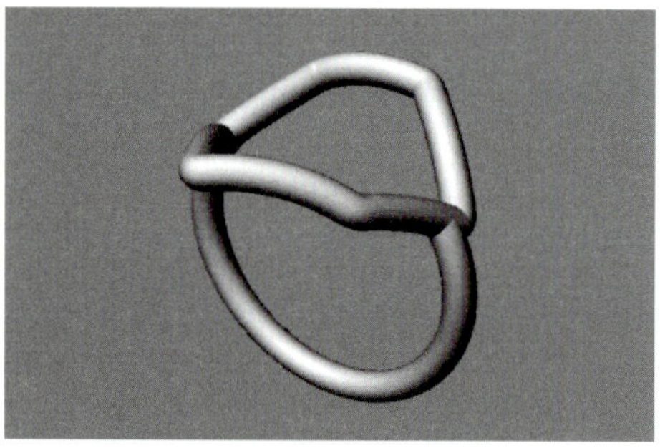

KeyShot Rendering

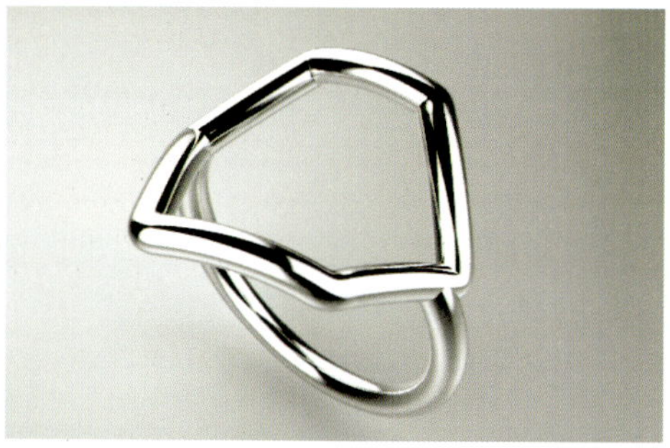

Laco_Edition 제품

〈출처:m.smartstore.naver.com/2018〉

2. 작가 작품 모델링 및 제품 2

Rhino Modeling

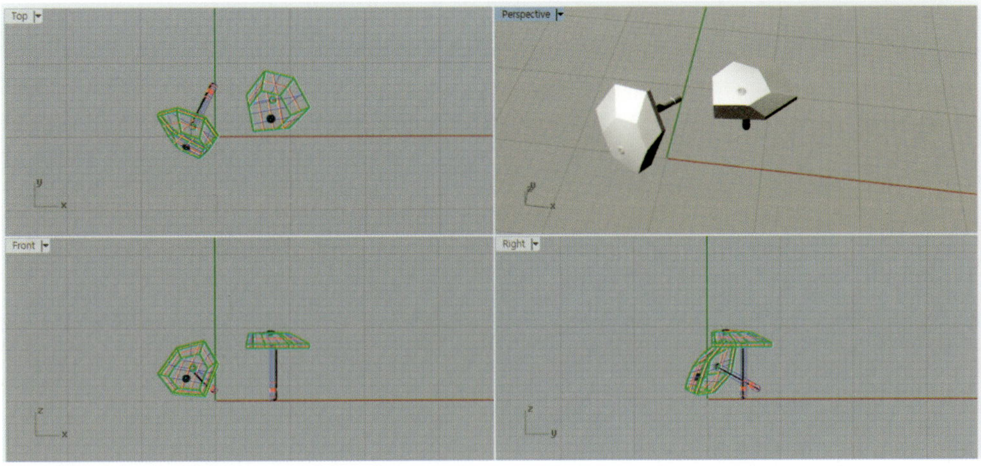

Rhino Render/shading

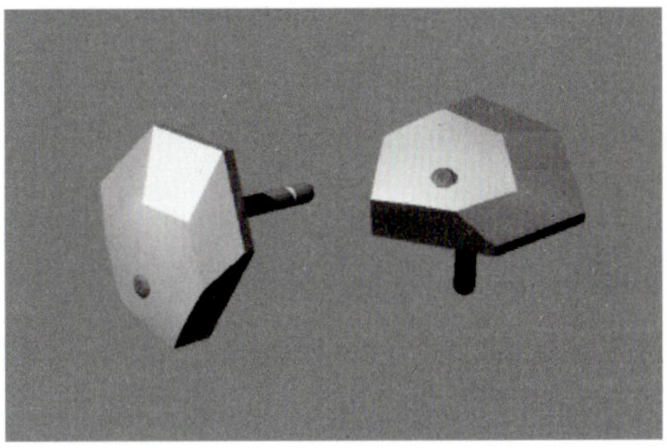

KeyShot Rendering

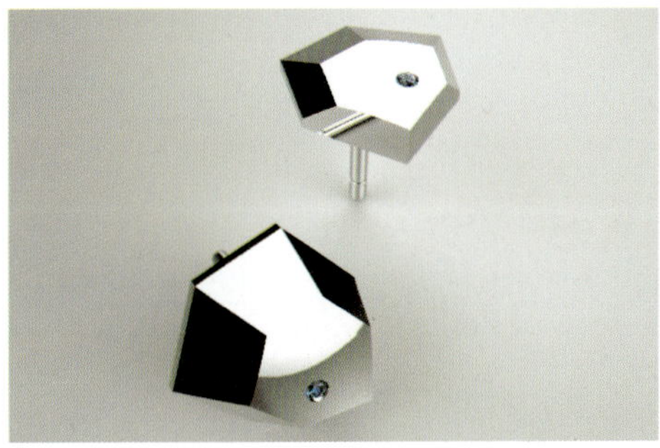

Laco_Edition **제품**

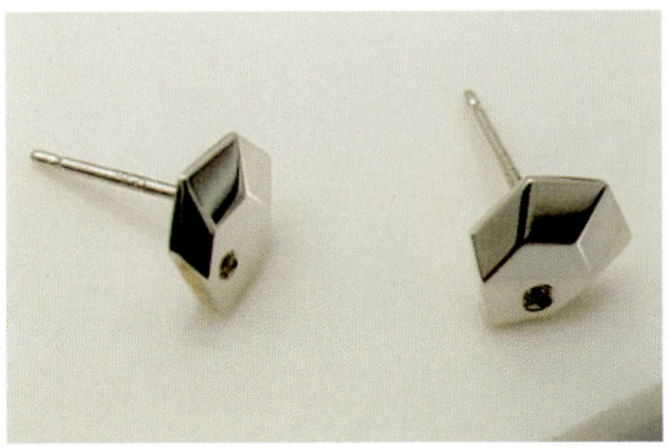

〈출처 : m.smartstore.naver.com/2018〉

3. 작가 작품 모델링 및 제품 3

Rhino Modeling

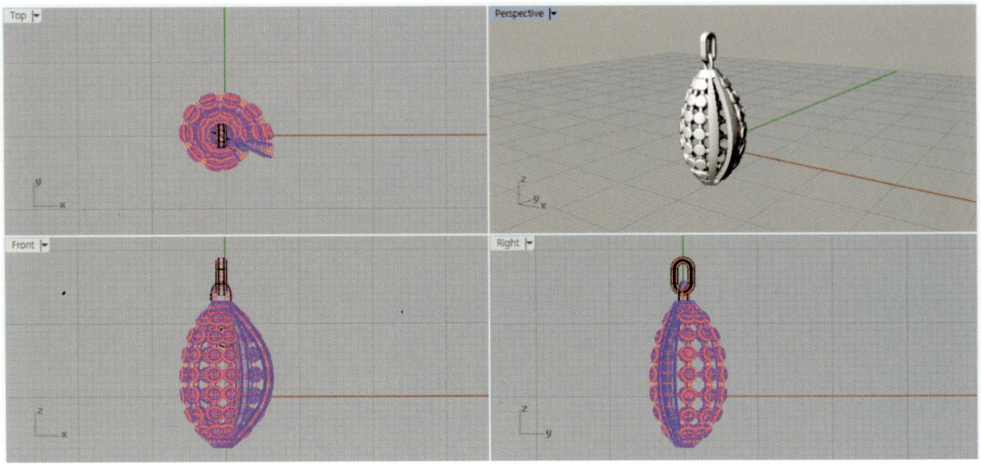

Rhino Render/shading

KeyShot Rendering

작가 작품

〈출처 : Reveal itself/ Necklace/ silver/ 2014〉

4. 작가 작품 모델링 및 제품 4

Rhino Modeling

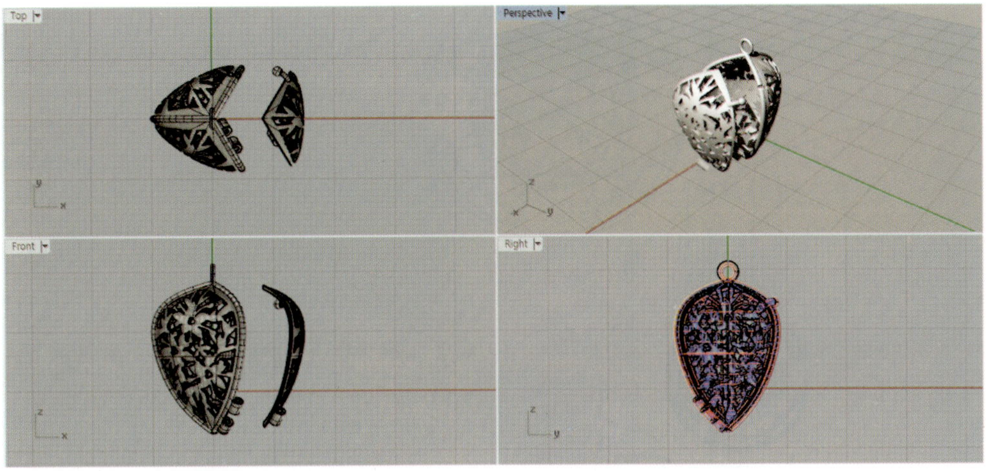

Rhino Render/shading

KeyShot Rendering

작가 작품

〈출처 : pine for spring/ locket pendent / silver/ 2016〉

5. 작가 작품 모델링 및 제품 5

Rhino Modeling

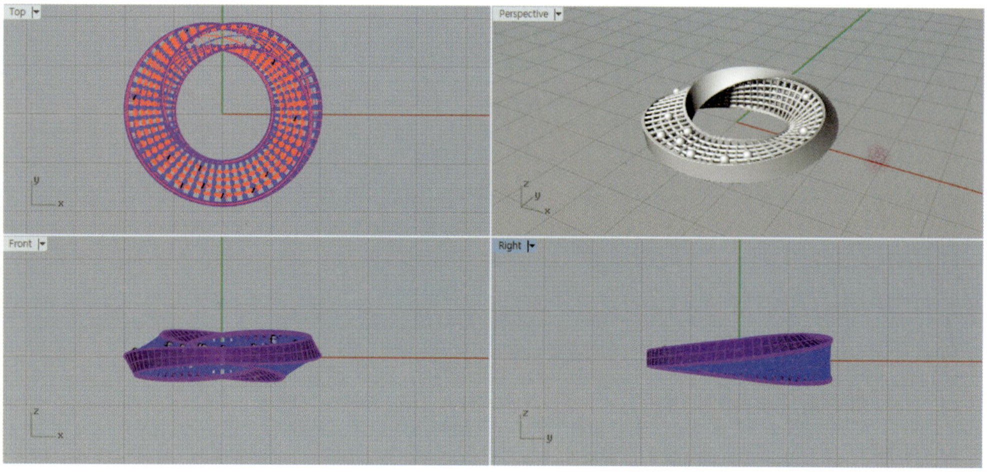

Rhino Render/shading

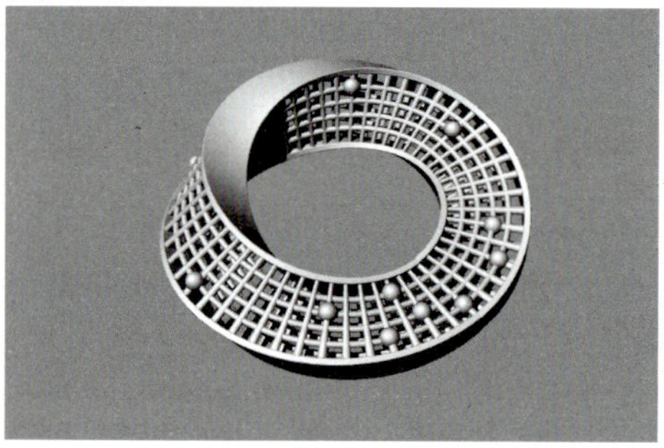

KeyShot Rendering

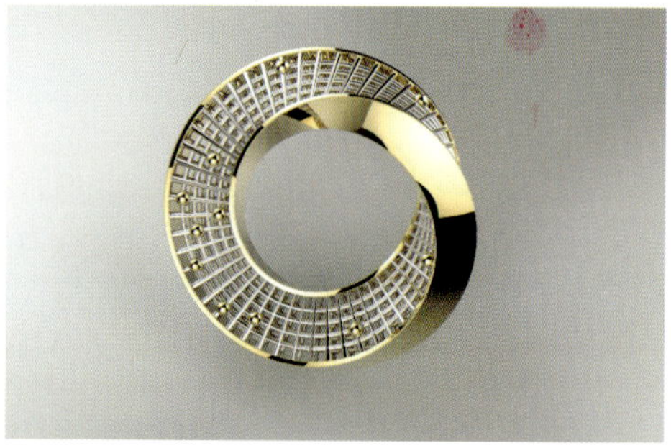

작가 작품

〈출처 : 윤전/ Brooch/ silver/ 2013〉

핵심문제

01 평면재료의 특성을 응용할 수 있는가

02 기하학적 모티프가 지닌 시각적 일루전(illusion)효과를 이해하였는가

03 데스크 서비스 상품 디자인을 위한 인체형상 응용을 설명할 수 있는가

04 변신이 가능한 다목적 테이블 데코(decoration)의 모델링 과정을 구현할 수 있는가

05 기본입체를 응용한 모델링 제작시의 유의사항을 이해하고 있는가

06 플라톤의 입체 유형을 이해하는가

07 아르키메데스의 입체 유형을 이해하는가

08 디자인 모델의 양산화를 위한 기본적 기준을 제시할 수 있는가

09 주얼리 디자인 모델링 원형제작시 기본적인 유의사항을 설명할 수 있는가

10 창의적 지식 재산권을 이해하고 있는가

[정 답]

01 면재구성으로 이루어지는 조형변화는 수직과 수평경사면의 구조해석과 함께 단위형의 끼워 맞추기는 해체의 조작방법을 이해하고 응용함.

02 기하학적 형태는 시각적 단순성으로 현대감을 지니고 있으며 규칙적인 배열과 연속되는 반복성은 착시효과를 주게 된다. 다양성이 있는 형태, 방향의 동시적 운동감이 나타남.

03 운동을 하고 있는 동작의 정지자세는 문화상품으로 접근할 수 있는 주제이며 장식 및 꽂이, 모형장난감(figure) 등의 감성교재로 응용 디자인이 확대될 수 있음.

04 기본 모델링의 scale 확대 및 배치 → 출력 사이즈 확인, 복사 객체 선택 → STL 파일 전환 → 3D 프린터 환경 설정 및 파일 변환 → 출력

05 돌출되는 수치 설정 → ExtandCrv 명령으로 두께 생성 → Rotate 명령으로 회전 → Object Snap에서 End 체크 → 조립

06 5개의 정다면체로 이루어진 기본입체로 정사면체, 정육면체, 정팔면체, 정십이면체, 정이십면체가 있음

07 2개 이상의 정다면체로 구성된 13개의 기하학적 입체의 전형으로 분할, 재구성에 따른 다양한 디자인 조형이 가능한 탐구대상임.

08 조형성/합목적성, 경제성/제작성, 사용성/서비스성, 감성/환경친화성 등

09 모델링의 축소율, 오차범위 확인, 모델링의 두께와 사이즈, 모델링 해상도, CAD프로그램 툴 이해와 적용, 칩(chip)의 미발생

10 디자인 저작권, 학문적·예술적 저작권, 지식 재산권, 산업재산권의 내용에 해당됨.

참고 문헌

- 곽대웅, 한석우, "디자인 모델링", 미진사, 1985.
- 신권희, 한석우, "조형연습", 서울과학기술대학교, 1986.
- 한석우, "입체조형, 형태와 공간", 미진사, 1984.
- 한석우, "입체조형 이론과 실제", 미진사, 1991.
- 한석우, 김연화, 주서영, "디자인의 세계", 지구문화, 2014.
- 곽대웅, 한석우, "조형응용모델링", 지구문화사, 2008.
- 곽대웅, 한석우, "조형응용모델링/ 기능사 실기", 지구문화사, 2010.
- 노수황, "3D프린터 마스터북", 피앤피북, 2019.
- 노수황, "3D프린팅&모델링", 메카피아, 2017.
- 황교진, "3D푸드 프린터/ 3D푸드 프린팅", 지식과 감성, 2018.
- 요시다히로미 원저, 원시태·유종근 역, "알기쉬운 금형", 교문사, 2018.
- 하라유지 원저, 현정우 역, "3D프린터의 도입과 제작", 인포더북스, 2015.
- 가와이 도모지, "나노테크놀로지는 무엇인가?", 북스힐, 2005, pp.141−142.
- 고바야시 나오야, "나노테크놀로지", 광문각, 2005, p.211.
- 레브 마노비치, 최혜실 편, "상징 형태로서의 데이터베이스, 사이버문학의 이해", 집문당, pp.117−119.
- 송해룡, "디지털 미디어, 서비스 그리고 콘텐츠", 다락방, 2003, pp.25−26, pp.31−33, pp.35−37, pp.38−41, p.61.
- 임학순, "창의적 문화사회와 문화정책", 진한도서, 2003, pp.19−23.
- 최연구, "문화콘텐츠란 무엇인가", 살림, 2006.
- 김홍태, "3D프린터 시장 현황과 파급효과", KB금융지주연구소, 2013, p.1.
- 김종호, "3D printing Industries", 한국정밀공학회 임의형상제조시스템, 2013
- 라세영, "애니메이션 제작 프로그램의 통합적 운영체계에 관한 연구", 서울과학기술대학교 나노IT디자인융합대학원 박사학위논문, 2015, pp.12−14.
- 김정아, "AM(Additive Manufacturing)기술 플렛폼 기반의 전략적 활용 디자인 프로세스", 홍익대학교 대학원 박사학위 논문, 2015, pp.12−16, pp.20−22, p.64,68,71,78
- 곽기호, "글로벌 AM기술산업동향 분석"
- 이명구, "동양의 문양 이야기 - 10.창호", Leedia, 2005
- 최정화, 김원석, "3D프린팅 기술을 융합한 도자디자인 사례연구", Journal of Digital Convergence Vol. 11, No. 4, 2019, p.312.
- "바이오 소재의 개발과 3D맞춤식 기술활용 확대 추세", 한국보건산업진흥원자료
- 미래창조과학부 & 한국산업기술진흥협회, "창조경제를 위한 기술혁신 지원제도", 진한엠앤비, 2014, p.159.

- 홍성욱, "과학은 얼마나", 서울대학교출판문화원, 2014, pp.220, pp.246−249.
- 신세례, "사회적 창의성 신장을 위한 디자인 통합교육 프로그램 개발", 서울과학기술대학교 나노 IT디자인융합대학원 박사학위논문, 2013, pp.34−36.
- "증강현실 의료 시뮬레이션", 중앙일보, 2014.11.21.
- Findeli, A., 2001, "Rethinking Design Education for the 21st Century: Theoretical, Methodological and Ethical Discussion, "Design Issues Vol 17, Issue1, pp5−18
- Michael Shermer, "The Amadeus Myth : Mozart and the Myth of the Miracle of Genius," in his The Borderlands of Science: Where Sense Meets Nonsense(New York: Oxford University Press, 2001), pp.262−82, on pp.270−71.
- vesna popovic, "product(Industrial) Design knowledge Models", Exploring Emerging Design paradigm, 2001 ICSID Educational seminar, pp.151~152
- Electa/Alessi, The Dream Factory, Mondadori Electa S.P.A,Milan, 2003, p.48.
- Charlotte & peter Fiell, Industrial Design A−2, Taschen, koln, 2000, p.601
- Philips, vision of the Future, philips Design Eindhoven, Netherlands, pp.111−112.
- Aldo Tanchis, Bruno Munari, Lund Humphris London, 1988, p.116.
- Charlotte & Peter Fiell, Design of the 20th Century, Taschen, koln, 1999, p.354, 667.
- Auf einen Blick, Design, Monte Von Dumont, 2001, p.19.
- Volker Fischer, Design now, Prestel−Verlag, Munich, 1989, p.236
- chancellor press, origami chancellor press, London, 1995.
- Banfield Male, Technical Drawing, The English University press, London, uk, 1963.
- stephen skinner, sacred Geometry, Sterling publishing, N.Y. 2006.
- Gerald Jenkins Magdalene Bear, The sixth stellation of the icosahedron, Ancient House ipswich, u.k. 1985.
- Jean−Benoit Levy, HAND. Laus Muller publishers, sweatband, 2007, p.15.
- Chris van uffelen, packaging Design, Braun, Deutsche, 2013, p.141.
- Vivian Varney Guyler, design in Nature, dauis publication, worcester, massachusetts, 1930. p.25.
- Elena Marcon & Manuel Mongini, The world of Animals, Green House, NY, 1984, p.249
- Kim, kyung Ah, Study an the product design Process based an Additive manufacturing structural system, dissertation for the degree of doctor, the graduate school of Hongik Univ, 2014.
- Jaesik suh, Korean Patterns, Hollym, 2007
- John Batchelor, Malcolm V. Lowe Luchtvaart, 1848−1939, REBO, UK.
- David pelham, kites of the World, Penguin Book, London, 1976.
- David N.Buck, Architecture in Asia, Asian Now, prestel verlag, Munish, 2006.
- Yukio ota, pictogram Design, Kashiwa Shobo, Tokyo Japan, 1987. p.404.
- Attilio, Marcolli, Teoria del campo, Sansoni, renge, 1980.
- Geoffrey Mastitis, Architecture, central saint Martins college of Art & Design, London, 2010,

p.32

- Lynne cook, wulf Herzogenrath, Ulrich Look, Michael newman, James Roberts Julian Opie, Thames and Hudson, London, 1994, p.77, 78.
- Thomas Herzog, Pneumatic Structures, Oxford University press, NY, 1976, p.42
- http://www.wikitree.co.kr/main/news_view.php?id=195953(2014.11.24.)
- stratasys Ltd, (www.stratasys,com)−case study: Adidas, adidas Races into the Future with object 3D printing.
- www.3ders.arg−3D printing Help fard, GE&Mattel find efficiency (2013.06.13.)
- www.nasa.gov−press: sparks Fly ao NASA pushes the Limits of 3D printing Technology (2014.08.28.)
- http://buildingbytes.ingo/gabrication/www.degen/www.degen.com (2012.10.31.)
- Materialise, 3D printed Hip by Mobe life puts teeagers Back on her Feet(www.materialise.com) (2014.11.20.)
- www.cube.com, Oxford performance Maferials Nammed, “Best Global company for 3D Healthcare”(nnovation by New Economy Magagine) (2014.08.14.)
- http://www.2dnet.co.kr/news/news_view.asp?artice_id=20140915081709
- stratasys blog, 3D printing Revolution in Full swing at condon olympics (2012.08.12.)
- Design boom, http://www.designboom,com/technology/3D−printed−timepieces −by−nooka−3D−systems−01−0−2014/
- http:// the creatarsproject.vice.com/blog/a−team−of−artist−are−3d−printing−theit−emotion−ao−abstract−house−decorations
- www.3ders.org.3D printing Basics

찾아 보기

3D프린터를 활용한

디자인모델링

2020년 8월 1일 초판 인쇄
2020년 8월 5일 초판 발행

저 자 한석우 · 김연화 · 연현주 · 이건호

발행인 주병오 · 주민기

발행처 (주)지구문화
JIGU CULTURE Co.Ltd

경기도 파주시 회동길 209
파주출판문화도시

마케팅부 (031) 955－7566 · 7577
편집부 (031) 955－7731
FAX (031) 955－7730

독자의견 전화 (031) 955－7577
홈페이지 www.ji-gu.co.kr
이메일 jigupub@hanmail.net
등록번호 1979년 7월 13일 제 9-57호

ISBN 978-89-7006-875-6 값 25,000원

책은 사람을 만들고
사람은 책을 만든다.

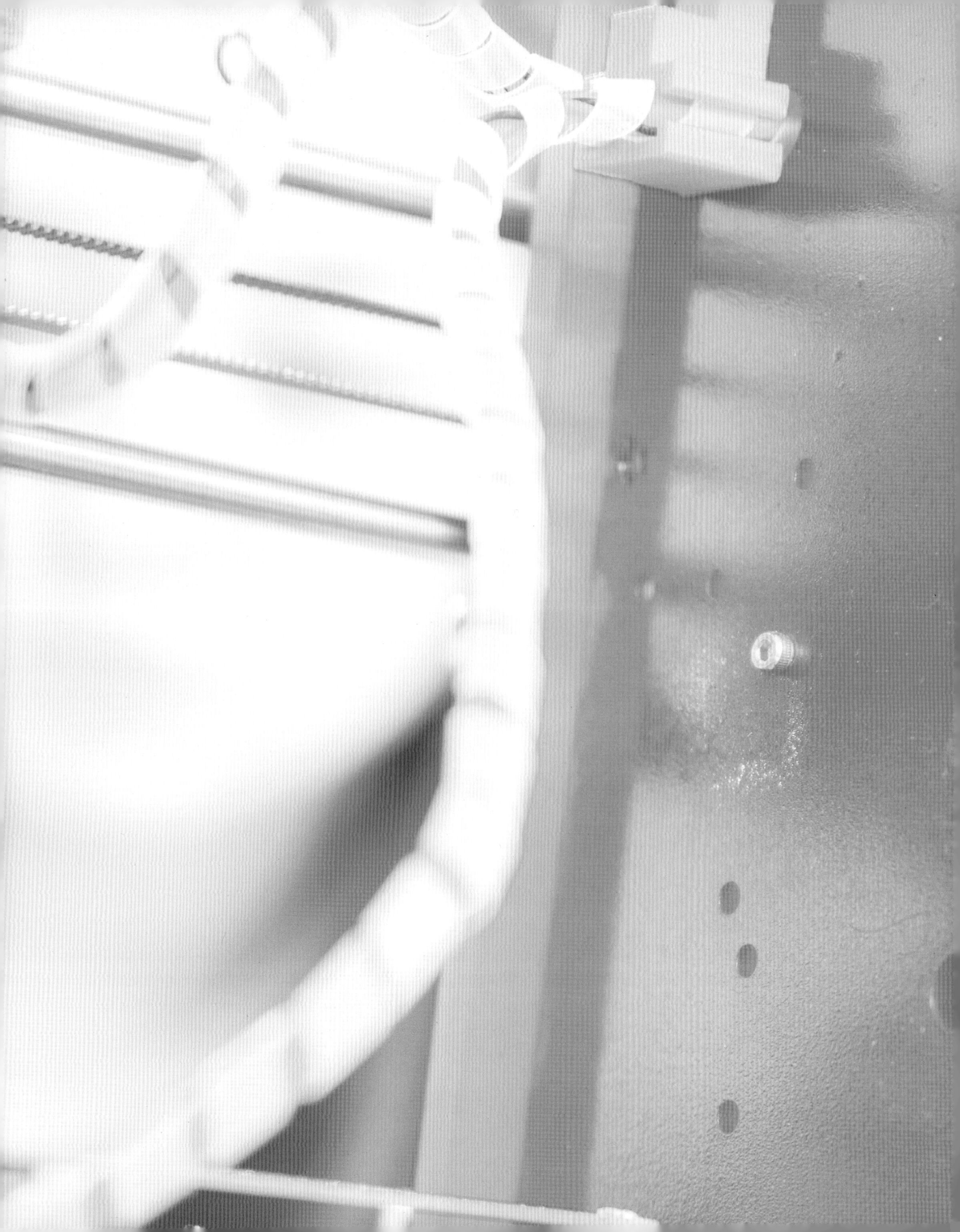